KB211847

유식으로 읽는
반야심경

YUISHIKI DE YOMU HANNYA SHINKYOU
by Kouitsu Yokoyama

Original Japanese edition published by DAIHORIN-KAKU
Korean translation rights arranged with DAIHORIN-KAKU
through The English Agency (Japan) Ltd. and Eric Yang Agency Inc.

유식唯識으로 읽는
반야심경

공空의 실천

요코야마 코이츠 지음 | 허암 옮김

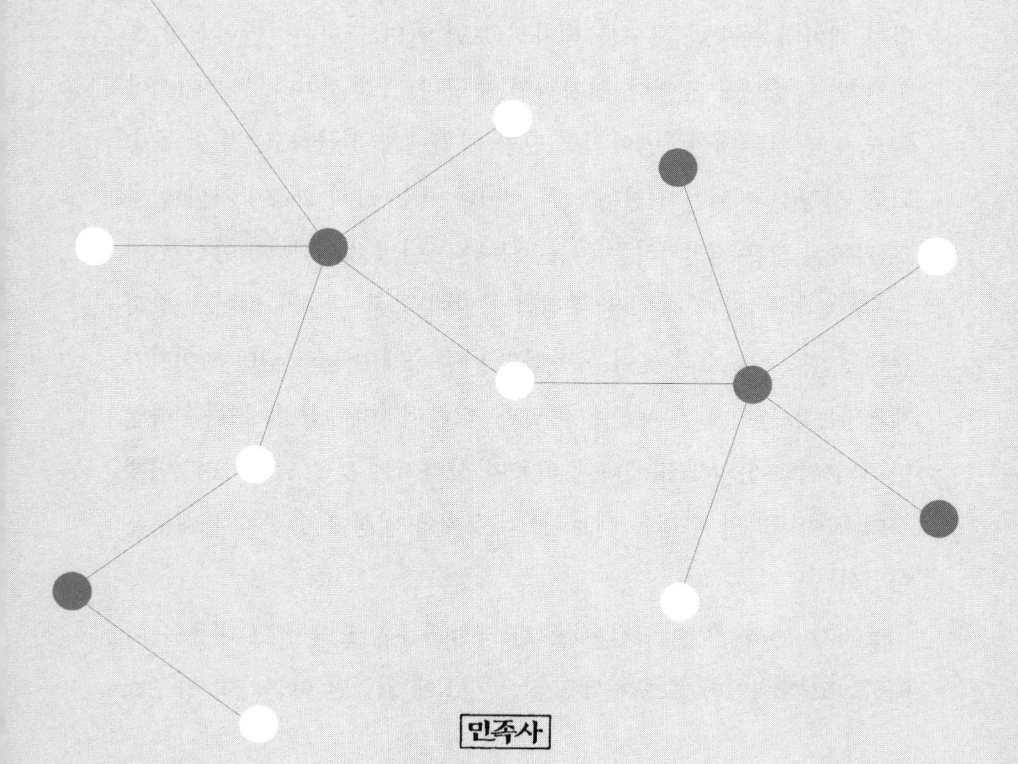

민족사

—

들어가는 말

불자가 된 후 지금까지 나는 『반야심경』을 몇 번이나 독송했을까? 좌선이 끝날 때, 집에 모신 불상 앞에서, 순례를 할 때마다 법당에서, 법회 때마다 독송한 횟수를 헤아려 보면 아마도 나는 『반야심경』을 수천 번 독송했을 것이다. 불자라면 누구나 그럴 것이다. 동북아시아(중국, 한국, 일본)에서 『반야심경』만큼 불자에게 친근하고, 자주 독송되고, 사경(寫經)되는 경전은 없을 것이다. 이는 불과 260여 자의 한자로 기록된 짧은 경전이라는 이유 때문만은 아닐 것이다. 『반야심경』에는 '무(無)'나 '불(不)'과 같은 부정적인 말이 붙은 문구가 많이 등장하는데, 이 문구를 소리 높여 독송하면 마음속에 머물러 있던 찌꺼기가 제거되는 느낌이 들기 때문은 아닐까! 더불어 『반야심경』을 독송하면 반야의 지혜에 의해 장애나 두려움이 사라지는 것을 알아차려, '이제부터 반야바라밀 수행을 해보자!'는 용기와 열정이 솟구치기 때문은 아닐까!

불자가 된 후 『반야심경』에 관한 해설서를 읽으면서 그 내용을 이해하려고 노력했다. 그중에서도 젊은 시절에 읽었던 다카가미 가쿠쇼

(高神覚昇)의 『반야심경강의(般若心經講義)』[1]는 감동적이었다. 이 책은 라디오의 강연을 정리한 것이어서 평이한 대화체로 되어 있을 뿐만 아니라, 부처님의 가르침과 여러 조사들의 금언(金言), 더불어 서양철학자들의 잠언(箴言)들이 삽입되어 있어 나의 심금을 울렸다. 지금도 누군가 『반야심경』에 관한 좋은 해설서를 추천해 달라고 하면 나는 늘 이 책을 소개한다.

본격적으로 유식사상을 전공하여 그것의 뛰어난 점을 알게 되면서, 이를 바탕으로 『반야심경』을 해설하고 싶다는 생각이 간절했다. 그러던 차에 흥복사(興福寺)[2] 주지[貫首]이신 다가와 슌에이(多川俊映) 스님께서 매월 1회 개최되는 '흥복사 불교문화 강좌'에서 '공의 실천'이라는 주제로 『반야심경』 강의를 의뢰하셔서 기쁘게 승낙했다. 실로 나의 오랜 꿈이 실현된 것이다. 그리하여 나는 2000년 3월부터 2002년 4월까지 2년에 걸쳐 유식의 입장에서 본 『반야심경』을 강의하게 되었는데, 이 책은 그 강의록을 정리한 것이다.

이 책의 제목은 『유식으로 읽는 반야심경』이지만, 『반야심경』과 유식은 결코 다른 것이 아니다. 『반야심경』의 핵심은 공(空)사상인데, 유식에서 설하는 공사상과 다르지 않다. 궁극적으로 양쪽의 공사상은 같은 것이라고 말할 수 있다. 유식사상은 우선 '식(識)'의 존재를 임시적으로 인정하고, 그 바탕에서 실천을 통해 식(識)을 변혁하여 '공'

---

1 다카가미 가쿠쇼(高神覚昇) 지음, 김명우 옮김, 『반야바라밀다심경』, 빛과 글, 2002.

2 흥복사는 일본 법상종 대본산 중의 하나로 나라[奈良] 시에 소재하고 있다. 2010년에 창건 1,300년을 맞이한 고찰이다.

에 이르고자 하는 사상이기 때문이다.

그렇지만 『반야심경』, 넓게는 그 바탕인 방대한 '반야경'에는 공이나 반야와 같은 용어에 대한 상세한 논리적 해석은 없다. 실천적인 면에서도 반야경은 반야바라밀다를 닦는 것을 중심적으로 설하는 반면, 유식의 경론(經論)은 요가[瑜伽]의 수행을 강조한다. 게다가 유식에서는 새롭게 안식(眼識)·이식(耳識)·비식(鼻識)·설식(舌識)·신식(身識)·의식(意識)·말나식(末那識)·아뢰야식(阿賴耶識)의 여덟 가지 식이나 변계소집성(遍計所執性)·의타기성(依他起性)·원성실성(圓成實性)의 삼성설(三性說)을 설하고 있다.

이런 점을 바탕으로 삼아 이 책에서는 요가·팔식·삼성이라는 유식사상의 새로운 용어를 사용해서 『반야심경』을 해설할 것이다. 이전의 『반야심경』 해설에 익숙한 독자들에게는 약간 위화감이 느껴질 수도 있을 것이다.

하지만 불교가 지향하는 목표는 오직 하나다. 등산에 비유해 보자. 정상은 한 곳이지만, 거기에 도달하는 길은 여러 가지다. 불도가 지향하는 정상은 '공(空)', 다른 말로 '무아(無我)'를 깨닫는 것이다. 이런 의미에서 불도의 정상을 지향하면서 독자들은 이 책을 통해 잠시 유식이라는 길을 나와 함께 걸어 주었으면 한다.

앞에서 언급했듯이, 이 책은 홍복사 불교문화 강좌에서 2년간 강의한 것을 정리한 것이기 때문에 중복되는 내용이 많다. 독자들의 양해를 구한다.

내가 이 책을 통해 전하고자 한 메시지는 다음과 같다.

1. '나[자신]'와 '사물[대상]'은 마음속에서 생각과 언어에 의해 만들어진 환영에 지나지 않는다는 것을 알자.
2. 허망한 '나'와 '사물[대상]'에 대한 집착을 없애기 위해서 본래의 상태로 되돌아가자. 이를 위해서 요가를 실천하거나 일상생활 속에서 '지금·여기'와 하나가 되어 무분별지로 살아가자.
3. 자신의 심층심(深層心)부터 정화하고 동시에 다른 것에 의지해 살아가는 내 '생명' 에너지를 타인을 위해 사용하며 살아가자.

이 책에 조금이라도 동감하는 독자가 있다면, 나에게는 매우 큰 기쁨이 될 것이다.

2009년 3월

요코야마 코이츠

유식唯識으로 읽는 반야심경

공空의 실천

차례

제14강 사성제

제15강 무소득과 유식성

【 일러두기 】

1. 원문 내용 중에 역자가 판단하여 의미가 통하지 않거나 한국의 정서에 맞지 않는 부분은 삭제하거나 부가한 부분이 있음을 밝힌다.

2. 산스크리트 한글 표기는 한국인이 발음하기 편한 대로 표기했다. 예를 들면 vijñāna를 비즈냐나로 표기했다.

3. 독자의 이해를 돕기 위해 역자가 임의로 주를 추가했다. 본문에 나오는 주는 모두 역자의 주이다.

4. 원문은 경어체로 쓰여 있으나 이 책은 평어체로 번역되었음을 밝힌다.

—

제1강

반야심경과 공의 실천

지금부터 여러분들과 함께 23회에 걸쳐 '공의 실천'이라는 주제로 『반야심경』을 읽어 보고자 한다. 『반야심경』은 동북아시아 불자들에게 가장 애독되는 경전이다. 이런 이유로 서점의 불교 관련 코너에도 많은 해설서가 진열되어 있을 뿐만 아니라 사람들에게 가장 친근한 경전이기도 하다. 지금부터 유식사상을 바탕으로 『반야심경』을 해설하고자 한다. 『반야심경』에 관한 많은 해설서들 중 유식사상으로 『반야심경』을 해설하는 것은 아마 처음일 것이다.

공의 실천

'반야심경'에서 '심(心)'에 해당하는 범어 '흐리다야(hṛdaya)'는 '심장(心臟)'을 의미한다.[3] 따라서 『반야심경』은 삼장법사 현장(玄奘,

3 흐리다야는 본래 '심장'이라는 뜻인데, 그 의미가 발전하여 '핵심·진수·중심'이 되었다. 그렇다면 흐리다야[심]란 무엇의 핵심이고, 무엇의 진수이고, 무엇의 중심일까? 『반야심경』은 바로 대승불교 성전인 『반야경』의 진수이고 핵심을 진술한 것이라는 의미다.

602~664)에 의해 번역된 『대반야경(大般若經)』 600권에 수록된 반야 사상의 핵심[심장]을 짧은 문장으로 정리한 경전이다.

먼저 제목인 '공의 실천'에 대해 설명해 보자. 인간은, 즉 '나는 어떻게 살아야 하나?'를 생각하기 전에 우선 '나는 도대체 어떤 존재인가[나는 무엇인가]?'를 알아야 한다. 이것을 알지 못하면 어떻게 살아야 하는가의 문제는 해결할 수 없다. 이 물음에 대해 불교는 존재를 '공(空)'이라고 관찰하고, 그 지혜를 발판으로 살아가는, 즉 '실천'해 가는 것을 목표로 한다.

고등학생 시절, 나는 대학 입학시험을 치르기 위해 엄청나게 공부했고, 이로 인한 학업 스트레스 때문에 고등학교에 다니는 3년간 너무도 괴로웠다. 생각하지 않고, 공부하지 않아도 되는 정원의 돌이 되고 싶다는 생각을 진지하게 했던 적도 있다. 비단 고등학생 시절만 그런 생각이 든 것은 아니다. 인간으로 사는 한 우리는 많은 것들에 휘둘리면서 고민과 괴로움에 둘러싸여 살아갈 수밖에 없다. 진정 괴로운 삶을 살지 않기 위해서 우리는 어떻게 해야 하는 것일까? 『반야심경』은 이에 대한 답을 주고 있다고 생각한다.

『반야심경』에서도 말하고 있는 고집멸도(苦集滅道)의 사성제(四聖諦)는 의사가 환자를 치료하는 것에서 힌트를 얻은 것이다. 병원에 가면 의사는 우선 "어디가 아프세요?"라며 병의 증상을 묻는다. "으슬으슬 춥습니다."라고 환자가 답하면 의사는 감기라고 판단해서 "최근에 어떻게 생활했어요? 추운 곳에서 잔 적은 없나요?"라고 하면서 병의 원인을 찾는다. 병의 증상과 원인을 알아내면 의사는 처방전을 작성한다. 처방전을 가지고 약사에게 약을 받아 먹은 환자는 감기가 낫는다. 이 비유에서 병은 고제(苦諦), 원인은 집제(集諦), 약을 먹는 것은 도제(道諦), 병이 낫는 것은 멸제(滅諦)이다. 고제는 나, 넓게는 살아 있는 모든 존재는 괴롭다고 보는 것이다. 그러면 괴로움의 원인은 무엇인가? 이것이 집제로, 내가 괴로운 근본 원인은 '자기'·'나'를 설정하여 집착하는 것에 있다. 그렇다면 '괴로움을 없애기 위해 어떻게 하면 좋을까?'라는 것이 도제다. 어떤 길을 가면 괴로움이 없어질까? 부처님은 그 길[방법]로 '팔정도(八正道)' 또는 '중도(中道)'를 말씀하신다. 그 이후 여러 가지 길[방법]이 설해졌지만, 종합적으로 보면 불교에서는 '보살도'를 제시한다. '도대체 어떻게 살 것인가?' 이 물음에 대해 불교는 자신이 보살이라는 것을 자각하고서 순간순간, 하루하루 그리고 죽을 때까지 보살로서의 길을 걸어야 한다고 대답한다.

그리고 이처럼 보살로서 살아가기 위해서 나와 내 주변에 펼쳐져 있는 존재 전체를 '공(空)'이라고 관찰해야 한다는 것이 『반야심경』에서 설하는 가르침이다. 그런데 왜 '공'인가? 간단히 말하면 삼라만상은 연기(緣起)에 의해 이루어져 있고, 연기이기 때문에 공이라는 것이다. 우선 오늘 여러분들께서 기억해야 할 것은 '연기(緣起)이기 때문에 공(空)이다'라는 불교의 근본 가르침이다. 연기이기 때문에 공이고 무아(無我)다. 이것이 모든 불교의 가르침을 관통하는 슬로건이다. 지금까지 말한 것처럼 '무엇'에서 출발하여 '왜'를 해결하고, '어떻게' 살아야 할 것인가를 결론 내렸다. 이것이 어떤 현상[사물]을 생각해 가는 사고의 과정이다.

그렇다면 '현상[사물]은 무엇인가? 이것을 어떻게 관찰할 것인가?'라는 문제가 발생한다. 나는 대학에서 자연과학(수산학)을 전공했다. 특히 생선의 혈액에 관한 연구를 했다. 당시에 나는 정말로 진지하게 열심히 실험했다. 그러나 점차 의문이 생겼다. 이 연구는 현상의 저쪽에 있는 것을 관찰하는 것이라기보다 비유하자면, 거울 속에 비친 영상을 관찰하는 것이다. 나는 거울 속에 비친 영상보다는 거울 그 자체를 관찰해야겠다는 생각이 들었다. 언젠가 죽을 것인데도 왜 태어났는가를 잘 알 수는 없지만, 뇌세포를 가진 지력(知力), 감성·오성·이성을 가진 생물로 태어난 이상, 이 힘을 완전히 전환시켜 나를 관찰의 대상으로 삼았다. 그리하여 어느 날 나는 갑자기 방향을 전환하여 불교를 공부하게 되었다.

'회광반조(回光返照)'[4]라는 말이 있다. 빛을 되돌려서 나를 비추어 보자는 도겐[道元] 선사[5]의 말인데, 회광반조하기 위해서는 어떻게 하면 될까? 예를 들어 보자. 여러분! 눈을 감아 봅시다. 그러면 그 순간 감각의 데이터는 없어진다. 시각은 마음을 산란하게 하는 강한 힘이 있기 때문에, 눈을 감아 시각이 없어지면 마음의 장애나 방해와 같은 것이 사라져 버린다. 모든 것이 없어지는 것은 아니다. 남는 것이 있다. 그 남는 것 중에 점차로 자신에게로 되돌리는 것, 이것을 '관찰'이라고

---

4 회광반조란 돌 회(廻), 빛 광(光), 돌아올 반(返), 비출 조(照), 즉 '밖으로 향하고 있는 빛을 되돌려 안으로 향하여 비춘다'는 의미로서, 이른바 '자기의 시선을 밖으로 향하는 것이 아니라 자기 내면으로 향하여 자신의 마음을 점검[반성]한다'는 뜻이다. 우리들은 언제나 자기 바깥에서 모든 것을 찾는다. 그렇지만 깨달음은 빛을 바깥으로 비추는 것이 아니라 자신에게 비추는 것이다. 이것은 바로 불교의 핵심인 마음공부를 말한다. 결국 불교 공부는 자신을 반성하여 부끄러워하는 것으로부터 출발함을 의미하는 것이다. 그러므로 부끄러움이 없는[무참과 무괴]자는 불교 신자라고 할 수 없는 것이다.

5 도겐 선사(1200~1253): 가마쿠라 시대 선종의 승려, 선종의 일파인 일본 조동종의 개창자.

해도 좋을 것이다. 전문적인 용어로 말하면, '요가(yoga)'라 한다. 요가는 불교의 관찰 방법이다.

잘 아시다시피 강의가 이루어지고 있는 흥복사는 법상종에 속하는 사찰이다. 법상종은 인도에서 발생한 유식유가행파에 그 기원을 두고 있는데, 이 학파는 '오직 식(識)뿐이다'라는 유심론적 사상을 창출하고, 요가의 실천을 중시한다. 요가란 내용적으로는 '지관(止觀)'이다. 지(止)는 조용히 가라앉은 마음을 의미하고, 관(觀)이란 관하다, 즉 관찰하는 마음을 의미한다. 비유하자면 파도가 잠잠해진 물이 지(止)의 마음이고, 그 위에 둥근 달을 그대로 비추는 작용이 관(觀)의 마음이다. 우리들의 평상시 마음은 산란심(散亂心), 이른바 어지러운 마음이다. 그렇기 때문에 무엇을 보아도, 무엇을 말해도 전부 틀린 것이다. 왜 그럴까? 예를 들어 보자. "지금 나는 당신을 보고 있다"고 말하지만, 당신의 모습 그 자체를 나는 결코 볼 수 없다. 나는 이를 '일인일우주(一人一宇宙, 한 사람 한 사람 각자는 하나의 우주다)'라고 부른다. 나를 보고 있는 당신은 '나'라는 우주, 즉 내 마음속에서 만들어 낸 영상이다. '일인일우주'를 유식의 용어로 말하면 '인인유식(人人唯識, 한 사람의 세계는 각자의 잠재적인 근본심인 아뢰야식이 변화한 것)'이라고 하는데, 우리는 우선 이 사실을 확실하게 인식하고서, 그 위에서 어떻게 살아갈 것인가를 생각해야 할 것이다.

요가적인 삶의 방식

철학·과학·종교는 서양에서 온 말이지만, 굳이 서양 용어로 표현하자면 불교는 이 3가지 측면을 두루 갖춘 사상이라고 생각한다. 불교는 종교라고 불리지만, 결코 이런 견해만으로 불교를 정의할 수는 없다. 특히 유식사상은 앞에서 말한 철학성·과학성·종교성의 3가지 측면을 폭넓게 구비한 사상이다.

철학·과학·종교 중에서 철학은 관찰로부터 시작하지만, 최종적으로는 언어를 사용하여 논리적으로 생각해야 하는 것이다. 또한 과학도 관찰로 시작한다. 가만히 사물과 하나가 되어 관찰한다. 다시 말해 대상과 일체가 되어 내 감각으로 대상을 받아들이고, 그 감각 데이터를 인간 내면의 오성[이성]을 사용해 정리해 가는 것이 과학이다. 나중에 자세하게 설명하겠지만, 나는 이런 의미에서 과학적 관찰과 요가적 관찰이 같다는 사실을 최근에야 알게 되었다. 마지막으로 종교성에 대해 살펴보자. 모든 종교의 목표는 괴로움으로부터 벗어나는 것이다. 불교도 '고통으로부터의 해탈'이 최종 목적이다. 이런 점에서는 기독교나 힌두교도 마찬가지다.

요가 이야기로 돌아가 보자. 일반적으로 요가란 앉아서 조용히 명상에 들어가는 것이라는 이미지가 강하지만, 본래 인도에서는 사람이 살아가는 인생 전체를 요가라고 부른다. 그래서 인도인들은 살아가는 순간순간 요가적인 삶으로 살고자 한다. 그러나 여기서는 요가의 의미를 '관찰하다'라는 뜻으로 한정하여 사용하겠다.

그리고 선(禪)·정(定)·선정(禪定)이라는 말이 있다. 선이라고 하면 선종의 선(禪)을 바로 떠올리지만, 선은 선종만의 전유물이 아니다. 선이란 빠알리어 '쟈나(jhāna)'의 음사이며 의역하여 '정려(靜慮)'라고 한다. 즉 선이란 '조용히 생각하는 마음'이란 뜻으로, 이것도 요가의 한 종류이다. 요즈음 우리들이 잊고 있는 요가·지관·선이라는 관찰을 일상 속으로 되돌려 보자. 그렇게 하면 오늘 보이지 않았던 것이 내일은 보일 것이다. 아직 보지 못한 것을 내일은 보도록 해보자. 아직 듣지 못한 것을 내일은 듣도록 해보자. 아직 깨닫지 못한 것을 내일은 깨달아 보자. 아직 알지 못한 것을 내일은 알도록 해보자. 이런 마음으로 매일 살아간다면 인간은 정열적으로 살아갈 수 있을 것이다.

이런 것은 학문이나 공부만으로 할 수 있는 것이 아니다. 공부만 하면 문제가 생긴다! 물론 지금 여러분들은 부처님의 가르침을 듣고 있지만, 우리는 자기도 모르게 언어에 구애된다. 그 말해진 언어가 전부 호수에 내리는 눈처럼 사라져 가는, 그런 부드럽고 넓고 깊은 마음을 기르지 않으면 자유롭게 살아갈 수가 없다. 구애된 마음을 전통적인 용어로는 '추중심(麤重心, 거칠고 무거운 마음)'이라고 한다. 눈이 내리거나 돌이 날아들어와도 무엇이든 받아들이는 호수처럼 마음을 변혁시켜야 한다. 이와 같이 부드럽고 넓고 깊은 마음을 '경안심(輕安心, 가볍고 편안한 마음)'이라고 한다. 이처럼 무겁고 거친 마음을 전환시켜 가볍고 편안하고 자유로운 삶의 방식을 목표로 삼아, 우선은 부처님의 가르침을 듣고 이것에 기초해 실천해 가는 것이 불도(佛道)라고 생각한다.

하지만 우리는 산란한 마음으로 살아가는 것이 편하다. 꾸준히 요가나 좌선을 하는 것은 대단히 힘들고 괴롭다. '정심(定心)'이 아니라 '산심(散心)'으로 살아가는 우리는 일상생활 속에서 나와 타인을 구별하고 이것과 저것을 구별하며[我他彼此], 사물을 사실대로 보지 못하고 왜곡해서 보는 것이다. 왜곡된 마음을 정심으로 변혁시키기 위해서는 실천이 필요하다. 한 번 내지 두 번도 좋지만, 가능하다면 1년, 2년 또는 3년 정도 똑같은 것을 실천하면 정심이 저절로 나타날 것이다.

언어의 저편

여러분은 '제행무상(諸行無常)'·'제법무아(諸法無我)'·'열반적정(涅槃寂靜)'의 삼법인(三法印)을 들어본 적이 있을 것이다. 이것은 어디까지나 언어로 말해진 법[가르침]이고 언어로써 인식된 것이다. 경전은 모두 언어로 설해진 것이지만, 그것은 부처님에 의해 설해졌다는 것을 전제로 한다. 그러나 대승경전은 실제로 부처님이 설하신 것은 아니고, 부처님의 깨달음을 근원으로 삼아 대승의 사람들이 설한 것이다. 부처님이 설한 가르침을 '선법(善法)'이라고 한다. 이 잘 설해진 가르침[善法]을 단서로 삼아 우리들은 요가의 마음·조용한 지관의 마음으로 현상(사물)의 본질을 관찰해 가야 한다. 예를 들어 '제행무상(諸行無常)'이라는 말을 마음속에 떠올려 보자. 또는 떨어지는 벚꽃을 마음속에 이미지화해 보자. 즉 마음속에 언어나 이미지를 세운다. 이것의 최종적인 목적은 무엇인가? 부처님이 설한 언어를 의지처로 삼아 그 언어의 너머에 있는 것을 바로 파악하기 위한 것이다. 이런 관찰이 요가의 원형이다.

예를 들어 '제행무상'을 입으로 계속해서 염송하거나, 제행무상이란 무엇인지 개념적으로 생각한다. 그러나 이것은 둘 다 언어에 불과하다. 그 말의 너머에 있는 것을 파악할 때 우리는 처음으로 제행무상이라는 언어가 사라져 그것 자체가 무엇인지 알게 될 것이다. 그러면 어떻게 살 것인지가 '확실'해질 것이다. 제행무상을 확실하게 알면 집착이 없어진다. 제행무상이란 순간순간 생겼다 사라진다는 뜻이다. 이 사실을 제행무상이라는 언어에 의지하여 마음속에서 확인해 가는 것이다. 그리고 그것을 깨달아 가는 것이다. 제행무상은 모든 것은 다른 것에 의해 '살려지고 있다'는 사실과 연결된다. 제행무상을 지혜로써 정말로 안다면 '인간은 어떻게 살 것인가'라는 의문에 대한 결론이 나올 것이다. 지혜로써 제행무상을 알면 그곳에는 '나의'라는 소유격이 없다. 사실 '나'는 어디서도 찾을 수 없다. 이로써 제법무아와 연결된다. 제행무상이야말로 제법무아다. 제법무아를 알면 자유자재하게 살아가는 삶이 펼쳐질 것이다.

'지금'과 하나가 되어 살다

자유자재로 살기 위해서는 '나의 죽음'이라는 인생의 가장 궁극적인 문제를 해결해야 한다. 우리는 생로병사의 고통을 짊어지고 있다. 그중에 죽음을 해결해 가는 것이 인간의 궁극적인 목표라고 생각한다. 그리고 내 죽음을 해결하는 동시에 미야자와 겐지(宮沢賢治)[6]의

6 미야자와 겐지(1896~1933): 일본의 시인이자 동화작가.

〈비에도 지지 않고〉
비에도 지지 않고 바람에도 지지 않고
눈보라와 여름 땡볕에도 지지 않는
튼튼한 몸을 가지고 욕심도 없고
결코 화내지 아니하며 늘 조용히 미소 지으며

하루에 현미 네 홉과 된장과 나물을 먹으며
모든 일에 자신을 고려하지 않고
잘 보고 듣고 알아 그리고 잊지 않고
들판 소나무 숲 속 그늘에 지붕을 이은 작은 오두막에 살며

〈비에도 지지 않고〉라는 시에 나오는 사람처럼 '남쪽에 다 죽어 가는 사람이 있으면 가서 두려워할 필요 없다고 말해 주'는 사람이 되고자 해야 할 것이다. 죽음을 맞이한 사람의 육체적·정신적 상처를 위로할 뿐만 아니라 죽음이 무엇인가를 상대가 알 수 있도록 하는 것도 필요하다.

누구나 죽음이 눈앞에 다가오면 자신의 세계가 완전히 바뀐다고 한다. 그것은 각자가 사는 세계가 다르기 때문이다. 즉 '일인일우주'이기 때문이다. 우리는 아침마다 눈을 뜬다. 우리 모두 커다란 우주를 짊어지고 눈을 뜨는 것이다. '나'라는 생각, '나'라는 언어가 있는 한 우리들은 '자기'라는 감옥 속에 갇힌 같은 죄인일 뿐이다. 그렇다면 이제 어떻게 해야 할까?

해답은 간단하다. 앞에서 말한 '나'라는 생각, '나'라는 언어가 일으키는 가능력을 점차로 마음 깊은 곳에서부터 없애 가면 된다. 이를 위해서는 표층부터 변화시켜야 한다. 간단히 말하면 '지금'과 하나가 되어 살아가는 수밖에 없다. 과거는 이미 지났다. 미래는 아직 오지 않았다. 그렇다면 현재는 언제인가? 이것이 문제다. 시간과 공간은 우리

동쪽에 병든 아이 있으면 가서 돌봐 주고
서쪽에 고단한 어머니가 계시면 가서 그 볏단을 짊어져 주고
남쪽에 다 죽어 가는 사람이 있으면 가서 두려워할 필요 없다고 말해주고
북쪽에 싸움이나 소송이 있으면 부질없는 짓이니 그만 두라고 말리고

가뭄이 들면 눈물을 흘리고
냉해 든 여름에는 어찌할 바 몰라 허둥거리고
모든 사람에게 바보 소리를 들으며
칭찬도 듣지 않지만 걱정거리도 되지 않는
그런 사람이 나는 되고 싶다.

속에 갖추어져 있다. 시공간은 각자 구성한 것이고, 우리는 모두 별도의 시공간 속에 살고 있다. 공통의 시공간은 없다. 불도(佛道)의 길은 각자 자신의 세계를 변화시키기 위해 '지금'과 하나가 되어 살아가고, 자신의 심층에서부터 마음을 정화시켜 가는 것이며, 자신 속에서 자기 혁명을 실행해 가는 것이라고 생각한다. 자기 혁명을 실행하는 동시에 공동체의 행복을 지향함으로써 훌륭한 세계가 펼쳐질 수 있으리라고 나는 확신한다.

나는 어떤 존재인가

언어가 있어 사물이 있다. 다시 말해 '사물이 있어 언어가 있는 것이 아니라, 언어가 있어 사물이 있다'는 것이다. 이것이 유식사상의 기본교리다. 이것이 사실이지만, 우리는 일상의 마음에서 이 사실을 알아차리지 못한다. 조용히 요가를 하며 선정을 수행하여 반야의 지혜를 닦아서 이 사실을 알아차리는 것, 넓게 말하면 반야바라밀다를 실천함으로써 우리 안에 내재하고 있는 반야의 지혜를 기르는 것이 불교의 가장 큰 목표다.

보통 우리는 말[언어]대로 사물이 존재한다고 착각한다. 과연 그럴까? 예를 들어 자연계는 자기 바깥에 있다고 생각한다. 그러나 산이나 강, 나무 등 모든 것은 내 마음속에 있으며, 외계에 존재하지 않는다. 불교에서는 자연계를 '기세간(器世間)'이라고 하는데, 기세간은 사람들[유정]의 공통의 업[karma]에 의해 만들어진다고 유식사상은 주장한다. 확실히 우리들이 "여기에 한 그루의 나무가 있다"고 언어로 말하기 때문에 거기에 한 그루의 나무가 존재하게 된다.

이처럼 자연이든 타인이든 일체 존재를 우선은 마음속에 환원하여 '그것이 무엇인가?'라고 추구하고 관찰해 가는 것이 요가의 관찰 방법이다. 방금 '추구'라는 현대적인 용어로 표현했지만, 추구하는 마음을 불교 용어로 '심사(尋伺)'라고 한다. 추구하는 마음·심사하는 마음은 대단히 중요하다. 이 마음이 없으면 보다 깊이 있는 것을 찾아낼 수 없다.

그렇다면 가장 중요한 추구의 대상은 무엇일까? 바로 '자신'이다. '나는 무엇인가? 나는 도대체 무엇인가?'라는 자기구명(自己究明)이야말로 남녀노소를 막론하고 인생에서 언제나 행해야 할 가장 중요한 일이 아닐까! 이 '무엇'·'무언가'를 추구하는 마음의 에너지가 있는 곳까지 가면 이번에는 자신에게 되돌아온다. 이때 상쾌한 지혜로 변화한다. 멍하니 있으면 지혜뿐만 아니라 아무것도 솟아나지 않는다. 누르지 않으면 되돌아오는 것도 없다. 여기서도 '이것[A]이 있으면 저것[B]이 있고, 이것[A]이 없으면 저것[B]도 없다'라는 연기의 도리가 작동한다. 이처럼 연기는 간단한 법칙이다. 자연과학적인 법칙이라고 할 수 있다. 이 연기의 도리에 따라 '이것[A]이라는 무엇이 있기 때문에 저것[B]이라는 것이 있는가? 생기하는가?'라고 추구하는 것을 '연기관(緣起觀)'이라고 한다. 지긋이 벚꽃과 하나가 되어가는 것뿐만 아니라 왜 꽃이 피는가 하고 꽃이 피는 원인을 생각한다. 그러면 기온이 올라 잎이 자라서 꽃이 핀다는 결론에 도달한다. 이처럼 현상을 개별적으로 관찰해 가는 것을 '아비달마(abhidharma, 존재의 분석)'라고 한다. 이처럼 불교는 자연과학적인 방법을 취한다. 그리고 개별적인 현상에서 보편적인 관찰로 옮겨 간다. 다시 말해 살아 있는 것은 무상의 바람에 의해 날아가 사라져 버린다는, 모든 것에 걸쳐 있는 그와 같은 도리를 꿰뚫어 본다. 그리고 마지막에 언어에 의해 표현된 연기의 도리·무상의 도리의 깊은 곳에 있는 '진여(眞如)'에 이르는 것을 목표로 한다.

이분법적 사고에서 벗어나다

여기서 『반야심경』의 경문을 잠깐 살펴보자. 『반야심경』에 나오는 경문 중에서 가장 유명한 구절은 '색즉시공 공즉시색(色卽是空 空卽是色)'이다. 왜 '색즉시공'이라고 했을까? 무엇 때문에 존재하는 모든 것을 '공'으로 보아야 할까? 이 문제부터 설명하고자 한다.

이것은 한마디로 말하면, 말[언어]대로 사물이 존재한다고 착각하는 우리의 잘못을 고치기 위한 것이다. 역사적 관점에서 보면, 부파불교의 사람들[특히 설일체유부][7]은 진리를 말[언어]로 표현할 수 있다고 과신(過信)했다. 그래서 대승불교에서는 다시 부처님께서 깨달은 진리의 세계로 되돌아가자는 뜻에서 말로 표현할 수 없는 부처님의 깨달음을 드러내기 위해 저 방대한 반야경전들을 작성하였는데, 그 핵심을 부정의 반복인 『반야심경』으로 정리하였다. 그래서 '그러므로 공에는 색도 없고, 수·상·행·식[오온]도 없다'고 설했다.

다음으로 경전 서두에 "관자재보살이 심오한 반야바라밀다[완전한

---

7 설일체유부(說一切有部, sarvāstivādin)란 일체법(모든 존재, sarva)이 존재(有, asti)한다고 설하는 부파(部派, vādin)라는 의미다. 다시 말해 일체법인 5위 75법이 삼세[과거·현재·미래]에 실유한다고 주장한다.

지혜]를 실천할 때 오온이 모두 공이라는 것을 조견하여, 일체의 괴로움과 재앙을 건넜다."고 설하고 있다. 이 경문에서 우선 무엇 때문에 '오온은 모두 공'한 것인지 살펴볼 필요가 있다. 그 힌트는 "얻어지는 것이 없기 때문이다. 보살[보리살타]은 반야바라밀에 의지하기 때문에 마음에 가애도 없다. 가애가 없기 때문에 두려움도 없고, 전도몽상도 멀리하였다."(以無所得故 菩提薩埵 依般若波羅蜜多故 心無罣礙 無罣礙故 無有恐怖 遠離顚倒夢想)는 경문이다. 소득이 없다는 것은 어떤 것도 마음으로 얻는 것이 없으며, 어떤 장애도 없다는 것이다. 보살은 반야바라밀다를 실천함으로써 마음에 가애 즉, 장애가 없어지고 장애가 없기 때문에 공포가 없으며, 일체의 전도, 다시 말해 인식적인 잘못이나 지성의 오류가 없어져 버린다는 것이 이 경문의 의미다.

그러나 이것은 보살의 삶이다. 우리 범부는 마음에 가애가 있다. 갖가지 생각·분별·언어가 마음을 둘러싸고 있기 때문에 우리는 공포를 느끼고 잘못을 저지르면서 매일매일 살아가고 있다. 앞의 경문은 이런 미혹이나 괴로움으로부터 해탈하기 위해 반야바라밀다를 수행해야 한다고 우리에게 호소한다.

기독교에는 '신(神)'이라는 말이 있다. 불교에서 이에 상당하는 말이 있다면 '청정(淸淨)'일 것이다. 그러나 '청정하게 되자'는 것은 불교만이 아니라 이슬람교·기독교 등 모든 종교에서 공통적으로 주장하는 바다. 우리들이 만약 마음 깊은 곳에서부터 청정하게 된다면 선악을 구별하는 장애가 없어지고, 선악에 구애되지 않는 대범한 마음으로 살아갈 수 있을 것이다. 『반야심경』의 공은 이러한 대범한 마음을 설하는 것이라고 생각한다.

힌두교[바라문교]에서는 선을 쌓아 사후에 천계로 가고자 한다. 그러나 불교는 이러한 생각에 반대한다. 왜냐하면 선을 행하여 천계에 태어나더라도 그곳은 여전히 괴로움의 세계이기 때문이다. 불교는 선악을 벗어난 공의 세계에 이르러 모든 것은 공(空)하다고, 즉 '중(中)'이라고 알고, 그 '중'을 실천하여 최종적으로는 열반에 이르고자 하는 것이다. 부처님은 이처럼 인간의 새로운 삶의 방식을 제창한 것이다. 이처럼 이분법적으로 사고에서 벗어나 살아가는 것, 즉 '공을 실천'하는 것을 지금부터 『반야심경』에서 배워 보자.

'나'는 없고, '작용[움직임]'만이 있다

다시 마음속에 장애가 있으면 공포나 오류가 일어난다는 것으로 화제를 돌려보자. 예를 들어 나에게 미운 사람이 있다고 하자. 이때 우리는 '미운 사람'이 내 눈앞에, 즉 내 마음 바깥에 있다고 생각한다. 하지만 과연 그럴까! 한번 생각해 보자. 미워하는 감정[마음]이 없으면 미운 사람은 결코 내 눈앞에 나타나지 않는다. 즉 미운 사람이란 단지 내 마음대로 마음속에서 만들어 낸 영상이다. 미운 감정이 있기 때문에 미운 사람이 나타나는 것이다. 이 연기의 도리를 확실하게 마음속에서 확인해 보자. 그러면 모든 존재는 '식(識)', 즉 마음이 변화한 것이라는 유식사상의 근본 주장을 확실하게 알 수 있다. 미운 사람뿐만 아니라 일상생활에서 일어나는 갖가지 현상도 마음속에 환원하여 조용히 관찰해 보는 것이 중요하다.

그러면 존재하는 모든 것이 자신 속에서 분출한 '감각 데이터(sense

data)'·'생각(thinking)'·'언어(language)'에 의해 짜인 임시적인 존재라는 것이 확실해진다. 사물이든 미운사람이든 그 무엇이든 우리가 이러한 영상에 생각과 언어를 부여하는 순간 그것을 [다시 말해 마음과 별도로 마음 바깥에 존재한다고 생각하여] 거기에 집착하게 된다. 마음 바깥에 던져 집착하는 것을 유식에서는 '변계소집성(遍計所執性)'이라고 한다. '변계'란 언어로써 파악한 것이며, '소집'은 생각에 의해 집착된 것이라는 뜻이다.

우리는 언어와 생각 때문에 수많은 것에 집착하게 되는데, 그중에서도 최고의 집착 대상은 바로 자기 자신이다. 예를 들어 손을 보고 이것은 "내 손이다"라고 말하고, '나는 존재한다'고 착각한다. 손이라는 언어에 대응하는 것은 시각으로 파악할 수 있다. 그러나 '나'라는 언어에 대응하는 것은 찾을 수 있을까. 아무리 찾아도 결코 발견할 수 없다. '나'라는 것은 단지 언어의 울림[외침]뿐이며 어디에도 존재하지 않는다. 내 자신뿐만 아니라 타인도 마찬가지다. 우리는 타인이 나 자신을 떠나 존재한다고 생각하고 여러 가지 대립관계를 일으켜 괴로워한다. 그러나 타인과 나를 연기의 도리로 관찰하면 삶의 방식은 바뀐다. 예를 들어 지하철에서 좌석에 앉았다면 서 있는 사람에게 마음속으로 '감사합니다'라고 말하며 합장하면 어떨까. 그 사람이 서 있어서 내가 앉을 수 있었던 것이기 때문이다. 이와 다르게 나와 타인을 완전히 별개의 실체적 존재로 파악하면, 내가 지하철에 빨리 타서 자리에 앉는 것은 당연하다고 생각해 버린다. 즉 대립관계가 생긴다.

우리는 태어나는 순간부터 다른 것에 의해 살려지고 있는(다른 것의 도움으로 살아가는) 존재다. 이것을 유식에서는 '의타기성(依他起性)', 즉

'다른 것에 의지해서 생기한 존재'라고 한다. 심장도 내 자신의 의지와는 상관없이 움직인다. 또한 눈을 뜬 순간 사물이 보인다. 내가 보려고 해서 보이는 것이 아니다. 즉 내가 보는 것이 아니라 보이고 있는 것이다. 그러므로 눈이 보는 순간 "감사합니다"라고 해야 하지 않을까. '눈이 본다'·'나는 살려지고 있는 존재'라는 경이로운 사실을 순간순간 실감한다면 열심히 살고자 하는 에너지가 분출할 것이다.

'내 손'·'내가 본다'라는 생각의 오류를 다시 한 번 확인해 보자. 앞에서 잠시 언급했지만, '나'는 없고 단지 손만이 있으며, 본다는 작용만이 있다. '나'라는 것은 단지 '언어'일 뿐이다. 이것을 유식(唯識), 즉 '오직 식(識)뿐이다'라고 할 수 있다. 바꾸어 말하면, 유법(唯法)·유행(唯行)·유온(唯蘊)이라고 할 수 있다. 유법이란 단지 존재의 구성요소뿐이라는 것이다. 유행이란 단지 에너지의 변화체·현상세계뿐이라는 것이다. 그리고 유온이란 색·수·상·행·식의 오온뿐이라는 의미다.

모든 것을 마음에 환원하여 생각과 언어를 떠나 있는 그대로 존재를 관찰한다. 대상과 하나가 되어 관찰한다. 이 견해를 가지게 해주는 것이 염불(念佛) 또는 입식출식념(入息出息念)이라고 할 때의 '염(念)'이라는 마음이다. 염심(念心)이란 '오직(唯)'과 하나가 되는 것이라고 할 수 있다. '오직(唯)'이란 '유식(唯識)'이라고 할 때의 '오직(唯)'과 같은 글자이다. '오직'이 정말로 훌륭하고 고마운 말이라는 것을 최근 알게 되었다. 왜냐하면 우리는 '오직(唯)'이라는 언어를 기반으로 자신을 변화시킬 수 있기 때문이다.

마지막으로 '공'의 원어에 대해 살펴보자. 공의 원어는 '슌냐(śūnya)'로 제로(0)를 의미한다. 그러나 제로 즉, 공은 결코 허무의 의미가 아니다. 숫자 제로는 플러스도 마이너스도 될 수 있는 모든 숫자의 근본이다. 이처럼 공은 일체 존재, 유식학적으로 말하면 내가 그 속에 갇혀 우왕좌왕하고 있는 세계의 심원(深源)이자 바탕이라고 말할 수 있다.

이처럼 존재의 바탕에 다가가는 것을 목표로 지금부터 23회에 걸쳐 반야심경을 여러분들과 함께 살펴보고자 한다.

—

제2강

공과 관자재보살

'무엇(왜)' · '어떻게'라고 묻는 삶의 방식

●

관자재보살이 심오한 반야바라밀다[완전한 지혜]를 실천할 때 오온이 모두 공하다는 것을 조견하여, 일체의 괴로움과 재앙을 건넜다.
觀自在菩薩 行深般若波羅蜜多時 照見五蘊皆空 度一切苦厄

『반야심경』의 첫 구절부터 살펴보자. 나는 이 경문이 '인간은 어떻게 살아야 하는가?'를 말하고 있다고 생각한다. 우리는 인간으로 태어났다. 36억 년 전 해저에서 화산 폭발이 일어나, 그 근처에서 발생한 생명의 근원체가 진화하여 오늘날 지구상에 천만 종의 생물이 서식하고 있다. 이처럼 무수한 생명이 진화해 왔는데, 그 생명의 하나로서 내가 태어났다. 생명의 인과를 거슬러 올라가 보면 불가사의한 기분이 들지만, 인간으로서 우리는 지금·여기에 이렇게 태어났다는 자각이 있는 것이다. 아마도 인간만이 스스로가 인간임을 자각하는 유일한 생물일 것이다. 그것은 뇌세포가 발달했기 때문이다. 인간은 자기 자신을 객관화하여 언어로 생각하는 능력을 가졌으므로 자신이 어떤 존재[방식]로 살아야 하는지를 생각할 수밖에 없는 존재다.

어떤 결과를 초래하는 원인에는 '인(因)'과 '연(緣)'이 있다. '인연생기(因緣生起)'라고도 하는데, 인과 연에 의해서 모든 것이 생긴다는 것이 불교의 기본적인 생각이다. 그중에 인은 근본적인 원인[직접적인 원인]이며, 연은 보조적인[부차적인] 원인이다.

최근 젊은이들이 살인 사건뿐만 아니라 여러 범죄를 일으켜 커다란 사회 문제가 되고 있다. 젊은이들뿐만 아니다. 경찰을 비롯해 관료, 경제인, 정치인에 의해 여러 부정이 저질러지고 있으며, 일반인의 윤리 도덕심 결여로 여러 사건들이 일어나고 있는 것이 현실이다. 그래서 우리는 정치·경제·교육적인 측면에서 대응하여 시정하려는 방법을 찾아야 한다고 생각한다. 이를 불교적으로 말하면 모든 연을 바르게 하는 것이다. 이보다 더 중요한 것은 직접적인 원인인 인(因)을 바르게 하는 것이다. 도덕윤리 교육을 다시 부활시켜 민심(民心)을 바르게 하는 것도 중요하다. 그러나 이런 것은 위에서 강요하는 방식이 될 수밖에 없다. 무엇보다 한 사람 한 사람의 의식을 변혁시키는 것을 목표로 삼는 것이 중요하다. 한 사람 한 사람의 의식이야말로 모든 것의 근본 원인이기 때문에 사회의 변혁은 사회를 구성하는 개개인의 의식을 변혁시키는 것으로부터 시작해야 한다.

앞에서 '의식'이라는 표현을 했는데, 보다 엄밀하게 말하면 인간의 의식 본질은 '의지'다. 그 의지 중의 하나를 불교적으로 표현하자면 '서원(誓願)'이라고 할 수 있다. 서원을 가진 인간으로서 살고 있고, 살아야만 하는 관점에서 보면 『반야심경』의 첫 문장은 모든 인간의 의식변혁의 방향을 제시하고 있다고 나는 생각한다.

우선 어떤 인간으로서 살아야 할까? 이 물음의 대답으로 등장하는 것이 관자재보살이다. '나는 보살로서 살겠다'고 발심하는 즉, 서원을 일으키는 것이 중요하다. 불교에는 아주 많은 개념[용어]이 있지만, 나는 '보살'만큼 중요한 말은 없다고 생각한다. 보살은 지혜를 닦아 자비를 실천한다는 서원을 세운 사람인데, 지혜를 닦기 위해서 우선 무엇을 실천해야 할까? 『반야심경』에서는 '반야바라밀다를 실천'해야 한다고 말하고 있다. 반야바라밀다에 대해서는 나중에 자세하게 설명하겠지만, 한마디로 말하면 '어떤 존재인가[도대체 무엇인가]'를 추구하고 관찰해 가는 실천행이라고 할 수 있다. '도대체 무엇인가?' 하고 추구하는 것이야말로 삶의 중요한 기본자세가 아닐까. 아침에 눈뜨는 순간부터 우리는 어린아이로 돌아가 '도대체 나와 우주는 무엇인가?'라고 물어야 할 것이다. 그리고 입관하는 순간까지 나는 도대체 어떤 존재인가를 계속해서 묻는다면 죽음도 지금까지 품어 왔던 것과는 다르게 경험될 것이다.

하여튼 보살은 무언가를 추구하면서 반야바라밀다를 수행한 결과 '오온은 모두 공하다는 것을 조견'한 자이다. 오온이란 몸과 마음을 구성하는 색·수·상·행·식의 다섯 개의 구성요소를 말한다. 초기경전의 용어로 표현하면 '오온은 모두 무아'라고 할 수 있다. 이처럼 공을 무아로 바꾸어 표현할 수 있지만, 반야경을 작성한 사람들은 슌냐(śūnya), 즉 공이라는 언어를 사용하여 '오온은 공'이라고 표현했다. 보살은 반야의 지혜에 의해 몸과 마음을 구성하는 요소는 모두 공이라고 조견하였다.

오온 중의 하나인 색(色)에 대해 살펴보자. 색이란 넓게는 물질적인 것, 좁게는 육체[신체]를 말한다. 우리는 자기의 몸을 보고 몸은 존재한다고 한다. 그러나 보살은 반야바라밀다를 실천하고 반야의 지혜를 몸으로 체득하여, 몸[신체]은 공(空)이라고 본다. '인간은 어떻게 살아야 하는가? 어떻게 사람들과 함께 행복하게 살 것인가?'라는 문제의식을 지니고서 다시 한 번 시각을 통해서 존재를 살펴보았을 때, 시각은 어떤 의미에서는 장애가 된다는 것을 알 수 있다. 우리는 눈으로 많은 것을 본다고 생각하지만, 존재 전체의 표면만을 볼 뿐이다. 이 사실을 '조견오온개공'의 구절을 통해 알 수 있다.

반야의 지혜라는 눈은 감각 데이터·생각·언어 너머에 있는 것을 비추어 보는 것이다. 이 '비추어 보다' 즉, '조견'의 범어는 '파스야티(paśyati, 보다)'라는 동사인데, 현장은 이를 조견이라는 명사로 한역하였다. 낡은 청동거울을 닦으면 빛을 발하여 거울이 되듯이, 우리의 마음도 거울처럼 닦고 또 닦으면 본래 가지고 있는 '비추어 보는' 힘이 나타난다. 그 결과 '오온은 모두 공하다'고 비추어 볼 수 있는 것이다.

이상으로 나는 도대체 어떤 존재이냐는 물음에 대한 대답을 했다. 그리고 또 하나, 어떻게 살아야 하느냐는 물음에 대한 대답이 '도일체고액(度一切苦厄)'이다. 모든 것은 공하다고 깨닫는 것이 지혜이지만, 이 지혜가 근거가 되어 타자와 나의 괴로움을 제거하여 미혹에서 깨달음으로 가는 자비의 움직임이 전개된다.

인생의 목적은 무엇인가? 『반야심경』의 첫 경문은 목적의식을 상실한 현대인에게 삶의 의의(意義)와 목적은 '여기'에 있다는 사실을 반아들이는 의식의 변혁을 강하게 요구하고 있다고 나는 생각한다.

보살은 지혜와 자비를 몸으로 나타낸 자[體現者]이다

이제 관자재보살에 대해 설명해 보자. 보살(菩薩)이란 범어 보디사트바(bodhi-sattva)를 음사한 보리살타의 줄인 말이다. 보리(菩提, bodhi)는 각오(覺悟) 즉, 깨달음의 지혜로 의역하며, 살타(薩埵, sattva)는 유정(有情) 또는 중생으로 의역한다. 현장 이전에는 중생[살아 있는 뭇 생명]으로 번역했지만, 현장은 이에 의문을 품고 유정(有情, 감정을 가진 자)이라고 번역했다. 왜냐하면 중생이라고 하면 생명이 있는 식물까지도 포함하기 때문이다. 현장의 제자 자은대사 규기는 감정(情)과 지성(識)을 가진(有) 자라는 의미로 유정식(有情識)이라고 주석하고 있다. 보디사트바를 인간으로 한정시키면 '보리를 구하는 자'·'깨달음을 구하는 자'라는 의미다. 그러나 보살은 깨달음만 구하지 않는다. 보살은 '상구보리 하화중생(上求菩提 下化衆生)'의 2대 서원을 세우고 살아가는 인간을 가리킨다. 즉 보살은 보리[지혜]를 구하는 자리행(自利行)과 중생을 제도하려는 이타행(利他行)을 동시에 행하는 사람이다. 제도[濟度=化度]란 괴로운 상태에서 즐거운 상태로, 미혹으로부터 깨달음의 세계로 건너게(渡=度) 해주는 자비행을 의미한다. 이 두 개의 서원을 가지고 사는 사람 즉, 자리와 이타로 살아가는 사람을 보살이라고 한다. 예를 들어 우리에게 늙어가는 것은 대단히 괴로운 일이다. 그러나 반야바라밀다를 실천해 가면 반야가 몸에 배어 늙는다는 괴로움이나 불안이 없어지게 된다. 이것이 자리다. 이처럼 자리는 자기 자신에게 안락함을 가져다 줄 수 있다. 그러나 이는 하나의 측면에 불과하다. 동시에 그 반야의 지혜에 기초하여 하화중생의 자비를 실천해야 한다. 그러므로 지혜와 자비, 즉 인간의 2대 존엄성의 실현을 목표로 노력하는 사람을 보살이라고 할 수 있다.

보살을 '보살마하살(菩薩摩訶薩)'이라고 하는 경우도 있는데, 마하살은 '마하사트바(mahā-sattva)'의 음사로 마하(摩訶)는 '위대한', 살(薩)은 살타로 '사람[중생]'을 의미하기 때문에 마하살은 위대한 사람이라는 뜻이다. 그런데 왜 보살을 위대한 사람이라고 하는가? 자리뿐만 아니라 이타도 중히 여기기 때문이다. 이 점이 중요하다. 타자의 구제를 평생의 목적으로 삼는 것에 인간[보살]의 위대성이 있다.

또 다른 보살의 해석을 소개하겠다. 삼장법사 현장의 제자이자 중국 법상종의 창시자인 자은대사 규기는 『반야심경유찬』에서 보리를 반야, 살타를 방편으로 해석하고 있다. 여기서 살타를 사람이 아니라 '방편'으로 파악한 점이 특이하다. 보살로서 살기 위해서는 지혜와 더불어 자비가 없으면 안 되는데, 자비를 실천할 때에는 잘못된 방법을 사용하면 안 된다. 살타를 사람이 아니고 방편으로 파악한 것은 자신을 방편으로 여기고, 근기에 따라 적절한 방법으로 자비행을 전개할 수 있는 사람, 이런 사람을 보살이라고 해석하기 때문이다. 우리는 자신이 존재한다고 착각하고 있다. 이것을 '변계소집성의 나(我)'라고 한다. 즉 언어로 생각하고 집착된 나(我)이다. 그러나 이런 나는 정말로 존재할까?

며칠 전 유식학파의 대표적인 논서인 『유가사지론』을 읽었는데, 다음과 같은 존재 분류법이 눈에 들어왔다.

유(有) - 유위(有爲)·무위(無爲)

무(無) - 아(我)·아소(我所)

유위란 만들어진 것, 즉 현상세계를 가리킨다. 달리 표현하면 오온이다. 반면 무위란 만들어지지 않은 것, 즉 공·무아·열반을 말한다. 이런 것들은 존재하는 것[有]이지만 존재하지 않는 것[無]은 아와 아소, 즉 나와 나의 것이라고 한다. 이것은 정말 주목해서 생각해 보아야 할 주장이다. 조용히 마음의 내면에 머물러 마음을 관찰하면 나[자신]라는 것은 감각의 데이터·생각·언어가 짜내어 만든 영상에 지나지 않는다는 것을 알 수 있다. 존재한다고 하더라도 임시적으로 존재한다는 점에서 나를 '가아(假我)'라고 파악하는 것이 필요하다. 임시적으로 존재하는 나를 『반야심경』의 말로 표현하면 '색즉시공 공즉시색으로서의 나', 즉 '있는 것 같지만 없으며, 없는 것 같지만 있는 나'라고 할 수 있다. 이런 나 자신을 이해할 필요가 있다. 있는 것 같지만 없기 때문에 거기에 집착하는 자기를 비워갈 수 있다.

그러나 없는 것 같지만 있는, 그래서 괴로워하는 타자와 나를 구제하려고 하는 마음이 일어난다. 있는 것 같지만 없는 나는 '색즉시공으로서의 나'이다. 자기를 공이라고 하더라도[비워가더라도] 허무하게 되는 것은 아니다. 별도로 있는 것으로서 존재하는, 즉 반야의 지혜가 눈앞에 나타난다. 여기에 '공즉시색으로서의 나'에게 '사람들을 구제하여 더불어 행복한 사회를 만들자'라는 결의가 솟아오를 것이다.

앞에서 말한 '가아(假我)'도 중요한 말이다. 가아 즉, 임시적으로 존재한다는 것은 어떤 것인가? 관점을 바꾸어 말하면 '살려지고 있는 존재'라고 할 수 있다. 나는 의타기성으로서의 존재, 다른 것에 의해 살려지고 있는 존재다. 실로 헤아릴 수 없이 많은 연(緣)에 의해, 즉 다른 존재에 의해 지금 이 순간 자신이 존재한다는 사실은 깊이 생각하지 않아도 직관적으로 알 수 있는 것이다. 이 직관을 '반야'라고 불러도 좋을 것이다. 궁극적인 반야의 지혜는 격렬한 수행을 통해 몸으로 체득하는 것이지만, 우리 범부는 이미 반야의 지혜를 가지고 있다. 때문에 비록 한 순간일지라도 우린 보살이 될 수도 있고, 부처가 될 수도 있다. 자신을 계속 범부나 미혹한 자로 생각해 버리면 우린 그런 자신에게 구애되어 변계소집성의 세계에 살게 된다. 그렇기 때문에 우리가 보살이나 부처가 되는 순간도 있다는 생각이 중요하다. 이런 신념이 대승불교를 흥기시킨 사람들 중에서 '불성(佛性)'이라는 생각을 창출했을 것이다.

앞에서 무아·공·가아(假我)라는 표현을 했다. 이런 언어를 단순히 학문적으로만 배워서는 안 된다. 그 언어들을 마음속에 떠올려서 그 언어가 의미하는 그 자체, 즉 언어가 없어져 융화해 가는 것을 파악하는 것이 요가나 선정의 목적이다. 마음속에 떠올리는 것을 '영상(影像)'이라고 한다. 유식의 초기 논서로 미륵보살의 저작으로 알려진 『유가사지론(瑜伽師地論)』에서는 "요가[止觀]를 수행하는 것에 의해 최종적으로는 영상을 넘어 알아야 할 것을 바로 보는 현량지(現量智)가 생긴다"고 설한다. 즉 언어나 영상의 저쪽에 있는 '그것 자체'를 파악하고자 하는 의지가 없으면 불도를 닦는 의미가 없다는 것이다. 도겐 선사는 "발심이 바르지 않으면 만행(萬行)은 공허하다"라고 말했다. 초발심이나 지향하는 목적이 바르지 않으면 수많은 수행을 쌓아도 전부

공허하다는 의미다.

보살은 바르게 발심하여, 자신은 가아(假我)이지만, '상구보리 하화중생'의 서원을 세우고, 용맹한 의지를 가지고 살아가는 사람이다. 나는 서원을 배울 때마다 미야자와 겐지의 〈비에도 지지 않고〉라는 시를 떠올린다. 나는 이 시를 참 좋아한다. 내 삶을 받쳐 주는 기둥 역할을 하고 있다. "비에도 지지 않고 바람에도 지지 않고 더위에도 지지 않고, 그리고 조용히 웃는 그런 사람이 되고 싶다"라는 것은 바로 보살의 '상구보리' 서원이다. 그리고 "동쪽에 병든 아이가 있으면 가서 간병해 주고, 서쪽에 피곤한 어머니가 있으면 가서 그 볏단을 짊어져 주고, 남쪽에 다 죽어가는 사람이 있으면 가서 두려워할 필요가 없다고 말해 주고, 북쪽에 싸움이나 소송이 있으면 부질없으니 그만두라고 말하는 그런 사람이 나는 되고 싶다"라는 것은 바로 '하화중생'의 서원이다. 이 중에 '남쪽에 다 죽어가는 사람이 있으면 가서 두려워할 필요가 없다고 말해 주고……'라고 말할 수 있는 사람이 되고 싶다는 것은 작가 자신의 바람이다. 정말로 어려운 일이지만, 만약 이것이 가능하다면 그야말로 최고의 보살행이다.

나도 인연이 있어 몇몇 분과 죽음을 맞이한 사람이 마지막으로 쉴 수 있는 장소를 만들려고 계획하고 있다. 지금 일본에서는 노인들이 지낼 수 있는 집[노인 요양원]을 건설하는 데 힘을 쏟아 많은 예산을 배정하고 있지만, 건물을 지을 장소를 구하지 못하고 있다. 내가 살고 있는 도시에서도 금년 예산으로 200억 엔[약 2000억 원]을 배정했지만, 건물을 지을 토지를 구하지 못하고 있다고 한다. 내가 하고자 하는 것은 단순히 노인들을 신체적으로 간호하는 자원봉사가 아니다. 나는 보살핌을 받는 사람과 간호하는 사람, 즉 양자가 죽음이 무엇인지, 죽어 간다는 것은 어떤 것인지를 함께 생각하고 죽음에 대해서 함께 자각해 갈 수 있는 그런 장소를 만들고 싶다. 이런 공간이 생기면 얼마나 좋을까!

죽는 순간, 죽음을 어떻게 생각하고 알아야만 할 것인가? 다음과 같이 생각해 보자고 제안하고 싶다. 불교에는 생사윤회라는 가르침이 있다. 이것은 두 가지 관점에서 보아야 한다고 생각한다. 하나는 언어로 말할 수 없는 세계, 즉 승의제(勝義諦)의 세계에서 보면 생사윤회는 없다. 보다 정확하게, 있는 것도 아니고 없는 것도 아닌 공(空)이라고 말할 수밖에 없다. 그러나 이것은 비유하자면 종이 안쪽 면이다. 종이의 표면, 즉 세속제(世俗諦)의 세계는 있다·없다고 분별하여 살아가는 세계이다. 때문에 이 세계에서는 생사윤회와 관련시켜 자신의 생과 죽음을 어떻게 파악하고, 사람들에게 호소할 것인지가 문제가 된다. 여기서 나는 '생사를 거듭하면서 세세생생(世世生生)에 걸쳐 함께 생사의 괴로움으로부터 해탈하는 것을 지향하여 노력 정진해 보자. 죽어도 죽지 않는다. 아니 죽어서는 안 된다. 살아 있는 생명을 위해 다시 태어나자'라는 서원을 세워 죽음을 맞이하자고 호소하고 싶다. 이것이야말로 생사에도 열반에도 머물지 않는 무주처열반(無主處涅槃)에 머무는 보살의 삶이다. 진정 훌륭한 삶의 방식이자 죽음의 방식이 아닌가?

물론 이와 같은 것을 심저(心底, 마음 깊은 곳)에서부터 말할 수 있는 것은 '오온이 모두 공하다'고 조견한 사람뿐이다. 그러나 방편이라도 좋다. "살아 있는 생명을 위해 다시 태어나자"고 자신에게도 말하고,

타인에게도 호소하면 어떨까. 그러면 죽음을 맞이할 때 용기가 솟아 오를지 모른다.

보살의 종류

다음으로 4종류의 보살에 대해 설명하겠다.

신발의보살(新發意菩薩)
구발의보살(久發意菩薩)
불퇴전보살(不退轉菩薩)
일생보처보살(一生補處菩薩)

먼저 신발의보살은 처음으로 '상구보리 하화중생'의 서원을 세운 초발심의 보살이다. 오늘 여기에서 이 서원을 자신 속에 세운다면 그 사람은 오늘부터 신발의보살이 된다.

구발의보살이란 삶과 죽음을 거듭하면서 오랜 기간 보살의 서원으로 계속해서 살아온 자다.

불퇴전보살이란 어떤 어려움을 만나도 굴하지 않고 보살의 길을 계속해서 걸어가는 자다. 신발의보살과 구발의보살은 고난을 이기지 못하고 보살의 길에서 퇴전하는 경우가 있지만, 불퇴전보살은 백 천만의 괴로움이 자신에게 닥쳐도 조금도 굴하지 않고 퇴전하지 않는 자다.

일생보처보살이란 보살로서 최후의 생애를 보내고 다음 생에서는 부처가 되는 보살이다. 이런 보살로는 지금 도솔천에 거주하는 미륵보살이 유명하다.

또한 보살은 '초심(初心)보살'과 '숙달(熟達)보살'로 크게 나누기도 한다. 그중에 숙달보살은 관세음보살·보현보살·문수보살·미륵보살 등이 있다. 이 중에 관세음보살은 우리에게 친숙하다. 여러분들도 한 번쯤은 관세음보살에게 기도한 적이 있을 것이다. 그런데 주의할 것이 있다. 지나치게 관세음보살에게 의존하여 관세음보살이 나를 떠나 내 바깥에 있다고 생각하면 곤란하다. 그렇게 되면 관세음보살은 '변계소집의 관세음'이 되어 버린다. 모든 것은 자신의 마음속[內]에 있다는 유식의 입장은 아니더라도 관세음보살은 내 마음속에 계시다고 생각하고 기도하는 것이 필요하다고 생각한다. 방금 '안[內]'과 '바깥[外]'이라고 표현했지만, 조금 깊이 생각해 보면 이것도 문제가 있다. 인간은 보통 이분법적으로 사물을 생각한다. 언어를 사용하는 한 인간은 이분법적으로 사고하게 된다. 그러나 이분법으로는 사물의 본성을 제대로 볼 수 없다. 그러므로 '관세음보살은 안도 바깥도 아니다'라고 관찰해야 한다. 이것을 '중도'라고 한다. 중도란 두 개의 극단적인 견해에서 벗어나 '중(中)'을 알아 '중'을 실천하는 지행합일의 삶의 방식이다. 그러므로 관세음보살은 '안에도 바깥에도 계신다, 또는 안에도 바깥에도 없다'고 생각해서 관세음보살이라는 말의 저쪽에 있는 '그 자체'를 파악할 필요가 있다.

관자재

'관자재(觀自在)'란 현장의 번역이다. 구마라집은 관세음(觀世音)

·관음·세음으로 번역한다. 관자재의 범어는 '아발로키타 이스바라(avalokita-īsvara)'인데 아발로키타(avalokita)는 '관하다', 이스바라(īsvara)는 '자재'라는 의미다. 관찰하는 것이 자재인 보살이 관자재보살이다. 반면 관세음 내지 세음의 범어는 '아발로키다 스바라(avalokita-svara)'인데 아발로키다(avalokita)는 '관하다', 스바라(svara)는 음[소리]이라는 의미다. 그러므로 관세음이란 세상 사람들의 괴로운 소리를 관하는 보살이다. 이것은 『반야심경』의 또 다른 한역자인 구마라집의 번역이다. 하여튼 『반야심경』 현장 역본에서는 관자재보살로 번역한다.

관(觀)이란 무엇인가

먼저 불교에서 관찰해야 할 대상은 무엇인지에 대해 설명하겠다. 불교에서 '관찰할 대상'은 도리(道理)[존재를 관찰할 때의 도리]이다. 유식학파의 소의 경전인 『해심밀경』이나 『유가사지론』에서는 도리에 대해 4가지로 구분하고 있다. 그것은 다음과 같다.

관대도리(觀待道理)
작용도리(作用道理)
증성도리(證成道理)
법이도리(法爾道理)

도리란 일체 존재를 관통하는 이치[理]를 말한다. 이것을 4가지[四

道理]로 구분한 것이다. 도리는 왜 필요한가? 이 도리에 기초해서 존재를 하나하나 관찰하고 사유하고 심사(尋伺)함으로써 인식을 깊게 한다. 그리고 마지막에는 있는 그대로 존재하는 즉, 진여를 증득하고자 하는 것이다. 여기서는 『유가사지론』에 근거하여 4가지 도리에 의한 관찰 내용을 기술하고자 한다.

【 관대도리 】

감각기관인 눈을 예로 들어 보겠다. 눈이라는 감각기관을 다음과 같이 관찰하는 것이 관대도리다.

(1) 많은 세포로 이루어진 기관, 즉 각막·망막·시신경 등으로 이루어져 있다.[8]
(2) 그것은 눈이라는 언어로 불리며 존재한다.[9]

다시 말해 사물은 서로 어울려서[의지해서] 생기한다고 하는 것이 관대도리다. 눈은 각막·망막·시신경 등에 의지해서 즉, 그것들과 어울려서 생긴 임시적인 존재라고 하는 것이 (1)이고, 게다가 '눈'이라는 언어로 그것이 불리기 때문에 눈으로써 존재한다는 것이 (2)이다. (2)는 유식적인 사고방식이지만 본래는 부처님의 사고방식에 기초한 것이다.

---

8 이것은 관대도리[모든 존재는 서로 의지하여 생긴다] 중에서도 생기관대(生起觀待)라고 한다. 예를 들어 식물의 싹은 종자나 흙, 물, 온도 등의 조건이 있기 때문에 생기하는 것이다.

9 이것을 시설관대(施設觀待)라고 한다. 예를 들어 모든 사물은 언어에 의해 처음으로 존재로 시설(施設)된다는 것이다.

이처럼 (사물은) 언어에 의해 존재하는 것이다. 본래 존재는 이름이 없다. 우리가 언어를 발하는 순간 언어에 대응하는 사물이 눈앞에 나타나는 것이다. 사물이 있고 언어가 일어난다고 할 때도 그것은 언어로 생각하는 것이다. 즉 언어가 존재를 만들어 낸다. 이것을 조용히 마음속으로 묻고 관찰해 보자.

이상으로 관대도리에 의한 관찰이었지만, 관대도리는 '이것이 있으면 저것이 있고 저것이 없으면 이것도 없다'라는 연기의 도리[理]이기도 하다. 이 연기의 도리[理]는 물리·심리·윤리 등의 다른 모든 것의 도리[理]를 포괄하는 가장 심원한 곳에 있는 도리라고 할 수 있다. 예를 들어 윤리는, 사람은 타인을 사랑하고 존경하며 감사해야 한다고 한다. 그리고 왜 그렇게 해야 하느냐고 이유를 물을 때 신념·신앙 등의 복잡한 것이 관계한다. 그러나 조용히 과학적인 눈으로 사실을 보면 사람을 존경하고 사람에게 감사하는 마음이 솟아오를 것이다. 예를 들어 만원 지하철에서 자리에 앉았다고 하자. 그러면 앞에 서 있는 사람에게 "감사합니다"라고 소리 내어 인사는 못하더라도 마음속으로 감사해하자. 그가 서 있기 때문에 내가 앉을 수 있던 것이기 때문이다. 이처럼 연기의 도리에 따라 현상[사물]을 관계적으로 파악할 때 사실을 사실로서 인식할 수 있다. 그러나 우리는 사물을 실체적으로 파악하고 '나는 나, 타인은 타인'이라고 자타(自他)를 구별해서 내가 먼저 자리를 차지했기 때문에 앉는 것은 당연하다고 생각한다. 그렇지 않고 모든 것은 관계 속에 있다고 생각하면 신앙이 없어도 윤리가 전개될 것이라고 생각한다.

심리적 측면도 마찬가지다. 미운 사람이 있기 때문에 미운 감정이 일어나는가? 미운 감정이 있기 때문에 미운 사람이 그곳에 나타나는가? 어느 쪽일까? 조용히 마음을 관찰하면 미운 감정이 없으면 결코 그곳에 미운 사람은 나타나지 않는다는 것을 알게 된다. 하지만 미운 감정은 억누르고 억눌러도 솟아오른다. 이것도 조용히 관찰해 보면 심층의 마음속에 미운 감정을 생기시키는 가능력[종자]이 있음을 알 수 있다. 유식학적으로 말하면 미운 감정은 아뢰야식 속에 밉다는 감정을 생기시키는 종자가 있기 때문에 발생한다. 유식사상은 아뢰야식연기라는 연기설로 우리들 마음의 움직임을 설명한다.

물리적 측면에서도 마찬가지다. '이것이 있으면 저것이 있고 이것이 없으면 저것도 없다'라는 연기의 도리로써 설명할 수 있다. 예를 들어 사물이 2개 있기 때문에 중력이 있으며, 사물이 없으면 중력도 없다. 이처럼 연기의 도리는 모든 것에 통하는 근원적인 법칙이다.

【 작용도리 】

다음은 작용도리다. 작용도리에 의한 관찰은 '눈은 색이나 형체인 대상물을 볼 수 있다'고 관찰하는 것이다.[10] 이것도 과학적인 견해다. 현상세계에 있는 다양한 사물의 움직임·작용은 무엇인지 관찰해 가는 것이다.

여기서 잠시 도리를 유식학적으로 생각해 보자. 세계는 왜 이와 같은 에너지가 소용돌이치고 있는가? 그것은 제행무상이기 때문에 성난 파도와 같이 에너지가 펼쳐지고 있는 것이다. 유식의 사고방식에

10 존재를 관찰할 때의 도리로, 존재 하나하나에 각각 고유의 작용이 있다는 것이다. 예를 들면 눈은 보고, 코는 냄새를 맡고, 귀는 듣는 것 등의 작용이 있다고 하는 도리이다.

의하면, 에너지로 충만한 이 세계는 내 마음이 만들어 낸 것 또는 오직 식이 변화한 것, 즉 유식소변(唯識所變)이다. 이 교리에 비추어 조용히 내 마음속을 근원에서부터 관찰해 보자. 그러면 그곳에는 '나'라고 하는 것은 존재하지 않고, 모든 것은 다른 것에 의해 생기한다는 것을 알 수 있을 것이다. 실로 마음은 의타기의 세계, 즉 다른 것에 의해서 생기한 세계이다.

'유식'이란 '오직 식뿐이다'라는 의미가 아니다. 유식의 범어 원어는 보통 식(識)이라고 번역하는 비즈냐나(vijñāna)가 아니라 비즈냐프티(vijñapti)를 사용하여 '비즈냐프티 마트라(vijñapti-mātra)'라고 한다. 예를 들어 안식 내지 의식이라고 할 경우의 식(識)은 비즈냐나(vijñāna)이지만, 유식의 식(識)은 비즈냐프티(vijñapti)이다. 이 비즈냐프티(vijñapti)라는 말은 '나누다, 쪼개다'는 접두사 vi와 '알다'라는 동사 어근 √jñā의 사역형을 명사로 만든 것으로 '알려지게 하다'라는 의미다. 그래서 유식이란 '알려지게 하다'라는 뜻이며, 알려지게 하는 상대의 입장에서 보면 '알려져 있다'는 것이다. 잘 생각해 보면 우리는 내 자신이 아는 것이 아니라 모두 알려지는 것이다. 눈을 떠 보자. 그 순간 내가 보고 있다고 생각하지만 눈을 뜨는 순간에는 그런 생각이 없다. 단지 보이고 있을 뿐이다. 눈을 뜰 때 "자! 지금부터 보자"라고 말하고 보는 것은 아니다. 갑자기 볼 수밖에 없다. 또한 미운 감정은 억누른다고 억누를 수 있는 것이 아니다. 갑자기 일어난다. 어디에서도 나를 찾을 수 없다. 모든 것은 다른 것에 의해 생기한다. 즉 다른 것에 의해 존재하고 있다는 것이다. 잠시 좌선을 하면서 의타기심의 세계를 조용히 관찰해 보자. 그러면 연기의 도리가 조금은 분명해질 것이다.

【 증성도리 】

다음은 증성도리에 의한 관찰을 살펴보자. 증성이란 'A는 B이다'라는 판단의 바름을 아래에서 기술하는 3종류의 인식수단으로 증명하는 것이다. 지금 예로 들고 있는 눈에 대해 말하면, '눈은 무상(無常)이고, 수많은 연(緣)에 의해 생긴 것이고, 고(苦)이고, 공(空)이고, 무아(無我)이다'는 판단[명제]을 다음 3종류의 인식수단[지교량, 현량, 비량]의 도리에 비추어 관찰하여 증명하는 것이다. 인성도리(因成道理)라고도 한다.

(1) 지교량(至教量, 부처님이 설한 가르침에 기초한 인식수단)

(2) 현량(現量, 감각에 기초한 인식수단)

(3) 비량(比量, 논리적 추론에 의한 인식수단)

'지교'란 범어 '아가마(āgama)'의 의역이며, '아함(阿含)'이라고 음역한다. 또는 '전승(傳承)'이라고도 번역한다. 부처님이 설한 가르침은 처음부터 문자로 기록된 것이 아니라 전부 구전으로 전해졌기 때문에, 전해져 이른[至] 가르침[教]이라는 의미로 지교라 한다. 그러므로 지교량은 부처님이 설한 가르침을 기준으로 판단의 바름을 증명하는 것이다. 가르침을 권위로 삼아 판단의 바름의 기준으로 하는 것은 다른 종교에도 있다. 예를 들어 기독교에서는 성경에 기초하여 판단의 바름과 그름의 기준으로 삼는 것과 같다. 그러나 현량과 비량에 의한 증명은 신앙을 중심으로 삼는 기독교에서는 없다. 현량은 감각, 비량은 언어를 사용한 논리적 추론을 가리킨다. 불교는 자신의 감각과 논리적 추론으로 판단의 바름을 확증하는 것이다. 이것만 보아도 불교가 과학성과 철학성을 갖춘 사상임을 알 수 있다.

이 3가지 '량(量)'에 의한 관찰을 정리해 보면 관찰의 대상은 먼저 ① 경문으로부터 시작한다는 것에 주목할 필요가 있다.[지교량] 다음으로 ② 언어를 부여하지 않은 대상 그 자체, 즉 의미(義)를 관찰의 대상으로 한다는 것, 다시 말해 대상을 감각으로 인식할 필요가 있다.[현량] 마지막으로 ③ 그 감각 내용을 자신의 지성으로, 언어·개념을 가지고 논리적으로 바르게 정리할 필요가 있다.[비량]

이처럼 자신의 감각으로 확인하는 것, 그리고 스스로 사고할 것을 요구하는 것은 확실히 과학적 관찰과 통한다.

【 법이도리 】

마지막으로 법이도리에 의한 관찰에 대해 알아보자. '이것은 눈이 이러한 모습을 하고, 이러한 작용이나 특질을 가지고 있는 것은 그 눈의 본성이 실로 그러하기 때문이다'라고 관찰하는 것이다. 관찰의 마지막 도착지는 진여(眞如)이지만, 이를 위해 마지막에 언어를 기반으로 하는 관찰이 법이도리에 의한 관찰이다. 우리는 왜, 왜라고 계속해서 물음으로써 관찰을 깊게 해간다. 그리고 마지막에는 모든 분별은 사라지고, 그렇기 때문에 그러하다고 말할 수밖에 없는 세계에 이른다는 것을 법이도리는 가르쳐 준다.

이상으로 4가지의 도리를 정리해 보면 '왜 태어났는가?'라는 물음에서 시작해 그 다음에는 '그 구체적인 작용은 무엇인가?'라고 묻고, '그 결과로 생긴 현상의 구체적 움직임은 도대체 무엇인가?'라고 한 걸음 나아가 관찰의 내용을 깊게 하고, 그 위에 '그 개별의 특수한 현상에 공통하는 모습은 도대체 무엇인가?'라고 관찰을 종횡으로 깊게 해가는 것이다. 그리고 마지막에 '그렇다면 왜 그러한가?'라는 물음에 대해 '그렇기 때문에 그러하다'라고 관찰하는 것으로 마무리한다. 오성과 심신을 다한 노력의 결과, 관찰의 움직임이 다하고 마지막에 도달할 수 있는 관찰의 모습이다. 개개의 구체적인 관찰에서 보편적인 관찰로 나아가고, 최종적으로는 개별도 보편도 그 속에 융합하는 이른바 '존재의 근거[진여]'에 이르는 관찰적 사고는 종지부를 찍고, 관찰이라는 행위가 완성·성취된다. 관대도리에서 증성도리까지의 관찰은 자연과학적 관찰과 공통하는 측면도 있지만, 요가적 관찰·선정적 관찰이 과학적 관찰과 다른 것은 관찰의 최종 도착지가 모든 것의 가장 깊은 곳에 있는 '존재의 근거'라는 점이다.

도리에서 출발해 진리에 이른다. 다시 말해 언어에서 출발해, 즉 논리적 사고에서 출발해 최종적으로는 언어나 논리적 사고가 끝나는, 그런 세계에 스스로 뛰어 들어가는 것이 불도의 과정이라고 나는 생각한다.

자재란 무엇인가

마지막으로 '자재(自在)'에 대해 설명하겠다. 자재란 타자를 구제하는 것에 주저하지 않는 것을 말한다. 이것이 관자재보살의 자재에 대한 일반적인 정의이지만, 무착보살의 저작인 『대승아비달마집론』에는 10가지 자재를 소개하고 있다.

• 명자재(命自在): 원하는 만큼 살 수 있다.

• 심자재(心自在): 바라는 대로 삼매(=선정)에 들어갈 수 있다.

• 재자재(財自在): 원하는 대로 재물을 얻고 보시할 수 있다.

• 업자재(業自在): 선을 행하거나 타인에게 선을 권하는 것에 자재하다.

• 생자재(生自在): 원하는 대로 살아갈 수 있다. 계율을 지키는 것에 의해 할 수 있는 생활.

• 승해자재(勝解自在): 원하는 대로 대지를 변화시켜 물이나 불로 만들 수 있다.

• 원자재(願自在): 원하는 대로 일을 성취한다.

• 신통자재(神通自在): 갖가지 신통을 구사할 수 있다. 타인구제의 신통력.

• 지자재(智自在): 가르침의 말이나 의미를 알 수 있다.

• 법자재(法自在): 무량한 말로 교법을 설하고 중생을 기쁘게 할 수 있다.

제3강
반야바라밀다와 오온

6바라밀과 복덕 · 지덕

계속해서 앞의 경문(觀自在菩薩 行深般若波羅蜜多時 照見五蘊皆空 度一切苦厄)중에서 '반야바라밀다(般若波羅蜜多)'에 대해 설명하겠다.

'인간은 어떻게 살아야 하는가?'라는 것이 이 짧은 경문에 간결하게 기술되어 있다. 도대체 '무엇'인가[도대체 인간은 어떤 존재인가?] 라는 이 물음에 대해 '모든 것은 공하다'고 보는 지혜가 반야다. '무엇'을 해결하고 나서 '어떻게' 살 것인지가 결론이다. 그래서 어떻게 살 것인가의 전단계로 우리는 '오온은 모두 공하다'고 조견하는 반야라는 지혜를 닦을 필요가 있다. 이것은 나 자신을 위한 자리행이다. 내 마음이 매일, 매월, 매년 청정하게 되고 있는 그대로의 모습을 볼 수 있게 된다면 그것은 나에게 근사한 일이다. 즉 미혹에서 깨달음에 이르는 것이다. 그리고 자리(自利)와 동시에 모든 사람의 괴로움을 구제해 주는, 즉 '일체의 재앙과 괴로움을 벗어나게 하다'는 이타행(利他行)으로 나아가는 것이다. 이처럼 『반야심경』의 첫 구절은 '이타 즉 자리'를 기술하고 있다.

반야바라밀다는 6바라밀 중에 마지막 바라밀다이기 때문에, 앞의 5단계 바라밀다를 먼저 설명해야 하지만, 여기서는 생략하고 바로 반야바라밀다를 설명하겠다. 우선 바라밀다는 범어 '파라미타(pāramitā)'의 음역이다. 이것은 몇 가지의 해석이 있지만, 파람(pāram)+이타(ita)로 나눈 해석에 따르면 파람은 '피안', 이타는 '이르다'라는 의미로 '피안에 이르다'라는 뜻으로 '도피안(到彼岸)'으로 의역한다. 이처럼 '피안에 이르다'라는 과거완료형으로 번역되는 바라밀다는 피안, 즉 열반 또는 깨달음에 이르기 위한 수행 덕목 또는 실천 덕목이라고 할 수 있다. 대승불교는 이러한 실천 덕목으로 6가지 실천행, 즉 6바라밀다를 설한다. 6바라밀다는 보시·지계·인욕·정진·선정·지혜를 말한다. 이 중에 선정을 정려(精慮), 지혜를 반야라고 하는 경우도 있다.

우선 6바라밀이 인간의 존엄성인 복덕(福德)·지덕(智德)과 어떻게 관계하고 있는지 보자. 인간이란 도대체 어떤 존재인가? 파스칼은 "인간은 생각하는 갈대"라고 했다. 보통은 생각하고 사고하는 인간의 지적 능력을 근사한 것으로 보지만, 불교에서는 복덕과 지덕을 갖춘 인간의 근사함을 이야기한다. 복덕과 지덕을 2개의 자량(資糧)이라고 하는데, 이는 부처가 되기 위해 범부가 우선 몸에 익혀야 할 양식을 가리킨다.

대승불교[유식불교]에서는 수행의 단계를 5단계[五位]로 나눈다. 첫째는 자량위이다. 이는 부처가 되기 위해 축적하는 것, 즉 자량[양식]을 축적하는 준비단계다. 다음은 가행위로 수행에 힘을 더해 가는 단계다. 그리고 통달위는 진리, 즉 진여를 보고 성자(聖者)에 들어가는 단계다. 수습위란 긴 시간에 걸쳐 심층의 마음부터 더러움을 제거하는 수행의 단계다. 마지막 단계인 구경위는 부처가 되는 단계다. 이처럼 수행은 5단계가 있지만, 최초의 단계에서 복덕과 지덕을 우선 몸으로 습득하는 것을 요구한다.

복덕과 지덕에서 '덕'이란 좀처럼 이해하기 어려운 말이지만, 덕을 '득(得)'과 같다는 관점에서 보면 덕이란 노력해서 얻는 인간의 근사함[뛰어남]이라고 정의할 수 있다. 복덕과 지덕 중에서 지덕은 지성적 측면에서 인간의 근사함으로, 선정을 닦아 얻는 지혜를 말한다. 복덕이란 말은 좀처럼 이해하기 어렵지만, 나는 이를 '저 사람은 복이 넘치네'라는 표현의 입장에서 해석하곤 한다. 예를 들어 어떤 사람을 만나면 왠지 모르게 안심이 되고, 함께 있으면 여유가 생기고 행복함을 느끼게 되는 경우가 반드시 있을 것이다. 이 관점에서 생각해 보면 복덕이란 지성적 측면뿐만 아니라 그 사람의 전인격에 걸친 근사함이라고 할 수 있다. 이런 '복스러움'은 오랜 시간 동안 그 사람의 표층의 행위가 심층의 마음을 변화시킴으로써 그 사람의 심층에서부터 나타나는 것이다.

이것을 유식의 용어로 표현하면 '현행훈종자 종자생현행(現行熏種子 種子生現行)'이라고 한다. 현행이란 인간의 표층 행위를 말한다. 이것이 반드시 심층의 마음에 종자를 심고 영향을 주어(현행이 종자를 훈습한다) 자기도 모르는 사이에 심층[根底]에서부터 변화해 가는 것이다. 심층의 변화로부터 새로운 표층의 모습이 나타난다(종자가 현행을 생기시킨다). 사람에게 행복함을 느끼게 하는 복스러움이 생겨나는 것이다. 문제는 우리가 무엇을 해야 이러한 복스러움, 즉 행복을 몸으로 습득할 수 있느냐는 것이다. 이에 대해서는 뒤에서 설명하겠다.

그런데 6바라밀다는 복덕과 지덕 중에서 어디에 속할까? 『유가사지론』에서는 보시·지계·인욕·정진은 복덕에 속하고 지혜[반야]는 지덕에 속한다고 한다. 그리고 지혜를 가져다주는 선정은 복덕인 동시에 지덕에 속한다고 한다.

도표로 그려 보면 다음과 같다.

| 6바라밀과 복덕 · 지덕의 관계 |

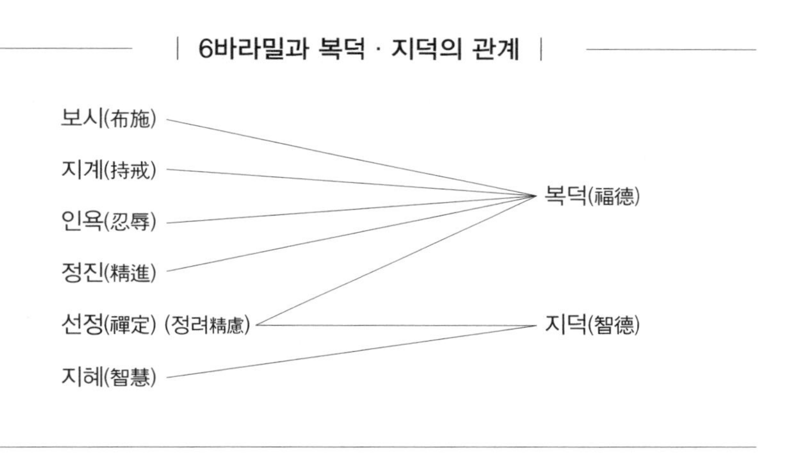

6바라밀다는 무엇인가

이제부터 6바라밀에 대해 설명해 보겠다. 먼저 보시바라밀이다. 보시는 재보시·법보시·무외보시가 있다. 재보시는 재산이나 물건을 베푸는 것으로 재가자가 출가자에게 베푸는 보시다. 반면 출가자가 재가자에게 설법하는 것으로, 사람들에게 진리를 베푸는 것이 법보시다. 이처럼 재보시와 법보시는 상호관계에 있다. 마지막으로 무외보시는 두려움을 없애 주는 보시다. 사람에게 두려운 것은 고[괴로움]다. 즉 태어나는 괴로움·늙어 가는 괴로움·병드는 괴로움·죽음의 괴로움이다. 이 중에 모든 인간에게 공통적인 괴로움이자 가장 강도가 센 괴로움은 죽음의 괴로움이다. 이 죽음의 괴로움을 두려움이 없게 이끄는 보시가 바로 무외보시다.

『유가사지론』에는 범부의 보시가 아닌 '보살의 보시'가 기술되어 있다. 보살은 '상구보리 하화중생'의 2대 서원을 세운 자다. 이런 보살은 어떤 보시를 실천할까. 보살의 보시에는 '안[內]의 보시물'과 '바깥[外]의 보시물', 즉 자기 자신에게 속하는 것과 자신에게 속하지 않는 두 종류의 보시가 있다. 전자는 '자신을 버리는 보시'로 범부의 보시와는 차원이 다르고 범부는 하기 힘든 보시다. 그러나 극한 상황에 빠지면 범부도 그런 보시를 할 수 있지 않을까. 예를 들어 배가 침몰하는데 구명보트에는 한 명밖에 탈 수 없다면, 평상시에 '상구보리 하화중생'의 서원으로 살아 온 사람은 자신을 버리고 타인에게 그 자리를 양보할 수도 있을 것이다. 서원이라는 것은 자기도 모르는 사이에 그 사람을 근본적으로 변화시키기 때문에 타인이 먼저 타도록 양보할 수 있는 것이다. 평상시에 타자구제의 서원을 가지고 있으면, 그것은 심층의 아뢰야식에 좋은 종자를 훈습시킨다. 그리하여 그 연으로 좋은 싹을 피울 수 있을 것이다. 이것이 아뢰야식연기다.

그러나 이런 극한 상황에서 자신을 버리는 행위 말고 일상생활 속에서 자신을 버리는 행위는 어떤 것일까. 그것은 임시적인 존재인 나[假我]에게 부여된 생명의 에너지를 타인을 위해 사용하는 것이다. 우리는 부여된 에너지를 밖으로 발산시켜 낭비하고 있다. 이 에너지를 전부 자신의 내부로 되돌려 보자. 요가와 좌선이 이런 상태로 되돌리는 방법이다. 그러면 내 속에 이런 에너지가 있다는 것을 알 수 있다. 그 에너지를 '나는 괜찮아, 다른 사람을 위해 사용하자'라는 서원 아래 매일매일 살아가는 이런 삶의 방식도 보살이 자신을 버리는 보시행이라고 확대 해석할 수 있다. 하여튼 자신을 버리는 보살행에서 삶의 가치를 배울 수 있을 것이다. 그런데 『유가사지론』에는 보살이 보시를 하는 경우와 하지 않는 경우가 있다고 기술하고 있다.

(1) '중생에게 단지 안락을 베풀지만 이익을 베풀지 않는다'·'안락도 이익도 베풀지 않는다'라는 것을 알고서 보시를 하지 않는다.
(2) '중생에게 반드시 이익을 베풀고 반드시 안락을 베풀지 않는다'·'반드시 이익을 베풀고 반드시 안락을 베푼다'라는 것을 알고 보시한다.

이처럼 보살은 이익과 안락을 연결시켜 보시를 하는 경우와 하지 않는 경우가 있다고 한다. 우선 이익과 안락의 의미부터 살펴보자.

초기불교 이래 사람들을 구제한다는 것은 이익과 안락을 주는 것이라고 정의하고 있다. 이 둘은 복합어 형태로 등장하는데, 범어는 '히타-수카(hita-sukha)'로 히타는 '이익', 수카는 '안락'으로 번역한다. 히타는 '돕다'의 의미인 √hi의 과거분사(ta)로 이익·이제(利濟)·요익(饒益) 등으로 번역하는데, 부[재산] 또는 만족한 상태를 의미한다. 수카는 열락(悅樂)·쾌락·안온(安穩) 등으로 해석되는데, 즐거움이나 기분 좋은 상태를 의미한다.

그러므로 안락은 신체적·정서적 혹은 심리적 측면에서 즐거운 상태를 의미하고, 이익은 높은 차원에서 '도움이 되는 일', '좋은 일'을 의미한다고 할 수 있다. 그런데 '좋은 일'이란 도대체 어떤 것인가? 결론부터 말하면 최고의 이익은 출세이익, 즉 열반을 얻는 것 혹은 깨달음이다. 이익에는 현세이익과 출세이익이 있다. 현세이익은 집안이 평안하고, 장사가 잘되고, 건강 등의 세간적인 이익이다. 우리는 이런 현세이익으로 출발하지만 최종적으로는 출세이익인 열반·깨달음을 구해야 할 것이다. 그러므로 이익을 준다는 것은 여러 가지 좋은 것을 사람들에게 베풀면서 최종적으로는 사람들을 깨달음에로 이끄는 것이라고 할 수 있다.

그런데 보살은 어떤 때 보시를 하지 않는가? '중생에게 단지 안락을 베풀고 이익을 베풀지 않는다'·'안락도 이익도 베풀지 않는다'라고 아는 경우이다. 후자인 '이익도 안락도 베풀지 않는 경우'에는 보시할 필요도 없으며, 보시를 하지 않는 것이 당연하다. 주목해야 할 것은 전자인 '안락만을 베풀고 이익을 베풀지 않는 경우에도 보시를 하지 않는다'는 것이다. 예를 들면 자식이 원하는 것을 쉽게 사주면 그것은 자식에게 안락을 주는 일이지만, 결코 자식에게 좋은 결과를 초래하지는 않는다. 왜냐하면 이익을 주는 것이 아니기 때문이다. '좋은 일'이란 이익이라고 앞에서 말했지만, '좋은 일', '이익'이라는 것은 넓게 말하면 '알아차리는 것'이라고 할 수 있다. 자식이 원하는 것을 주지 않는 것은 자식에게 참는 법을 알아차리게 하는 것이기 때문이다. 즉 자식의 훌륭한 점을 헛되게 한다는 것을 알고서 원하는 물건을 주면 안되는 것이다. 이것은 오늘날 자식 교육 내지 교육 현장에서도 통하는 중요한 사고방식이다.

그러면 보살은 어떤 경우에 보시를 하는가? '중생에게 반드시 이익을 베풀지만 반드시 안락을 베풀지 않는다'고 아는 경우에 한다. 안락을 베풀지 않아도 이익은 베푼다고 안다면 보시를 하지 않는다는 것이다. 예를 들면 부동명왕의 분노와 같은 것이다. 화내고 분노하면 안락은 베풀지 않지만, 화나 분노를 당한 사람[중생]을 구하여 중생에게 이익은 주기 때문이다. 일반 가정에 한정해서 보면, 어머니의 자애로움과 엄한 아버지의 질책이 서로 조화를 이룰 때 자식이 올바르게 자란다.

마지막으로 '반드시 이익을 베풀고 반드시 안락을 베푼다'는 것을 알고 보시한다는 것은 당연한 것이다.

이렇게 『유가사지론』의 문장을 소개한 것은 오늘날 핵가족화 된 가정에서 지나치게 자식을 아끼고 버릇없이 키우는 부모의 교육이 얼마나 자식을 망치는가를 지적하기 위해서였다.

다음은 지계바라밀이다. 지계란 계를 받아 지킨다는 의미다. 불교에는 많은 계율이 있지만, 초기 불교 교단에서는 비구는 250계, 비구니는 500계라는 많은 계를 지켜야 했다. 반면 대승에서는 섭율의계(攝律儀戒)·섭선법계(攝善法戒)·요익유정계(饒益有情戒)라는 3종류의 계, 즉 삼취정계(三聚淨戒)의 간단한 계를 제정하였다. 그중에 섭율의계란 악을 행하지 않는 계이며, 섭선법계는 선을 행하는 계, 마지막의 요익유정계는 유정, 즉 살아 있는 것을 요익[구제]하는 계이다. 이 3개 중에 앞의 두 계는 자리행이고, 마지막 하나는 이타행이다. 악을 막고 선을 행함으로써 내 마음이 청정하게 되는 것은 자리행이며, 이 자리행을 바탕으로 살아 있는 생명을 구제하는 이타행으로 발전하기 때문이다.

계를 지키는 것이 왜 중요한가? 이것을 아뢰야식연기설로 설명하면 다음과 같다. 표층심에서 행한 행위는 반드시 심층심인 아뢰야식에 어떤 영향 내지 힘을 심기 때문이다. 즉 '나는 절대 악을 행하지 말고 선을 행하자, 나는 어떻게 돼도 괜찮아! 남겨진 인생, 사람들을 위해 살자!' 라고 마음 깊은 곳에서부터 서원하고, 말로 표현하고, 실행해 가는 표층의 마음이 심층의 아뢰야식 속에 하나의 힘, 즉 방비지악(防非止惡, 옳지 않는 것을 막고 악을 멈추다)을 심기 때문이다. 다시 말해 지계에 의해 방일[게으름, 나태]한 생활을 규제할 수 있기 때문이다.

다음은 인욕바라밀이다. 인욕이란 부끄러움을 참는다[인내하다]는 뜻이다. 『유가사지론』에서는 "타인의 원해(怨害)를 참는 인(忍)과 많은 괴로움을 안수(安受)하는 힘"이라는 두 종류의 인(忍)으로 구분한다. 타인으로부터의 원망이나 미움의 해(害)를 받아도 그것을 참는 것이다. 혹은 어떤 괴로움을 받더라도 그것에 지지 않고 노력하는 것이 인(忍)이다. 노력한다는 말을 했지만, (무조건) 참는 것은 노력한다는 의미가 아니다. 본래 인(忍)의 범어인 '크산티(kṣanti)'는 지혜를 뜻이므로 참는다는 말은 '알고서 참는다'는 것을 의미한다. 무엇을 알고서 참는다는 것일까. 결론부터 말하면, '타자와 나는 같다'고 알고서 참는 것이다. 타자로부터 원해를 받아도 '자타일여(自他一如, 나와 남이 같음)'라는 마음으로 그 원해를 참는 것, 즉 '하나 되어 염하는 마음으로 인내한다'고 할 수 있을 것이다. 타인과 '하나 되어 계속해서 염(念)하는 마음에는 유와 무는 없으면서 있다'고 관(觀)하는 지혜, 즉 '공'을 관하는 지혜로써 인내한다는 것이다. 또는 '있는 것도 아니고 없는 것도 아니다'라고 관한다고 할 수 있으며, 『반야심경』의 말로 표현하면 '색즉시공 공즉시색'이라고 관하는 것, 즉 '있으면서 없고 없으면서 있다'고 관하는 지혜로써 참고 인내한다는 것이다.

이제 모든 것은 '일여(一如)', '불이(不二)'라고 관하는 지혜의 중요성에 대해 살펴보자. 이런 지혜를 체득하는 것에 의해 역경(逆境, 마음에 맞지 않는 대상)에도 겁내지 않고, 모든 일이 뜻대로 잘되어 가더라도[順境, 마음에 맞는 대상] 거만하지 않는 삶의 방식이 실현될 수 있을 것이다.

나를 내세우는 아만(我慢) 아닌 아만, 이것이 가능하기 위해서는 나와 타인[我他], 이것과 저것[彼此]으로 구별하며 살아가는 내 삶의 방식을 반성하며, 인욕바라밀다의 실천을 목표로 매일매일 정진해야 한다.

다음은 정진바라밀이다. 정진이란 목적을 향해 나아간다는 뜻이다. 정진의 범어 '비르야(vīirya)'는 '노력한다'는 의미인데 한역의 '정진(精進)'은 뛰어난 번역이라고 생각한다. 정(精)은 '맑다·더러움이 섞이지 않은 깨끗함·희다'는 의미이고, 진(進)은 '나아가다'라는 뜻이다. 그러므로 정진이란 몸에 붙은 더러움을 하나하나 제거하여 어떤 것도 전혀 섞이지 않은 순수하고 청정한 마음이 되도록 돌진해 나간다는 뜻이다. 이처럼 정진은 마음을 본래의 청정함으로 되돌리는 것이 중요하다는 것을 우리에게 가르쳐 주고 있다.

『유가사지론』에서는 보살의 정진을 "모든 보살은 마음이 용감하고 무량의 선법을 섭수하여 일체 유정을 이익과 안락하게 하는 것에 능하다"라고 정의하고 있다. 즉 보살의 정진은 마음이 용감하다는 것이다. 갑옷을 입고 투구를 걸친 장수가 적의 대장을 향하여 돌진해 나아가는 마음 자세처럼, 보살은 용감한 마음으로 중생에게 이익과 안락을 베풀려고 노력한다는 것이다.

다음은 선정바라밀이다. 선정이란 팔리어로 '쟈나(jhāna)', 범어로는 '드야나(dhyāna)'라고 한다. 팔리어 쟈나의 음역이 선나(禪那)인데, 나(那)를 생략하여 선(禪)이라고 하고, 의역하여 정(定)이라고 한다. 둘을 합쳐 선정이라고 한다. 이 말은 정려(精慮)라고 번역하는 것처럼 선정이란 조용히 생각하는 마음이다. 다시 말해 마음이 마음속에 안주하여, 마음이 마음을 관찰·사려하는 것을 선정이라고 할 수 있다. 또는 선정이란 '심일경성(心一境性)', 즉 하나의 대상에 계속해서 집중하는 것을 말하기도 한다. 예를 들면 '숨'이라는 대상과 하나가 되는 것이다. 그렇다면 이곳에 도달하기 위해서는 어떤 전제가 필요한가. 먼저 부처님이 설한 가르침을 듣고[聞], 그것을 다시 마음속에 환원하여 생각[思]하고, 실천[修]함으로써 선정에 들어갈 수 있다. 즉 이것은 문혜(聞慧)·사혜(思慧)·수혜(修慧)의 3가지의 혜가 필요하다.

다음은 반야바라밀이다. 반야는 팔리어 '판냐(pañña)'의 음역이며, 범어로는 '프라즈냐(prajña)'라고 하는데, '뛰어난 지혜'라는 뜻이다. 『유가사지론』에서는 반야를 다음과 같이 정의한다.

> "능히 일체의 소지(所知)에 오입(悟入)하며, 또한 이미 일체의 소지(所知)에 오입(悟入)해서 제법(諸法)을 간택(簡擇)하여 두루 오명처(五明處)를 조건으로 전(轉)한다."

다시 말해 지혜[반야]란 일체의 소지에 오입한 지혜라고 정의한다. 소지란 '알아야만 할 것'을 의미한다. 불교에서는 여러 가지 알아야만 할 것에 대해 설하는데, 궁극적으로 알아야만 할 것은 진여이자 공이다. 관자재보살은 반야바라밀다를 실천하는 것에 의해 궁극의 소지, 즉 공을 증득하여 오온은 공이라고 조견하는 것이다. 그리고 그 공을 보는 지혜는 '괴로워하는 모든 사람들의 구제로 향하여 일체의 괴로움과 재앙을 건너게 하는 자비행으로 발전하는 것이다. 이 반야의 타자구제 활동을 『유가사지론』에서는 "이미 일체의 소지(所知)에 오입(悟入)해서 제법(諸法)을 간택(簡擇)하여 두루 오명처(五明處)를 조건으로 전(轉)한다"라고 설명한다. 일체의 알아야만 할 것을 알고서 다음으로 능히 오명처를 배워야 한다는 것이다. 오명처란 내명(內明, 佛道)·인명(因明, 논리학)·의방명(醫方明, 의학)·성명(聲明, 문법학)·공교명(工巧明, 문예·기술·공업)을 말한다. 보살의 활동은 학문적 이론뿐만 아니라 의학이나 과학기술까지 넓은 영역을 포함한다. 그래야만 일체의 고난과 재앙을 건널 수 있는 것이다. 이처럼 보살은 사람들을 구제하기 위해서는 5가지 학문에도 정통해야 한다는 광대(廣大)한 이상을 말한다.

다음으로 '알아야만 할 것[소지]'에 대해 설명해 보겠다. '알아야만 할 것'이란 도대체 무엇인가? 앞의 문장에서 '일체의 소지'라고 했기 때문에 일체, 즉 '전부'의 뜻이므로 자연과학의 대상도 당연히 포함된다. 다시 말해 수십억 년 전에 일어난 빅뱅에 의해 우주가 탄생했다는 것도 '알아야만 할 것[소지]'의 대상에 포함되는 것이다. 불교는 결코 과학적 지식을 배제하지 않는다. 오히려 과학으로부터 배우려는 자세가 불교에는 있다.

그렇다면 궁극적인 '소지'의 대상은 무엇인가. 진여이다. 진여는 말로 표현할 수 있는 것이 아니지만, 굳이 표현하자면 '있는 그대로 있는 것'이라고 말할 수 있다. 혹은 앞에서 언급한 것처럼 '공(空)'이라고도 할 수 있다. 그래서 『반야심경』의 표현을 빌리면, 반야란 '오온은 공이라고 조견하는 지혜'라고 정의할 수 있다. 진여 혹은 공은 이른바 마음을 '종(縱)'으로 깊이 파고 들어간 곳에 있는 존재의 궁극이다. 존재란 무엇인가? '종'으로 추구하는 것과 '횡'으로 추구하는 것으로 나눠 보면, 횡으로의 추구는 이른바 현상적 세계의 현상[事]을 찾는 것이고, 종으로 추구하는 것은 현상적 세계를 성립시키고 있는 근거[理]를 찾는 것이다. 유식의 관점에서 보면, 이런 추구 내지 관찰은 모두 자신의 마음속에서 행하는 것이다. 즉 지관(止觀)이라는 선정의 마음과 이 선정을 통하여 획득된 지혜[반야]의 마음속에서 행해지고 있다. 선정을 닦는 것은 외계에 있다고 생각하는 존재, 즉 '변계소집성'의 세계로부터 연기의 도리에 지배되는 마음의 세계, 즉 '의타기성'에 되돌아와, 그 세계에 안주하면서 마음의 근저에 있는 마음의 본성이 도대체 무엇인지 추구하는 마음을 일으키는 것이다. '도대체 무엇인가?'라고 계속해서 질문하면서 요가와 선정을 닦아 자신의 표층심을 가라앉혀 마음속으로 침잠해 가면 과연 무엇이 보일까?

반야의 지혜로 비추다

그런데 『반야심경』에서는 왜 6바라밀 중에서 반야바라밀다를 대표로 설하고 있는가? 그것은 '반야는 불모(佛母)'라는 대승불교의 가르침 때문이다. 반야는 모든 부처를 낳는 모(母), 즉 근원이라는 것이 대승불교의 기본적 입장이다. 이것은 또한 부처가 되기 위해 보살도를 실천하는 근원에는 반야의 지혜를 자신의 몸속에 익히는 것이 중요하다는 입장과 연결되는 것이다. 그러므로 반야바라밀다는 모든 바라밀다의 근원이라고 할 수 있다. 반야바라밀다는 6바라밀다의 마지막에 위치하지만, 나머지 5바라밀다의 근저에 반야가 있다는 것을 명심해야 한다.

그리고 '제법(諸法)을 간택(簡擇)하다'라는 구절이 있다. 제법이란 '존재하는 모든 것'을 뜻한다. 간택[11]이란 많은 것 중에 하나를 선택한다는 말이지만, 어떻게 해석해야 할지 어렵다. 도대체 무슨 의미일까? 여기서는 '있는가·없는가? 있다고 생각한 것 중에서 무엇이 있고 무엇이 없는가? 있는 것과 없는 것 중에 어떤 것을 선택할까?'라는 것에 초점을 맞추어 보겠다. 예를 들어 우리는 지위나 명예가 있다고 생각하고 그것에 집착하지만, 과연 있는 것일까? 또 '나'는 있다고 생각하고 그것에 집착한다. 과연 '나'는 존재할까? 앞에서도 언급했지만, 『유가사지론』에서는 있는 것[有]은 유위와 무위이고, 없는 것[無]은 아(我)와 아소(我所)라고 했다. 우리는 없는[空] '나'를 언제나 있다고 착각한다. 유식의 삼성설로 설명하자면, 의타기성과 원성실성은 있고, 변계소집성은 확실하게 없다고 간택해야 한다. 우리는 없는 변계소집성의 세계 속에서 미혹·괴로움·범죄를 일으키고 있다.

그러므로 유무(有無)를 잘못 알고 있는 나의 어리석음을 반야의 지혜로 비추어 확실하게 자각해야 한다. 무엇이 있고, 무엇이 없는가?

---

11 간택이란 지혜로써 깊게 사유하는 것 또는 바르게 관찰하고 분석한다는 뜻으로, 지혜의 다른 명칭이다.

조용히 마음속에 머물러 다시 한 번 사색하고 관찰하고 사유해 보자.

오온이란 무엇인가

다음으로 오온에 대해 살펴보자. 온(蘊)이란 범어 '스칸다(skandha)'의 번역으로 '덩어리·집합체'를 의미한다. 오온은 자기를 구성하는 5개의 구성요소, 즉 색·수·상·행·식을 말한다. 이처럼 구성요소로 분석하는 것은 과학적 분석과도 통하는 점이 있지만, 불교에서 관찰하고 분석하는 목적은 '모든 존재는 무아이고 공이다'라고 결론내리기 위한 것이다. 이처럼 오온은 자기의 구성요소이지만, 그 구성요소로 이루어진 '나'는 실체로 존재하는 것이 아니고 5가지가 모인 임시적인 존재[가아(假我)]라고 관찰하는 것이다. 이것을 '오온가화합(五蘊假和合)'이라고 한다. 다시 말해 '있는 것 같지만 없고, 없는 것 같지만 있는', 즉 '색즉시공 공즉시색으로서의 나'가 오온가화합이다. 우리가 자유롭지 못한 여러 가지 원인 중 근본 원인은 '있다·없다[有無]'라는 언어로 사물[현상]을 생각하는 것이다. 그러므로 있다·없다[有無]라는 언어가 사라지고 없는 심층심인 아뢰야식을 변혁해 가는 것이 필요하다. 유무에 구애된 아뢰야식을 거칠고 무겁다는 의미로 '추중(麤重)'의 아뢰야식이라고 한다. 이런 무거운 아뢰야식을 가벼운 것으로 변혁시키려면 어떻게 해야 할까. 한 가지 방법으로 '색즉시공 공즉시색'(있는 것 같지만 없고, 없는 것 같지만 있는 것)이라는 언어를 마음 깊이 믿고, 그 언어를 자신의 심층심에 심어가는 것이 있다. 그러면 추중의 아뢰야식은 '있는 것 같지만 없고, 없는 것 같지만 있는 것'이라는, 유무에 구애되지 않는 가볍고 상쾌한 자유로운 심층심, 즉 경안(輕安)의 아뢰야식으로 변화할 것이다. 이처럼 추중과 경안은 중요한 불교 용어다.

이제는 오온에 대해 하나하나 설명해 보겠다. 먼저 '색'은 '물질적인 것'이라는 의미다. 물질이라고 하지 않고 '물질적인 것'이라고 표현한 것은 원자나 분자로 이루어진 현대적 의미의 물질만을 의미하지 않기 때문이다. 색의 범어는 '루파(rūpa)'다. 루파는 '변괴(變壞)'와 '질애(質礙)'라는 2가지 의미가 있다. 변괴는 육체 또는 자연계의 사물은 변화하여 파괴된다는 것이다. 질애는 물질인 손과 손은 동일한 공간을 점유하지 않고 서로 방해한다는 것이다. 색으로는 안·이·비·설·신의 오근(五根)과 색·성·향·미·촉의 오경(五境) 및 법처소섭색(法處所攝色)의 11개이다.(색은 오경의 색과 오온의 색온은 구별해야 한다. 색채·형체·움직임 등은 오경의 색이고, 오온의 색은 '물질적인 것'을 의미한다)

이 중에 오근은 현대적 용어로 시각·청각·후각·미각·촉각의 감각을 생기시키는 감각기관을 말한다. 오경(五境)이란 오근에 대응하는 색·성·향·미·촉의 5개의 감각대상이다. 법처소섭색이란 조금 어려운 개념이지만, 육식(六識) 중 의식의 대상인 법에 포섭되는 색을 말한다. 앞에서 설명했듯이 계(戒)를 받으면 아뢰야식 속에 특별한 종자가 그릇된 것을 막고 악을 멈추게 하는 힘을 심는데, 이것은 물질적인 것, 즉 색(色)이라고 생각하는 것이다. 또 분자나 원자를 불교에서는 '극미(極微)'라고 하는데, 극미는 의식에 의해 만들어진 것이라고 생각하여 의식의 대상에 포함시킨다. 양자론의 급속한 발전으로 우리는 단순한 관찰자가 아니라 관여자의 입장에서 원자나 그 구성물인 전자를 파악해야 한다는 것을 알았다. 다시 말해 인간이 보는 것에 의해 전자의 상태가 변한다. 인간이 보고 있을 때와 보지 않을 때 모습이 다르다는 것이다. 이것은 '유식소변(唯識所變)'과 비슷한 사고방식이다. 극미는 무엇인가? 외계에 있는 것인가, 없는 것인가? 비록 도구를 사용한 과학적 관측은 아니지만, 불교계에 과학과 통하는 논의가 기원 전후에 있었다는 것은 주목해야 한다. 부파불교는 극미가 외계에 존재한다고 생각했지만, 유식학파는 이런 생각을 비판했다. 유식사상을 완성시킨 인도의 논사 세친(世親, 400~480)은 『유식이십론』에서 '극미는 외계에 존재하지 않는다'는 것을 다양한 각도에서 논증하고 있다.[12] 모든 존재는 한 사람 한 사람 인간의 마음속에 있는 영상에 불과한데, 외계에 사물이 있다고 착각하고 있는 것에 미혹의 근원이 있다는 것이 유식의 기본적 생각이다. 이제 전자 등의 소립자도 마음속의 영상이라는 사실을 자연과학자도 인정할 수밖에 없는 상황에 이른 것이 아닌가!

다음은 '수(受)'다. 수의 범어는 '베다나(vedanā)'이다. 수란 고락 등을 받아들이는 감수작용으로 구체적으로는 고수(苦受)·낙수(樂受)·비고비락수(非苦非樂受)·우수(憂受)·희수(喜受)의 5개이다. 앞의 3수는 감각인 오식(五識)의 활동에 의해 생기하지만, 우수와 희수는 의식에 의해 감수된 것이다. 다시 말해 우수와 희수, 즉 기쁨이나 슬픔은 의식이 더해지는 것이다. 그러므로 의식의 상태에 따라 동일한 대상에 대해서 기쁘게도 슬프게도 받아들일 수 있다는 것이다. 이처럼 마음의 상태, 즉 의식의 작용에 따라 고락의 세계가 변화한다.

---

12 『유식이십론』의 극미 부정에 대해서는 『유식불교, 유식이십론을 읽다』(효도 가즈오 지음, 김명우 옮김, 예문서원) pp.136-173을 참조하기 바란다.

다음은 상(想)이다. 상의 범어는 '삼즈냐(saṃjñā)'다. 상이란 지각작용으로 언어가 일으킨 세세한 마음작용이다. 이것을 알기 위해서는, 예를 들어 '이것은 분필이다'라고 지각하기[알기] 위해서는 '분필'이라는 언어를 발산해야 한다. 즉 상이란 감각기관으로 대상을 받아들여, 그것에 언어화 또는 개념화하는 역할을 하는 것이다.

다음은 행(行)이다. 범어로는 '삼스카라(saṃskāra)'라고 한다. 삼스카라는 본래 '의지'라는 뜻이지만, 부파불교 이후 의지뿐만 아니라 앞에서 언급한 수나 상의 마음작용, 즉 심소에 포함되는 것이다. 유식학파는 51종류의 심소를 분류한다. 수와 상은 수온·상온으로 별도로 세우지만 수와 상을 제외한 49개의 심소는 행온에 포함된다. 또는 마음도 물질도 아닌 존재[시간, 공간, 언어(名·句·文)], 즉 색심불상응행도 행온에 포함시킨다.

마지막으로 식(識)이란 범어 '비즈냐나(vijñāna)'의 한역으로 보통 '인식작용'이라고 번역한다. 부파불교에서는 안식·이식·비식·설식·신식·의식의 6종류의 식을 말하지만 유식에는 이것들 이외에 심층심인 말나식·아뢰야식을 더하여 8종류의 식을 제시한다. 말나식과 아뢰야식에 대해서는 나중에 자세하게 기술하겠다.

수·상·행에 대하여

그런데 많은 마음의 작용[심소]이 있는데, 왜 오온에서 수·상·행의 3가지 심소만 설정했을까? 그 이유는 무엇일까? 미혹이나 괴로움의 원인은 마음에 있다. 그 원인이 되는 가장 강력한 움직임이 수·상·행의 3가지 심소이기 때문이다.

우선 수(受)를 보자. 괴로움을 받아들이는 고수(苦受)든 즐거움을 받아들이는 낙수(樂受)든 이 둘은 괴로움의 원인이다. 괴로움으로부터 벗어나려고 하는 그곳에 집착이 생기고, 즐거움은 그것이 언제까지나 지속되기를 바라기 때문에 집착하게 된다. 이처럼 우리가 고락이라는 상대적인 세계에 머물러 있으면 언제나 그것에 집착할 수밖에 없다. 집착하기 때문에 미혹과 괴로움이 있는 것이다.

다음은 상(想)이다. 상은 언어가 관여하는 마음작용이다. 우리는 언어를 발하여 여러 가지 인식을 하기 때문에 언어는 매우 중요하다. 부처님이 설하신 가르침을 배우고 그것을 언어로써 이해하는 것이 중요하다. 그러나 언어는 모르핀과 같아서 어떻게 사용하느냐에 따라 독약이 될 수도 있다. 언어에 의한 인식은 모두 '분별' 또는 '허망분별'이라고 하는 것처럼, 본래는 잘못된 인식이기 때문이다. 그러므로 언어의 작용·한계·구속은 무엇인지 신중하게 생각할 필요가 있다.

다음은 행(行)이다. 행은 본래 인간의 의지를 말한다. 이 의지를 어느 방향으로 진행시키느냐에 따라 선업이 생기기도 하고 악업이 생기기도 한다.

이처럼 '수는 집착을 생기게 한다', '상은 인식적 오류를 생기게 한다', '행은 악을 생기게 한다'는 작용이 있기 때문에 3개의 심소를 별도로 세웠다고 나는 생각한다.

—

제4강

비유비무의 중도

12연기란

『반야심경』의 첫 구절인 "관자재보살이 심오한 반야바라밀다[완전한 지혜]를 실천할 때 오온이 모두 공이라는 것을 조견하여, 일체의 괴로움과 재앙을 건넜다.(觀自在菩薩 行深般若波羅蜜多時 照見五蘊皆空 度一切苦厄)"는 경문 중에서 마지막 구절인 '일체의 괴로움과 재앙을 건넜다'를 살펴보고자 한다.

그런데 나는 오래전부터 료칸(良寬) 스님[에도시대 선승]의 삶의 방식에 관심이 많았다. 료칸 스님은 해가 질 때까지 아이들과 공기놀이를 하는 등 기행(奇行)으로 유명한 분이다. 며칠 전 그분의 저작을 읽고서 안 사실인데, 그의 가장 큰 괴로움은 사람을 차별하는 문제였다. 우리는 자기 마음대로 '좋다·싫다'고 마음속으로 분별한다. 료칸 스님은 이것을 자신의 괴로움이라고 고백했다. 스님의 괴로움은 아주 특별한 것이지만, 우리들이 새겨들어야 할 잠언이라고 생각한다.

인간의 대표적인 괴로움[苦]은 '태어남·늙음·죽음'이다. 부처님이 석가족의 왕자로 태어나 좋은 지위를 버리고 출가한 이유는 무엇일까. 부처님은 왜 우리는 인간으로 태어나 늙고 죽는가 하고 그 이유를 묻고, 이 고[괴로움]의 해결법을 찾기 위해 출가하셨다. 태어나 늙고 죽는 괴로움은 왜 생기는가? 그 원인을 발견하고 인과의 연결고리를 정리한 것이 12연기다.

| 12연기(十二緣起) |

무명(無明) ⇨ 행(行) ⇨ 식(識) ⇨ 명색(名色) ⇨ 육처(六處) ⇨ 촉(觸)
⇨ 수(受) ⇨ 애(愛) ⇨ 취(取) ⇨ 유(有) ⇨ 생(生) ⇨ 노사(老死)

태어나 늙고 죽는 괴로움은 왜 생기는가? '유(有)'가 있고 '취(取)'가 있기 때문이라는 인과의 고리를 추적해 보면, 마지막에 '무명(無明)'이라는 근본 원인을 발견하게 된다. 이 12개의 연결고리에 의해 고(苦)가 생기한다는 것인데, 이 중에 중요한 것은 '애(愛)'와 '무명'이다. 애는 '갈애(渴愛)'라고도 한다. 물 없이 하루 이틀 사막을 헤매다 보면 목이 마르게 되는데, 그때 물을 간절하게 원하는 것과 같은 욕망을 갈애라고 하는 것이다. 이 욕망의 중심에 항상 나 자신이 자리하고 있다.

갈애에서 다시 더듬어 올라가면 마지막에 무명, 즉 아무것도 모르는 무지몽매라는 근본번뇌와 만난다. 이 인과의 연결고리를 반대로 부정적으로 더듬어 올라가면, 노사(老死)를 없애기 위해서는 생(生)을 없애고, 유(有)를 없애고, 취(取)를 없애고, 애(愛)를 없애고, 마지막에 무명(無明)을 없애면 되는 것이다. 이처럼 12연기는 생노사의 고가 왜 생기는지, 어떻게 하면 그 고를 없앨 수 있는지에 대한 가르침이다.

생노사의 3고 이외에 병고(病苦)를 더하여 4고를 설하는데, 앞의 3고는 이해되지만 생고[生苦, 태어남이 고통이다]가 왜 고통인지는 이해하기 힘들다. 이것에 대해 미야자와 겐지의 「비에도 지지 않고」라는 시에 나오는 "북쪽에 싸움이나 소송이 있으면 부질없으니 그만두라고 말하는"이란 구절을 예로 들어 설명해 보자. 생고란 싸움이나 소송을 하는 생활, 즉 나와 타인을 이분화하여 자타대립의 세계에 살고 있는 괴로움이라고 파악할 수 있다. 극락과 지옥도 마찬가지다. 지옥은 자타를 분리하고 대립하는 이 세계이며, 극락이란 자타가 일여(一如)인 세계라고 간단히 정의할 수 있다. 사람을 좋아하고 싫어하며 차별하는 데에 지옥이 있고, 오랜 시간 수행한 결과 사람을 차별하지 않는 세계가 극락은 아닐까.

앞에서 언급했듯이 료칸 스님은 이런 생각으로 사람을 차별하는 것이 지옥의 시작이라고 알아차린 것이다. 긴 수행의 결과, 료칸 스님은 사람을 차별하는 것이 가장 괴롭다는 것을 알고서 차별하지 않겠다는 이념으로 살았던 것이다. 그래서 료칸 스님과 함께 있는 것만으로 따뜻함, 기쁨, 안심을 느꼈을 것이다. 우리도 미야자와 겐지의 시나 료칸 스님의 삶의 방식에서 살아가는 괴로움은 무엇인지 내 삶의 방식에 비추어 생각해 보자.

갈애와 무명

다음으로 고(苦)가 왜 생기는지를 생각해 보자. 12연기에 따르면 고는 2개의 중요한 계기가 원인이 되어 생기한다. 첫째는 '나'를 집착함으로써 생기는 애(愛)이고, 둘째는 아무것도 모르는 무명(無明)에 의해 생긴다. 이 중에 애는 아집(我執)을 생기게 하고, 무명은 근본원인인 법집(法執)을 생기게 한다. 아집은 자신에 대한 집착이고, 법집은 사물에 대한 집착이다. 예를 들어 '내 몸'이라고 할 경우 내 자신에 대한 집착이 아집이고, 몸[육체]에 대한 집착이 법집이다. 우선은 나 자신을 설정하고 거기에 집착하기 때문에 미혹과 괴로움을 일으킨다. 본래 우리는 자신에 집착하고 매일 자기중심적으로 생각하고 행동한다. 앞에서 언급한 료칸 스님의 괴로움도 바로 이것이었다.

그러나 조용히 관찰해 보면 나라는 것은 존재하지 않는 무(無)이다. 예를 들어 '내 몸'의 경우, 몸은 눈으로 그 존재를 확인할 수 있지만 '나'라는 언어에 대응하는 것은 아무리 찾아도 발견할 수 없다. '자신', '나'라는 것은 단지 언어, 즉 언어의 울림뿐이다. 나는 존재하지 않지만, 몸은 존재한다고 생각할 수 있다. 부파불교[설일체유부]에서는 '나는 존재하지 않지만, 법은 존재한다'고 생각했다. 법이란 제법무아라고 할 때의 법[존재]이며, 오온이며, 오위백법(五位百法)의 백법으로, 현대어로 표현하면 존재의 구성요소를 말한다.

설일체유부는 '법은 존재한다'고 주장했지만, 정말로 내 육체·내 마음·내 주위의 다양한 사물은 존재하는 것일까. 우리는 보통 물질은 원자나 분자로 구성되어, 내 바깥에 존재한다고 생각하지만 과연 그럴까? 예를 들어 분필을 보고서 만진다. 이것을 관찰해 보자. 우리는 외계에 있는 분필을 직접 보는 것도 아니고 만지지도 않는다. 보이는 분필은 한 사람 한 사람의 마음속 영상으로서의 분필이며, 접촉된 감촉도 마음속에서 일어나는 감촉이다. 분필을 보는 것뿐만 아니라 모든 것은 내 마음속에서 일어난 현상이다. 이것을 유식사상에서는 '유식소변', '일체불리식(一切不離識)' 또는 '유식무경(唯識無境)'이라고 한다. 앞에서 내가 마음의 안이나 바깥이라는 표현을 했지만, 본래 마음은 크기가 없기 때문에 안이나 바깥이라는 것은 언어의 수식에 불과하다.

보통 타인은 내 바깥에 존재한다고 생각하지만, 마음의 세계는 3차원의 공간이 아니기 때문에 '여기까지는 당신, 여기까지는 나'의 마음 영역이라고 말할 수 없다. 본래 존재는 불가사의한 것이다. 이 불가사의는 양자역학이 발달하면서 알려지게 되었다. 외계에 있다고 생각한 소립자는 크기가 없으며, 전자(電子)는 인간이 인식하고 있을 때와 그렇지 않을 때의 상태[모습]가 다르다는 것이 밝혀졌다.[13]

하여튼 사물은 인[직접적인 원인]과 연[간접적인 원인]이라는 두 개의 원인으로부터 생긴다고 하지만, 모든 것은 내 마음 속에서 전개되고 내 마음속의 원인으로부터 일어나는 현상이라는 것이 유식의 기본적인 생각이다. 유식에서는 근본 원인으로서의 아뢰야식 속에 있는 종자 이외에는 없다고 주장한다. 그래서 아뢰야식을 '일체종자식(一切種

13 양자역학에서는 우리가 관찰하려고 하는 의도가 관찰할 현상에 영향을 준다고 한다. 이것을 '관찰은 현상을 교란시킨다'라고 표현한다. 다시 말해 어떤 현상을 관찰하고자 하면 그 실험으로 인해 관찰하려는 현상이 영향을 받아 변한다는 것이다. 물론 관찰이 현상을 교란시키는 것은 거시세계에서는 적용되지 않고 미시세계에만 적용된다. 예를 들어 소립자를 관찰하려고 하면 그것의 위치와 운동량을 동시에 측정할 수 없는 것도 이 이유 때문이다. 소립자를 관찰하면 빛을 사용해야 하는데 소립자를 관찰하기 위해 빛을 사용하면 소립자가 빛 입자의 영향을 받아 변하는 것이다.

子識)'이라고도 한다. 이는 모든 것을 생기시키는 종자라는 뜻으로, 힘[정신적 에너지]을 가지고 있다는 의미다. 이렇게 말하면 '무슨 말도 안 되는 소리냐'고 반발할 수도 있지만, 일상생활 속에서 이 가르침을 확인하는 노력을 계속하다 보면 서서히 내 삶의 방식이 바뀔 것이다.

어쨌든 우리들의 고는 '나에 대한 집착[아집]'과 '법에 대한 집착'이라는 두 개의 집착에 의해 일어난다. 그러므로 고로부터 해탈하기 위해서는 '나는 공[我空]'이라고 깨달아 아집을 없애고, '법은 공[法空]'이라는 것을 깨달아 법집을 없앨 필요가 있다. 대승에서는 아공만을 깨달은 것을 소승불교라 하고, 아공과 법공 둘 다를 깨달아야 대승이라고 하여, 소승보다 대승이 우월하다고 주장한다. '오온은 공이라고 조견'할 때, 다시 말해 내 자신뿐만 아니라 나를 구성하는 구성요소도 존재하지 않는다는 반야의 지혜로써 존재를 조견할 때, 처음으로 두 개의 집착을 끊고 자유롭고 강력하게 타자구제 활동을 전개할 수 있다고 한다. 이것이 『반야심경』 첫 경문의 가르침이다.

공과 중도

'공(空)'에 대해 알아보자. 먼저 '삼시교판(三時敎判)'에 대해 설명해 보겠다. 이것은 유식사상의 소의경전인 『해심밀경』에 나오는 말로, 부처님이 가르침을 펼칠 때 삼시(三時), 즉 초시가 유교(有敎), 제2시가 공교(空敎), 제3시가 중도교(中道敎)의 순서로 설했다는 뜻이다. 우선, 유교는 '아(我)는 무이지만 법은 유이다'는 가르침이다. 즉 '아공법유(我空法有)'를 말한다. 이것은 일체는 존재한다고 설하는 설일체유부의 주장이다. 공교는 반야경을 만든 사람들의 주장으로 아와 법이 존재하지 않는다는, 즉 '일체개공(一切皆空)'이라는 입장이다. 중도교는 유식학파의 주장이다. 유식도 본래는 공의 증득을 목적으로 하는 점에서 공교와 동일하지만, '일체개공'이라고 들은 후 '모든 것은 허무하다'는 니힐리즘[허무주의]에 빠지는 불교도를 위해 중도를 설한다. 즉 반야의 지혜로 비추어 본 세계는 '있다·없다'라는 이분법적인 사고로는 파악할 수도 없고 표현도 할 수 없다. 굳이 말하자면 '있는 것도 아니고 없는 것도 아니다' 즉 '비유비무(非有非無)'라는 중도다. 이처럼 삼시교판에 의하면 유식은 중도교에 해당하지만 공교에 해당하는 반야경의 사상이나 용수를 창시자로 삼은 중관파의 공사상과는 근본적으로 다른 점이 없다. 다만 유식은 '심(心)'이 존재한다, 즉 임시적으로 존재한다는 입장에서 그 마음의 변혁을 통해서 미혹에서 깨달음에 이르고자 하는 실천적인 사상이다. 결국 공이란 아무것도 없다는 허무의 공이 아니라 '중도에 뒷받침된 공'이라는 것이 유식학파의 주장이다.

중도를 걷다

그러므로 '공을 실천한다'는 것은 '중도(中道)를 걷는다'는 의미다. 중도를 걷는다는 것은 또 어떤 의미인가? 우선 중도의 범어는 '마드야마 프라티파드(madhyama-pratipad)'이다. 보통 '도(道)'에 해당하는 범어는 '마르가(mārga)'이지만 부처님이 중도라고 할 때는 마르가 대신 '프라티파드'라는 말을 사용했다. 그 말에 '알다'·'행하다'라는 두 가지 의미가 내포되어 있기 때문이다. 부처님은 아는 것이 실천으로 연결되어야 한다는 입장에서 그 말을 사용하셨던 것이다. 그런 입장에서 보면 중도란 '중을 알고, 중을 행한다'는 두 가지 의미가 있다고 말할 수 있을 것이다.

그렇다면 '중을 안다'는 것은 어떤 의미인가. 유식의 입장에서 보면 '일체 존재를 마음속에 환원하여, 그것을 추구하고 관찰하여 마지막에 안다'라고 말할 수 있을 것이다. 앞에서 모든[일체] 존재라고 표현했는데, 구체적으로 부처님이 설한 가르침을 마음속에 재현한다. 그리고 그것에 대해 '도대체 무엇인가?'라고 우선 언어를 통하여 추구한다. 언어를 발하는 순간 자신의 마음속에 '한 번 해보자'라는 추구심이 솟아오른다. 아뢰야식 속에 잠자고 있는 종자가 깨어난다. 그러면 '염(念)'이 일어난다. 염이란 자기의 모든 에너지를 거기에 쏟아 부어 집중하는 힘이다. 이것을 계속해서 지속하면 마음이 하나로 모이게 된다. 이것이 '정(定)'이다. 이 모여진 마음에 존재가 있는 그대로 비추어진다. 그것이 '혜(慧)'이고 그때 '중'을 알게 된다.

그렇다면 '중(中)을 행한다'는 말은 어떤 의미인가? 유식의 입장에서 보면, '삼륜청정무분별지(三輪清淨無分別智)'로 살아가는 것이다. 삼륜의 삼(三)이란 '자신'·'타자', 그리고 이 양자 사이에 성립하는 '행위' 또는 '물건'을 말한다. 예를 들어 보시를 하는 경우, 보시하는 사람, 보시를 받는 사람, 보시하는 물건 또는 보시하는 행위가 있다. 보통 우리는 '내가 누구에게 이런 물건을 보시했다'라고 의식하며 우쭐한다. 이로써 점점 에고(ego)가 강해진다. 이것이 문제다. 이 삼자를 전혀 분별하거나 구별하지 않는 청정한 마음, 즉 무분별지로 보시하는 경우가 있다.

'중(中)' 또는 '도(道)'란 무엇인가? 여러 학파가 다양한 견해를 제시하고 있지만, 유식학파에서는 중이란 지(知)로는 '비유비무'이고, 행(行)으로는 '무분별지'라고 결론내린다. 무분별지로 살아가는 것이 바로 중을 실천하는 방법이다. 그런데 무분별지로 사람에게 재물을 베푸는 것은 타자의 구제, 즉 이타가 된다. 동시에 그것은 자신의 마음을 심층에서부터 청정하게 하는 자리(自利)와 통한다. 즉 무분별지의 불[火]로 아뢰야식에 있는 더러운 종자를 태워 없애기 때문이다. 여기까지 오는 것은 힘들다. 그렇지만 어떤 사람을 미워하는 번뇌를 무리하게 억누르는 것은 가능할지는 몰라도 그 사람을 만나면 또다시 미워하는 감정이 생긴다. 그러므로 근본 원인 인(因)인 아뢰야식 속의 미워하는 마음을 생기게 하는 종자를 끊을 필요가 있다.

유식사상에서는 번뇌를 멸하는 것에 3단계가 있다고 한다. 먼저 구체적인 번뇌를 누르는 단계이다. 이것을 '현행(現行)을 굴복시킨다(伏)'라고 한다. 그렇지만 굴복시키는 것만으로는 완전하지 않다. 앞에서도 언급했지만, 조건을 만나면 다시 번뇌가 생긴다. 그래서 다음에 또다시 번뇌가 생기게 하는 가능력을 없애야 한다. 이 단계를 '종자(種子)를 끊는다(斷)'라고 한다. 이것으로 끝이 아니다. 마지막으로 종자에 남아 있는 기분까지도 없애야 한다. 이것을 '기분을 버린다(捨)'라고 한다. 종자를 끊고서도 마음 깊은 곳에 남아 있는 기분을 완전히 버려야 한다는 말이다. 복(伏)·단(斷)·사(捨)의 3단계 중에 무분별지는 복(伏)과 단(斷)과는 관계한다. 무분별지가 작동하면 적어도 번뇌는 굴복시킬 수 있다. 예를 들어 내가 어떤 사람이 밉다고 생각할 때, '미운 그 사람'은 내 바깥에 있는 것이 아니고 내 마음속의 감각데이터와 생각, 언어에 의해 짜이고 만들어진 영상이다. 이 영상을 무분별지를 통해 하나로 만들어 보자. 그때 미운 사람은 사라질 것이다. 그리고 표층의 무분별지의 마음이 심층의 아뢰야식 속에 있는 미워하는 마음을 생기시키는 종자를 태우게 된다. 이처럼 우리들이 마음을 정화하기 위해서는 일상생활에서 무분별지를 가지고 살아가는 방법밖에 없다. 하나가 되는 것은 어렵다. 그러나 하고자 하는 의욕만 있다면 그것은 일상생활에서 언제 어디서나 가능할 것이다.

중(中)과 삼성(三性)

다음으로 '중(中)'에 대해, 유식에서 설하는 '변계소집성'·'의타기성'·'원성실성'의 삼성으로 설명해 보자.

변계소집성이란 존재하지 않는 것을 생각과 언어에 의해 마음 바깥에 존재한다고 생각하면서 그것에 집착하는 것을 말한다. 우리는 어떤 것이든 언어로 파악한 순간 그것을 마음 바깥에 투사하고 거기에 집착까지 한다. 조용히 관찰하고 반성해 보면, 우리는 존재하지도 않는 변계소집성의 세계에서 우왕좌왕하면서 살고 있다. 모든 자연과학을 변계소집성이라고 할 수는 없지만, 과학이 기술과 연결되면 그것은 변계소집성의 세계로 변모할 가능성이 있다. 점점 늘어나는 과학적 지식에 기초하여 고도의 기술사회가 형성되고 있다. 그렇지만 현재 개발된 기술이 과연 우리를 행복하게 할까? 인간뿐만 아니다. 지구 전체가 행복하게 될까?

그리고 완전히 그 존재성이 부정된 변계소집성의 상태를 '도무(都無,

전혀 존재하지 않는다)'라고 한다.

의타기성이란 마음이다. 다시 말해 무수히 많은 다른 조건의 힘에 의해 생기한 마음이 의타기성이다. 다른 것에 의해 생기한다는 것은, 마음이 자신 이외의 다른 힘에 의해 생기하고 지배되고 움직인다는 말이다. 이것은 조용히 마음을 관찰해 보면 알 수 있다. 예를 들어 눈을 떠보자. 이 순간에는 단지 보는 시각이 작동할 뿐이지만, 다음 순간에 '내가 보고 있다'고 생각한다. 그러나 사실 자신이 보고 있는 것이 아니라 보이고 있는 것이다. 보고 싶지 않아도 볼 수밖에 없다. 그럼에도 불구하고 우리는 자신도 모르게 변계소집성으로서의 나를 드러내어, 완전히 허무한 자신에게 의지하여 살아가고 있다. 존재하지 않는 자신을 중심에 두고 살아가고 있는 것이다. 우리 한 사람 한 사람이 이런 인간의 어리석음을 알았을 때, 세상은 바뀌지 않을까!

유식사상, 넓게 말해 유식이 설하는 삼성설은 유식의 독자적인 교리는 아니다. 조용히 눈으로 관찰한 결과를 언어로 나타낸 것뿐이다. 이것을 우연히 유식이라고 했지만, 서양적인 표현을 빌리자면 과학성·철학성·종교성의 3가지 측면을 갖춘 종합적 사상이라고 말할 수 있다. 조용히 눈으로 관찰하기 위해서는 산란한 마음을 가라앉은 마음으로, 즉 정심(定心)으로 되돌려야 한다. 명경지수(明鏡止水)에서 지수(止水)처럼, 다시 말해 나무통 안의 물이 전혀 파도나 울렁거림이 없을 때 거기에 보름달이 그대로 비치는 것처럼, 우리가 정말로 사물에 대해 알고자 한다면 요가나 선정을 닦아 마음을 정심으로 되돌릴 필요가 있다.

그리고 의타기성의 마음은 임시적으로 존재한다는 의미로 '가유(假

有)'라고 한다.

원성실성은 완성된 마음, 원만·성취·진실한 마음이다. 의타기성의 마음에 변계소집성이 완전히 없어진 상태다. 우리는 언제나 생각과 언어로써 마음을 바깥으로 집어던지고[외계에 투사하고] 거기에 집착하기까지 한다. 이 집착을 점차로 없애 가는 것이 중요하다. 집착의 뿌리는 자신이다. 앞에서도 언급했지만 존재하지 않는 나에게 집착하고, 주위에 있는 사물[법]에 집착하여 미혹하고 괴로워하는 메커니즘을 확실하게 알면, 존재하지 않는 것을 마음속에서 점차로 없애 갈 수 있다. 물론 한꺼번에 없앨 수는 없다. 무분별지가 생기는 것에 의해 의타기가 점차로 정화되어 갈 것이다. 혼탁해진 의타기라는 물[水]이 무분별지로 정화될 것이다. 즉 표층의 마음이 밝아지면 심층의 마음도 정화되는 것이다.

표층심에서의 구속은 마음속에서 생기는 다양한 관념이나 영상이다. 그래서 무언가 고민이 있다면, 고민의 대상을 마음속에 확실하게 환원하여 그것이 무엇인지 추구하여 관찰해 가는 것이 중요하다. 부처님은 시체가 있는 곳에서 요가수행을 하면서 죽음이 무엇인지 추구하고 관찰했다고 한다.[14] 나도 언젠가는 죽는다. 생각해 보면 우리도 시체와 같은 존재다. 이런 육체가 존재한다는 것은 무엇인가? 죽으면 어떻게 되는 것일까?

---

14 초기불교 수행론인 사념처(四念處) 중에서 몸을 관찰의 대상으로 삼은 신념처(身念處)를 말한다. 예를 들면 들숨과 날숨에 집중하거나 죽은 사체의 변화를 관찰하여(不淨觀) 몸의 집착에서 벗어나고자 하는 수행법이다.

우선은 나를 비운다. 그리고 육체도 비워 간다. 비워 가더라도 결코 허무가 되는 것은 아니다. 점차로 부정하는 것에 의해 남는 것은 '있다'뿐이다. 마지막에 남는 것이 원성실성으로 완성된 마음이다. 이것은 실유(實有)다. 공은 결코 논리적으로 생각할 수 있는 것이 아니다. 공이라고 관하는 마음, 한 마디로 공관(空觀)이 중요하다. 비워감으로써 새로운 마음이, 다시 말해 청정한 마음이 나타나기 때문이다.

'삼성의 존재'에 대해 정리해 보자. 변계소집성은 전혀 없는 것으로 도무(都無)이고, 의타기성은 임시적으로 존재하는 가유(假有)이며, 원성실성은 실유(實有)라고 한다. 이 삼성의 존재성에 기초하여 중도는 다음과 같이 정의할 수 있다. '변계소집성은 무이기 때문에 유(有)가 아니다. 즉 비유(非有)다. 의타기성과 원성실성은 유이기 때문에 무가 아니다. 즉 비무(非無)다.'

이처럼 존재 전체를 3가지의 상태로 파악하면 '비유비무의 중도'라고 결론내릴 수 있다. 비유비무란 '있다·없다'의 극단적인 견해에 머물러 있는 게 아니다. 있다고 생각한 것은 실로 무(無)다. 즉 변계소집성은 무다. 그러나 완전히 허무는 아니다. 의타기성과 원성실성은 존재한다(有)는 인식 아래, 우리는 마음을 닦아 깨달음에 이르러야 하지 않겠는가. 이것이 삼성으로 비유비무의 중도를 설한 목적이다.

중도의 논리는 단순히 논리가 아니고 깨달음에 이르기 위한 방편으로서의 논리이다. 그러므로 그 논리를 실제 생활에서 활용하지 않는다면 아무런 의미가 없다.

삼성대망중도와 일법중도

이처럼 삼성으로써 중도를 파악하는 것을 '삼성대망중도(三性大望中道)'라고 한다. 물론 이것도 실천을 동반해야 하지만 논리적으로 이해한 것이다.

그리고 일법중도(一法中道)라는 것이 있다. 일법중도란 '일색일향무비중도(一色一香無非中道)'라고 하는 것처럼, 어떤 하나의 법[존재]이라도 그 속에는 중도의 도리가 나타난다고 하는 생각이다. 이것은 앞에서도 언급했지만, 무분별지로써 사물과 하나가 되어 갈 때 알려지는 중도설이다. 어떤 존재도 마음속에 있는 관념 내지 영상이 아닌 게 없다. 그것과 하나가 될 때 그것은 유도 아니고 무도 아니다. 유와 무를 날려 버리는 것이다.

이처럼 하나의 법[존재]속에 '중'을 관한다는 것이다. 인간에게 있는 가장 근원적인 미혹은 유무(有無)라는 언어로 사물을 파악하는 것이다. 우리는 유무로만 존재의 상태를 판단할 수밖에 없다. 그러나 유무란, 예를 들면 달군 프라이팬에 물 한 방울을 떨어뜨리면 튀어 올라 날아가 없어지듯이, 선정에 들어 마음이 만들었다는 유식이라는 세계, 다시 말해 한 사람 한 사람이 그 속에 머무는 우주와 하나가 될 때, 바로 그때에 '있다·없다'라는 언어를 발하면 그 언어는 날아가 버린다. 이처럼 유와 무는 먼지와 같은 것이다.

앞에서 선정에 들어간다는 말을 했는데, 정확하게는 지(止)와 관(觀)의 마음을 일으키는 것이다. 지란 조용히 멈춘 마음, 관이란 그 멈춘 마음이 사물을 비추는 작용을 말한다. 지와 관이라는 두 개의 마음이 표리일체(表裏一體)가 되어 움직이는 이상적인 상태이다. 요가나 선정을 닦는 것은 그냥 앉아 있는 것이 아니라, 지와 관을 동시에 움직여 담담한 마음 내지 파도가 전혀 없는 마음으로 존재 전체를 있는 그대로 관찰하는 것이다.

이상으로 삼성대망중도와 일법중도를 비교하여 설명했지만, 중도를 마음의 정화 과정으로 파악한다면 우선은 변계소집성의 세계에서 의타기성의 세계로 되돌아 갈 것을 요구하는 것이다. 구체적으로 말하면 요가 내지 선정을 닦아 마음 내부에 머물거나 일상생활 속에서 무분별지로 생활하는 것, 다른 말로 제행무상 속에 들어가는 것이다.

그러나 제행무상 속으로 들어가기 위해서는 나를 비워야 한다. 그리고 제행무상 속으로 들어가 반복해서 닦으면 불가사의하게도 제법무아를 알게 될 것이다. 이것은 의타기성의 세계로 되돌아가는 것이다. 그때 나는 살고 있는 것이 아니라 다른 것에 의해 살려지고 있다는 것을 알게 될 것이다.

비록 범부이지만 무분별지로 일상생활을 보내면 점차로 에고[자아]가 없어지고 타인에 의해 살려지고 있다는 것이 분명해질 것이다. 그러면 무슨 일을 해도 감사하는 마음이 들 것이다.

근원적인 것에 대한 자각

최근 우리 사회에는 가정폭력, 살인, 정관계의 부정부패 등이 만연하고 있으며, 세계적으로는 민족 간의 전쟁, 종교전쟁, 환경파괴 등의 많은 문제를 안고 있다. 이런 고액[고통과 재앙]을 어떻게 해결할 것인가? 어떤 비책이 있는가?

이것에 대해 여러 사람이 다양한 견해와 입장을 제시하고 있지만, 근원적으로는 '법에 비추어 논의하는 것'이 가장 중요하다고 생각한다. 여기서 법이란 '논리를 뛰어넘은 진리, 인간이라면 누구나 파악할 수 있는 근원적인 것'이라고 정의한다. 우리의 논리나 말이 권리나 힘을 가지기 위해서는 근원적인 것에 다가가는 것이 필요하다. 이것을 잊고서 우리는 단지 자신만을 지키기 위해 논리를 전개한다. 그러므로 점차로 본질에서 벗어나 버린다. 이것이 인간의 가장 큰 어리석음이다.

세계 전체가 고액으로부터 해탈하여 평화롭고 행복하게 살기 위해서는 한 사람 한 사람의 인간이 자신 속에 있는 '근원적인 것'을 자각하여, 그것에 비추어 논의해야 한다. 서로 문화와 문명이 다르더라도, 그 차이를 인정하면서 방책을 찾는다면 평화의 길은 열릴 것이다. 물론 이것은 어려운 일이지만 어렵다고 단념하면 안 된다고 우리 자신에게 끊임없이 되새길 필요가 있다.

—

제5강
색즉시공 공즉시색

사리자와 연기게

●

사리자여! 색은 공과 다르지 않고, 공은 색과 다르지 않다. 색이 곧 공이요, 공이 곧 색이다. 수·상·행·식도 또한 이와 같다.
舍利子 色不異空 空不異色 色卽是空 空卽是色 受想行識亦復如是

다음으로 위의 경문을 살펴보자. 먼저 사리자는 부처님의 십대제자 중 한 명이다. 사리자의 범어는 '샤리푸트라(śāri-putra)'인데, 샤리(śāri)는 아름다운 소리로 우는 작은 새를 의미하지만, 여기선 사람 이름이다. 푸트라(putra)는 아들이라는 뜻이다. 그래서 사리자는 '샤리의 아들[舍利子]'인 셈이다. 의역하여 '사리불(舍利佛)'이라고도 한다. 사리자는 '지혜제일' 또는 '해공제일'이라 불린다. 부처님의 제자 중에 지혜가 가장 뛰어나고 공을 가장 잘 이해했기 때문에 붙은 수식어다. 그래서 『반야심경』은 설법자 부처님이 청문자(聽聞者) 사리자에게 설법하는 형식으로 구성되어 있다.

본래 사리자는 외도 출신인 산자야의 제자였지만 어느 날 '연기게(緣起偈)', 즉 "일체 제법은 인연으로부터 생기한다. 그 인연을 여래는 설한다"는 문구를 5비구 중의 한 사람인 마승(馬勝, aśvajit)에게 듣고 감동하여, 그의 오랜 친구인 목련과 함께 부처님의 제자가 되었다.

연기게에 대해서 더 살펴보자. 인연으로부터 생기한다는 것을 '인연생기(因緣生起)'라고 하는데, 줄여서 '연기'라고 한다. '우리는 도대체 무엇을 믿어야만 하는가?'라는 질문에 대해 부처님은 '연기의 도리'를 믿으라고 말씀하신다. 연기의 도리란 '이것이 있으면 저것이 있고, 이것이 없으면 저것도 없다'라는 간단한 법칙이다. 이 중에 '저것'은 일체 제법, 즉 존재하는 모든 것을 말한다.

사리자는 '모든 존재는 연기의 도리에 따른다'는 가르침을 듣고서 감동한 것이다. 물론 사리자가 감동받을 수 있었던 것은 그가 '도대체 무엇인가? 왜 그런가?'라며 계속해서 추구하고 있었기 때문이다. 나라는 존재는 왜, 지금, 이렇게 존재하는가? 이것은 인간에게 가장 중요한 물음이다. 나뿐만 아니라 일체의 모든 존재(타인·자연계 등)를 포함한 세계도 마찬가지다. 이 세계는 도대체 어떤 원인에 의해 생기하는가? 이것이야말로 나에게 가장 큰 문제다.

그런데 '세계'는 두 가지로 구분할 필요가 있다. 하나는 과학적인 세계, 즉 과학이 대상으로 삼는 세계다. 이것은 146억 년 전에 일어난 빅뱅에 의해 팽창된 세계로, 여러 별들과 우리가 존재하는 지구, 즉 우주다. 또 하나는 에고의 마음을 가진 한 사람 한 사람이 갇혀 있는 세계다. 이것은 자신이 스스로 짊어지고 있고 타인은 대신해 줄 수 없는 세계다.

이 두 가지 중에 앞의 세계는 우리가 공통의 언어로 말해서 만들어 낸 추상적 세계이지만, 본래 존재하지는 않는 세계다. 구체적으로 존재하는 것은 한 사람 한 사람 스스로 만들어 낸 세계, 유식학적으로 말하면, 내 심층에 있는 아뢰야식에서 흘러나온 세계다. 이 세계는 개개인마다 내용이 다르다. 맑은 세계도 있고, 어두운 세계도 있다. 가능한 한 밝고 즐거운 세계라면 좋겠지만 현실은 어둡고 괴로운 세계다. 우리들은 언제나 생사의 문제를 짊어지고 살 수밖에 때문이다. 인도인은 인간 존재, 넓게는 생명이 있는 것은 모두 괴로운 존재라고 파악하고, 이것을 '생사윤회'라고 표현했다. 정말로 사는 것도 괴로움이요, 죽는 것도 괴로움이다.

이처럼 세계는 추상적인 과학의 세계와 구체적인 종교의 세계로 나눠 볼 수 있다. 전자는 인간의 순수한 욕망의 대상이지만, 후자는 자신이 그 속에서 괴로워하는 세계이기 때문에 어떻게 하면 고로부터 해탈할 수 있는지 그 방법을 찾아 구하는 세계다.

그렇다면 후자의 세계에서 우리는 왜 괴로워하고 있는가? 연기의 입장에서 살펴보자. 우리는 실체로서의 '나'를 설정하고 '나는 괴롭다'라고 말한다. 그런데 실은 '나'를 설정하기 때문에 괴로움이 생긴다. '나'를 중심으로 괴로워하는 세계가 전개되고 있는 것이다. 그 중심의 내가 무엇인지를 궁구할 수밖에 없다. 인도의 철학이나 종교는 자신, 다른 말로 아트만이란 존재에 대한 자기 추구의 역사라고 할 수 있다. 불교도 이 흐름 속에 있다. 힌두교는 아트만은 존재한다고 설하는 유아설(有我說)을 주장하지만, 불교는 아트만 같은 것은 존재하지 않는다는 무아설(無我說)을 주장하여 힌두교와 대립하였다.

불교는 왜 무아설을 주장할까? 이 질문에 불교는 '연기이기 때문에 무아이다'라고 답한다. 고[괴로움]는 왜 생기는가? 그 근본 원인을 불교는 '무명'이라는 근본번뇌에서 구했다. 무명이란 근본적인 것에 관해 전혀 알지 못하는 마음의 무지를 말한다. 우리는 무명 때문에 전혀 존재하지 않는 '나'를 설정한다. 예를 들어 손을 보고서 '나의 손'이라고 한다. 하지만 앞서 확인했듯, '나'라는 언어에 대응하는 것은 존재하지 않는다. 그럼에도 불구하고 '나의 손'이라고 말하는 배후에는 아무것도 모르는 무명이 있다. 무명은 눈으로 보거나 만질 수 없는 것이다. 무명이 무엇인지 알지 못하더라도 최소한 전혀 존재하지 않는 '나'를 존재한다고 착각하고 있는 결과만이라도 확인해 보자.

또 하나의 예를 들어 보자. 눈을 뜬 순간 내가 보고 있는 것이 아니다. 보려고 하지 않아도 볼 수밖에 없다. 보는 것이 아니고 보이고 있는 것이다. 그럼에도 불구하고 우리는 '나는 보고 있다'고 자신 있게 자신을 설정하고 있다. 이처럼 존재하지 않는 자신을 존재한다고 착각하는 것은 무명을 가지고 있다는 증거다. 그래서 '무명으로부터 아견(我見)이 생기한다'고 한다. 아견, 즉 나는 존재한다는 견해로부터 모든 괴로움이 생긴다.

그런데 부처님이 반대한 힌두교에도 구원의 교리가 있다. 예를 들어 힌두교에서는 절대적인 신이자 창조주인 신, 즉 브라흐만[梵]과 나의 본질인 아트만이 별개이기 때문에 생사 윤회한다고 한다. 힌두교는 요가를 수행하여 나[아트만]와 브라흐만이 하나임을, 즉 '범아일여(梵我一如)'라는 것을 알았을 때 생사윤회의 고통으로부터 벗어나 해탈할 수 있다고 한다. 그러나 부처님은 이런 견해에 강력하게 반대한다. 왜냐하면 '나'라는 것은 존재하지도 않고, 어디에서도 찾을 수 없으며, 나를 떠나 나와 별도로 존재하는 '신'은 없다고 깨달았기 때문이다. 불멸 후 불교는 힌두교의 신들을 부처[불교]를 수호하는 수호신으로 받아들였지만, 적어도 부처님이 재세한 시기에는 신의 존재를 인정하지 않았다.

부처님은 냉정하고 지적인 마음을 가진 분이다. 조용히 선정의 세계에서 '나는 무엇인가[누구인가]'를 추구하였다. 물론 부처님도 당시 철학 등의 학문을 배웠지만, 선정을 닦으면서 자신의 마음으로 관찰하였다.

부처님이 창조주나 신을 부정한 것의 배후에는 괴로움은 나를 창조한 신이 아니라 나의 행위, 즉 업의 결과라는 '자업자득'의 사고방식이 있었다. 우리는 많은 괴로움을 안고서 살고 있다. 세속적인 괴로움 중에서도 인간관계에서 오는 괴로움이 가장 크다. 이런 괴로움을 해결하기 위해선 '연기의 도리'로 관찰하는 것이 큰 효과가 있을 것이다. '이것이 있으면 저것이 있고, 이것이 없으면 저것도 없다'는 연기의 도리로써 사물[현상]을 관찰할 때, 결국 우리는 '관계'적으로 존재할 뿐이며 '실체'적으로 존재하지 않는다는 것을 깨닫게 될 것이다.

실체적으로 존재한다는 견해는 '당신'과 '나'는 별도로 존재한다는 생각이다. 그러나 정말로 '당신', 구체적으로 '미워하는 당신'이 '나'를 떠나 별도로 존재할까? 조용히 마음을 가라앉히고 그 마음을 관찰해 보면 '밉다는 생각'이 있기 때문에 '미운 사람'이 눈앞에 나타나는 것이 아닐까? 즉 '미운 생각'이 없으면 '미운 사람'도 없다. 실로 당신과 나는 '이것이 있으므로 저것이 있고, 이것이 없으면 저것도 없다'는 관계적 존재다. 우리는 관계적으로만 존재한다. 하지만 무명의 작용 때문에 그것을 알지 못한다. 또 이 무명 때문에 일체의 괴로움이 생긴다. 그러므로 무명을 없애면 괴로움도 사라진다.

무명을 없애기는 쉽지 않다. 그러나 포기하지 말고 "관자재보살이 심오한 반야바라밀다[완전한 지혜]를 실천할 때 오온이 모두 공이라는 것을 조견하여, 일체의 괴로움과 재앙을 건넜다.(觀自在菩薩 行深般若波羅蜜多時 照見五蘊皆空 度一切苦厄)"라는 경문을 계속 독송하면서 반야의 지혜를 획득하도록 노력해 보자.

일상생활 속에서 무언가 문제가 생기면 부처님이 설한 연기의 도리에 따라 조용히 관찰해 가면 될 것이다. 이런 문제들을 다시 한 번 마음속에 되돌려 그리고 부처님이 설한 연기의 도리에 따라 '왜 그런가?' '어떻게 하면 좋은가?'라고 추구하고 관찰하자. 나는 관찰하고 분석하면 반드시 해결할 수 있다고 확신한다. 여기에 '반드시 해결하겠다'는 서원도 필요하다. 이런 용기와 정열이 있다면 문제는 반드시 개선될 것이다. 여러분들도 무언가 문제가 생기면 연기의 도리를 믿고, 그것을 일상생활에서 활용해 보기를 권한다.

사리자의 이야기로 되돌아가자. 이런 훌륭한 가르침을 들은 순간 사리자는 문득 알아차리고 부처님의 제자가 되었다.

색과 공

부처님은 그를 "사리자여!"라고 부르고 "색은 공과 다르지 않고, 공은 색과 다르지 않다. 색이 곧 공이요, 공이 곧 색이다. 수·상·행·식도 또한 이와 같다.(色不異空 空不異色 色卽是空 空卽是色 受想行識亦復如是)"라는 가르침을 설한다. 이 경문 중에서 전반부의 '색불이공 공불이색'은 후반부의 '색즉시공 공즉시색'과 내용적으로 다르지 않기 때문에 후반부부터 설명하겠다.

먼저 색에 대해 기술하겠다. 색에 대해서는 이미 제3강에서 대략적인 설명을 했지만, 복습을 겸해서 보다 상세하게 설명해 보자. 색의 범어는 '루파(rūpa)'로, 현대어로 설명하면 '물질적인 것'을 의미한다. '물질'이라고 하지 않고 '물질적인 것'이라고 한 것은 원자나 분자로 구성되어 있는 것과는 다소 차이가 있기 때문이다. 색, 즉 물질은 '변괴(變壞)'와 '질애(質礙)'의 두 가지 성질을 가지고 있다.

| 사물의 두 가지 성질 |

①변화하여 파괴되는 것(변괴變壞)

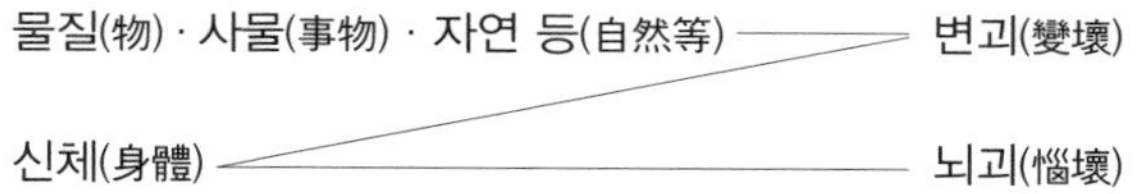

물질(物) · 사물(事物) · 자연 등(自然等) —— 변괴(變壞)

신체(身體) —— 뇌괴(惱壞)

[신체는 욕(欲, 욕망)에 의해 괴롭다]

②동일한 공간에 둘이 공존할 수 없다(질애質礙)

내 신체는 변화하고 파괴되는 것[變壞]이다. 내 주위에 전개되는 사물이나 자연계도 마찬가지다. 내 신체는 매일매일 변화하여 결국에는 소멸하며, 산이나 강뿐만 아니라 지구도 언젠가 소멸하여 사라진다.

신체는 변괴뿐만 아니라 '뇌괴(惱壞)'의 성질도 있다. 뇌괴는 번역하기 어려운 말인데, 신체는 욕망에 의해 괴로워한다는 의미다. 욕망이 없으면 신체는 괴롭지 않다. 사는 것이 괴로운 이유는 신체에 욕망이 질벅질벅하게 솟구쳐 오르기 때문이다. 그렇지만 모든 것은 언젠가 파괴된다. 즉 제행무상이다.

또 하나의 물질의 성질은 '동일한 공간에 둘이 존재할 수 없다'는 것이다. 이것을 '질애'라고 한다. 이것은 대단히 과학적인 관점이라고 할 수 있다. 이처럼 과학적 관점에서 파악하는 것과 동시에 심리적·실존적·종교적 관점에서 물질을 '파괴되는 것', 신체를 '괴롭히는 것'이라는 두 가지 측면에서 파악하는 것이 불교의 뛰어난 점이다.

이런 성질을 가진 색은 '오근(五根)'·'오경(五境)'·'법처소섭색'의 3종류로 분류된다. 오근은 안근·이근·비근·설근·신근으로, 현대어로 말하면 시각을 비롯한 5가지 감각기관이다. 여기서 근(根), 즉 감각기관의 작용에 대해 살펴보자. 눈을 감았다 떠보자. 그러면 순간적으로 시각이 생겨 사물이 보인다. 왜냐하면 원자나 분자로 이루어진 눈이라는 감각기관과 원자나 분자로 이루어진 밤하늘의 별들이 서로 인식관계를 맺는 순간, 별을 보는 시각이 생기기 때문이다. 그런데 원자나 분자라는 물질만이 있음에도 불구하고 어째서 시각이라는 마음이 생기는 것일까. 이것은 영원히 대답할 수 없는 수수께끼일지도 모른다. 그러므로 '왜'라는 질문은 하지 말자. 그 대신 '현재 보이고 있는' 현실과 사실을 외경의 마음[念]으로 받아들이면 어떨까. 이것을 반야의 지혜로 조용히 확인해 보자.

그렇다면 이와 같이 확인한 반야의 지혜를 어떻게 실천으로 옮길 것인가. 다시 말해 '본다'는 시각의 에너지를 무엇을 위해 사용할 것인가가 문제다. 이것에 대해 부처가 되면 오식[오감각]은 전변하여 '성소작지(成所作智)'가 된다는 주장을 참고할 수 있다. 이 지(智)는 '해야 할 것을 성취하는 지혜'라는 의미다. 해야 할 것, 즉 '소작(所作)'이란 타자를 구제하는 것이다. 부처는 자신이 아니라 타인의 구제를 위해 보는 시각을 작동시켜야 한다. 그렇지만 우리 범부는 시각을 거의 대부분 자신을 위해 사용하고 있다. 물론 부처처럼 될 수는 없지만, '오식을 전변시켜 성소작지를 얻는다'는 유식사상으로부터 배워야 할 것은 감각을 조금이라도 타인을 위해 사용하는 것이다.

불교에서는 신체를 '유신근(有身根)', 즉 '근(根, 감각기관)을 가진[有] 몸[身]'이라고 한다. 이처럼 감각기관을 갖춘 신체가 있기 때문에 색이나 형체·냄새·맛 등을 감각할 수 있다. 이처럼 신체는 부여된 것이지 자신의 것이 아니다. 이런 관점에서 다시 한 번 자신의 신체를 살펴보자.

다음은 오경(五境)에 대해 살펴보자. 오경이란 오근의 대상, 즉 감각기관의 대상으로 색·성·향·미·촉의 5개이다. 앞에서 신체는 오근을 갖추어 대상을 감각할 수 있다고 했지만, 여기에는 커다란 문제가 있다. 왜냐하면 의식이 작용하여 그곳에 욕망이 더해지면 감각된 대상에 집착을 일으키기 때문이다. 우리는 여러 가지에 집착한다. 성욕·식욕·물욕·명예욕 등의 모든 욕망은 감각된 대상의 데이터를 기반으로 한다. 그래서 오경을 욕망의 대상으로 오묘하게 삼기 때문에 '오묘욕(五妙欲)'이라고 한다.

이와 같은 욕망이나 집착을 없애기 위한 좋은 가르침이 '오직 식뿐이고 외계의 인식대상[境]은 존재하지 않는다'는 '유식무경'이다. 내가 인식하는 오경 또는 감각의 대상, 넓게 말하면 모든 감각의 데이터는 마음속의 영상이다. 우주나 자연, 내 주위의 도구, 돈, 지위, 명예도 내가 언어로 생각한 것 전부는 마음속에 있는 영상에 불과하다. 그럼에도 불구하고 나는 생각과 언어를 영상에 부여하여 그것을 외부에 던져 실체로 존재한다고 생각하여 집착한다. 다시 말해 마음속에 있는 색·성·향·미·촉을 마음 바깥에 오묘하게 존재한다고 착각해서 집착해 버린다. 삼성설로 말하면, 변계소집성으로 파악해 돈, 명품은 가치가 있으며 나를 떠나 존재한다고 생각해, 그것들을 손에 넣기를 갈망한다. 가마쿠라 시대 흥복사의 학승이었던 료헨(良遍) 화상은『법상이권초(法相二卷抄)』에서 이렇게 말했다.

> "일체 제법은 모두 내 마음을 벗어나 있지 않다. (중략) 마음 바깥에 존재한다는 생각은 미혹이다. 미혹에 의지하는 까닭에 무시이래로 생사에 윤회하는 몸이 된다."

그렇지만 눈앞에 산과 강, 몸, 옷, 명품가방, 돈도 있다. 이것을 어떻게 파악해야 할까. 결론부터 말하면 이것들은 임시적인 존재라고 파악해야 한다. 내 마음속에 생기는 감각의 데이터는 연기의 도리에 따라 여러 가지 조건에 의해 짜인 의타기성으로서의 임시적인 존재이다. 이것은 사실이지 결코 신앙의 대상이 아니다. 이 사실을 사실로 인지하고 알아차리는 것이 중요하다.

그렇게 되면 지금까지 '실재'한다고 생각한 것, 예를 들면 내가 보고서 아름답다고 생각하여 집착한 것이 '임시적인 것'이라고 알게 되면 그것에 집착하는 일은 없어진다. 지금까지 집착하여 자신에게 끌어들인 에너지를, 이제는 자신이 아닌 타자를 향하여 방출할 수가 있게 된다.

이런 의미에서 '색즉시공'은 사물에 대한 집착을 없애는 과정이고, '공즉시색'은 집착이 사라진 내 자신이 다시 한 번 더 세상에서 타인을 위해 에너지를 방출시키는 과정이다. '감각의 대상인 오경은 임시적인 것이고 내 마음속에 있는 영상이다. 이것은 임시적이고 꿈속에서 일어난 것이다. 그렇지만 꿈이라고 하더라도 가능한 즐겁고 행복한 꿈을 꾸자!' 이와 같이 각자의 의식을 바꿀 때 보다 나은 세계의 실현을 향해 한 걸음 나아간 셈이 된다. 법처소섭색에 대해서는 3강에서 이미 설명했기 때문에 생략한다.

공(空)을 분석하다

이제 '색즉시공 공즉시색'에 대해 알아보자. 우선 『반야심경』에서 말하는 공(空)에 대해 살펴보자. 『반야심경』에서 공은 '조견오온개공'에서 처음 등장한다. 다음에 등장하는 공은 '색불이공 공불이색 색즉시공 공즉시색'의 공이다. 그 다음은 '시제법공상 불생불멸 불구부정 부증불감'의 공이다. 그리고 '시공중무색 무수상행식'의 공이 마지막으로 등장한다. 이처럼 『반야심경』에는 '공'이 반복해서 등장한다. 이 공의 의미는 도표에서처럼 두 가지로 나누어 볼 수 있다.

| 공의 두 가지 의미 |

공(空) ①무(無), 존재하지 않는다(A에는 B가 없다)
②반야(般若)의 지혜에 의해 비춰진 세계 · 공성(空性)(C=남겨진 것은 있다)

먼저, 공이란 '무(無)'·'존재하지 않는다'는 의미이고, 또 하나는 '공성(空性, śūnyatā 슌야타)'의 의미다. 공성이라는 말은 『반야심경』의 한역에는 등장하지 않지만, 반야의 지혜에 의해 비춰진 세계를 공성이라고 한다. '조견오온개공'의 공은 '무(無)'·'존재하지 않는다'는 의미로 파악해야 한다. 반면 '시제법공상 불생불멸 불구부정 부증불감'의 공과 '시공중무색 무수상행식'의 공은 반야의 지혜에 의해 비춰진 세계, 즉 공성의 의미로 파악해야 한다. 그런데 '색불이공 공불이색 색즉시공 공즉시색'의 공은 도대체 어떤 의미일까. 이 공도 공성의 의미로 파악해야 하지만, 엄밀하게 말하면 앞에서 말한 '무'의 의미를 포함한 공성으로 이해해야 할 것이다. 여기서 유식학파가 즐겨 사용한 공의 의미를 소개하겠다.

> "어떤 것(A)에 어떤 것(B)이 없을 때, 그것(A)은 그것(B)으로 공이라고 여실하게 본다. 게다가 그곳(A)에 남겨진 것(C)은 존재한다고 여실하게 아는 것이다."

유식학파는 요가의 실천을 통해 얻은 경험에 기초하여 공을 위와 같이 정의하였다. 이것은 공에 대한 정의라기보다 어떻게 공을 관할 것[觀]인가라는 '공관(空觀)'의 상태를 기술한 것이다. 즉 '어떤 것(A)에 어떤 것(B)이 없을 때, 그것(A)은 그것(B)으로 공이라고 여실하게 본다.' 즉 A에는 B가 없다. 이런 의미에서 A는 공이고, B로서는 공이라고 본다. 그러나 마지막에는 A에 남겨진 것은 존재한다고 여실하게 아는 것이 요청된다. 다시 말해 점차로 부정을 반복해서 전부 부정하여 남는 것에 나타나는 '남겨진 것'을 깨닫는 것이 요청된다. 이 '남겨진 것(C)'이 반야의 지혜에 의해 비춰진 세계다.

그런데 (A)는 무엇인지 생각해 보자. 유식사상에서 (A)는 개개인의 마음으로, 마음속에 헤아릴 수 없을 만큼의 영상을 감각데이터·생각·언어에 의해 만들어 낸다. 이것들에 장애되고 속박되면 우리는 깨달을 수 없다. 그래서 이 장애와 속박을 하나하나 비워가는 것, 이것이 요가수행의 구체적 내용이다.

마음속에 생기는 장애는 '아(我)'와 '법(法)'의 둘로 정리할 수 있다. 아(我)는 자신, 법(法)은 자신을 구성하는 구성요소 혹은 내 주변에 있다고 생각하는 다양한 사물이다. 그리고 아와 법을 마음 바깥에 던져 집착하는 것을 아집과 법집이라고 한다. 여기서 요가를 닦아 조용히 마음속을 관찰해 보자. 이것들은 모두 영상에 지나지 않고, 모든 것은 임시적인 존재라는 것을 서서히 알게 되면서 내 마음은 점차로 상쾌해질 것이다. 아와 법을 비워 간다. 내 자신 속에서부터 점차 베일을 벗겨 간다. 허망한 모든 것을 버리고 부정해 간다. 그리고 부정의 극한에 있는 '남겨진 것'을 깨닫는다. 이것이 요가를 수행하는 '공관(空觀)의 목적'이다. 여기에 이르러 얻는 것이, 보는 측면에서 말하면 반야의 지혜이고, 지혜에 의해 비추어진 세계의 측면에서 말하면 '공성'이다.

무아와 백법

지금까지는 '색즉시공'이 의미하는 세계의 모습에 대해 살펴보았다. 이제 '공즉시색'에 대해 설명하겠다. 이 경문은 무엇을 의미할까? 깨달음의 세계에서 다시 한 번 현실로 되돌아왔을 때 다시 '자신'을 의식하게 되고, '괴로워하는 사람들'이 눈앞에 존재하고, 아름다운 자연과 우주가 있다. 즉 괴로운 세계로 되돌아온다. 그러나 '색즉시공'을 통과하여 다시 '공즉시색'으로 돌아간 사람은, 그것들이 임시적인 존재라고 깨달았기 때문에 자신에게 집착하는 일이 없어지고, 그때부터 자신의 에너지를 자비행으로 방출하게 된다. '색즉시공'이기 때문에 지혜를 얻게 되고 동시에 '공즉시색'이기 때문에 거기에 자비가 전개된다. 이상으로 보살이 가진 지혜와 자비로 '색즉시공 공즉시색'을 해석했다.

그런데 불교에는 '이무아(二無我)'와 '백법(百法)'이라는 중요한 가르침이 있다. 이무아는 '인무아(人無我)'와 '법무아(法無我)'를 말한다. 또는 '아공(我空)'과 '법공(法空)'이라고도 한다. 백법 또는 오위백법은 유위와 무위를 포함한 존재의 100가지 구성요소를 말한다. 자세한 것은 6강과 7강에서 살피겠다.

이것들을 우리는 학문적으로 배우는 것이 아니다. 이무아를 배워 지혜를 몸에 익히고, 백법을 배워 모든 것은 임시적으로 존재한다는 것을 체득해야 하는 것이다. 그래서 현실에서 괴로워하는 사람을 보고 '내 자신에게 향한 에너지를 이번에는 타자에게 향하겠다'는 생각을 일으켜 자비행으로 나아가는 것이다. 이것이 불교를 배우는 궁극적 목적이다.

불일불이

이제 마지막으로 '색불이공 공불이색'에 대해 살펴보자. 결론부터 말하면, 『반야심경』에서는 '불이(不異)'라고만 표현했지만, 『반야심경』의 공(空)도 중도에 기초한 공이기 때문에 '불일불이(不一不異, 같지 않고 다르지도 않다)'라고 해야 할 것이다. 즉 불이(不異)는 불일(不一)에 기초한 불이(不異)이다. 『반야심경』에서는 부파불교에서 설한 모든 개념을 부정한다. 즉 언어로는 그 자체를 말할 수 없으며 표현할 수도 없는 것이다. 게다가 언어는 허위의 세계를 만들어 낸다. 언어로 표현된 세계는 모두 변계소집성의 세계, 허위의 세계다. 반면 반야의 지혜에 의해 비춰진 세계는 언어가 통용되지 않는 세계라는 입장에 있다. 유식학파도 이 입장을 그대로 계승한다. 언어에 의해 표현된 가르침을 존중하면서도 최종적으로는 언어를 부정하고 초월하는 것을 지향한다.

'색불이공'에서 색은 세속, 공은 승의에 속하지만, 색과 공은 진(眞)과 속(俗)·승의와 세속·진여와 일체법 등으로 다양하게 표현할 수 있다. 이것들을 서로 대립하는 개념으로 생각하여 "둘은 같은가, 다른가?"라고 하는 질문에 대해 유식학파에서는 '불일불이'라고 대답한다. 불일불이는 유식학파에서 특히 강하게 주장한다. 그렇다면 왜 불일불이인가? 이러한 주장의 근거를 찾아보자. 유식사상은 요가의 실천을 통해 창출된 것이다. 이 주장의 원천이 요가라는 관찰·수행이다. 불일불이도 예외는 아니다. 이런 입장을 『해심밀경』에서 잘 나타내고 있다.

"제행[18계]과 승의상은 일이(一異)의 성상(性相)을 떠나 있다. 만약 〈둘이〉 하나 또는 다르다고 분별한다면 그것은 여리행(如理行)이 아니다. 〈만약 그렇게 분별한다면〉 중생은 상[집착]에 묶이고, 추중(麤重, 번뇌)에 묶이는 것이다. 반드시 지관(止觀)을 근수(勤修)하라. 그러면 해탈을 얻는다.(行界勝義相 離一異性相 若分別一異 彼非如理行 衆生爲相縛 及爲麤重縛 要勤修止觀 爾乃得解脫)"

먼저 제행(諸行), 즉 18계는 현상세계라고 생각하면 될 것이다. 제행은 지금, 여기서, 자신이 만든 세계다. 이는 근본식인 아뢰야식이 변화한 세계다. 반면 승의는 제행이 진실로 그대로 있는 모습, 즉 진여이다. 즉 제행과 승의는 같음과 다름[一異]을 떠나 있다. 만약 양자를 같다거나 다르다고 분별하면, 도리에 따라 인식할 수도 실천할 수도 없다. 만약 그렇게 분별하면 우리는 상(相)에 구속된다고 경고하고 있다. 이처럼 '같다·다르다'라고 양자택일적으로 생각하면 언어, 다시 말해 상에 속박되는 것이다. 그렇게 되면 추중(麤重, 거칠고 무거운), 즉 더러운 종자에 속박된다. 왜냐하면 표층의 마음이 언어로 이것저것을 생각하면 이런 행위가 점차로 아뢰야식 속에 종자를 심어, 심층의 아뢰야식이 분별에 의해 혼탁해지기 때문이다. 이것은 또한 조건이 맞으면 표층으로 드러나 '무엇이 바른가? 무엇이 그른가? 진실은 무엇인가? 나는 허위를 버리고 진실을 찾아 구하자!' 등을 생각하게 된다. 그리고 그 생각에 얽매여 그 사람을 속박한다.

다음은 '반드시 지관을 근수(勤修)하라. 그러면 해탈을 얻는다'는 경문에서 지관, 즉 요가를 실천하지 않으면 결코 생사의 괴로움으로부터 해탈할 수 없으므로 요가를 닦으라고 한다.

불일불이를 설하는 또 하나의 근거는, 논리적으로 생각하면 그렇다는 것이다. 내가 미혹에서 깨달음에로 질적으로 변할 수 있는 것은 미혹[속(俗)]과 깨달음[진(眞)]이 불일불이이기 때문이다. 이것을 논리적으로 증명하면 다음과 같다. '만약 미혹과 깨달음이 같다면 미혹한 범부는 수행할 필요가 없다. 그러나 현실적으로 수행이 필요하기 때문에 양자는 불일이다. 만약 미혹과 깨달음이 다르다면 범부는 결코 성자가 될 수 없다. 그러나 현실에서 노력하면 성자가 될 수 있기 때문에 양자는 불이이다.' 우리는 미혹에서 깨달음에로 이르는 가능성을 가지고 있다. 질적으로 변화할 수 있다. 왜 변할 수 있는가? 존재하는 모든 것이 연기적 존재이고, 공이며, 임시적 존재이고, 중(中)이기 때문이다. 예를 들어 우유가 변하여 요구르트가 된다. 이런 자연 현상은 우유가 '비유비무'이기 때문에 일어날 수 있다. 만약 우유가 실체라면 그것은 언제까지나 우유이고 요구르트는 될 수 없어야 한다. 그러나 우유는 요구르트로 변한다. 그러므로 우유는 '비유'이다. 또한 만약 우유가 없으면 없는 것이 다른 것으로 변할 수는 없다. 그러나 실제로 요구르트로 변한다. 그러므로 우유는 '비무'이다. 이처럼 논리적으로 증명할 수 있는데, 우유가 공, 임시적 존재, 중이기 때문에 요구르트로 변할 수 있는 것이다.

이와 같은 논리를 들으면 현대인들은 곧바로 우유가 요구르트로 변화하는 것은 원자·분자의 조합이 변화한 것이라고 주장한다. 그러나 양자역학의 발달로 급기야 크기가 없다는 것을 알게 되었다. 다시 말해 원자나 분자도 인간의 의식 속에 환원되기 시작했다. 이제는 '연기이기 때문에 공이고, 임시적이고, 중(中)이다'라는 불교의 가르침이 차층 자연과학의 세계와도 통용되는 시대가 되었다.

다시 미혹과 깨달음의 불일불이 문제로 돌아가 보자. 미혹에서 벗어나 깨달음에로 이르는 것이 불교의 목적인데, 만약 양자가 동일하다면 수행할 필요가 없게 된다. '나는 깨달았는데, 뭘' 하는 생각에 수행할 마음도 일어나지 않는다. 반면 불일(不一), 즉 동일하지 않다. 그러므로 나는 노력해야 한다. 다르다는 생각이야말로 미혹에서 깨달음에 이르고자 하는 열정을 불러일으킨다. 수행을 필요로 하게 된다.

또는 만약 다르기 때문에 아무리 노력해도 깨달을 수 없다면 수행하고자 하는 열정도 솟아오르지 않는다. 반면 불이, 즉 다르지 않기 때문에 미혹한 나도 언젠가는 깨달을 수 있다면 노력해 보자는 생각이 생길 수 있다.

아무튼 불일불이(不一不異)는 실천으로 발전해 가는 논리이다. 『반야심경』의 '색불이공 공불이색'의 불이를 이처럼 불일불이로까지 확대해석했다. 이로써 공의 실천에 대한 생각이 한층 간절해질 것이다.

—

제6강

유위와 무위

유식을 세계로

『반야심경』 본문에 들어가기 전에 중국에 다녀 온 이야기를 하고자 한다. 오랜만에 동양의 베니스로 불리는 소주(蘇州)와 상해(上海)의 절을 방문했다. 소주에서는 6년 전에 갔을 때 마침 건설 중이던 한산사(寒山寺)의 5층탑도 완성되었기에 거기 꼭대기에 올라가 소주의 거리를 조망했다. 하지만 탑 주위로 빌딩이 세워져 소주의 아름다운 풍경을 더 이상 볼 수는 없었다. 상해도 높은 빌딩이 숲을 이루었다. 이런 빌딩을 보면서 유식사상을 동북아시아(중국, 한국, 일본)뿐만 아니라 세계로 널리 퍼지게 해야겠다고 생각했다. 물건과 돈이 넘치는 시대, 물질이 풍부한 시대가 되면 빌딩이나 물건은 각자의 마음속에 있음에도 불구하고 거대한 빌딩의 영상이나 범람하는 물건의 홍수에 떠밀려 마음이 바깥으로 흘러가 버려 마음을 잊어버리기 때문이다. 조용히 마음을 관찰해 보면 마음이 있기 때문에 사물이 있다는 것을 알 수 있지만, 빌딩 숲속에 사는 인간은 그것을 좀처럼 알아차리기 힘들다. 다시 말해 감각의 데이터, 즉 오식에 지고 만다. 압도적인 감각의 데이터에 제6식이 져서 마음이 바깥으로 흘러가 물건에 달라붙어 버린다. 그렇기 때문에 마음만이 있고 외계의 사물은 없다. 사물은 마음이 만들어 낸 것이다. 즉 사물이 있어 마음이 있는 것이 아니라, 마음이 있어 사물이 있는 것이라는 유식사상이 지금이야말로 필요하다고 생각한다.

조금 전문적인 용어지만, '제법차제(諸法次第)'에 대해 설명하겠다. 제법이란 일체의 존재 또는 존재의 구성요소라고 하는데, 이것을 '오위백법'이라고 한다. 나중에 자세하게 설명하겠지만, 부파불교[설일체유부]는 대승, 즉 유식학파와는 차이가 있다.

「제법차제」의 상위(相違)

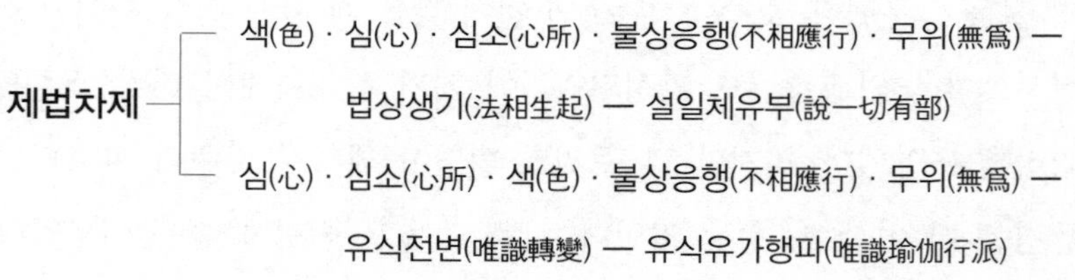

제법차제
- 색(色) · 심(心) · 심소(心所) · 불상응행(不相應行) · 무위(無爲) — 법상생기(法相生起) — 설일체유부(說一切有部)
- 심(心) · 심소(心所) · 색(色) · 불상응행(不相應行) · 무위(無爲) — 유식전변(唯識轉變) — 유식유가행파(唯識瑜伽行派)

설일체유부는 색·심·심소·불상행·무위의 순서로 설한다. 즉 사물이 있어 마음이 있다고 생각하는데, 이것을 '법상생기차제(法相生起次第)'라고 한다. 반면 유식학파는 먼저 심과 심소를 제시하고 그 다음에 색 등을 제시한다. 즉 마음이 있어 사물이 있다고 생각하는 것이다. 이것을 '유식전변차제(唯識轉變次第)'라고 한다.

유식전변(모든 것은 오직 식이 전변한 것)을 말하는 유식사상에 의하면 인식대상(사물)은 마음속에 내재하는 인과 연에 의해 만들어진 것이기 때문에 나를 떠나 존재하지 않는다. 이것을 '유식무경(唯識無境)'이라고 한다. 그러므로 앞에서 말한 빌딩, 돈, 명품가방 등도 모두 마음의 산물이다.

유식무경이라도 결코 타인이 존재하지 않는 것은 아니다. 유식학파, 특히 법상종에서는 타인의 존재를 '증상연(增上緣)'으로서 인정한다. 그렇지만 우리들에게 에고가 있는 한, 내 바깥으로 나갈 수 없기 때문에 증상연으로서의 타인 그 자체는 결코 볼 수도 들을 수도 없다. 그러므로 지금 내 목소리를 듣고 있는 여러분들 중에서 어느 누구도 내 목소리 그 자체를 듣는 사람은 없다. 내 소리를 '연(緣)'으로 여러분 한 사람 한 사람이 자신의 '인(因)'으로부터 소리를 만들어 낸 것이다.

마음속에 나타나는 다양한 사물들을 '영상(影像)' 혹은 '상(相)'이라고 부른다. 우리는 마음속 영상을 외계에 있다고 착각하며 그것에 집착한다. 이것이 문제다. 자신이 인식하는 모든 것이 자기 마음속 영상이라는 것은 자연과학자도 인정할 수밖에 없는 사실이다. 조용히 마음을 가라앉히고 존재 전체를 다시 한 번 자신의 마음속에 환원하여 관찰해 보면 모든 것이 이미지, 즉 영상이라는 것을 알 수 있다. 조용히 촛불을 관찰해 보자. 그러면 촛불은 마음속의 영상이라는 것을 알 수 있으며, 그것을 계속해서 살피면 제행무상을 알 수 있다. 촛불은 찰나찰나 생기고 소멸한다. 바람이 없으면 불은 움직이지 않는다. 그래서 얼핏 보면 불이라는 실체가 있는 것 같이 생각된다. 하지만 잘 살펴보면 찰나 생멸하면서 존속하는 불연속의 연속체라는 것을 알 수 있다. 촛불뿐만 아니다. 실체로서 존재한다고 착각하고 있는 '자기'도 찰나 생멸하는 임시적인 존재다. 이처럼 요가를 닦고 선정에 들어 '존재'를 관찰해 보면 지금까지 내가 말한 것을 알아차릴 것이다. 다시 말해 모든 존재, 즉 제법은 마음속의 상 또는 영상에 지나지 않는다.

만들어진 것[유위법]과 만들어지지 않은 것[무위법]

●

사리자여! 제법(존재하는 모든 것)은 공을 특질로 하기 때문에 생기하지도 소멸하지도 않고, 더러움도 깨끗함도 없으며, 증가하지도 줄어들지도 않는다.

舍利子 是諸法空相 不生不滅 不垢不淨 不增不減

우선 제법이라는 말에서 제(諸)에 해당하는 범어는 '사르바(sarva)'로 '일체[모든 것]'라는 의미이기 때문에 제법이란 '일체법(一切法)', 즉 일체의 존재를 말한다. 불교에서는 일체법을 '유위(有爲)'와 '무위(無爲)'로 분류한다. 유위의 범어는 '삼스크리타(saṃskṛta)'로 '만들어진 것', 무위의 범어는 '아삼스크리타(asaṃskṛta)'로 '만들어지지 않은 것'이라는 의미다. 한역에서는 유위를 '위작(爲作)·조작이 있는 것'이라고 정의한다. 현대어로 말하면 유위란 '현상(現象)'에 해당한다. 현상은 영어로는 '페노메논(phenomenon)'이라고 하는데, '나타난 것'이라는 의미다. 유위의 범어는 '만들어진 것'이라는 의미이므로 양자의 파악 방식이 다르다. 불교는 현상세계를 '만들어진 것'이라고 파악한다.

만들어진 것의 원인은 무엇인가. 크게 나누면 인(因)과 연(緣)이다. 인과 연을 정리하여 '4연'이라고 한다. 4연이란 인연·등무간연·소연연·증상연[15]의 4가지이며, 이것을 인과 연으로 배분하면 인연은 인이고, 등무간연·소연연·증상연은 연에 해당한다. 보조 원인인 연의 도움을 받아 근본 원인인 인으로부터 모든 것이 생겼다고 하는 것이 불교다. 유식학파는 근본 원인, 즉 인은 아뢰야식 속의 종자이고 모든 현상은 근원적인 마음인 아뢰야식에서 흘러나온 것이라고 주장한다.

부처님은 '여실지견(如實知見)', 즉 '여실하게 알고 보는 지혜'를 강조했다. 내가 한가운데 있는 세계이자 타인이 대신해 줄 수 없는 세계,

---

15 ※인연(因緣, hetu-pratyaya): 첫째는 인과 연으로 구분한다. 인은 근본 원인, 연은 보조 원인이다. 둘째는 결과를 직접 생기게 하는 원인을 말하는데, 4연 중의 하나로 앞의 의미와 구별하기 위해 정인연(正因緣)이라고 한다. 유식에서는 아뢰야식 속의 종자를 인연이라고 생각한다.

※등무간연(等無間緣, samanantara-pratyaya): 동일하게 간극 없이 서로서로 일어나는 원인을 말한다. 예를 들어 직전에 일어난 마음작용이 소멸함과 동시에 뒤에서 일어나는 마음작용이 간극 없이 일어나는 것이다.

※소연연(所緣緣, ālambana-pratyaya): 마음이나 마음작용의 인식대상[소연]의 원인[연]을 말한다. 예를 들어 미술관에서 이중섭의 '황소'라는 그림을 보고서 고향을 생각했다고 하자. 고향을 생각한 마음작용의 원인, 즉 대상[황소]이다.

※증상연(增上緣, adhipati-pratyaya): 앞의 3가지 연을 제외한 모든 원인을 증상연이라고 한다. 그래서 모든 존재는 자신을 제외한 다른 존재의 증상연이 될 수 있다. 예를 들어 여러분이 오늘 아침에 밥을 먹었다고 하자. 밥의 원인은 볍씨다. 그 이외의 모든 원인인 대지, 물, 햇빛 등은 증상연이다. 또는 증상연은 어떤 사물이 생기는 것을 최소한 방해하지 않는 원인을 말하기도 한다. 예를 들어 길가의 들국화가 피는데 최소한 바위는 방해하지 않았다는 의미다. 이런 원인을 증상연이라고 한다. 그래서 증상연을 '불장애법(不障碍法)'이라고도 한다.

이 세계 전체가 도대체 어디로부터 현현한 것인가. 여실지견이라는 가르침을 발판삼아 외부로부터 부여된 정보를 전부 차단하여 조용히 자신의 마음속으로 침잠해 '무엇인가?' '왜인가?'를 추구한다. 그리하여 사실을 사실로서 관찰해 가면 '아! 아뢰야식은 있구나'라는 확신이 서게 될 것이다. 이처럼 사실을 사실로서 관찰하는 방법이 요가[유가]다.

사실을 사실로서 볼 수 있다면, '내가 살고 있는 것이 아니다. 나를 어디에서 찾아도 찾을 수 없다. 단지 다른 것에 의해 살려지고 있다는 사실뿐이다'라는 것을 알아차릴 것이다. 예를 들어 눈을 떠보자. 그 순간 보고 싶지 않아도 시각이 작동하여 보지 않을 수 없다. 즉 '보는 것'이 아니라 '보이는 것'이다. 그리고 그 다음 순간에 '누가' 보느냐고 묻는다면 '내'가 보고 있다고 답한다.

그러나 '나'라는 언어가 가리키는 것을 결코 발견할 수 없다. 내가 보는 것이 아니라 보이는 것이다. 이 사실을 '의타기(다른 것에 의지하여 일어나다)'라고 한다. 마음은 다른 힘에 의해 일어나는 의타기이다. 여기에 나는 전혀 관여하지 않는다. '의타기는 이런 작용이다'라고 학문적으로 공부하는 것도 중요하지만, 더 중요한 것은 우선 자기 자신 속의 의타기를 확인하는 일이다. 이를 위해서 눈을 감았다 떴다 하면서 조용히 관찰해 보자. 그리하여 어떤 힘이 작동하고 있는지 알 필요가 있다. 그 힘은 불교 용어로 말하면 '연기의 힘'·'의타기의 힘'이다. 그리하여 연기의 힘에 의해 일체 현상세계는 아뢰야식 속의 종자에서 생긴다고 유식학파는 주장한다. 이것을 아뢰야식연기(阿賴耶識緣起)라고 한다.

유위는 생사[괴로움]

불교에서는 제법[존재하는 모든 것]을 '유위'와 '무위'로 분류하는데, 그중 유위는 생사(生死)의 세계다. 생사를 '윤회(輪廻)'라고도 하고, 둘을 합쳐서 '생사윤회(生死輪廻)'라고도 한다. 생사[윤회]의 범어 '삼사라(saṃsāra)'는 '구르다·돌다'라는 의미이므로 윤회가 원어에 가깝지만, 태어나서 죽고, 죽어서 다시 태어난다는 의미를 포함한 '생사'로 번역해도 무방하다. 생사윤회를 과거세에서 현세 또는 현세에서 내세라는 시간적인 흐름으로 생각해도 좋지만, 부처님은 금생에서 고통의 바다에 표류하는 것을 윤회라 여기셨다고 나는 해석하고 싶다. 왜냐하면 우리는 삶 속에서 매일, 매주, 매년 괴로움을 반복해서 일으키고 있기 때문이다.

그런데 생로병사의 괴로움 중에서 태어남이 괴로움이라는 생고(生苦)는 좀처럼 이해하기 힘들다. 나는 생고의 본질은 인간 사이의 대립이라고 생각한다. 가정 내의 부모와 자식 또는 부부의 대립, 회사나 사회의 대립, 국가 간의 대립[전쟁]에 이르기까지 실로 다양하다. 또한 의견이나 이데올로기[이념]의 대립도 불행을 일으킨다. 이처럼 이곳이 바로 지옥이라고 해도 과언이 아니다.

중국에서의 일화를 소개하겠다. 상해 용화사를 방문했을 때 어느 스님이 '여래장사상은 불교가 아니다'[16]라는 비판을 어떻게 생각하느냐며 질문을 했다. 그래서 '장로들이여! 논쟁하지 말라, 논쟁하지 말

16 마츠모토 시로(松本史郎)의 『연기와 공(縁起と空)』(大藏出版, 1989)에서 제기한 문제로 불교학계에 큰 파장을 일으켰던 논쟁 중의 하나다.

라'는 부처님의 말씀을 인용해서 답을 대신했다. 그들이 나의 대답을 어떻게 받아들였는지 잘 모르겠다.

분명히 교의에 관한 논의는 필요하다. 그래서 옛날부터 중국불교에서는 '교상판석(敎相判釋, 불교의 가르침 중에서 어느 것이 가장 뛰어난가를 탐구하는 것)'이 발달했다. 서양철학에서도 이전의 주장을 부정하고 새로운 철학이 등장하는 것을 당연하게 받아들인다. 무엇 때문에 변하는 것일까. 그것은 인간의 생각이 변하기 때문이다. 불교의 뛰어난 점은 'A는 B이다'라는 판단은 방편일뿐 진실이 아니라고 주장하는 것이다. 그럼에도 불구하고 진정한 불교는 무엇인가를 탐구하여 '교상판석'을 확립했다. 물론 이런 것은 불교의 역사로서 인정해야 한다. 그렇지만 부처님이 이런 논쟁을 보았다면 '무슨 짓이냐!'고 꾸중하셨을 것이다.

인간의 판단은 절대적으로 옳은 것이 아니다. 이것을 '허망분별(虛妄分別)'이라고 한다. 분별은 허망하다는 뜻이다. 이 말은 유식학파를 체계화한 무착과 세친이 처음 사용했다. 범어로는 '아부타 파리칼피타(abhūta-parikalpita)'라고 하는데, 아부타는 '맞지 않다, 틀리다'는 의미, 즉 허망이라고 한다. 파리칼피타는 '언어로 생각하다·분별하다'는 뜻이다. 『유가사지론』에는 이 말에 해당하는 것은 없지만, '비칼파(vikalpa)'를 허망분별 또는 허분별이라고 번역한다. 비칼파의 비(vi)는 '둘로 나누다, 쪼개다'의 접두사이므로 '둘로 나누어 분별하다'는 의미가 된다. 언어로 생각하면 A와 非A로 반드시 나뉘게 되는데 이것을 허망분별, 즉 잘못된[틀린] 생각이라고 한다.

물론 언어로 표현해도 된다. 언어로 파악해서 표현하지 않으면 우리는 살아갈 수 없다. 문제는 언어로 말한 것이 절대적으로 바르다며 그것에 집착하는 것이다. 마음속에 있는 것을 A라고 말하는 순간에 '그것[사물]'이 마음에서 날아가 버린다. 예를 들어 '저놈은 밉다'라고 생각하고서 말하면 눈앞에 미운 사람이 나타난다. '돈'이라고 말하는 순간 돈이 마음 바깥에 나타나 집착하게 된다. 이것을 삼성설로 표현하면, '마음'이라는 의타기성으로부터 '대상[사물]'이라는 변계소집성이 튀어나온다. 변계는 언어로 말해진 것이며, 소집은 집착된 것이라는 의미다. 우리는 생각과 언어만으로 만들어진 세계, 즉 존재하지 않는 세계 속에서 미혹되고 괴로워하고 있다. 조용히 마음을 관찰하여 하루 빨리 미혹의 세계로부터 벗어나자.

앞에서 양자대립의 세계, 자타대립의 세계에 있는 것이 생고(生苦)라고 말했지만, 늙어가는 괴로움도 양자대립에서 생긴 것이다. 즉 늙고 싶지 않은 자신과 늙어가는 자신이 대립하기 때문이다. 거울 속의 얼굴을 보고 '아! 나도 늙었구나'라고 생각하겠지만, 잘 관찰해 보면 '늙은 자신만이 있는 것'이 아니고 또 하나의 '늙었다고 생각하는 자신'이 있다. 피부가 쪼그라드는 것을 보고 늙은 자신이 이곳에 있다고 생각하지만, 늙었다고 생각하는 또 한 사람의 '자신'이 있다는 것이다. 이 두 가지 자신이 대립할 때 괴로움이 생긴다. 대립이 없어질 때 괴로움도 없어진다. 그렇다면 어떻게 해야 대립을 없앨 수 있을까. 실행하기는 어렵지만, '늙음'과 하나가 되어 버리면 좋을 것이다. 하나가 되는 방편[수단, 방법]이 요가다. 요가는 '결합하다'는 의미가 있다. 요가는 우선 서로 대립하는 두 마음을 연결하는 것이다. 마음은 생긴 순간부터 연기의 힘에 의해 '보는 마음'과 '보이는 마음', 즉 견분(見分)과 상분(相分)으로 나뉘어 버린다. 그러나 본래 나뉘지 않은 하나의 마음이 있다. 이것을 '자체분(自體分)'[17]이라고 한다. 요가의 첫걸음은 둘로 나눠진 마음을 본래 하나인 자체분으로 되돌리는 것이라고 할 수 있다. 양자대립의 마음 상태를 자체분으로 되돌리는 것이 의식이다. 이를 보다 정확하게 말하면 의식과 상응하는 '염(念)'의 심소[마음작용]이

17 '자체분(自體分)'이란 '상분'과 '견분'의 둘로 나눠지기 이전의 마음이다. 이것은 '자증분(自證分)'이라고도 하며, 특별한 작용을 하는 마음의 부분이다. 예를 들어 어떤 물건의 길이를 재기 위해서는 '자'가 필요하다. 그렇지만 물건과 자만으로 그것의 길이를 알 수 없다. 이것이 몇 센티인지 확인하는 사람이 있어야 한다. 다시 말해 길이를 잰다는 것이 성립하기 위해서는 물건과 자, 사람[엄밀하게 말하면 인간의 판단하는 지성]의 세 가지가 필요하다. 이것과 마찬가지로 눈앞에 사과를 본다는 시각이 성립하기 위해서는 세 가지가 필요하게 된다. 사과를 볼 때 우리는 보통 그곳에 사과가 있다고 생각해, 보이는 대상인 사과의 존재에만 의식이 향한다. 그렇지만 그 의식을 보고 있는 시각에 향하게 해 보자. 지금 나[자신]는 사과를 보고 있다고 하는 보고 있는 시각의 작용을 명확하게 의식해 보자. 이와 같이 의식하는 마음은 보이는 대상도 보는 시각도 아니고, 양자에 의해 '본다'라는 작용을 대상으로 하고 있다. 이와 같다면 '본다'라는 것이 완전하게 성립하기 위해서는 다음의 세 가지가 존재해야 한다.

1. 보이는 대상
2. 보는 마음의 작용
3. 보고 있는 것을 아는 마음

이 세 가지를 유식 용어로 말하면 1은 상분, 2는 견분, 3은 자증분[자체분]이라고 한다. 이것에 '증자증분(證自證分)'이라는 또 하나의 마음 영역을 더하여 마음은 전부 네 가지의 영역으로 나뉜다는 것이 사분설(四分說)이며, 이는 호법(護法)이 주창한 것이다. 이 중에 증자증분은 논리적으로 세운 느낌이 있지만, 적어도 자증분까지의 존재를 우리는 스스로 알 수가 있다. 특히 '보다·듣다·냄새 맡다·맛보다·접촉하다'는 다섯 가지 감각에 대해, 감각의 대상으로부터 더욱이 대상을 감각하는 마음으로, 그리고 감각의 작용을 확인하는 마음에로, 마음속을 깊이 있게 관찰해 가는 것이 중요하다. 이로써 모든 것은 마음에 의해 만들어진 것이라고 하는 '유식'이 확실하게 사실이 되는 것이다.(『마음의 비밀』, 요코야마 코이츠 저, 김명우 역, 민족사, 2013, p.99 참조)

다. 염의 마음작용에 대해서는 다음 기회에 살펴보겠다.

하여튼 늙음도 양자대립의 세계에서 일어나는 것이지만, 조용히 마음을 관찰해 보면 '늙음'도 마음속의 관념·영상에 불과하다는 것을 알 수 있다. 결론적으로 말하면, 자신이 인식하는 세계는 모두 마음속의 관념이다. 이것을 '유식'이라고 한다. 또는 '유심(唯心)', '유명(唯名)'이라고도 한다. 있는 것은 오직 식이고, 심이고, 이름(언어)이라는 것이다. 하지만 우리들은 마음속의 관념에 대해서 여러 가지로 생각하며 괴로워하고 있다.

법이란 무엇인가

다시 제법이란 주제로 되돌아가자. 제법의 '법'은 범어로 '다르마(dharma)'라고 하는데, 여기엔 '진리'·'교법(가르침)'·'존재'라는 3가지 의미가 있다.

먼저 첫 번째 의미인 진리에 대해 살펴보자. 괴로움을 초월하여 저쪽에 있는 근원적인 진리를 깨달으려고 발심하고 노력하여 그것을 획득한 분을 '부처'라고 한다. 진리를 불교적 용어로 하면 무아·공·진여·법계·법성이라고 표현할 수 있다. 이 중에 무아는 부처님이 직접 설한 말이다. 진여는 대승불교에서 자주 사용하며, 법계는 여러 의미가 있지만 진리의 세계[경계]라고 할 수 있다. 법성이란 법, 즉 존재하는 것의 본성이라고 할 수 있다.

이처럼 표현된 진리에 이르는 것이 최종 목적이지만, 여기에 이르기 위한 좌표가 부처님에 의해 설해진 가르침인 '교법'이다. 이 교법을 마음속에 떠올려서, 그 언어의 저쪽에 있는 사실 그 자체를 알려고 하는 것이 요가의 실천이다. 중국에서 발전한 선(禪)도 요가의 일종이다.

중국 소주의 서원사(西園寺)나 상해의 용화사(龍華寺)에서는 매일 아침 좌선을 하는 사람이 있었다. 하지만 공안선(公案禪)[18]을 닦고 있는 모습은 보이지 않았다. 스승 밑에서 공안을 받아 격렬하게 수행하는 모습은 현재 중국에서는 사라진 것 같다. 그래서 서원사에서 어떤 선을 수행하느냐고 물었더니, '아나파나념(阿那波那念)'[19]이라고 했다.

---

18 '공안(公案)'이란 부처님과 역대 조사 선지식들이 깨달음을 얻게 된 기연(機緣, 동기 계기)이나 오도(悟道) 인연, 또는 선문답을 가리킨다. 고인(古人, 옛 선승)의 말씀은 불변의 법칙이라는 뜻에서 고칙(古則)이라고도 하는데, 송나라 초기[宋初]에 이르러 조사, 선사들이 이것(고칙 공안)을 참선수행자들에게 참구(공부) 과제로 수시(垂示, 提示/제시)하여 공부하게 함으로써 공안선이 형성되었다. 공안선(公案禪)은 공안의 의미를 공부(참구)함으로써 선(禪)의 진리를 깨닫는 선이다. 공안의 어의(語義)는 '공부(公府, 官府)의 안독(案牘, 즉 판결문)'에서 '공(公)'과 '안(案)' 두 글자를 따서 만든 합성어로, 상부(上府)의 '공문', '법령', '규칙', '관부(官府, 법원)의 판례(判例)' 등을 가리키는 행정, 법률용어이다. 그러나 원래 자의(字意)는 재판관이 공적(公的)으로 안건을 심리할 때 쓰던 큰 책상(案)을 가리키는 말이었다. 이것이 발전하여 법률용어가 되었고 이어 선종으로 들어와 선문답이나 조사·선지식들이 깨닫게 된 오도기연(悟道機緣)을 가리키는 말이 된 것인데, 마치 국가 공무원이 상부(上府)의 공문이나 법령, 판례 등을 준거(準據), 준칙(準則)으로 삼아야 하는 것처럼, 공안 역시 참선 수행자들에게 깨달음을 얻게 하는 하나의 규범, 모범문제, 준칙(準則)이 되기 때문이다.(윤창화, 「공안선(公案禪)-1」, 『법보신문』, 2012. 8. 16.)

19 불교의 명상법으로 안나반나념(安那般那念), 안반념(安般念), 안반수의(安般守意)로 음역하거나, 입출식념(入出息念), 출입식념(出入息念), 지식념(持息念), 수식관(数息観) 등으로 의역한다. 팔리어로는 안나판나 사티(ānāpāna-sati), 범어로 안나판나 스무르티(ānāpāna-smṛti)라고 하는데, 안나판나(ānāpāna)란 'āna'과 'apāna'의 합성어로 'āna'은 '입식(入息)', 'apāna'는 '출식(出息)'을 의미한다. 사티(sati)와 스무르티(smṛti)는 '염(念, 의식하는 것)'을 의미한다. 그래서 아나파나념[입출식념]이란 입출식(호흡)을 의식하는 것, 혹은 호흡을 헤아리는 것을 의미한다.(ja.wikipedia.org)

이것을 의역하면 '입식출식념(入息出息念)', 즉 들숨과 날숨을 조용히 관찰해 가는 수식관에 가까운 선정이다. 조용히 들숨, 날숨과 하나가 되는 것이다. 이 수식관은 앉아서도 가능하며, 신호를 기다리면서도 할 수 있다. "신호가 왜 빨리 안 바뀌지!"라고 안절부절못하지 말고 들숨과 날숨에 의식을 집중하여 숨과 하나가 되도록 노력하면, 바로 그곳이 선정을 닦는 도량이 된다. 조용하게 앉아 있는 것만이 선정은 아니다. 마음을 어떻게 먹느냐에 따라 어디서든 수식관을 닦을 수 있다. 선이라고 하면 선종의 선만을 생각하지만, 이런 선만이 전부가 아니라는 것을 나는 이번 중국 방문을 통해 알 수 있었다.

무위란 열반[깨달음]이다

지금까지 제법 중에서 유위에 대해 알아보았고, 이제는 무위에 대해 살펴보자. 무위란 유위와 반대로 '인과 연에 의해 만들어지지 않은 것', 구체적으로는 열반을 말한다. 보통 열반이라고 하면 '죽음'을 떠올리지만, 부처님은 살아 있는 동안의 열반을 강조하셨다. 이런 열반을 '현법열반(現法涅槃)'[20]이라고 하는데, 이 말은 『유가사지론』에 자주 등장한다.

그렇다면 열반이란 도대체 무엇인가? 이것은 '완성된 마음', 유식으로 설명하면 '원성실성'이라고 할 수 있다. 상(相)과 성(性)으로 말하면 '성(性)'에 해당한다. 내가 지금 강의하고 있는 이 절은 법상종 사찰이

---

20 현법열반(dṛṣṭa-dharma-nirvāṇa): 현세에서의 열반, 즉 금생의 몸으로 획득한 안락의 경지를 말한다.

지만, 정확하게 말하면 '법성상종(法性相宗)'이다. 법상을 마음속에 관찰하여 그것을 버리고 최종적으로는 법성, 즉 무위나 열반에 이르고자 하는 것이 목적이기 때문이다. 상(相)에서 성(性)으로, 다른 말로 '유위에서 무위로, 생사에서 열반으로, 의타기성에서 원성실성에로'라고 바꾸어 말할 수 있다.

원성실성은 범어로 '파리니스판나 스와바와(pariniṣpanna-svabhāva, 두루 완성된 자성)' 의미이므로 '완성된 마음'이라고 할 수 있다. 그런데 마음은 심층심부터 완성되어야 한다. 죽음의 괴로움을 예로 들어보자. 살면서 생사를 벗어나는 열반에 이르기 위해서는 어떻게 하면 될까. 아무래도 인간에게는 죽음이라는 관념이 마음속에 일어난다. '나는 죽는다'고 말함으로써 '나'와 '죽는다'는 언어·관념이 생긴다. 망념이 망념을 불러 두려워하고 괴로워한다. 이런 괴로움으로부터 벗어나기 위해서는 심층심인 아뢰야식을 정화할 필요가 있다.

무상정등각을 얻어 '불생불사의 세계를 접했다'는 부처님의 말씀은 마음 깊은 곳에서 완전히 관념·망념이 일어나는 요소를 없앴다는 것이다. 즉 마음을 완성한 것이다. 그러나 우리 범부는 완성되지 않는 마음을 가지고 있다. 그러므로 서서히 죽음이 다가오면 죽는다고 생각하여 패닉 상태에 빠진다. 왜냐하면 심층심이 아직 완성되지 않았기 때문이다.

완성은 '청정'이란 말로 바꿔 쓸 수 있다. 그래서 부처의 세계는 '극청정(極清淨, 궁극의 완전한 청정)'이라고 정의한다. 법계청정(法界清淨)이라는 말이 있는데, '일인일우주'의 전체세계, 즉 법계가 청정과 하나가 될 때 열반이 현성(現成)한다고 한다.

아뢰야식연기와 보살정신

부처님의 가르침에 어떻게 다가갈까. 유식의 입장에서 보면 우선은 변계소집성의 세계로부터 벗어나야 한다. 최근 일본에서는 원인을 알 수 없는 여러 가지 사건이 발생하였다. 없는 것을 있다고 생각하여 그것에 집착하는 변계소집성의 세계에 우리가 늘 살고 있기 때문에 벌어진 일이다. 이 문제를 어떻게 해결할 수 있을까? 개인에 한정하여 말하면, 외계에 사물이 있다고 착각하고 있는 변계소집성으로부터 잠시 몸을 빼서 조용히 마음속에 돌아와 마음이 마음을 관찰하는 기회를 가지는 것이 무엇보다도 중요하다고 생각한다. 변계소집성의 세계는 언어로 말하고 집착된 것이기 때문에 그곳으로부터 잠시 벗어나 의타기성의 마음과 하나가 되는 것이다. 그리고 의타기성의 마음을 서서히 정화하고 심층의 마음을 완성시키는 것이다. 이것이 부처의 가르침에로 나아가는 과정이라고 말할 수 있을 것이다.

보다 구체적으로 말하면 아뢰야식연기를 믿고 매일매일 노력 정진해 가는 것이다. 즉 오식과 의식으로 이루어진 표층의 마음을 삼륜청정무분별지로써 하나 되어 살아가는 것이다. 그 하나 된 표층심의 상태가 바로 심층심인 아뢰야식을 정화해 간다. 즉 이타행이 자리행이 된다. 무분별지로 타인을 위해, 세상을 위한 자비행으로 나아간다. 다시 말해 이타행이 아뢰야식연기의 도리에 의해 자신의 마음이 정화되어 가는 것이다. 물론 자신을 정화하기 위해 타인을 구제한다는 생각을 하면 안 되지만, 분별을 그만두고 아뢰야식연기의 도리를 믿고서 실천해 가면 타인도 행복해지고 나도 행복해질 것이다. 이것이 바로 보살정신이다.

전오식을 전변하여 성소작지를 얻다

일체법의 기본적인 분류법은 유위와 무위이다. 부파불교에서는 보다 상세한 분석이 추가되었고, 유식학파에서는 존재 전체를 '심·심소·색·불상응행·무위'의 다섯 그룹으로 나누어, 전부 100종류의 존재의 구성요소를 세웠다. 이것을 '오위백법(五位百法)'이라고 한다. 심은 안식·이식·비식·설식·신식·의식에 말나식·아뢰야식을 더하여 모두 8종류의 식을 제시한다. 심소는 세세한 마음의 작용이다. 예를 들어 여러분들은 나를 본 순간 전체적으로 파악한다. 본 순간에는 아직 그 무엇[누구]도 아니다. 이것은 시각, 즉 안식의 마음작용이다. 그리고 마음에 심소가 함께 작용하여 '저 사람은 홍길동이다'라고 언어로 파악하고서, 싫다 또는 좋다는 생각이 부가되어 인식하게 된다. 이것을 '심은 소연[대상, 홍길동]의 총상(總相)을, 심소는 총상에 더해진 별상(別相, 좋다·싫다)을 연[조건]한다'고 한다.

이처럼 심[마음]은 반드시 심소[마음작용][21]와 상응하지만, 가능하다면 언제나 선한 심소[善心所]와 상응하도록 노력해야 할 것이다. 첫 번째 선심소는 '신(信)'[22]이다. 그 다음은 '참괴(慚愧)'[23]로 이는 반성하는

---

21 심소[마음의 작용]에 대해서는 역자의 졸저 『마음공부 첫걸음』(민족사, 2011)과 『유식삼십송과 유식불교』(예문서원, 2009)를 참조하기 바란다.

22 유식에서 말하는 신이란 감성적인 측면의 믿음 또는 친구나 부부 사이의 믿음이나 신뢰를 가리키는 좁은 의미가 아니다. 『성유식론』에서는 신을 '진리가 실유하는 것을 믿고 아는 것(實有信忍)'이라고 정의하고 있다. 즉 실(實)이란 이 세계에 존재하는 일체법(연기, 무상, 무아, 사성제)을 관통하는 진리가 실유(實有)한다는 의미다. 그리고 인(忍)이란 실유한다는 것을 인식하고 확인한다는 뜻이다. 즉 일체법[연기]을 관통하는 진리가 실유한다는 것을 믿고 아는

심소이다. 그런데 선심소에 '신'이 처음에 등장하는 것은 중요한 의미를 가진다. 기독교에서는 신을 믿지만, 불교에서는 '이것이 있으면 저것이 있고, 이것이 없으면 저것도 없다'라는 연기의 도리를 믿는다. 연기의 도리를 믿는다는 것은 사물을 관계적으로 보는 것이다. 예를 들어 나와 타인을 실체적으로 존재한다고 생각하면 그곳에는 대립이 일어나지만, 관계적으로 생각하면 인간의 삶의 방식은 보다 자유로울 것이다. 이처럼 모든 것은 연기법이고 관계적으로만 존재한다는 가르침

것을 '신'이라고 정의한다. 『유가사지론』에서는 이 말을 '제법의 도리를 관찰'하는 것이라고 설명하고 있다. 즉 제법의 도리란 '연기의 도리'를 다르게 표현한 것이다. 연기의 도리란 '모든 것은 스스로 존재하는 법이 없고 다른 것의 도움을 받아 생존한다'는 뜻이다. 나 자신이 다른 것의 도움을 받아 살아 간다는 사실을 직시한다면 타인에게 감사하는 마음과 동시에 타인을 배려하는 자비와 보시의 마음을 가져야 하는 것은 당연할 것이다. 그러므로 올바른 '신'을 갖는다는 것은 결국 자비의 마음을 실천하는 것이다.

또한 신을 '불법승 삼보의 덕을 믿고 동경하는 것(有德信樂)'이라고 정의하고 있다. 즉 부처님과 부처님의 가르침인 진리[법], 그리고 부처님과 부처님의 가르침을 믿고 따르는 공동체[상가]를 믿고 동경하는 것을 '신'이라고 한다.

게다가 '자신의 능력을 믿고 의욕적으로 실행하는 것(有能信欲)', 즉 자신도 수행을 하면 과거의 수행자들과 같이 불교의 진리를 증득할 수 있는 힘이 생긴다는 것을 믿고, 그 힘을 얻으려고 하는 것을 신이라고 하였다. 즉 부처가 될 수 있는 가능성을 가지고 있다는 것을 믿는 것이다. 이것을 대승불교에서는 '여래장', 선종에서는 '일체중생실유불성' 등으로 표현하고 있다. 이것을 유식학적으로 표현하면 부처가 될 수 있는 힘을 아뢰야식 속에 종자로써 가지고 있다는 것이다. 이런 힘[가능성]을 가지고 있기 때문에 인간은 정진[노력]을 통하여 생노병사의 괴로움으로부터 해탈할 수 있는 것이다.

따라서 불교에서는 실유, 삼보, 능력을 우리들이 지성으로써 인식하고 원하고 바라서(감정) 그것을 실행(의지)하고자 하는 것을 신이라고 한다. 다시 말해 불교에서는 지성, 감성, 의지를 신이라고 정의하고 있다. 이런 의미에서 불교를 신앙이나 믿음의 종교가 아니라 신행의 종교 또는 지혜의 종교라고 하는 것이다.(김명우, 『마음공부 첫걸음』, 민족사, 2011, pp.133-135.)

을 믿고서 부처의 가르침에 한발 다가가는 것이 중요하다. 그러면 일상생활도 변할 것이다. '전오식을 전변하여 성소작지를 얻다'는 가르침은 내 삶을 지탱하는 중요한 가르침이다. 오식, 즉 감각을 성소작지[成所作智, 해야 할 것을 성취하는 지혜][24]로 변화시키는 가르침이다. 다시 말

23 참은 자신의 양심이나 진리[부처님의 가르침]에 비추어 보아 부끄러워하는 마음의 작용이다. 다시 말하면 참은 내면적이고 자율적인 부끄러움이다. 예를 들어 먹고 사는 것이 바빠서 부모님에게 연락도 하지 않고 지내다가 무심코 지나가는 노인을 보는 순간 '아! 내가 이렇게 살며 안 되지, 엄마에게 연락해야겠다.' 라고 스스로 반성하고 자기 자신을 되돌아보고 부끄러워하는 경우이다.
반면 괴는 스스로 자신을 반성하여 부끄러워하기보다는 세상의 평판이나 체면에 비추어 부끄러워하는 마음의 작용이다. 다시 말해 타인의 눈을 걱정하여 부끄러워하는 타율적인 부끄러움으로, 괴는 일종의 수치심이라고 할 것이다. 예를 들어 만원 지하철이나 버스를 타고 가는데 어떤 할아버지가 내 앞에 섰다고 하자. 물론 바로 일어나서 자리를 양보하면 그만이지만, 내 몸도 피곤해서 자리를 양보하지 않고 자는 척하고 있다고 하자. 그런데 자는 척해도 마음이 영 편치 않다. 왜 그럴까! 이유는 간단하다. 자는 척하고 있는 나를 보고 세상 사람들이 뭐라고 할까? 하는 타인의 시선을 의식하는 부끄러움 때문이다. 이런 마음작용을 괴라고 한다.(앞의 책, p.136.)

24 유식에서는 부처님의 지혜, 즉 불지를 획득하기 위해서는 8가지의 식(識)을 전(轉)하여 4가지의 지(智)를 획득(得)하는 것[轉識得智]이라고 하였다. 즉 전오식은 성소작지, 의식은 묘관찰지, 말나식은 평등성지, 아뢰야식은 대원경지를 얻는다고 한다.
성소작지(成所作智)란 '해야만 할 것을 성취하는 지'라는 뜻으로 부처가 된다면 전오식이 전하여 성소작지가 된다는 것이다. 그렇다면 무엇을 해야만 하는 것인가? 바로 지금 괴로워하고 있는 사람들을 구하는 이타행이다. 다시 말해 자신을 위해 전오식을 사용하는 것이 아니라 괴로워하는 중생을 위해 이타행을 실천하는 것이다. 우리들의 전오식은 다섯 가지의 감각기관을 바탕으로 오로지 자기를 위해 작용한다. 즉 눈[안식]은 아름다운 것이나 예쁜 것에, 귀[이식]는 아름다운 소리, 코[비식]는 좋은 향기, 혀[설식]는 맛있는 것, 촉[신식]은 기분 좋은 감촉에 마음이 이끌린다. 불교신자들에게 '행복할 때가 언제입니까'라고 질문하면 대부분이 음악, 그림, 영화, 아름다운 꽃, 등산 등을 하거나 볼 때 행복을 느낀다고 대답한다. 다시 말해 우리들은 자기의 오감이 즐겁거나 만족할 때 행복을 느낀다. 오로지 자기의 오감이 즐거우면 행복한 것

해 감각을 자신을 위해 사용하지 말고 타인의 구제에 사용하라는 가르침이다.

하지만 현실의 나는 자아중심적[에고]인 마음을 가지고 있어 순간순간의 행위가 자신에게 되돌아온다. 그러므로 신심소[선한 마음작용] 다음에 참괴, 즉 반성하는 마음과 참회하는 마음이 필요하다. 오늘 얼마만큼 타인을 위해 자신의 에너지를 사용했는가. 아무것도 하지 않은 것은 아닌가? 조용히 앉아서 참회하면 새로운 자신이 나타날 것이다. 그래서 경전에는 참회가 없는 사람에게는 발전이 없다고 강조한다.

이다. 이 오감을 자신만을 위하지 말고 타인을 위해 사용하라는 것이다. 이처럼 오감이 전하여[전식] 다른 사람을 위해 사용하여 지혜를 얻는다[득지]는 것은 결국 중생을 위하여 자기의 오식을 사용하면 깨달음을 얻는다는 것이다.
묘관찰지(妙觀察智)란 '의식이 전하여 오묘하게 관찰하는 지혜'라는 뜻이다. 여기서 오묘하게 관찰한다는 것은 사실을 사실 그대로[여실지견] 관찰하는 지혜를 말한다. 여실지견하게 대상을 관찰하면, 대상의 본질이 보이는 것이다. 다시 말해 잘못된 견해인 '상락아정(常樂我淨)'을 진실한 견해인 '무상(無常)·고(苦)·무아(無我)·부정(不淨)'으로 보는 것이다.
평등성지(平等成智)란 '말나식을 변화시켜 성취한 지혜'로, 자타뿐만 아니라 존재하는 모든 것을 평등하게 보는 지혜를 말한다. 우리들은 자신과 타인, 남자와 여자 등을 구별하여 차별하고 그리고 지배하는 존재이다. 평등성지는 이런 차별하는 세계를 벗어난 지혜이다.
대원경지(大圓鏡智)는 아뢰야식이 변화하여 얻은 지혜로, '크고 원만한 거울과 같은 지혜'라는 뜻이다. 즉 대원경지란 마음[아뢰야식]속에 있는 아집과 법집, 번뇌장과 소지장과 같은 모든 번뇌를 깨끗하게 제거한 상태를 말한다.(앞의 책, pp.218-220.)

—

제7강

불생불멸·불구부정·부증불감

명사로 표현하지 말고 동사로 표현하자

불교에서 나를 포함한 모든 존재는 임시적인 존재[假我], 즉 가화합(假和合)이라고 한다. 나는 왜 임시적인 존재일까? 나는 여러분의 마음속에서 감각의 데이터로써 파악된 것이다. 안식·이식·비식·설식·신식의 감각 중에 안식, 즉 시각에 의해 보이는 것이다. 무언가를 볼 때 우리는 자신이 보고 있다고 생각한다. 과연 그럴까? 지금 여러분들이 눈을 뜬 순간 나를 보고 싶어서 보는 것이 아니다. 사실은 '내가 보는 것'이 아니라 '보이고 있는 것'이다. 내가 아니라 다른 힘에 의해 보이고 있는 것이다. 이것을 연기라고 한다.

자신이 아닌 다른 힘, 즉 연에 의해 시각이 일어나고, 그 시각 속에 나의 영상이 생기는 것이다. 이때 '나'라는 존재는 관여하지 않는다. 그러나 그 다음 순간에 '내가 본다'라는 생각이 일어나는데, 그것은 착각이다. 감각의 데이터를 바탕으로 본래 이름이 없었던 영상에 대해 생각과 언어를 부여하여 '내가 당신을 보고 있다'고 판단해 버리는 것이다. 그때 만약 '나'라는 것이 나타나지 않으면 나, 당신, 좋고 싫음의 분별은 없다. 있는 것은 단지 '있는 그대로 있는 것'이다. 자신이 어떻게 할 수 없는 존재가 그곳에 있을 뿐이다. 이러한 존재를 연기법·연소생법(緣所生法)이라고 한다. 유식의 용어로 말하면 의타기법이다.

이처럼 마음과 마음속의 영상은 자신이 관여하지 않은 힘[緣起力], 다른 힘에 의해 일어나는 존재다. 우리는 '일인일우주'로, 자신의 마음이라는 감옥에 갇힌 존재라고 몇 번이고 말씀드렸다. 그리고 마음과 마음속에 생겨나는 영상은 자신이 관여하지 않는 힘에서 생겨났지만, 그 영상에 대해 생각과 언어로써 '좋아하는 것·싫어하는 것'이라고 분별한다. 이와 같이 분별하여 마음 바깥에 있다고 생각하며 집착한 그것을 변계소집성이라고 한다. 이처럼 우리가 좋다·싫다고 생각하는 대상은 어디서도 찾을 수 없다. 있는 것은 오직 마음속의 영상뿐이다.

지금 나를 보고 있는 여러분 중에 마음속의 영상으로써 나를 보고 있는 사람은 아무도 없다. 영상으로서의 나를 마음 바깥에 던져 '잘 생겼다·못생겼다, 선하다·악하다, 싫다·좋다'라고 분별해서 본다. 즉 변계소집성으로 파악한다. 물론 마음 바깥에 존재한다고 생각해도 좋지만, 그것에 집착해 버린다. 집착해 버리면 그곳에는 미혹과 괴로움이 생긴다. 집착하지 않으면 좋겠지만 인간의 몸에 밴 습관처럼 사물이 실체로 존재한다고 생각해서 집착한다.

사물을 명사로 말하는 것을 그만두면 어떨까. 명사로 말하면 그것이 실체로서 존재한다고 생각해 버리기 쉽다. 예컨대 '나는 당신이 좋아'라고 말하면, 명사로 말한 '나'와 '당신'이 실제로 있는 것 같다.

하지만 그런 것은 존재하지 않는다. '나'와 '당신'이 설정되기 때문에 '싫다·좋다'라는 자타대립의 관계가 생성되는 것이다. 있는 것은 '싫다·좋다'라는 생각뿐이다. 그러므로 '싫다·좋다'라는 동사만으로 말하면 어떨까. 이렇게 말함으로써 상대에게 보다 강하게 호소할 수 있지 않을까.

'나'라는 언어에 대응하는 '것'은 아무리 찾아도 존재하지 않는다. 거기에는 언어의 울림만이 있을 뿐이다. 어려운 말로 설명하면 '명·구·문(名句文)은 소리의 굴곡(屈曲)이다'라고 말할 수 있다. 명·구·문은 언어에 해당하는 술어이지만, 언어는 소리의 굴곡이라는 것이 유식의 주장이다. 소리의 굴곡만이 있을 뿐이고 그 굴곡에 대응하는 것은 아무것도 없다. 본래 존재에는 이름이 없다는 것을 우리는 반복해서 확인해 왔다.

우리들 한 사람 한 사람은 매일 아침 눈을 뜬 순간 빅뱅을 일으키고, 다시 그 세계 속에 던져진다. 하지만 눈을 뜬 순간에는 세계에 이름도 없을 뿐만 아니라 그 어떤 것도 없다. 단지 연기의 도리·의타기의 도리에 의해 생긴 에너지의 변화체만 있을 뿐이다. 그것에 '나'와 '당신'이라는 명사를 부여하여 그 변화체를 무리하게 고정해 마치 고정된 나와 당신이 원래부터 존재했다고 착각한다. 그러므로 더 이상 명사로 말하는 것을 그만두자. 가능한 명사를 사용하지 않고 살아간다면 자유로운 삶을 살 수 있지 않을까.

작년에 나는 미국의 선 도량에서 유식을 강의했다. 그때 소문대로 미국인은 자아가 강하다는 것을 느꼈다. 며칠 전 미국에서 레스토랑을 경영하는 분을 만났는데, 그분도 나와 똑같은 말을 했다. 그는 미국 생활에 지쳐 고향으로 돌아오고 싶다고 했다. 미국인은 왜 자아[我]가 강할까. 아마도 영어의 표현방식 때문일 것이다. 영어는 'I think, I do, I love' 등 반드시 주어가 필요하다. 그래서 말할 때마다 'I', 즉 '나'라는 언어가 심층심인 아뢰야식에 훈습되어 자아의식이 점점 강해지는 것이다. 그 결과 '나', '자신'과 '자기'를 주장하며 찌푸린 얼굴로 살아가게 되는 것은 아닐까.

이처럼 '나', '당신', '마음', '사물' 등 명사로 파악된 것 모두 실체로서 존재하지 않는다. 그렇다면 존재는 어떻게 있는 것일까. 이에 대해 『반야심경』에서는 '공'이라고 표현한다. 공은 물론 깨달음을 체험한 내용이지만, 잠시 관찰과 논리로 살펴보자. 여기에 넥타이가 있다. 조용히 관찰하면 넥타이는 없다. 있는 것은 섬유, 즉 실이다. 더욱 더 자세하게 살펴보면 실도 없다. 관찰의 최종 목적지에 있는 것은 원자·분자·소립자다. 그런데 현재 양자역학에서는 소립자는 크기가 없다고 한다. 그렇다면 그것은 어떻게 존재하고 있을까. 입자(粒子)나 파동(波動)으로 존재한다. 그렇지만 위치를 알면 운동량을 알 수 없게 되고, 운동량을 알면 위치를 알 수 없게 된다고 한다. 이처럼 거시적 세계에 살고 있는 우리는 미시적 세계의 존재 모습을 이해할 수 없다. 부처님이 체험한 깨달음의 세계도 마찬가지다. 그 깨달음의 세계는 언어나 논리가 통용되지 않는 세계다. 굳이 표현하자면 제로[슌냐], 즉 공(空)이라고 할 수 있다. 존재의 궁극은 제로다. 그러므로 『반야심경』의 공은 존재의 근원을 표현한 말이라고 할 수 있다.

도대체 존재는 어떻게 있느냐는 물음에, 슌냐·제로·공이라고 말씀하신 부처님의 깨달음, 즉 무상정등각의 내용은 정말로 대단한 것이다. 무상정등각이란 『반야심경』의 본문에 나오는 '아뇩다라삼먁삼보리(阿耨多羅三藐三菩提)'의 번역으로, 그 내용을 한마디로 '공'이라고 말하는 것이다.

제법의 분석

●

사리자여! 제법[존재하는 모든 것]은 공을 특질로 하기 때문에 생기하지도 소멸하지도 않고, 더러움도 깨끗함도 없으며, 증가하지도 줄어들지도 않는다.
舍利子 是諸法空相 不生不滅 不垢不淨 不增不減

경문 중의 '제법'은 일체[諸] 존재[法]를 말한다. 불교는 현대 자연과학과 심리학에 필적할 정도로 존재에 대해 명확히 분석하고 있다. 그 결과 5종류의 그룹[심, 심소, 색, 불상응행, 무위]으로 크게 나누고, 세분하면 100종류로 존재의 구성요소를 분류한다. 이것을 '오위백법(五位百法)'이라고 한다.

그러나 분석의 목적은 자연과학과 다르다. 앞에서 예로 든 넥타이에 대한 분석은 집착을 없애기 위한 것이다. 오위백법은 물론 자연이나 사물의 구성요소를 포함하지만, 본래는 인간을 구성하는 요소다. 나를 분석하면 100종류의 구성요소로 이루어져 있다는 것이다. 이처럼 100종류까지 분석하는 것은 대단한 일이다. 이와 같은 '존재의 분석'을 '아비달마(阿毘達磨, abhidharma)'라고 한다. 그리고 존재를 이와 같이 분석한 불교를 '아비달마불교'라고 하는데, 이는 대승이 흥기하기 전의 부파불교를 말한다.

불교의 분석이 과학의 분석과 다른 점은, 첫째로 불교는 무아 또는 공을 증명하기 위한 목적으로 분석한다는 점이다. 둘째는 분석하는 곳이 마음속이라는 것이다. 여러분들도 요가를 수행할 때 한 번 도전해 보길 바란다. 정말로 '나'라는 것이 존재하는지 존재하지 않는지를 관찰하고 분석해 보자. 요가를 하면서 '나, 나'라고 말을 해도 좋다. 요가를 실천해 보면 있는 것은 오직 영상뿐이고, 세계는 실로 다양한 마음이 짜낸 것이라는 사실을 알 수 있다. 조용히 앉아 있으려고 해도 잡다한 생각이 끊임없이 솟아오른다. 또한 눈을 뜨면 정원이나 꽃이 보이기도 하고 새들의 지저귀는 소리도 들려온다.

3년 전 홍복사 본당에서 '사도가행[四度加行, 사도 즉 4가지 수행법(十八道, 金剛界, 胎藏界, 護摩)을 전수하는 수행을 말한다]'의 수행을 했는데, 그때가 마침 여름이어서, 처음으로 벌레 소리의 근사함을 알았다. 이처럼 인간이 정말로 '정(定)한 마음[心]이 되면, 그 정심(定心)에 존재가 있는 그대로 보이고 들리게 되는 것 같다. 예를 들어 수면(水面)은 바람이 불면 파도를 일으킨다. 이처럼 마음이라는 물에 파도가 일어나는 것은 '나'라는 파도가 있기 때문이다. '내'가 돌출할 때 시끌시끌한 마음이 요동치기 시작한다. 나도 젊었을 때 사람들 앞에 서면 마음에 파도가 일어나 심장이 쿵쿵 뛰었다. 왜냐하면 '나'라는 것이 돌출하기 때문이다. 그런데 이런 '나'라는 것은 있을까, 없을까?

요가나 선정을 수행하면서 관찰해 보자. 요가나 선정을 닦는 것은 변계소집성의 세계로부터 의타기성의 세계로 돌아와 변계소집성의

'나(자신)'를 융해하는 것이다. 이러한 자기융해의 시간을 가지면 가질수록 차츰 지금까지 알 수 없었던 것이 보일 것이다. 이를 통해 부처님이 설한 언어 저쪽에 있는 것이 보이기 시작할 것이다. 부처님의 가르침[언어]뿐만 아니다. 선현들이 남긴 여러 가지 경전이나 논서를 공부하여 그들이 말한 언어 저쪽에 있는 것을 경험해 가는 것이 부처님이나 선현들의 은혜에 보답하는 길이라고 생각한다. 이런 의미에서 나는 우리가 유식사상에서 설하는 '오위백법(五位百法)'을 배워야 한다고 생각한다. 오위백법을 간략하게 정리해 보면 다음과 같다.

【 오위백법 】

1. 심(8) : 안식(眼識) · 이식(耳識) · 비식(鼻識) · 설식(舌識) · 신식(身識) · 의식(意識) · 말나식(末那識) · 아뢰야식(阿賴耶識)

2. 심소(51)

■ 변행(遍行, sarvatraga)

촉(觸, sparśa, 대상과의 접촉) · 작의(作意, manaskāra, 대상에 집중하는 마음작용) · 수(受, vedanā, 대상을 감수하는 마음작용) · 상(想, saṃjñā, 대상을 표상하는 마음작용) · 사(思, cetanā, 대상을 意志하는 마음작용).

■ 별경(別境, viniyata)

욕(欲, chanda, 바람, 의욕) · 승해(勝解, adhimukti, 대상을 확신하고 단정하는 마음작용) · 염(念, smṛti, 과거에 경험한 것을 잊지 않는 마음작용) · 정(定, samādhi, 대상에 집중하는 마음작용) · 혜(慧, prajñā, 대상을 판단하는 마음작용).

■ 선(善, kuśala)

신(信, śraddhā, 믿음) · 참(慚, hrī, 부끄러움) · 괴(愧, apatrāpya, 수치심) · 무탐(無貪, alobha) · 무진(無瞋, adveṣa) · 무치(無癡, amoha) · 근(勤, vīrya, 정진) · 경안(輕安, praśrabdhi, 가볍고 편안한 상태) · 불방일(不放逸, apramāda, 게으르지 않는 것) · 사(捨, upekṣā, 마음의 평정) · 불해(不害, avihiṃsā, 불살생).

■ 번뇌(煩惱, kleśa)

탐(貪, raga, 욕망) · 진(瞋, dveṣa, 분노) · 치(癡, moha, 어리석음) · 만(慢, māna, 타인과 비교하는 자신을 높이려는 마음작용) · 견(見, dṛṣṭi, 진리에 대한 나쁜 견해) · 의(疑, vicikitsā, 진리를 의심하는 마음작용).

■ 수번뇌(隨煩惱, upakleśa)

분(忿, krodha, 격렬하게 분노하는 것) · 한(恨, upanāha, 한을 품는 것) · 복(覆, mrakṣa, 자신의 잘못을 숨기는 것) · 뇌(惱, pradāśa, 폭언하는 것) · 질(嫉, īrṣyā, 질투) · 간(慳, mātsarya, 인색) · 광(誑, māya, 자신의 이익을 위해 남을 속이는 것) · 첨(諂, śathya, 아첨하는 것) · 교(憍, mada, 자만하는 것) · 해(害, vihiṃsā, 남을 해치고자 하는 마음작용) · 무참(無慚, āhrīya, 나쁜 짓을 하고도 마음에 부끄러움이 없는 것) · 무괴(無愧, anapatrāpya, 부끄러움을 모르는 것) · 혼침(惛沈, styāna, 지나치게 의기소침한 것) · 도거(掉擧, auddhatya, 지나치게 들뜬 상태) · 불신(不信, ācraddhya, 믿음이 없는 것) · 해태(懈怠, kausīdya, 게으름) · 방일(放逸, pramāda, 나태함) · 실념(失念, muṣitā, 진리를 기억 못하는 것) · 산란(散亂, vikṣepa, 집중력이 없는 것) · 부정지(不正知, asaṃprajanya, 바른 지知가 아닌 것)

■ 부정(不定, aniyata)

악작(惡作, kaukṛtya 또는 회悔, 악을 행한 후에 후회하는 것) · 수면(睡眠, middha) · 심(尋, vitarka, 이론적으로 사색하는 것) · 사(伺, vicāra, 깊게 사색하는 것)

3. 색(11) : 안근(眼根) · 이근(耳根) · 비근(鼻根) · 설근(舌根) · 신근(身根)(오근)/색경(色境) · 성경(聲境) · 향경(香境) · 미경(味境) · 촉경(觸境)(오경)/법처소섭색(法處所攝色)[25]

4. 불상응행(24): 득(得) · 명근(命根) · 중동분(衆同分) · 이생성(異生性) · 무상정(無想定) · 멸진정(滅盡定) · 무상보(無想報) · 명신(名身) · 구신(句身) · 문신(文身) · 생(生) · 노(老) · 주(住) · 무상(無常) · 유전(流轉) · 정이(定異) · 상응(相應) · 세속(勢速) · 차제(次第) · 방(方) · 시(時) · 수(數) · 화합성(和合性) · 불화합성(不和合性)[26]

---

25 육식(六識) 중에서 의식의 대상인 법(法處)에 포섭(所攝)되는 색[色, 물질]을 말한다.

26 ■ 득(得, prāpti): 어떤 사물[법]을 얻거나 획득하거나 성취할 수 있도록 성립시켜 주는 원리를 말한다. 예를 들면 번뇌를 생기하는 것을 얻거나 열반의 증득을 얻는 것은 '득'이라는 원리가 작동하기 때문이라고 생각한다. 득의 다른 명칭은 '획(獲)', '성취(成就)'이다. 아직 얻지 못한 것이나, 이전에 얻었으나 지금은 잃은 것을 다시 얻는 것을 획(lābha)이라고 한다. 획득한 것을 잃지 않고 상속하는 것을 성취(samavāgama)라고 한다.

■ 명근(命根, jīvita-indriya): 생명[命]을 지탱하는 힘[根]을 말한다. 다시 말해 신체의 따뜻함[煖], 마음의 인식작용[識]을 유지시켜 생명을 존속시키는 힘을 말한다.

■ 중동분(衆同分, nikāya-sabhāga): 인간이면 인간, 코끼리면 코끼리가 동일한 종류라는 것을 성립시키는 원리적인 힘을 말한다. 유정동분(有情同分)이라고

도 한다.

■ 이생성(異生性, pṛthag-janatva): 이생[진리를 깨달지 못한 범부]의 상태를 생기시키는 원리를 말한다. 유식에서는 견도에 의해 끊어진 후천적인 종자가 여전히 끊어지지 않아 그것이 아뢰야식에 있는 상태를 이생성이라고 한다.

■ 무상정(無想定, asaṃjñā-samāpatti): 심소 중의 하나인 상(想), 즉 대상이 무엇인지를 아는 지각작용이 없는 선정 상태[6가지 식의 마음작용을 멸한 선정]를 말한다. 무상천에 태어나는 원인이 된다.

■ 멸진정(滅盡定, nirodha-samāpatti): 마음과 마음의 작용[심소]이 멸진(滅盡)한 선정상태[定]를 말한다. 멸정이라고도 한다. 유식에서는 팔식에서 전식(轉識)의 작용이 멸한 것으로 아뢰야식은 멸하지 않는다고 생각한다. 멸진정을 멸수상정(滅受想定, 수와 상을 멸한 정)이라고도 한다. 왜냐하면 심소 중의 고락을 감수하는 작용인 수(受)와 언어에 의해 개념작용을 일으키는 상(想)을 멸하였기 때문이다.

■ 무상보(無想報): 무상천과 같은 의미로 대상이 무엇인지 아는 지각작용이 없는 천(天)을 말한다.

■ 명신(名身)·구신(句身)·문신(文身): 명·구·문의 모임[身, kāya]이라는 뜻이다. 명(nāma)이란 단어, 구(pada)란 문장, 문(vyañjana)이란 문자(文字)이다. 예를 들어 제행무상 중에서 제행과 무상은 명, 제행무상은 구, 제·행·무·상은 문이다. 설일체유부에서는 명·구·문이 소리와 별도로 실체로서 존재한다고 하지만, 유식에서는 소리의 굴곡(屈曲)이 명·구·문이며, 소리를 떠나 실체로서 있는 것이 아니라고 한다.

■ 생(生)·노(老)·주(住)·무상(無常): 사물이 생주이멸(生住異滅)하는 것을 말한다.

■ 유전(流轉, pravṛtti): 인과(因果)가 상속하여 끊어짐이 없는 것을 말한다.

■ 정이(定異): 다른 것과 결정적으로 다른 모습을 생기게 하는 원리를 말한다. 다시 말해 인과 과의 관계가 결정되어 있다는 의미다. 예를 들어 선한 행위는 좋은 결과를, 악한 행위는 나쁜 결과를 초래한다는 인과가 결정되어 있다는 것이다.

■ 상응(相應, yoga): 어떤 원인은 반드시 어떤 결과를 생기게 한다는 인과의 도리를 말한다.

■ 세속(勢速, java): 좁게는 원인에 의해 결과가 생기는 것이 급속하게 전개하는 것을 말한다. 넓게는 급속한 현상 전부 또는 이러한 현상을 생기게 하는 원리를 말한다. 예를 들어 모든 존재[현상]는 생겨서 급속하게 멸한다[諸行流轉勢速], 또는 사람이나 말이 빨리 달린다 등의 현상의 빠름을 말한다.

■ 차제(次第): 사물의 추이(推移)나 흐름을 말한다.

■ 방(方)·시(時)·수(數): 방향, 시간, 수를 말한다.

5. 무위(6): 허공(虛空)·택멸(擇滅)·비택멸(非擇滅)·부동멸(不動滅)·상수멸(想受滅)·진여(眞如)[27]

꿈과 같이

5위(五位)중에서 심과 심소에 대해서는 제6강에서 이미 설명했다. 심에는 안식·이식·비식·설식·신식·의식·말나식·아뢰야식의 8종류가 있으며, 심소는 8종류의 마음과 언제나 함께 작용하는 미세한 마

■ 화합성(和合性, sāmagrī): 다양한 인과 연이 결합하여 어떤 일을 생기게 하는 원리를 말한다.

■ 불화합성(不和合性, asāmagrī): 다양한 인과 연이 결합하지 않는 상태를 생기게 하는 원리를 말한다.

27 유식에서는 진여의 상태를 나타나는 방식에 따라 6위로 나눈다.

■ 허공(虛空, ākāśa): 진여는 어떤 장애(방해)도 떠나 있는데, 허공이 모든 물질적인 방해를 떠나 있는 것과 닮아 있기 때문에 진여를 임시적으로 허공이라고 한다. 허공이란 어떤 방해도 받지 않는 광대무변한 공간이다. 허공은 무한히 펴져 있고 더럽지 않는 청정하고 평등한 모습을 하고 있기 때문에 불지(佛智), 무분별지, 승의 법계, 진여 등의 비유로 사용된다.

■ 택멸(擇滅, pratisaṃkhyā-nirodha): 간택력[지혜]에 의해 번뇌가 멸하여 나타난 진여, 열반, 해탈을 말한다. 다시 말해 더러움이 없는 지혜의 힘으로 4가지 진리[4제]를 바르게 관찰, 분석하여 번뇌를 멸한 해탈의 상태를 말한다.

■ 비택멸(非擇滅, apratisaṃkhyā-nirodha): 간택력[지혜]에 의하지 않고 얻어진 진여를 말한다.

■ 부동멸(不動滅, āniñya-nirodha): 동요나 움직임을 멸한 것을 의미한다. 색계의 제4정려에 나타나는 진여다. 제4정려에서는 고·락은 없어지고 비고비락만이 남아 고에도 락에도 흔들리지 않는 부동의 마음이 확립될 때 나타나는 진여이다.

■ 상수멸(想受滅, saṃjñā-vedayita-nirodha): 무색계의 최고 단계인 유정천 또는 비상비비상천에서 상(想)과 수(受)가 멸할 때 나타나는 진여이다.

■ 진여(眞如, tathatā): 있는 그대로 있는 것(존재하는 모든 것의 본성) 또는 마음의 본성.

음으로 전부 51종류가 있다고 유식의 대성자 세친 보살은 『유식삼십송』에서 기술하고 있다.

다음은 색인데, 색에 대해서는 5강에서 설명했으므로 자세한 것은 생략하고 복습하는 의미로 대략적인 설명만 하겠다. 색이란 간단히 말하면 '물질적인 것', 다시 말해 안식 내지 의식까지의 대상인 색·성·향·미·촉·법의 6가지이다. 그중에 의식의 대상인 법에는 현대에서 말하는 물질과 다른 것을 포함하고 있다. 예를 들어 선정에 들어가 불타오르는 태양을 상상해 보자. 그러면 붉은 태양이 마음속에 나타난다. 그때 우리는 '이 태양은 내가 만들어 낸 영상이다. 그렇지만 눈을 떠서 볼 때의 태양은 내 마음 바깥에 있다'고 생각한다. 그리하여 전자의 태양과 후자의 태양 중에 후자의 태양은 정말로 존재하지만, 전자의 태양은 내가 마음속에서 만들어 낸 것으로 본래는 없는 것이라고 생각한다. 하지만 과연 그럴까. 후자의 태양도 '유식소변(唯識所變)'의 도리에 따라 자신이 만들어 낸 것에 불과하다. 세상에 자신의 바깥으로 나와 태양 그 자체를 본 사람이 있을까? 자신의 바깥으로 나오지 않았는데 어떻게 마음 저쪽에 태양이 있다고 단정할 수 있을까?

마음 바깥에 대상이 있다고 주장하는 외계실재론자들은 유식론자에게 다음과 같은 문제를 제기한다. '외계에 대상이 없이 어떻게 여러 가지 인식이 일어나는가?'라는 의문이다. 유럽에서는 이 문제를 가지고 관념론자와 실재론자 사이에 논쟁이 이어져 왔다. 외계실재론자들은 외계에 대상이 없음에도 불구하고 어떻게 분필[대상]을 인식할 수 있느냐고 묻고 다음과 같은 반론을 제기한다. 외계에 어떤 대상이 있고 그곳으로부터 빛의 파장이 생겨 각막을 통해 망막에 이르러 뇌세포가 그것을 받아들여 분필이라는 영상이 마음속에 생기는 게 아니냐는 것이다. 유식[세친]에서는 "꿈과 같다"는 한마디로 이와 같은 반론을 배척한다. 꿈속에서는 외계가 없음에도 현실과 똑같은 현상이 일어난다. 그래서 현실, 즉 각성(覺醒)의 세계에서도 외계에 대상이 없어도 여러 가지 인식이 성립할 수 있다고 한다. 이것은 논리적으로 상당히 설득력 있는 주장이다. 이런 주장에 대해서는 좀처럼 반론을 펴기 힘들다. 왜냐하면 우리가 현실이라고 생각한 이 세계는 사실 꿈의 세계이기 때문이다. 여러분들은 지금 꿈을 꾸고 있는 것이다. 그럼에도 불구하고 꿈이 아니라고, 현실이라고 생각한다. 즉 대상은 존재한다고 고집하여 자타의 대립세계, 다시 말해 변계소집성의 세계에 살면서 괴로워하며 싸우고 있다. 예를 들어 중동의 정세가 점점 악화되고 있다. 이런 극단적인 싸움에서 가정 내 부자나 부부 간의 작은 싸움에 이르기까지 무량무수의 싸움이 지구상에서 매일 일어나고 있다.

이런 의미에서 '사실을 사실로서 보자. 현실은 꿈이다'라는 유식의 주장을 세계에 호소해야 하지 않을까. '사실을 사실로서 본다'·'도대체 이것은 무엇인가'라는 것을 한 사람 한 사람이 확인해 갈 때 우선 가정이 평안해지고, 회사와 사회, 나아가 세계가 평화롭게 되지 않을까. 물론 이렇게 머리로 생각한 것들을 실행에 옮기기는 매우 힘들다. 하지만 힘들다고 포기할 수도 없는 일이 아닌가.

불상응행법

다음은 불상응행법(不相應行法)에 대해 설명해 보자. 불상응행법은 인도철학에도 없는 불교의 독자적인 생각이다. 불상응행이란 '비색비심행(非色非心行)'이라고 하는데, 색도 아니고 마음도 아니라는 의미다. 물질도 아니고 정신[마음]도 아니라는 말은 좀처럼 이해하기 힘들다. 불교 특히 유식에서는 불상응행법을 24종류로 분류한다. 그중에 하나가 앞에서 언급한 명·구·문, 즉 언어다. 물론 소리로 된 언어는 청각[耳識]의 대상이기 때문에 넓은 의미에서 색[물질]에 포함되지만, 불교에서는 소리 이전의 언어는 물질도 마음도 아니라고 생각했다. 또한 '생주이멸(生住異滅)'이라는 불상응행이 있다. 다시 말해 사물이 생겨서[生] 머물고[住] 변화하여[異] 결국에는 소멸한다[滅]는 것이다. 그리고 공간을 '방(方)', 시간을 '시(時)'라고 하는데, 이것도 불상응행에 포함시킨다. "자! 여러분 지금 이 공간을 봐주세요. 이것은 물질일까요? 마음일까요?"라고 질문하면 어떻게 대답할 것인가? 좀처럼 결론 내리기 어려울 것이다. 이것은 물질도 아니고 마음도 아니기 때문에 불상응행이라고 했다.

이처럼 불상응행법은 24종류이지만 이를 '생'과 '사'에 주목해서 설명해 보자. 우리는 누구나 태어나고 죽는다고 말한다. 정말로 사람은 태어나고 죽는 것일까. 사실 타인의 생사는 내 마음속에서 짜낸 현상이다. 우리는 사람이 죽으면 "불쌍하네!"라고 말하지만, 조용히 마음속을 관찰해 보면 '죽은 사람'은 감각데이터와 생각·언어일 뿐이라는 것을 알 수 있다. 우리는 그 사람 자체를 결코 볼 수도 없고, 들을 수도 없으며, 접촉할 수도 없다. 그렇다면 생사는 도대체 무엇인가. 물론 생사는 있다. 다만 『반야심경』에서는 반야의 지혜로 보았을 때 생사의 세계는 불생불멸의 세계로 변한다고 설명한다.

부처님은 무상정등각을 획득하고 '불생불로불사의 세계를 접했다'고 말씀하신다. 우리는 거기까지 갈 수는 없어도, 반야 지혜의 빛을 자신 속에 키워나가면 적어도 내가 살아가는 것이나 죽어가는 것을 차츰 해결할 수도 있지 않을까. 의타기성으로서의 마음을 자신의 중심에 두고 위로 가면 원성실성의 세계에 이르고, 아래로 가면 변계소집성의 미혹된 세계에 이른다. 우리는 어느 방향으로 가야 할까. 이것은 자신의 결의와 노력에 달린 문제다.

무위 · 열반 · 진여

오위의 마지막인 무위에 대해 알아보자. 무위란 열반을 말한다. 유식에서는 이를 진여라고 한다. 범어를 한역하면서 범어의 본래 뜻과는 멀어졌다. 한역에 기초하여 그 의미를 깊이 있게 고찰한 것은 중국불교다. 법상종에서도 이를 그대로 답습하는데 대표적인 것이 진여이다. 진여의 범어는 '타타타(tathatā)'인데, 현장이 이를 진여로 번역하여 '진'과 '여'로 나누어 설명한다. '타타타'는 '그와 같이 있다'는 의미이므로 '여(如)' 또는 '여여(如如)'라고 번역하기도 한다. '타타타'는 간단히 말하면, '있는 그대로 있는 것'이라고 할 수 있다. 그러나 우리는 자신의 알음알이와 분별로 자신·타자·자연·우주를 변화시킨다. 이러한 알음알이와 분별을 떠나 심층심부터 정화해 온 마음, '있는 그대로 있는 것'에로 되돌린 마음이 '타타타'라고 할 수 있을 것이다.

그런데 '타타타'를 진여로 번역하여 '진'은 진실하여 허망하지 않은 것, '여'는 여상(如常, 항상적인 것)하여 변이(變易)하지 않는 것이라고 정의하게 되었다. 진여는 삼성설로 말하면 원성실성에 해당한다. 그러므로 원성실성은 진실하고 여상한 세계를 말한다. 그러나 우리 범부는 그 반대로 허망하게 변이하는 세계, 다시 말해 변계소집성의 세계에 살고 있다. 이와 같은 유식의 가르침을 알면, 살고 있다는 것이 두려워진다. 우리는 전혀 존재하지 않는 것, 다시 말해 변계소집성의 세계 속에서 하루, 일주일, 한 달, 일 년 그리고 일생을 보내며 죽어 간다. 나는 진여를 배울 때마다 '허망하게 살지 말자, 진실하고 여상하게 살자'라는 말이 마음의 심층에서부터 솟아나온다. 또한 '이러면 안 된다. 이런 생활을 하고 있으면 죽을 때 어떤 생각으로 죽게 되겠는가?'라고 반성하게 된다. 이처럼 유식은 변계소집성의 세계로부터 원성실성의 세계에 이르기를 요구한다. 이것이 힘들다면 최소한 의타기성의 세계로는 돌아와야 하지 않을까. 자기 전에 이불 속에서 조용히 선정의 시간을 가져 보자. 그리하여 생생한 마음으로 돌아가자. 그 다음 날에는 다시 사물·사람·사랑·미움이 있는 세계로 되돌아오자. 이러한 생활을 반복하다 보면 마음이 부드러워질 것이라고 나는 믿는다.

초기경전에서는 '상(常)'이라는 말을 금기시했다. 그러나 부처님은 뛰어난 교육자였기 때문에, 영원[常]한 것이 있음에도 굳이 말씀하시지 않은 것이 아닐까! 부처님께서 영원한 것이 있다고 하면 우리는 그 말에 빠져 '영원한 것이 있구나!'라고 여기며 그것을 붙잡겠다고 생각하고 집착하기 때문일 것이다. 그러나 대승불교에서는 부처님의 깨달음을 스스로 체험하고 영원한 것이 있다고 확신하여 '상'이라는 말을 전면에 내세울 수 있게 되었다.

부처님은 "나는 무아이다"라고 설하면서 제자 아난다에게 "다른 것에 의지하지 말라. 너 자신[아트만]에 의지하라"는 유언을 남긴다. 그것이 유명한 '자등명 법등명(自燈明 法燈明)' 중의 자등명이다. 즉 자신을 등불로 삼아 살아가라는 유언이다. 부처님은 "그대여! 영원한 것이 있다. 그것을 목표로 살아가면 태어남도 늙음도 죽음도 없는 세계에 도달할 수 있다"고 아난다를 격려한 것은 아닐까.

허공

다음은 무위 중의 하나인 허공(虛空)에 대해 설명하겠다. 허공은 불교뿐만 아니라 인도철학에서도 사용하는 개념이다. 그것은 아무것도 존재하지 않은 무한의 공간을 의미한다. 무한한 넓이를 가진 3차원의 공간은 결코 불교나 인도철학 일반의 사고방식만은 아니다. 뉴턴 역학도 이런 공간의 존재를 전제로 한다. 뉴턴은 절대공간과 절대시간이 있다고 생각했다. 그러나 20세기에 들어와 아인슈타인에 의해 이러한 공간론은 잘못된 것이라고 판명되었다. 그는 시공간은 상대적(相對的)이라는 상대성원리를 발견했다.

하지만 정말로 이런 자연학적 공간은 있는 것일까? 유식사상에서는 이런 공간을 부정하고, '인인유식(人人唯識)'을 주장한다. 한 사람 한 사람의 마음이 공간을 만든 것이지 모든 사람에게 공통되는 공간은 없다는 것이다. 공간이 있다면 마음을 공간이라고 할 수 있지만, 마음은 3차원의 공간이 아니다. 그렇다면 존재하는 모든 것은 무엇일까? 우리는 감각의 데이터·피부감각에 의해 3차원의 공간이 있다고 착각하고 있지만, 이런 것이 정말로 있을까.

조용히 마음속에 머물러 있어 보면 있는 것은 마음뿐이라는 것을 알 수 있다. 본래는 있는 것도 없는 것도 아니지만, 일단은 이것을 '마음'이라고 부르고, 거기에서 '마음의 허공'을 생각해 보자. 모든 속박이나 장애가 없어져 아무것도 없는 상태의 마음을 일단 '마음의 허공'이라고 부르자. 마음의 장애로는 번뇌장과 소지장이 있다. 속박으로는 '상박(相縛)'과 '추중박(麤重縛)'이 있다. 상박이란 표층심의 속박으로 마음속에 생기는 상(相), 즉 영상에 속박되는 것이다. 추중박은 심층심인 아뢰야식에 있는 속박으로, 상박에 의해 혼탁하게 된 표층심의 작용이 아뢰야식 속에 혼탁한 종자를 훈습하여 심게 된다. 그 심어진 종자가 무겁게 심층심을 속박하는 것을 말한다. 이러한 속박이나 장애가 없어지고 완전히 빈 마음을 '마음의 허공'이라고 부르자. 이러한 마음의 허공을 이미지화하여, 언젠가는 이러한 마음상태가 되고 싶다고 노력할 때 마음은 점차로 청정하게 될 것이다.

공상

다음은 '시제법공상' 중 공상에 대해 알아보자. 제법과 공에 대해서는 이미 설명했기 때문에 생략하겠다. '상'은 범어 '락샤나(lakṣaṇa)'의 번역으로 '~을 특질로 하다'는 의미다. 그러므로 '시제법공상'이란 '존재하는 모든 것은 공을 특질로 한다'는 의미다. 존재하는 모든 것, 즉 오위백법의 백법은 공을 특질로 하고 있다는 뜻이다. 그렇다면 도대체 공이란 무엇인가. 이것에 대해서는 이미 5강에서 언급했기 때문에 다소 중복되지만 다시 한 번 설명해 보겠다.

(1) '어떤 것(A)에 어떤 것(B)이 없을 때, 그것(A)은 그것(B)으로서 공이라고 여실하게 본다. 게다가 그곳(A)에 남겨진 것(C)은 존재한다고 여실하게 아는 것이다'(『유가사지론』, 36권)

(2) '실로 이무[소취와 능취의 무], 무(無)의 유(有)가 공상이다'(『중변분별론』, 제1장 12게송)

먼저 (1)에 대해 살펴보자. 당시에 공을 허무로 생각하는 사람들이 있었다. 『유가사지론』에서는 그런 사람을 '악취공자(惡取空者)', 즉 공을 잘못 이해하는 사람이라고 했다. 반면 공을 바르게 이해하는 사람은 '선취공자(善取空者)'라고 불렀다. 이 중에 선취공자가 이해하는 공이 공에 대한 바른 이해라고 했다. 즉 (1)의 입장이다. 그것은 『유가사지론』뿐 아니라 여러 유식 논서에 등장하는 정의로 유명한데, 『소공경(小空經)』에 등장하여 유식의 논사들이 즐겨 인용했다. 우선 '어떤 것(A)에 어떤 것(B)이 없을 때, 그것(A)은 그것(B)으로서 공이라고 여실하게 본다. 게다가 그곳(A)에 남겨진 것(C)은 존재한다고 여실하게 아는 것이다'라고 정의하는데, 어떤 것이란 A이다. 그 A 속에 B가 없을 때 A는 B가 없다는 의미의 공이다. 예를 들어 유령은 없음에도 불구하고, 있다고 겁내는 사람의 마음속에 있는 유령의 영상을 불식(拂拭)시킬 때, 그 사람의 마음은 유령으로서는 공이라고 할 수 있다. 구체적으로 말하면 무언가 실천을 통해 존재를 마음속으로 관찰하여 유령은 존재하지 않는다는 지혜를 획득하는 것이라고 말할 수 있다. 즉 공은 결코 논리가 아니라 공을 관하는 공관(空觀)이기 때문에 비워가는 힘이 필요하다.

유령의 예를 들었지만, 마음속에 생기는 모든 영상은 '상(相)'이다. 그러므로 공을 관하는 것을 '견상(遣相)', 즉 '상을 놓다[버리다]'라고 한다. 앞에서 언급한 상박으로부터 해탈해 가는 것이다.

후반부는 '게다가 그곳(A)에 남겨진 것(C)은 존재한다고 여실하게 아는 것이다'라고 한다. 풀이하자면, 모든 상을 부정하여 제거할 때에도 '그곳', 즉 마음속에 '남겨진 것'은 있다고 여실하게 안다는 것이다. 이것이 유식론자가 악취공자를 비난하는 이유인데, 이 역시 체험에 기초한 말이다. 이 '남겨진 것'이 앞에서 언급한 '진여'이다. 유식학파는 마음속을 비워, 비워짐을 극한으로 부정하면 진여가 나타난다고 강조한다. 진여란 어떤 것인가? 체험하지 않은 사람은 알 수 없지만, 적어도 공의 정의를 논리적으로는 이해할 수 있을 것이다.

상을 비워서 진여를 현현시키는 것을 '견상증성(遣相證性)', 즉 '상을 버리고 성을 증득하다'라고 한다. 이것이 요가[유가]의 실천 목표다. 상에서 성에 이르는 것이 유식의 목표다. 그래서 유식을 배우는 것을 '성상학(性相學)'이라고 한다. 유식은 요가를 통해서 허망한 것을 마음속으로부터 제거하여, 마음을 정화시켜 가는 것을 목표로 하는 실천적인 교리라는 것을 명심할 필요가 있다.

다음은 (2)에서 공을 어떻게 정의하고 있는지 알아보자. 이것은 미륵의 저작으로 알려진 『중변분별론』의 정의이다. 전반부는 '실로 이[소취와 능취]의 무'이다. 이(二)는 소취와 능취를 말한다. 소취는 '인식되는 것', 능취는 '인식하는 것'이라는 뜻이다. 현대어로 표현하면 객관과 주관이라고 할 수 있다. 이것은 인식을 구성하는 두 요소이지만, 둘이 대립하고 있는 한 그것은 미혹의 마음이다. 그러므로 우선 대립을 없애는 것이 '둘의 무'이다. 그러나 '무'뿐이라고 말하면 악취공자가 되기 때문에, 계속해서 '무의 유'라고 한다. 이 '무의 유'도 체험에 기초한 말이기 때문에, 앞의 정의에서 '남겨진 것은 있다'는 말에 상당하는 것이라고 할 수 있을 것이다. 이처럼 '이(二)의 무'와 '이무(二無)의 유' 중에서 '이의 무'는 요가나 선정을 닦으면 알 수 있는 것이다. 예를 들어 여러분들이 나와 하나가 되어[일체화] 내 강의를 열심히 듣고 있을 때는 나도 너도 없다. 요가는 이와 같은 '이의 무'를 체험하는 것이다.

그런데 마음은 의타기성이기 때문에 어쩔 수 없는 연기의 힘에 의해 주관과 객관으로 나뉜다. 양자대립[주관과 객관]의 마음을 하나로 하는 힘이 '염(念)의 힘'이며, 염에서 정(定)과 혜(慧)가 생긴다. 요가는 염·정·혜와 함께 전개되는 마음이라고 할 수 있지만, 그중에서도 산란한 마음을 가라앉히는 처음의 염이 중요하다. 초심자는 여러 가지 잡념이 생기기 때문에 이런 힘을 갖기 어렵지만, 가능한 포기하지 않고 계속해 가는 것이 중요하다. 그럴수록 염(念)의 힘이 생긴다. 염이야말로 본래의 자유, 즉 자신으로 말미암아 세계에 들어가는 문이라고 할 수 있다. 자유란 도대체 무엇인가? 우리가 의타기성의 세계에 몸을 맡기고 있으면 그곳에는 자유가 없다. 우리는 태어나고 싶어서 태어난 것이 아니고, 눈을 뜨면 보고 싶지 않아도 볼 수밖에 없다. 잡념은 일으키고 싶지 않아도 일어난다. 여기에 자유란 없다. 이것을 '다른 것에 의지하여 일어난다'하여 의타기성이라고 한다. 이것은 자신으로 말미암은 자유가 아니다. 부자유를 자유롭게 하는 최초의 힘이 바로 염이다. 그러므로 염을 일으키는 것이야말로 자기변혁의 첫걸음이다.

부정과 긍정

앞에서 공을 두 종류로 나누어 정의했다. 그중에 후자의 정의에는 주의해야 할 것이 있다. 우리는 '무의 유'라는 말을 들으면 '무가 있구나'라고 개념적으로 생각해, 무가 실체로서 있다고 파악해 버린다. 이것은 '이중부정'을 거쳐 얻은 '유'이지, 보통 말하는 '있다'는 뜻의 '유'가 아니라는 점에 주의할 필요가 있다. '이중부정'을 이해하는 것이 중요하다. 먼저 '소취와 능취의 둘이 있다'는 세계에 살고 있다. 이것을 우선 부정하면, '이(二)의 무'의 세계가 나타난다. 그러나 이곳에만 머물고 있으면 악취공자에 빠져 버린다. 그런데 여기서 다시 한 번 부정을 하면, '이(二)의 무'가 부정 되어 '이무(二無)의 유(有)'의 세계로 옮겨간다. 이처럼 공관에는 이중부정이 행해진다. 이 이중부정이야말로 자신을 변혁할 수 있는 중요한 논리라고 생각한다. '인간은 인간이 아니다.' 여기서 최초의 부정이 행해진다. 계속해서 '인간은 인간이 아니기 때문에 인간이다.'라는 두 번째 부정이 행해진다. 인간이 부활했지만, 그 인간은 최초의 인간과는 다르다. 이중부정을 거친 인간이다. 진정한 인간이라고 할 수 있을 것이다. 만약 이 논리를 믿는다면 '자! 지금 미혹하는 인간으로서의 자기를 부정하고 다시 한 번 진실한 인간이 되자'는 의지와 용기가 솟아날 것이다.

이중부정의 논리를 인간뿐만 아니라 모든 존재에 적용해 보는 것이 중요하다. 예를 들어 '분필은 분필이 아니기 때문에 분필이다. 타인은 타인이 아니기 때문에 타인이다'라고 생각해 보자. 그러면 분필이나 타인에 대한 견해나 태도가 바뀌지 않을까. 부정에서 긍정으로, 또는 부정 즉 긍정으로. 이것을 잘 나타낸 말이 '진공묘유(眞空妙有)'이다. 진공이기 때문에 연기의 도리에 따라 제법은 소멸한다는 것이다. 이 말[언어]은 중요한 사실을 말하고 있다. 봄의 신록은 가을이 되면 말라서 떨어진다. 내 피부도 점차 쪼그라든다. 이런 일이 왜 일어나는가? 그것은 연기의 도리가 작용하기 때문이다. 연기의 도리가 작용하는 것은 진공이기 때문이다. 우리가 요가를 닦아 마음을 정화하면 할수록, 다시 말해 진공에 가까워지면 가까워질수록 이 사실을 점차로 확신할 수 있을 것이다. 이 진공의 마음이 바로 불생불멸이라고 말할 수 있을 것이다.

진공을 비유적으로 설명해 보자. 의타기심을 바다의 가장 깊은 곳인 해저라고 생각해 보자. 조용히 앉아서 좌선에 든다. 하지만 여전히 마음은 바다의 얕은 곳에서 표류하고 있다. 1~2년 동안 요가나 선정을 닦으면 점차 심해로 들어간다. 즉 진공에 다가가 가장 깊은 곳에 도달하게 된다. 그러나 다시 떠올라 파도가 있는 표면으로 나온다. 그러면 연기의 도리에 지배되어 생멸하는 존재가 생생하게 보인다. 즉 진공이기 때문에 연기의 도리에 따라 생멸하는 제법이 있다.

'진공묘유'의 묘유이기 때문에 제법은 '일여(一如)'이다. 왜냐하면 남겨진 것은 평등이고 일미(一味)이기 때문이다. 이곳은 차별이 없다. 모든 것이 평등하게 존재하는 것이야말로 진정한 의미의 자비행이다. 진공은 깨달음이고 지혜이고 자리행이다. 반면 묘유는 자비이고 이타행을 이끄는 힘이다. 『반야심경』은 부정의 말뿐인 것 같지만, 부정이 목적이 아니다. 이중부정을 거쳐 얻어진 반야의 지혜에 기초하여 6바라밀을 실천하여, 괴로워하는 사람을 구제하는 것을 지향한다. 저 방대한 반야경을 작성한 사람들도 조건 없이 자비행을 실천했을 것이다.

불이의 세계

생기하지도 소멸하지도 않고, 더러움도 깨끗함도 없으며, 증가하지도 줄어들지도 않는다.
不生不滅 不垢不淨 不增不減

'불생불멸 불구부정 부증불감'을 종합해 보면 '불이(不二)'라고 할 수 있다. 즉 '둘이 아닌' 세계는 반야의 지혜에 의해 비춰진 세계다.

도대체 무엇이 정말로 존재하는가? '일인일우주'의 세계가 폭발해서 전체로 되돌아 왔을 때, 궁극적 존재로 있는 것은 무엇인가? 이 물음에 대해 반야경을 작성한 사람들은 '반야'라고 답한다. 반야경을 작성한 사람들이 대승불교를 흥기시켰는데, 그들에게는 불탑[사리탑]신앙이 있었다. 즉 그들은 불탑을 만들어 부처님의 유골[사리]을 안치하여 숭배하였다. 이 사리는 부처님이 획득한 '반야'를 상징하는 것이다. 사리를 숭배하는 것은 반야를 숭배하는 것이다. 이런 믿음이 방대한 반야경을 탄생시켰다.

부파불교에서는 반야를 '법의 간택(簡擇)'이라고 했는데, 이는 득실이나 선악을 분별하는 지혜라는 의미다. 반면 대승불교에서는 반야를 존재 전체에 편재(遍在)하고, 우주에 흘러넘치는 지혜라고 생각한다. 우리들은 존재적으로 보면 '일인일우주'이기 때문에 외로운 존재다. 그러나 '당신에게도 반야의 지혜가 있다. 나에게도 있다'는 믿음을 가지고 서로 마음을 닦아 반야의 빛을 증대시켜 반야의 빛으로 서로를 비추어 가는 삶이 된다면 얼마나 좋겠는가. 반야의 빛으로 비추면 타인이 지금까지 생각한 것과는 전혀 다르게 보일 것이다. 그러면 점차로 자타대립의 세계는 없어질 것이다.

마지막으로 '불이(不二)'에 대해서 설명하겠다. 미륵의 저작인 『대승장엄경론』(진실품 제1게송)에는 승의제[궁극의 진리]의 특징을 다음과 같이 설명한다.

(1) 있는 것도 아니고 없는 것도 아니다
(2) 같은 것도 아니고 다른 것도 아니다
(3) 생기는 것도 아니고 멸하는 것도 아니다
(4) 줄지도 않고 증가하는 것도 아니다
(5) 청정하지도 않고 또한 청정하다

이것을 정리해 보면 다음과 같다.

(1) 존재적 불이[不有不無]
(2) 차별적 불이[不一不異]
(3) 생성(生成)적 불이[不生不滅]
(4) 양(量)적 불이[不增不減]
(5) 질(質)적 불이[不淨不不淨]

그런데 무엇 때문에 각각 불이인가? 세친의 주석서인 『대승장엄경론주』에 보면 그 이유를 다음과 같이 설명한다.

(1) 존재적 불이[不有不無]

승의제는 변계소집과 의타기의 상으로서는 있는 것[유]이 아니지만, 원성실상으로는 무(無)가 아니다.

(2) 차별적 불이[不一不異]

원성실은 변계소집과 의타기의 둘과는 일성(一性)이 아니기 때문에 같지 않고, 그 둘과는 이성(異性)이 아니기 때문에 다른 것도 아니다.

(3) 생성적 불이[不生不滅]

원성실은 업과 번뇌를 조건으로 생기하는 것이 아니기 때문에 생기하는 것이 아니고, 불생법은 멸하는 것이 아니기 때문에 멸하는 것도 아니다. 즉 원성실은 무위를 자성으로 한다.

(4) 양적 불이[不增不減]

윤회할 때와 열반할 때에 원성실은 감소하지도 증가하지도 않는다. 그것은 마치 허공과 같다.

(5) 질적 불이[不淨不不淨]

승의제는 본성으로서는 오염되지 않기 때문에 청정하지 않고, 객진번뇌를 떠났기 때문에 청정하지 않은 적이 없다.

앞의 5개의 불이 중에서 '존재적 불이'가 가장 기본이다. 승의제는 원성실성이기 때문에, 승의제는 변계소집성과 의타기성의 상(相)으로서는 있는 것[有]이 아니다. 그러므로 불유(不有)다. 그러나 원성실성으로서는 무(無)가 아니다. 그러므로 불무(不無)다. 이처럼 논리적으로 불이인 이유를 설명했다. 다른 4개에서도 각각의 관점에서 불이라는 것을 논리적으로 증명하고 있다.

5개 중에서 마지막의 3개가 『반야심경』에 있는 '불생불멸 불구부정 부증불감'에 상당하지만, 어쨌든 유식의 용어인 원성실성 또는 승의제를 사용하여 설명하고 있다는 점에 주목할 필요가 있다. 내가 아는 한 지금까지 『반야심경』에 관한 강의나 책에서 불생불멸 등의 해석을 유식의 용어로 한 경우는 없었다. 그래서 굳이 유식의 경론에 있는 논증을 인용했다. 유식은 존재를 변계소집성·의타기성·원성실성의 3개로 나눈다. 그러면 3개로 나누어지기 때문에 각각 다르다고 분별해 버린다. 그렇지만 존재 그 자체는 언어로 표현할 수 없기 때문에, '삼성이라는 말에 집착하지 말라. 존재 전체의 입장에서 볼 필요가 있다'는 입장에서 5개의 불이가 제시되었다. 조용히 있는 그대로의 세계에 되돌아오면 언어는 통용되지 않고, 필요가 없는 것이다. 그렇지만 미혹한 인간에게는 언어에 의한 안내가 필요하다. 변계소집성의 세계에서 의타기성의 세계에 들어와 최종적으로는 원성실성의 세계에 이르고자 설한 것이다. 그러나 언어에 집착해 버려 변계소집성·의타기성·원성실성의 3개는 다른 것이라고 생각할 때, 그곳에 미혹이 일어난다. 변계소집성 등의 삼성도 미혹도 깨달음도 우리들이 부여한 분별에 지나지 않는다. 그래서 '불이'를 설한 것이다. 이처럼 『반야심경』의 진의에 따라 논리적으로 설명한 것이 세친의 해석이다.

(1)과 (3)의 불이의 입장에서 '나는 지금 살고 있지만, 죽으면 지옥

이나 극락에 태어날까?'라는 생각을 살펴보자. 이 생각에 있는 '나', '살고 있다', '죽는다', '지옥', '극락' '태어나다=유', '태어나지 않다=무'는 모두 언어만이 있을 뿐이다. 요가를 수행하면서 여러분 자신이 직접 확인해 보길 바란다.

지금은 살고 있지만 언젠가 죽는다는 것은 '시간'의 문제다. 지옥 또는 극락은 '공간'의 존재가 전제된다. 그러나 정말로 시간과 공간은 있는 것인가? 진짜 문제는 '있다' 또는 '없다'라고 분별하는 것이다. 뜨거운 프라이팬 위에 물을 한 방울 떨어뜨리면 튀어 날아가 버리듯이, 존재와 하나가 되어 있을 때 '유'와 '무'라는 말을 하면, 그것은 튀어 날아가 버린다. 그때 유무는 마음속의 쓰레기나 먼지와 같은 것이라고 알아차리게 된다. 이 알아차리는 마음, 즉 자각하는 마음이 중요하다. 이와 같이 자각함으로써 그곳에 또 한 사람의 '자각하는 자신'이 나타나는 것이다.

자각하는 자신을 알아차리고 그 자신에게 '감사합니다'라고 말해 보자. 그러면 그곳에 '감사하는 마음'이 나타나게 된다. 마음은 그렇게 깊고 불가사의한 것이다. 여러분! 요가를 수행하여 불가사의한 마음의 신비를 해명하는 첫발을 나와 함께 내디뎌 봅시다!

이상으로 '불생불멸 불구부정 부증불감'에 대한 설명을 마치겠다.

—

제8강

오온·12처·18계

존재의 분류법

●

그러므로 공에는 색·수·상·행·식[오온]도 없고, 안·이·비·설·신·의[육근]도 없고, 색·성·향·미·촉·법[육경]도 없고, 안계도 없고 내지 의식계[육식]도 없다.
是故空中 無色 無受想行識 無眼耳鼻舌身意 無色聲香味觸法 無眼界 乃至 無意識界

이 경문에서는 오온·12처·18계를 부정하고 있다. 이처럼 오온에서 시작하여 12처로 상세하게 확대하고, 다시 18계로 더욱 상세하게 나누는 존재의 분류법을 '삼과분류(三科分類)'라고 한다. 앞에서 '존재의 분류'라는 표현을 했는데, 이 존재는 본래 '자신' 또는 '나'라는 존재의 구성요소를 분류한 것이지, 결코 자연과학적인 의미의 분석이나 분류가 아니다. 불교의 분석은 모두 무아를 증명하기 위한 것이다. 이것은 여러 유식 논서에서 강조하고 있다. 그래서 자연과학의 분석과는 근본적으로 다르다.

그렇다면 분석을 통해, 무아를 어떻게 알 수 있는가? 우선 우리는 시각과 청각에 미혹되고 있다는 사실을 알 필요가 있다. 예를 들어 여러분이 거울 앞에서 자신의 모습을 보고서 '나'라고 판단하지만, 거울에 비친 모습을 '나'라고 생각하는 것은 착각이다. 거울에 비친 모습이 정말로 '나'일까? 게다가 옷을 입고 있다고 하지만, 옷 등은 아무리 찾아도 찾을 수 없다. 잘 보면 있는 것은 섬유다. 엄밀히 말해 그것은 섬유도 아니다. 원자나 분자 또는 양자·전자인 소립자가 있을 뿐이다. 여기까지 오면 '옷'이라는 존재는 도대체 무엇인가 하고 묻게 될 것이다.

『화엄경』에는 "마음은 그림을 그리는 화가와 같이 갖가지의 오음[오온]을 그린다"라는 구절이 있다. 이처럼 우리는 화가와 같이 각자의 마음속에서 감각데이터·생각·언어에 의해 짜인 세계를 그린다. 이것이 사실이다. 만약 '아니야, 그런 일은 없어. 내 눈으로 본 그대로 존재한다'고 말하는 자연과학자가 있다면, 그는 사실을 사실로 보는 과학자가 아니다.

과학적 관찰과 불교적 관찰

불교의 분석은 무아를 증명하기 위한 것이다. 그래서 불교에서는 우선 '나'는 색·수·상·행·식의 오온, 즉 5가지의 구성요소로 이루어진 임시적인 존재[假我]라고 한다. 그러면 우리는 5가지의 구성요소에 구애되어 버린다. 다시 말해 색[신체, 물질]과 수·상·행·식의 마음이 있다고 집착해 버린다. 게다가 오온을 더욱 분석하여 12처는 있다고 한다.

오온 중 색온은 신체를 구성하는 5개의 감각기관과 감각기관의 대상인 오경, 그리고 법처소섭색의 3그룹으로 분류된다.(자세한 것은 3강을 참조하기 바란다) 그중에 법처소섭색은 인식의 대상인데, 선정 중에 의도적으로 만들어 낸 영상도 법처소섭색에 속한다. 또 눈을 감아도 무언가의 색이 보인다. 유식에서는 이 색을 제6의식이 보고 있다고 생각한다. 눈을 감고 있어도 색이나 형체가 보인다는 것이다. 정말로 불가사의하다. 또 선정에 들었을 때도 갖가지 영상을 의도적으로 만들 수가 있다. 즉 유식소변이다. 유식에서는 이것을 선정의 세계로부터 현실의 세계에로 결부시켜 일체는 오직 식뿐이라고 주장한다.

이에 대해 외계실재론자는 다음과 같이 반론한다. '외계에 사물이 없으면 인식[앎]은 일어나지 않는다. 외계 사물이 있기 때문에 자극이 있어 비로소 마음속에 영상이 생기기 때문이다'라고 한다. 이에 대해 세친은 『유식이십론』에서 '꿈과 같다'라고 한마디로 정리한다. '아니야! 꿈과 현실은 다르다'라고 반론하는 사람도 있을 것이다. 하지만 '꿈과 현실', 어느 쪽이 진짜 꿈일까. 어쩌면 지금 현실이라고 생각하고 있는 이 세계가 꿈인 것은 아닐까. 우리가 알 수 있는 것은 '꿈의 세계'와 '각성의 세계' 둘 뿐이다. 하여 어느 쪽이 꿈이고, 어느 쪽이 진짜인지 판단하기 어렵다.

이 문제는 프로이트의 저작들이나 『장자』의 '호접(胡蝶)의 꿈' 이야기에도 등장한다. '호접의 꿈'에서 장주[장자]는 선잠이 들어 나비가 되어 들판을 날아다니는 꿈을 꾼다. 그리고 꿈에서 깨어 본래의 장주로 돌아왔다. 여기서 그는 나비가 장주인지, 장주가 나비인지 알 수 없었다. 꿈도 각성(覺醒)도 모두 꿈이다. 그러나 우리는 깨닫지 못했기 때문에 꿈과 각성을 나누어 버린다. 양자 모두를 꿈이라고 깨달을 수 있는 것은 부처, 즉 '깨달은 자'만이 가능하다.

삼과로 돌아가자. 오온·12처·18계로 자세하게 분석해 가는 것은, '나'라는 것이 많은 요소로 구성되어 있고, 임시적인 존재임을 알기 위한 것이다. 이처럼 보다 자세하게 분석해 가는 방법을 사용하는 것은 자연과학도 마찬가지다. 이와 같이 분석해 가면 가장 작은 소립자인 쿼크(quark)를 만나게 된다. 즉 과학의 관찰과 불교의 관찰은 같은 방향을 향하고 있다. 불교도 과학도, 불교적인 용어로 설명하면 '법상(法相)'이란 무엇인가를 해명하는 것을 목표로 하며, 거기에 덮인 베일을 점차로 벗겨서 '임시적인 존재' 또는 더 깊은 곳에 무엇이 있는가를 추구해 가는 것이다. 그 상(相)을 덮은 베일을 벗기는 것이 '염(念)'의 힘이다. 염의 힘으로 상(相)의 깊은 곳에 있는 것을 끌어내는 것이다. 혹은 염의 칼로 베일을 제거하여 상(相) 안으로 들어가는 것이다. 그러면 지금까지 알지 못했던 것을 점차 알게 될 것이다. 이것이 요가의 관찰 방법이다. 관찰하는 도구는 몸이다. 몸을 도구로 삼아 마음으로써 보다 안에 있고, 보다 미세하고, 보다 본질적인 것을 보려고 하는 것이 요가의 목적이다. 자연과학의 경우에는 전자현미경 같은 실험도구를 사용하여 미립자를 보려고 한다. 양자를 비교해서 몸과 실험도구는 다른 것이라고 생각할지 모르지만, 같은 것이다. 왜냐하면 실험도구는 몸[신체]의 연장(延長)이기 때문이다. 예를 들어 전자현미경은 눈의 연장으로, 실험도구[전자현미경]가 보는 것이 아니라 내 눈이 보기 때문이다. 그러므로 과학자의 눈과 요가수행자의 눈은 목적지가 같다고 나는 확신한다.

무명을 없애고 명(明)을 얻다

이처럼 나 자신이 오온 내지 18계로 구성된 임시적인 존재라는 것을 알고서 '그렇다면 오늘부터 나를 없애자'고 해도 좀처럼 없어지지 않는다. 아무리 해도 내가 돌출한다. 그 이유는 '무명'과 '말나식' 때문이다.

이 중에 무명은 좀처럼 이해하기 어려운 용어다. 무명이란 글자 그대로 명(明)이 없는 상태를 말한다. 비유하자면 마음에 전등이 없어 깜깜한 상태다. 우리는 눈을 뜨면 자기가 밝은 세계에 있다고 생각한다. 그러나 그것은 지각의 속임수다. 여러분은 우주의 끝을 알고 있는가? 태어나기 전의 세계를 알고 있는가? 죽으면 어디로 가는지 알고 있는가? 전혀 모를 것이다. 우리는 이런 것들에 관해서는 암흑 상태에 있다. 어느 누구도 모른다. 이런 무지(無知)를 무명이라고 한다.

그러나 부처님은 6년 동안 수행한 결과, 12월 8일에 빛나는 별과 함께 무명을 멸하여 명(明), 즉 무상정등각을 획득[成道]했다. 즉 자신의 세계에 전등을 밝혀 태어나지도 늙지도 죽지도 않는 세계를 접했다.

가능하다면 우리도 불생·불멸·불사의 세계를 접하고 싶다. 이를 위해서 우선 부처님의 말씀을 믿고, 그 다음에 논리적으로 생각해야 한다. 논리적 사고에 대해 주의할 점이 있다. 그것은 최종적으로 직관에 이르기 위한 방편이다. 또 그 자체로는 강력한 힘을 발휘할 수 없기 때문에 지적 직관이 뒷받침되어야만 한다. 그래서 요가 수행을 하는 것이다.

불교에서는 문혜(聞慧)·사혜(思慧)·수혜(修慧)라는 3종류의 혜를 말한다. 이것을 '문·사·수의 삼혜(三慧)'라고 한다. 우선 부처님의 '불생·불멸·불사의 세계를 접했다'는 말을 듣고서, 이 말을 몇 번이고 마음속에 훈습(熏習)시켜야 한다. 이것이 문혜다. 다음으로 스스로 그 말을 생각해야 한다. 이것은 불교가 철학적인 면이 있다는 증거다. 사람들에게 논리적 사고를 요구하는 것이다. 그러나 앞에서도 언급했지만, 논리적 사고와 지적 직관으로써 생각하면 안 된다. 때로는 언어를 사용해서 생각하고, 때로는 언어 없이 생각해야 한다. 이것이 사혜다. 마지막으로 언어 없이 반복적으로 수행함으로써 부처님이 접했던 세계와 동일한 세계를 스스로 접할 수 있다. 이것이 수혜다. 이처럼 문혜-사혜-수혜의 순서대로 전개되는 것을 튜브에 비유하면 다음과 같다.

처음 수영을 배울 때에는 튜브가 필요하다. 어느 정도 헤엄칠 수 있게 되면 튜브 없이 수영하기도 하고, 튜브를 잡고 수영하기도 한다. 튜브 없이 헤엄을 칠 수 있게 되면 바다에서도 헤엄을 칠 수 있게 된다. 이처럼 우리가 수혜에 이르면, 언어 없이 있는 그대로의 세계, 불생·불멸·불사의 세계로 나아갈 수 있게 되는 것이다.

여기서 무명에서 괴로움이 생기는 과정을 도표로 정리해 보자.

| 무명에서 고가 생겨나는 과정 |

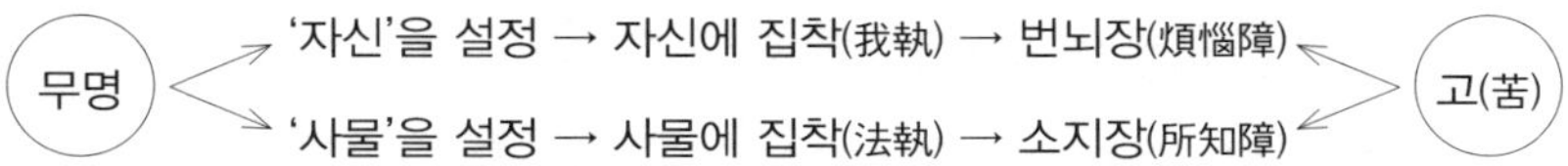

무명 → '자신'을 설정 → 자신에 집착(我執) → 번뇌장(煩惱障) → 고(苦)
무명 → '사물'을 설정 → 사물에 집착(法執) → 소지장(所知障) → 고(苦)

아집의 소멸 → 연기(緣起)의 도리
법집의 소멸 → 진여(眞如)의 도리

도표를 보면 위쪽에 무명이 있다. 비유하자면 무명은 마음에 밝은 전등이 없는 것이다. 어두운 마음속에서 나는 '자신'을 설정하고 '대상'을 설정한다. 자신을 설정하면 자신에게 집착하는 아집(我執)이 생긴다. 그리하여 여러 번뇌장이 일어나 괴롭다. 대상을 설정하면 대상에 집착하는 법집(法執)이 생긴다. 그리하여 소지[알아야 할 것]를 방해하는 소지장이 생겨 괴로워진다.

이와 같은 인과관계를 알면 '마음으로부터 괴로움을 생기게 하는 집착·장애·베일을 제거하자'는 결의가 솟아오를 것이다. 이 결의를 실행하기 위해 '아집을 멸하여 연기의 도리를 깨닫고, 법집을 멸하여 진여의 도리를 깨달아 보자'는 생각을 일으킬 필요가 있다. 인간은 본래 도리에 따라 살아야 한다. 불교는 연기의 도리와 진여의 도리를 설하지만, 나는 이 두 가지 도리가 다른 모든 도리를 포괄하고 있다고 생각한다.

연기의 도리는 앞에서 몇 번이나 언급했듯이, '이것이 있으면 저것이 있고, 이것이 없으면 저것도 없다'는 법칙이다. 이것은 자신에 대한 집착이 없어질수록 점점 확실하게 보이는 도리다. 반대로 연기의 도리를 알아차릴수록 자신은 없어진다.

인간은 긴급한 상황에 처하면 자신을 없앤다. 며칠 전 대학 강의실에서 여선생이 쓰러졌는데, 주위에 있던 사람들은 당황해서 어쩔 줄 몰라 하면서도 어쨌든 전화로 구급차를 불렀다. 그들은 구급차가 잘 오고갈 수 있도록 정문을 활짝 열고, 구급대원이 잘 지나가도록 책상과 의자를 옮겼다. 또 모든 사람들이 구급차가 빨리 오도록 기원했다. 모든 이들의 관심이 여선생에게로 향했다. 그 일이 있은 후 나는 긴급 상황이 발생하면 나 자신이 없어진다는 것을 알게 되었다. 이것은 특별한 사건이지만, 일상생활에서도 연기의 도리에 따라 사물[대상]을 관찰해 보면 내가 없어진다는 것을 알 수 있다. 밉다고 생각한 사람에 대한 미움도 사라져 그 사람을 보편적인 생명으로 보게 된다. 그리고 감사의 마음이 자비행으로 발전하게 된다.

앞에서 인간의 존엄성인 지혜와 자비에 대해서 설명했지만, 지혜가 자비로 되는 사이[과정]에 '감사하는 마음'이 반드시 있다. 감사하는 염이 일어나려면 내가 다른 것에 의지해 살고 있다는 사실을 알아차려야 한다. 그것을 아는 것이 중요하다. '사람을 사랑하라'고 윤리도덕을 가르치지만 왜 그렇게 해야 하는지는 가르쳐 주지 않기 때문에 사람들이 의문을 가질 수밖에 없다. 교육 현장에서는 도덕교육을 해야 하는 법안을 만들자고 주장하지만, 위에서 일방적으로 강요하는 것은 실효성이 없다. 그 전에 초·중·고등학교에서 '도대체 왜?' '나·타인·자연·우주는 도대체 무엇인가?'라는 의문을 제기하는 교육을 시행하는 것이 현실적이라고 생각한다.

있는 그대로 있는 것

다음으로 법집을 없애면 진여의 도리가 보인다는 것에 대해 설명해 보겠다. 우리가 사물[대상]이 있다고 생각하면서 그 사물에 집착하면, 그것이 베일에 싸여 있어, 있는 그대로 볼 수가 없게 된다. 그러나 베일에 덮인 것을 제거하면 있는 그대로 있는 것, 즉 진여의 도리를 알게 된다.

전통적인 존재관은 현대 양자역학이 발달하면서 완전히 바뀌었다. 하이젠베르크의 불확정성 원리에 따르면, 전자를 관찰할 때 위치를 알면 운동량을 알 수 없고, 운동량을 알면 위치를 알 수 없다고 한다. 거시세계는 물체의 위치와 운동량은 동시에 관측되어 몇 초 또는 몇 분 후에 그 물체의 위치를 예측할 수 있지만, 미시세계에서는 그것을 알 수 없다고 한다.

지금까지는 '여기에 물체가 있고 그 물체는 최소의 크기를 가진 미립자로 구성되어 있다'고 생각했지만, 미립자는 크기가 없기 때문에 미시세계의 물체와는 전혀 다른 양상을 띠고 있다는 것을 알게 되었다. 물체에서 원자와 분자로, 원자와 분자에서 미립자로, 그리고 미립자로부터 무언가 새로운 것이 발견될 것이다.

이처럼 드디어 과학에서도 있다고 생각한 사물[물체]을 차례로 부정하여 존재의 깊은 곳까지 다가가면, '존재는 오직 마음이 변화한 것이다'라는 주장까지는 아니더라도, 관찰자 자신이 존재에 관여하고 있다는 사실을 알기 시작했다. 깊이 있는 관찰을 한다면 나와 사물[대상]을 포함한 존재 전체가 '있는 그대로 있는 것'이라고 알게 될 것이다.

양자역학을 유식사상과 유사하게 해석하는 것은 문제가 있지만, 나는 유식사상, 특히 요가의 관찰 방법은 자연과학과 통하는 지점이 있다고 확신한다. 또한 과학기술이 점점 발전하는 시대를 맞이하여, 과학자와 요가수행자가 갖고 있는 시각[눈]의 공통점을 연구해 볼 필요가 있다고 생각한다.

아집은 왜 일어나는가

여기서는 아집이 왜 일어나는지를 살펴보고자 한다. 우선 우리는 다음과 같이 2가지 방식으로 '자신[나]'을 판단한다.

(1) 이것은 나[자신]이다.

(2) 이것은 나의 것이다.

보통 우리들이 생각하는 '자신'은 (2)를 판단할 때의 '자신'이다. 이런 판단의 예는 무수히 많다. 내 마음, 내 재산, 내 회사, 내 지위 등이 그것이다. 이것은 신체 내지 지위를 대상으로 '자신'이 일어나는 것이다. 만약 대상으로 삼은 '것'이 없다면 '나'도 없다.

힌두교에서 말하는 4가지 생활주기(학생기, 가주기, 임주기, 유행기)의 마지막인 유행기는 어떤 것도 소유하지 않고 모든 것을 버리고 유행하며 죽음을 맞이하는 것이다. 자신에 대한 집착을 끊기 위해서다. 아무것도 가지지 않으면 거기에 '나'라는 것은 일어나지 않는다. 그러면 자유롭고 장애 없이 살아갈 수 있을 것이다. 나도 만년(晩年)에는 소유물을 없애고, 생활태도를 바꾸어 나에 대한 집착을 점차로 없애고 싶다. 하지만 마지막까지 '나'라는 존재에 대한 집착이 남는다. 그때 '오직 오온뿐이다. 오직 수·상·행·식뿐이다. 있는 것은 오직 이것뿐이다'라는 부처님의 가르침과 유식사상의 교리를 떠올려, 평소 생각하고 있는 '나'라는 것과 언어나 생각에 대응하는 것이 정말로 있는지, 없는지를 마음속으로 조용히 관찰해 보자.

다음은 '이것은 자신[나]이다'는 판단에 대해 살펴보자. 여러분들은 거울을 보고 '이 얼굴은 나다'라고 판단하지만, 그것은 바른 판단이 아니다. 바르게 표현하려면 '이것은 나의 얼굴이다'라는 소유격을 첨가하여 판단해야 한다. 손을 보면서 '이것은 나[자신]다'라고 말하지는 않지만, 거울속의 얼굴을 보면 '이것은 나다'라고 말해 버린다. 이것은 잘못된 것이다.

'이것은 나다'라고 판단할 수 있는 그런 '것'이 정말로 있을까. 요가나 선정을 실천하며 조용히 관찰해 보자. 결코 떠올릴 수 없을 것이다. 하지만 우리는 언제나 '나' 혹은 '나의 것'이라고 언어로 말하고 그것에 집착해 버린다. 왜 그럴까? 이에 대해 유식사상에서는 두 가지 원인을 제시한다.

(1) 무명
(2) 말나식

이 중에 무명으로부터 아집이 생긴다는 것은 이미 기술했다. 유식사상은 심층에서 작동하는 자아집착심인 말나식을 발견하고, 그것이 표층에 있는 '나'에 대한 집착을 일으키는 원인이라고 여겼다. 하지만 우리는 말나식이 있다는 것을 알 수 없다. 표층심이 언제나 자아중심의 마음[에고]으로 흐려지고 있다는 사실, 다시 말해 나의 행위는 자신에게 되돌아온다는 사실로부터 말나식의 존재를 추측할 수 있을 뿐이다. 예를 들어 좋은 일을 했다고 하더라도 좋은 일을 했다는 생각이 나의 마음을 들뜨게 한다. 다시 말해 모든 행위는 자신에게 되돌아온다는 것이다. 이것은 에고[자아]에 흐려진 선으로 '유루선(有漏[28]善, 더러움이 남아 있는 선)'이라고 한다. 이처럼 선이 유루선이고, 모든 행위가 유루업(有漏業)일 수밖에 없는 것은 심층에 말나식이 있다는 증거라고 할 수 있다.

견[보는 것]과 관[관찰하는 것]

우리에게는 살아가는 괴로움·늙어가는 괴로움·죽는 괴로움이 있다. 이런 괴로움을 없애기 위해서는 아집을 없앨 필요가 있다. 이를 위해 어떻게 하면 좋을까. 역시 '교(教)-행(行)-증(證)'으로 나아가는 불도(佛道)의 길을 걸어갈 수밖에 없다. 우선 가르침[교]을 들음으로써 들어가야 한다. 그리고 그것을 이해할 필요가 있는데, 아집을 없애기 위한 가장 중요한 가르침이 '가화합(假和合)'이라고 생각한다. 이를 위해 앞에서 언급한 삼과(三科)의 분류를 배우고, '나'는 오온 내지 18계의 구성요소로 이루어진 '가화합의 나'(假我)라고 우선 지적(知的)으로 이해할 필요가 있다.

그러나 언어에 의한 지적 이해는 한계가 있다. 구체적으로 아집을 없애기 위해서는 언어를 없애 가야 한다. 마음을 무언가의 실천을 통해 키워갈 필요가 있다. 그 실천의 하나가 요가다.

요가는 우선 산란한 마음을 가라앉히고 정심(定心)이 되는 것으로 시작한다. 보통 때의 우리들 마음은 산란하다. 마음이 바깥으로 향하

28 있을 유(有), 샐 루(漏)자로 리트머스 시험지에 물이 스며드는 것처럼, 번뇌가 스며들어 괴로움을 일으킨다고 한다.

고 있다. 눈을 감아 보자. 눈을 감으면 아무것도 보이지 않는다. 그러면 눈에 의한 마음의 산란, 즉 마음이 바깥으로 향하는 일은 없어진다. 하지만 여전히 청각은 작용한다. 청각을 없애기 위해서는 마음 전체를 어느 하나에 집중시키면 된다. 즉 염의 힘으로 마음의 모든 에너지를 하나에 집중해 가면 청각이 제어된다. 그러면 마음이 청각의 대상으로 흘러가는 일이 없어진다.

이처럼 점차로 표층심을 가라앉히고 집중하면 심층심이 보이기 시작한다. 이것은 결코 시각으로 보는 것이 아니라 마음으로 관(觀)하는 것이다. 눈으로 보는 것과 마음으로 관하는 것에는 어떤 차이가 있을까. 견(見)과 관(觀)이라는 언어를 단서로 마음속에서 그 답을 찾아보자.

요가를 수행하는 첫걸음은 바깥으로 흐르는 마음을 멈추고 마음 안에 머물게 하는 것이다. 이를 위해서 어떤 대상에 일체화되게 하는 염의 힘을 길러야 한다. 그 방법 중의 하나가 들숨·날숨과 하나가 되는 수식관이다. 그 숨 속에 '내가'라는 언어와 생각을 녹여버리는 것이 염의 힘이다. 이와 같은 염의 힘을 키우기 위해서는 수식관의 수행이 필요하다.

모든 것은 아뢰야식에서 현현한 것이다

아집을 없애기 위해서는 우선 '가화합', 즉 나는 '임시적인 존재'라고 지적으로 이해하는 것으로부터 시작해야 한다고 말했다. 이번에는 이 '가(假)'를 '사(似, 닮다)'로 바꾸어 설명해 보겠다. 유식사상에서는

'나' 또는 '손[手]'은 존재하지 않고, 오직 '나' 또는 '손'과 닮은(似) 영상만이 존재한다고 주장한다. 우리는 손을 보고 '내 손이다'라고 말하며 자신과 손이 있다고 생각한다. 그러나 유식에서는 이를 두고 나를 닮은 마음, 손과 닮은 마음이 있을 뿐이라고 한다. 이 주장에 따라 마음을 조용히 관찰해 보자. 예를 들어 여기에 분필이 있다. 흰색과 긴 형체를 가진 분필은 외계에 있는 속성일까? 조용히 관찰해 보면, 그것은 외계에 있는 속성이 아니라는 것을 알 수 있다. 왜냐하면 우리는 결코 외계에 나갈 수 없고, 외계에 사물이 있어도 그 자체를 바로 볼 수 없기 때문이다. 이에 따라 '희다', '길다'는 속성은 마음이 만든 것이고, 마음속에 있는 영상이라고 결론 내릴 수밖에 없다. 내가 그 속에 갇혀 있는 것이다. 구체적 현실세계에 있는 모든 존재는 나의 심층심에서 흘러나왔다고 주장하는 유식사상을 우린 부정할 수 없을 것이다. 또한 인간이기 때문에 어떤 것을 '희다', '길다'라고 보겠지만, 인간 이외의 동물은 그것을 다르게 볼 것이다. 인간이 보는 것만이 진짜라는 생각, 인간이 만물의 척도라는 생각은 잘못된 것이라고 우린 직관적으로 알 수 있다.

아뢰야식의 입장에서 설명해 보자. 우리는 인간으로서 아뢰야식을 가지고 있기 때문에 그 아뢰야식으로부터 한 순간에 이 세계가 나타난다. 그러므로 분필이 있는 것이 아니고 분필과 닮은 마음이 나타나고, 다른 한편으로는 그것을 보는 마음이 나타난다. 이처럼 마음이 둘로 나누어지면 거기에 연기의 도리가 작용하고 있어, 나는 전혀 관계하지 않는다. 눈을 뜰 때 '자! 지금부터 세계를 둘로 나누어 보자'라고 하고서 이해하는 것이 아니라, 일어난 순간 세계가 이분화된다. 그때에 나는 없다. 이것을 마음과 닮은 '나'와, 마음과 닮은 '사물'을 언어와 생각으로 마음 바깥에 던지고서 '나는 존재한다, 사물은 있다'고 생각한다. 그리고 그것에 집착하여 괴로워한다. 다시 말해 마음속에 있는 것인 '사아사법(似我似法)'을 '실아실법(實我實法)'이라고 집착하기 때문에 생사 윤회한다.

그런데 『반야심경』에서는 '색도 없고 수·상·행·식도 없다'고 '무(無)'라는 말로 연속적으로 부정하고 있다. 그러나 '무'에 집착해 버리면 아무것도 없는 허무주의에 빠져 버린다. 이 잘못에 빠지지 않기 위해서는 '유(有)에 닮아(似) 있지만, 유(有)가 아니다'라는 의미에서의 무(無)라고 유식학적으로 해석할 필요가 있다.

유식 교리의 뛰어난 점은 그것을 확인할 수 있다는 것이다. 여러분도 마음속에서 '나'라는 언어, '나'라는 생각을 대상으로 삼아 그것이 무엇인지 관찰해 보라. 돈에 집착하는 사람은 만원을 앞에 놓고 그것이 도대체 무엇인지를 관찰해 보라. 부처님은 시체가 많은 곳에서 수행하셨다고 한다. 그곳에서 '죽음이란 무엇인가'를 탐구하고 추구하여 마지막에 '죽음 없는 세계'를 접하셨다고 한다. 우리도 요가를 수행하여 마음 안에 머물러 '죽음은 무엇인가'를 추구해 보자. 그러면 태어남도 죽음도 없는 세계가 있다는 생각이 점점 뚜렷해질 것이다.

—

제9강
정문훈습과 무분별지

언어와 사물

오늘은 '언어'가 무엇인지에 대해 살펴보자. 먼저 '언어[말]로 인식하는 대로 사물은 존재하지 않는다'는 것에 대해 설명하고자 한다. 보통 우리는 언어대로[말한 대로] 사물이 존재한다고 착각하지만, 그렇지 않다. 이미 몇 번이고 설명했지만, 손을 보고 누구의 손인가라고 질문하면, 우리는 당연히 "내 손이다"라고 대답한다. 이때 확실히 손은 보이기 때문에, 손이라는 말[언어]에 대응하는 것을 바로 알 수 있다. 그러나 '나'라는 말에 대응하는 것은 아무리 찾아도 찾을 수 없다. 결국 '나'라는 언어[말]의 울림이 있을 뿐이다. 넓게 말하면 우리는 '나'라는 생명체가 있다고 생각하지만, 그런 것은 존재하지 않는다. 이것을 '인무아(人無我)'라고 한다.

그런데 '나'는 없다고 치더라도 '손'은 있지 않는가라고 반문할지 모르지만, 조용히 관찰해 보면 '손'도 언어의 울림뿐이라는 것을 알 수 있다. 손은 나를 구성하는 구성요소 중의 하나다. 이 구성요소를 합쳐서 '제법(諸法)'이라고 하며, 유식에서는 이를 전부 100가지의 요소로 분석하여 100법이라고 한다고 이미 7강에서 언급했다. 부파불교까지는 '나'는 존재하지 않더라도 나를 구성하는 구성요소, 즉 제법은 존재한다는 입장이었다. 그러나 대승불교에서는 이러한 것은 언어의 울림만이 있을 뿐이고 실제로는 존재하지 않는다는 '법무아(法無我)'를 주장한다. 이것에 대해 『반야심경』에서는 다음과 같이 말한다.

●

그러므로 공에는 색·수·상·행·식[오온]도 없고, 안·이·비·설·신·의[육근]도 없고, 색·성·향·미·촉·법[육경]도 없고, 안계도 없고 내지 의식계[육식]도 없다. 무명도 없고 또한 무명이 다함도 없다. 내지 늙음도 죽음도 없다. 또한 늙음과 죽음이 다함도 없다. 고·집·멸·도도 없다. 지(智)도 없고 또한 얻음도 없다. 얻어지는 것이 없기 때문이다.

是故空中 無色 無受想行識 無眼耳鼻舌身意 無色聲香味觸法 無眼界 乃至 無意識界 無無明 亦無無明盡 乃至 無老死 亦無老死盡 無苦集滅道 無智亦無得 以無所得故

이 경문에서는 '공에는[空中] 색도 없고, 득(得)'까지 나타낸 존재는 모두 부정한다. 이 경문은 존재의 구성요소는 존재한다는 견해를 부정하기 위한 것이며, 말[언어]대로 사물은 존재하지 않는다는 것을 주장하기 위한 것이라고 할 것이다. 색은 넓게는 물질적인 것을 의미하지만, 좁게는 감각기관을 가진 신체[유신근]이기 때문에 '손'이 없다는 것은 경문에서 말한 '색이 없다'는 말에 포함되는 것이다. 아무튼 이 경문은 '언어로써 생각한 대로 사물은 존재하지 않는다'는 사실을 말하기 위해 부정의 문구를 반복하고 있다.

이처럼 아(我)도 법(法)도 없다. 그러나 우리는 아집과 법집의 집착을 일으킨 결과 괴로워하고 있다. 이러한 인과관계를 끊기 위해 『반야심경』에서는 말로 표현된 모든 존재를 부정하고 있다.

보충 설명을 하자면 서양철학에서는 인식론과 존재론을 구별한다. 그리스 철학 이래로 '존재는 무엇인가'를 추구하는 존재론이 주류였다. 근세에 들어와서는 인간의 이성이 부활하여 "이성은 과연 신을 알 수 있을까? 이성은 도대체 어디까지 인식할 수 있을까?" 등을 생각하는 인식론이 중요한 서양철학의 주제가 되었다. 이런 의미에서 인식론과 존재론은 별개였다.

그러나 불교 특히 유식사상에서는 '말[언어]로써 인식하는 대로 사물은 존재하지 않는다'라고 하는 것처럼 인식론과 존재론은 하나이다. 이처럼 근대화 이후 동북아시아에서는 서양의 개념을 그대로 사용하여 사물을 생각할 수밖에 없었다.

불교는 종교로만 정의할 수 없다. 불교는 철학·과학을 갖춘 사상이라고 앞에서 이미 언급했다. 종교(religion)·철학(philosophy)·과학(science)을 별도로 구별한 것은 서양의 용어로, 인도에는 이런 구별 자체가 없다. 인도 사상인 불교는 본래 3가지 특성을 구비하고 있다. 그러므로 우리는 '불교는 종교가 아니다'라고 큰소리 말하면 어떨까! 물론 불교는 종교성을 갖추고 있지만, 종교성만을 갖춘 사상이 아니라는 것을 확실히 인식할 필요가 있다. 불교는 과학성도 가지고 있다.

그러므로 과학기술이 최고조에 달한 21세기에 어울리는 사상이라고 생각한다.

다시 '언어로 생각한 대로 사물은 존재하지 않는다'는 주제로 돌아가자. 우선 언어로 파악하기 이전의 존재에 주목하자. 모두 눈을 감았다가 다시 눈을 떠보자. 사물이 보일 것이다. 생각해 보면 이것은 정말로 불가사의한 일이다. 왜냐하면 지금 여러분이 흑판을 보고 있지만, 흑판도 원자나 분자로부터 생긴 '물(物)'이며, 눈이라는 감각기관도 똑같이 원자나 분자로부터 생긴 '물(物)'이다. 이 두 가지 '물'이 인식되는 순간 시각이라는 '마음'이 일어난다. 도대체 왜 그런가. 이 문제를 해결한다면 아마도 노벨상을 받을 것이다.

왜 해결할 수 없는가? 그것은 우리들 인간이 존재 그 자체를 언어로 잘라내어 '물'과 '마음'으로 변용시켰기 때문이다. '언어로 생각한 대로 사물은 존재하지 않는다.' 그러므로 '물'이나 '마음'이라고 언어로 파악한 것은 본래 존재하지 않는다.

생명이란 무엇인가? 그것은 몸과 마음으로 이루어져 있다. 생명을 관장하는 근원은 DNA라고 생각한다. 그러나 이것들은 모두 생명을 언어와 기호로 파악한 것이다. 물론 DNA 등의 과학적 생명관도 필요하지만, 잊지 말아야 할 것은 한 사람 한 사람 인간이 짊어지고 있는 존재 그 자체로서의 생명이다. 존재 그 자체로서의 생명은 눈을 뜬 순간 내 주위에 빅뱅처럼 전개된다. 유식의 용어로 말하면, 아뢰야식 속의 종자가 씨앗을 내려 현행을 생기시킨다. 이 순간의 존재는 사물도 마음도 아니다. 이 순간에는 단지 존재 그 자체만이 있을 뿐이다. 이것을 인간이 분별하여 사물과 마음으로 나누어 버렸다. 게다가 굳이 말하면 '존재는 사물도 마음도 아니다. 물질도 정신도 아니다'라고 해야 할 것이다. 그러므로 "무엇을 근거로 정신과 물질이라는 두개의 실체가 있는가?"라고 데카르트에게 질문하고 싶다. 이처럼 우리들이 언어로 A 혹은 非A로 나누는 것 자체가 잘못된 인식이라고 주장하기 위해 『반야심경』에서는 부정을 반복해서 말하고 있는 것이다.

그렇다면 존재를 어떻게 보아야 할까? 『반야심경』에서는 '반야의 지혜로써 공이라고 보아야 한다'고 설하고 있다. 이 공(空)은 본래 언어로 표현할 수 없는 것이다. 그러나 굳이 말하자면, 부정적으로 'A는 아니다, 非A도 아니다'라고 하고, 긍정적으로 말하면 'A卽非A'라고 할 수 있다. 보다 엄밀하게 말하면 A라고 하면 非A, 非A라고 하면 非非A, 非非A라고 말하면 非非非A라고 해야 할 것이다. 이것을 불교에서는 '백비(百非)'라고 한다. 이처럼 존재 그 자체는 언어로 표현할 수 없다는 것이 『반야심경』의 정신이다.

연기를 보는 자는 법을 본다

아침에 눈을 뜨면 다시 세계가 출현한다. 이 현상세계를 '유위'라고 한다. 만들어진 것이라는 뜻이다. 그렇다면 누가 무슨 이유로 만든 것인가? 힌두교에서는 '대자재천'이라는 신이 유희(遊戱)로 현상세계를 만들었다고 한다. 또는 브라흐만 신이 혼자 외로워서 다른 사물을 만들었다고 한다.

불교에서는 신을 인정하지 않는다. 부처님은 조용히 선정에 들어 사실을 사실로서, 이른바 과학적인 눈으로 그 존재를 관찰했다. 그래서 발견한 것이 '이것이 있으면 저것이 있고, 이것이 없으면 저것도 없다'는 연기적 도리였다. 그렇다면 왜 유위의 세계가 생기는가? 그것은 인과 연에 의해 생긴다고 설한다. 눈은 왜 볼 수 있는가? 그것을 사물과 마음으로 나누어, 사물[감각기관]과 사물[대상]로부터 어떻게 마음이 생기는지를 묻는다면 이 문제는 해결할 수 없다. 눈을 뜨면 보이는 이유가 뭘까? 불교적인 입장에서 답하면 '연기의 도리에 의해 보이기 때문에 볼 수 있다'고 말할 수밖에 없다. 그러므로 연기의 도리를 우선 믿어야 한다. 그래서 부처님은 '연기를 보는 자는 법을 본다'고 말씀하셨다.

이 연기의 도리에 의해 한 사람 한 사람의 유위세계가 생긴다. 유위에 대해 우리는 언어로써 나누어 파악한다. 지금 조용히 관찰해 보자. 그리고 관찰한 것을 언어로 나타내 보자. '여기에 내가 존재한다. 나에게 손이 있다. 그 손을 움직이고 있는 마음이 있다'고 생각해 보자. 우리는 '나'·'손'·'마음'이 실체로서 이른바 고정적·불변적으로 존재한다고 생각하지만, 이미 몇 번이나 말했듯이 그런 것은 없다. 모든 것은 '제행무상'이고, 에너지의 변화체가 넘치고 있을 뿐이다. 여기에 자신이 자신을 통제할 수 있는 고정적·불변적인 '나' 등은 존재하지 않는다. 이 과정을 반복하다 보면, 눈을 뜨면 사물이 보이지만, 그것은 '내'가 보고 있는 것이 아니라 보이고 있는 것이라는 사실을 확인할 수 있을 것이다. 그것이 중요하다.

아무튼 연기의 도리에 의해 생긴, 유식의 용어로 설명하자면 아뢰야식으로부터 생긴 마음의 변화체로서의 유위의 세계가 있을 뿐이다. 그럼에도 불구하고 우리는 유위에 대해 강고하게 언어를 부여하여 복잡하고 끊임없이 세계를 출현시키고 있다.

유위와 언어

유위와 언어의 관계에 대해 설명해 보자. 우선 언어의 작용에 대해 살펴보자. 언어가 있기 때문에 처음으로 사물이 사물로서 인지된다. 눈을 뜨고 아무 생각 없이 자신이 손에 쥐고 있는 컵을 보자. 언어를 부여하지 않으면 우리는 그것이 무엇인지 인지할 수 없다. 그러나 '컵'·'있다'라는 언어로 생각할 때 처음으로 거기에 '컵이 있다'고 인지할 수 있게 된다.

이와 같이 언어와 대상과의 관계에 대해 마음속에서 일어나는 것을 조용히 관찰하는 것이 요가다. 물론 묵언하며 앉아 있는 좌선도 요가의 한 종류다. 선에서는 아무말도 하지 말고 '무'와 하나가 되라고 가르친다. 이런 방법으로 깨달음에 이룰 수 있다면 좋으련만 뭐가 뭔지 도무지 알 수 없는 경우가 많다. 이런 경우엔 나 자신도 납득할 수 없으며, 그것을 다른 사람에게 설명할 수도 없다. 역시 '언어란 무엇인가? 언어에는 어떤 작용이 있는가? 언어와 유위는 마음과 어떤 관계에 있는가?'를 확실하게 마음속으로 아는 것이 중요하다.

언어란 무엇인가? 언어의 작용은 무엇인가? 언어의 한계는 무엇인가? 이것들에 대해 생각해 보자. 제7강에서 이미 언급했지만, 불교에서는 언어가 '명·구·문(名句文)'의 세 가지 요소로 이루어져 있다고 설명한다.

| 명(名) · 구(句) · 문(文) |

명(名, nāma)	제행(諸行) · 무상(無常)	(명사)
구(句, pada)	제행은 무상하다	(문장)
문(文, vyañjana)	제 · 행 · 무 · 상	(문자)

'명(名)'은 명사인데, 그것이 무엇인지 인지할 수 있는 단어를 말한다. 예를 들어 '제행무상'이라는 말에서 '제행'이나 '무상'이 명이다. 구(句)는 '제행무상이다'라는 문장을 말한다. 문(文)은 '제'·'행'·'무'·'상'의 글자 하나하나를 말한다.

이 중에 명(名)은 언어를 대표하지만, 우선 언어는 대상이 무엇인지를 인지하는 작용이며 동시에 대상을 실체화하는 작용이 있다. 예를 들어 '이것은 분필이다'라고 말하면, 우리는 그것이 분필이라는 것을 알고, 그리고 분필이 있다고 생각한다.

다음은 언어의 한계에 대해 말해보자. 언어와 대상은 결코 일치하지 않는다. 보통 '이것은 분필이다'고 말하면 그것을 '분필'이라고 생각하고 아무 의심도 하지 않지만, '분필'이라고 이름붙이기 이전의 '존재 그 자체'는 '분필'이 아니다. '분필'이라는 것은 어디까지나 언어[명]일 뿐, 대상[義] 그 자체는 아니다. 언어와 대상은 일치하지 않는다. 이를 가리켜 불교에서는 '명의(名義)의 상호객진성(相互客塵性)'이라고 한다. 어떤 집을 방문한 손님[客] 혹은 거울 표면에 붙어 있는 먼지[塵]는 그 집이나 거울에게는 본래적인 것이 아니며 그것과 일치하는 것도 아니다. 이와 같이 명[언어]과 의[대상]는 일치하지 않는다. 즉 같지 않다. 예를 들어 불(火)을 보고 불이라고 말해도 입은 뜨겁지 않다. '불'과 그것을 지시하는 '것'은 전혀 다른 것이기 때문이다.

무엇 때문에 '명'과 '의'는 상호객진성인가. 유식사상을 체계화한 무착 논사는 『현양성교론』에서 다음과 같이 말한다.

(1) 명(名)보다 먼저 앎[覺]은 생기지 않는다.

(2) 하나의 의(義, 대상)에 많은 명이 있다.

(3) 명은 일정하지 않다.

(1)의 '명보다 먼저 앎은 생기지 않는다'는 것은 명[이름]으로써 부르기 전에는 그것이 무엇인지 알 수 없다는 것이다. (2)의 '하나의 의(義)에 많은 명이 있다'라는 것은, 예를 들면 이것[분필]에 대하여 영어로는 초크(chalk), 일본어로는 백묵(白墨はくぼく), 한국어로는 분필이라고 부르는 것처럼, 하나의 대상에 많은 명[언어]이 있다는 것이다. (3)의 '명은 일정하지 않다'는 것은 시대에 따라 부른 방식이 다르다는 것이다. 예를 들면 부처님이 설한 가르침을 이전에는 '불도·불법'이라고 불렀지만, 지금은 '불교'라고 한다.

이처럼 유식학파는 요가를 통해 명[언어]과 의[대상]의 관계를 엄밀하게 사용하고 관찰하여 사실을 사실로서 관찰한 결과, 외계에 사물은 없고 오직 마음이 있다는 사상을 주창했다. 유식사상은 믿음[신앙]으로 얻어지는 것은 아무것도 없다고 한다. 사실을 사실로서 관찰한 체험에 기초하여 '유식'이라는 사상이 형성된 것이다.

유식사상은 말나식·아뢰야식이라는 심층의 마음을 주창한다. 이 두 마음은 깊은 곳에 있는 마음으로 좀처럼 알 수 없다. 하지만 우선 개념적으로 그것이 어떤 것인지 공부해 보자. 그리고 공부한 것을 현실에서 실천하여 확인해 보자. 그러면 반드시 말나식과 아뢰야식이 보일 것이고, 알 수 있을 것이다.

언어가 생기는 구조

다음은 언어가 생기는 구조에 대해 살펴보자. 앞에서 나는 '분필'이라는 언어를 발현했다. '분필'이라는 언어는 발현하기 이전에는 어디에 잠자고 있었던 것일까? 이것을 유식학적으로 말하면 아뢰야식 속에 종자로 잠자고 있었다고 할 수 있다. 이 종자가 조건을 만나 구체적인 언어가 된 것이다. 그 조건은 어떤 것인가. 우선 언어가 생기는 과정을 도표로 그려 보자

| 언어가 생기는 과정 |

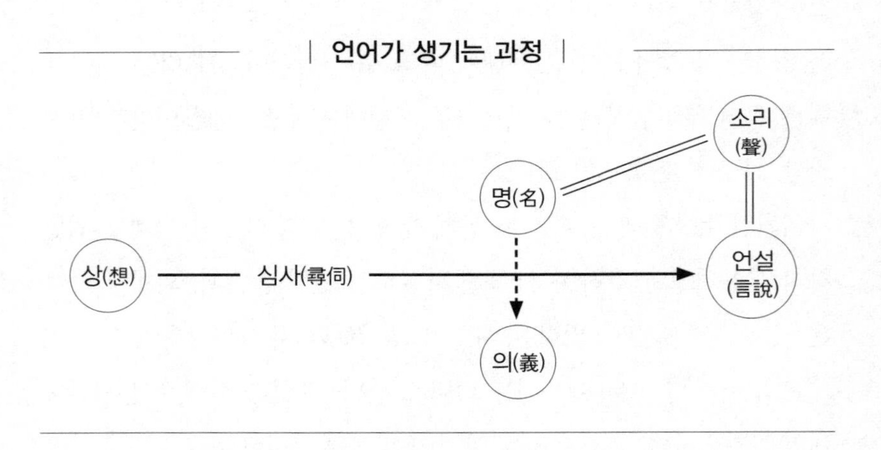

언어[음성이자 의미를 가진 말] 즉 언설(言說)이 생기기 위해서는 도표

에서처럼 적어도 상(想)·심사(尋伺)·명(名)·의(義)·성(聲)이 필요하다. 이것을 순차적으로 설명하면, 우선 눈앞에 무언가 대상[의]이 나타나면 '이것은 무엇일까'라는 추구심[심사]이 생긴다. 그러면 언어가 아뢰야식의 종자로부터 생긴다. 다시 말해 '이것'을 눈앞에 둔다. 그러면 마음속에 '분필'이라는 이름이 떠올라, '그 이름[명]'이 '이것[의]'과 연결되어 '이것은 분필이다'라는 언어가 소리를 발하게 된다. 이 이름과 대상을 연결시키는 힘이 '상(想)'[29]이라는 심소이다. '상'이라는 마음의 작용[심소]은 동물에게는 없고 인간만이 가지고 있다. 이른바 통각작용(統覺作用)이라고 할 수 있는 상(想)과 '무엇일까?'라고 추구하는 심사가 있어 처음으로 논리를 가진 언설(言說)이 생기는 것이다.

정문훈습의 힘

이와 같은 메커니즘으로 언어가 생기지만, 앞에서 언급했다시피 인간이 언어로 인식한 대로 사물이 존재한다고 여기는 데서 커다란 문

29 상(想, saṃjñā)의 한자 의미를 살펴보자. 상(想)이란 나무 목(木), 눈 목(目), 마음 심(心)자로 이루어진 것으로, 대상인 나무(木)를 감각기관인 눈(目)으로 받아들여 마음(心)에 새긴다는 뜻이다. 그런데 대상을 감각기관을 통해 마음으로 새길 때 언어가 개입한다. 그래서 상이란 대상을 언어로써 아는 마음의 작용을 말한다. 보다 구체적으로 말하면 상은 대상을 정리하면서 이해할 뿐만 아니라, 동시에 그 대상에 언어를 부여한다. 즉 상이라는 마음작용[심소]은 대상을 확실하게 언어로 파악하여 인식하는 작용을 말한다. 예를 들어 여기에 스마트폰이 있다고 하자. 우리들은 '스마트폰이네'라고 대상[스마트폰]을 언어로 파악하여 알게된다. 다시 말해 상이란 감각기관을 통해서 수라는 마음작용에 의해 외부로부터 들어온 센스데이터[스마트폰]를 분석하고 개념화[언어]하여 알게 하는 마음의 작용이다.(김명우, 『마음공부 첫걸음』, 민족사, 2011, p.118)

제가 생긴다. 그러므로 언어를 발하기 위한 근원적인 심소인 '상'이 없이, 무상심(無想心)의 마음 혹은 무상정(無想定)이라는 선정 등을 강조하는 것이다. 하지만 언어는 모두 부정해야 할 것이 아니다. 인간은 언어에 의해 미혹되고 있으므로 동시에 그 언어를 사용하여 그 미혹을 시정할 수밖에 없다. 그러면 어떻게 시정할 수 있는지를 살펴보자.

그 전에 '자기변혁을 일으키는 힘'에 대해 다음의 도표로 설명해 보자.

| 자기변혁을 이끄는 힘 · 정문훈습과 무분별지 |

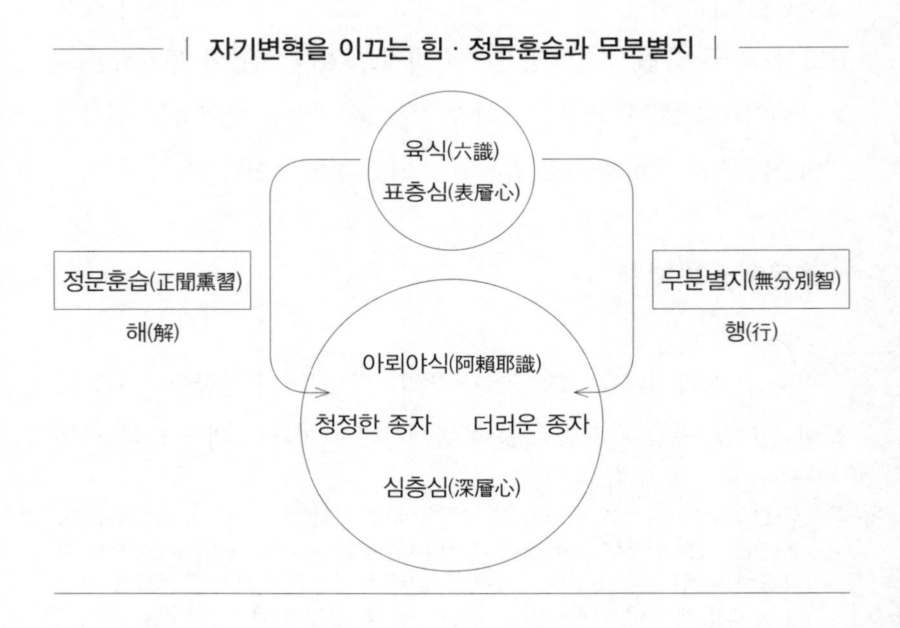

(1) 정문훈습(正聞熏習)
(2) 무분별지(無分別智)

먼저 정문훈습에 대해 설명해 보자. 우선 잠에서 깬 순간 혹은 눈을 뜬 순간, 이름이 없는 '존재 그 자체'가 생긴다는 것을 떠올려 보자.

존재 그 자체를 유식에서는 '의타기법'이라고 하는데, 이것은 연기의 도리에 의해 생긴 것이다. 신(神)도 부처도 중요하지만, 우선 우리가 인식해야 하는 것은 연기의 도리다. '연기의 도리는 심심(甚深)하다'라고 말하면서, 그 언어를 반복해서 마음속에 새겨 보자. 연기의 도리는 뛰어난 힘을 가지고 있다고 항상 되뇌는 것이 중요하다. 이처럼 사실을 사실로서 아는, 그 지혜에 기초한 언어가 부처의 가르침, 즉 불교이다.

또는 화엄사상의 '일즉일체 일체즉일(一卽一切 一切卽一)'을 듣고서 우리는 말[언어]대로 생각하여 '그런 말도 안 되는 소리'라고 생각할 수 있다. 하지만 그 말을 반복해서 마음에 훈습시키고 선정을 닦아 일체와 하나가 되었을 때, 이 말의 의미를 알게 될 것이다.

또한 "관자재보살이 심오한 반야바라밀다[완전한 지혜]를 실천할 때 오온이 모두 공이라는 것을 조견하여, 일체의 괴로움과 재앙을 건넜다"라는 경문을 몇 번이고 반복해서 독송하여, 이 가르침을 심층의 마음에 심어 보자. 반야바라밀다를 수행하여 '일체는 공'이라는 것을 깨치려고 마음으로 되뇌어 보자. 그러면 그 말이 아뢰야식 속에 잠재하는 청정한 종자에 물과 비료를 주어 육성시킬 것이다. 다시 말해 지혜의 종자, 즉 보리(菩提)의 종자가 윤택하게 된다. 그러나 '보리' 등의 불교적 용어만 사용하면 좀처럼 알 수 없게 된다. 나는 '보리' 혹은 '보리심'이라는 말보다 서원하는 마음, 보다 쉽게 말해서 의지력이라고 바꾸어 말한다. 불교의 '무아' 혹은 대비천제(大悲闡提) 보살[30]의 삶의 방식에 기초하여 '나는 어떻게 되든 상관없다'라고 자신에게 계속

30 자비에 의해 서원을 세워, 일부러 깨달음의 세계에 들지 않고 생사윤회에 머무는 보살.

해서 말한다. 그러면 '다른 사람을 위해 헌신하자'는 의지의 불꽃이 일어날 것이다. 이처럼 바른 언어·바른 가르침을 반복해서 듣고, 그것을 아뢰야식 속에 훈습해 가는 것이 '정문훈습(正聞熏習)'이다. 이 정문훈습이 자기변혁을 일으키는 힘이 될 것이다.

앞에서 바른 가르침을 바르게 듣는 것이라고 했는데, 이것은 바른 스승으로부터 가르침을 듣는 것이 중요하다는 의미다. 물론 경전을 읽는 것도 좋지만, 경전에 나오는 언어의 힘은 약하다. 그러므로 살아 있는 인간, 즉 진리를 깨달은 사람이 설하는 말[언어]은 강력한 힘을 가지고 있기 때문에 그들에게 직접 듣는 것이 효과적이다. 그러므로 믿음의 대상으로서의 진리[道]와 진리를 깨달은 사람[得道者] 둘이 필요한 것이다. 좌선을 하는 사람들은 지나칠 정도로 선사를 존경한다. 젊은 시절, 나는 이런 것에 대해 개인숭배가 아닌가 하고 조금 반감을 가졌었지만, 지금은 다르다. 선사라는 임시적인 존재를 통한 법[진리], 예를 들면 과거칠불이 체득한 법을 임시적인 존재인 선사가 우리들에게 나타내신 것이 아닌가 하고 생각하게 되었다. 하지만 잘못된 가르침을 설하는 선사도 있다는 것을 잊으면 안 된다. 특히 잘못된 신흥종교에 빠지면 안 될 것이다. 잘못된 신흥종교에 빠지는 젊은 사람이 많은 이유는 결국 그들에게 정문훈습이 부족하기 때문이다. 정문훈습을 통해 자신의 아뢰야식 속에 잠자고 있는 보편적이고 청정한 의지의 종자에 영양분을 주지 못하고 지나치게 지적인 판단에만 의지했기 때문이다.

위에서 '지적인 판단'이라고 말했지만, 모든 생명이 소중하다는 것은 사실이다. 그러나 이를 부정하는 사람들도 있다. 그들은 우연히 태양에 대한 지구의 자전축 각도가 바뀌어 지구상에 생명이 탄생했다고 보는 것이다. 그러므로 희소가치는 있지만, 생명은 우연히 생긴 것이므로 소중하지 않다고 판단하는 것이다. 대부분의 사람은 생명은 희소가치가 있기 때문에 소중하다고 판단하지만, 그와 같이 생명은 우연히 생긴 존재이므로 그렇게 중요하지 않다고 주장하는 사람도 확실히 존재한다.

학생들과 생명에 대해 토론해 보면, 언제나 앞에서 언급한 두 가지 입장으로 나누어진다. 그때 나는 '논쟁은 그만하자'고 말한다. 왜냐하면 이것은 모두 머릿속에서 생각한 조작 개념 내지 논리적 개념, 즉 지적인 판단이기 때문이다. 문제는 정문훈습이다. '적어도 지구 이외의 태양계에는 생명이 존재하지 않는다'는 사실을 자신 속에 반복해서 받아들인다면, 다시 말해 정문훈습함으로써 심층의 마음속에 심어 가면 불가사의하게도 '생명을 소중하게 여겨야겠다'는 의지가 생긴다. 우리는 '소중하다'는 지적인 판단 이전에 보편적인 의지에 기초하여 '생명을 소중하게 여기자'는 판단을 잊고 있는 것이 아닌가.

이런 의미에서 보편적인 의지의 종자에 영양을 주어 키우기 위해서는 사실을 사실로서 말한 언어를 아뢰야식 속에 훈습해 가는, 다시 말해 정문훈습해 가는 것이 중요하다. 구체적인 방법이 문제가 되겠지만, 최근에 나는 정문훈습을 초·중·고등학교에 하나의 교육방법으로 도입해야 한다고 생각하게 되었다.

무분별지의 힘

자기변혁을 일으키는 또 하나의 힘이 무분별지다. 비유하자면 종이는 앞면과 뒷면이 있다. 정문훈습은 종이의 앞면, 종이의 뒷면은 무분별지다. 정문훈습이 이론이라면 무분별지는 실천이라고 바꾸어 말할 수 있다. 보다 깊게 설명하면 이론을 '해(解)', 실천을 '행(行)'이라고 할 수 있다. 그러므로 해와 행의 양쪽을 닦아야 하는 것이다. 여러분은 지금 유식을 배워 'A는 B이다'라고 지적으로 판단하고 있지만, 이제는 실천을 통해 그것들을 확인해 가지 않으면 편협하게 되어 버린다.

그런데 무분별지는 무엇인가? 보통 우리는 무언가를 할 때 '자신'과 '타자', 그리고 양자 사이에 전개하는 '행위' 혹은 '사물'의 삼자로 분별한다. 예를 들어 보시하는 행위[보시]를 '내가 다른 사람에게 물건을 베푼다'고 생각한다. 물론 베푸는 것은 좋은 일이지만, 이와 같이 삼자로 분별해서 베풀면, 거기에는 '나'·'타자'·'보시하는 행위'가 의식되어, 그것에 강하게 집착하게 된다. 그러면 '나는 다른 사람을 도왔다'는 거만함이 생기게 된다. 이것은 진정한 보시가 아니다.

반면 삼자를 분별하지 않고 보시하는 행위, 이것을 무분별지에 기초한 보시행이라고 하며, 이런 지혜를 '삼륜청정무분별지'라고 한다. 이와 같은 지혜를 작동시켜 모든 일과 하나가 되어 살아가는 시간을 많이 가지는 것이 중요하다. 왜냐하면 이 무분별지는 불[火]이 되어 심층의 아뢰야식에 침잠하고 있는 더러운 종자를 태우기 때문이다.

요가를 실천하면 무분별지가 작동한다. 이것을 '정중공부(靜中工夫)'라고 한다. 그러나 이것보다 더 중요한 것은 일상의 행동 속에서

하는 '동중공부(動中工夫)'다. 다시 말해 길을 걷거나 청소를 하거나 세탁을 하거나 요리를 하거나 말을 때에 삼륜청정무분별지를 작동시키는 것이 중요하다.

이것은 반드시 의지가 있어야 가능하다. 하지만 적어도 이런 시간을 많이 가지면 아뢰야식 속의 더러운 종자, 즉 번뇌를 생기게 하는 종자가 점차로 타서 없어지게 된다. 이처럼 인과필연(因果必然)인 '이것이 있으면 저것이 있고 이것이 없으면 저것도 없다'는 연기의 도리가 확실하게 작동하게 된다. 다시 말해 '이것' 즉 '무분별지의 불'을 피우면, '저것' 즉 '아뢰야식이 청정하게 된다'는 결과가 생긴다. 무분별지와 하나가 되는 시간을 많이 가져 1~2년 지속하면, 틀림없이 자기도 모르는 사이에 심층에서부터 점차 변하게 될 것이다. 그러면 눈을 뜬 순간부터 몸과 마음이 쾌적하게 될 것이다. 이것을 '심신경안(心身輕安)'[31] 이라고 한다. 반면 심층에서부터 스트레스를 받아 지나치게 무거운 상태를 '심신추중(心身麤重)'[32]이라고 한다. 가능하다면 추중에서 경안의 상태로 자신을 변화시켜야 할 것이다. 이 실천행이 무분별지로 살아가는 것이다.

그러므로 무분별지로 보시하는 것은 타자를 구제하는 이타행인 동시에 자신의 아뢰야식이 청정하게 되어 가는, 즉 심신이 경안으로 되어가는 자리행이기도 하다. 이처럼 '자리 즉 이타'가 아뢰야식연기의 도리에 의해 보증되는 것이다.

---

31 몸과 마음이 가볍고(輕) 편안하다(安)는 뜻이다.
32 몸과 마음이 거칠고(麤) 무겁다(重)는 뜻이다.

염력

다음 도표에서는 존재를 '분별된 존재'·'있는 존재'·'존재 그 자체'의 3가지로 나누었지만, 이를 유식의 삼성설로 말하자면 변계소집성·의타기성·원성실성에 해당한다. 분별되고 미혹한 변계소집성의 세계에 있는 존재인 의타기성의 세계를 통과하여 마지막으로 존재 그 자체인 세계, 즉 원성실성의 세계까지 점차로 들어가기 위해서는 역시 염→정→혜로 전개하는 무분별지를 작동시키는 방법 이외에는 없다. 염은 자기변혁을 일으키는 중요한 출발점이자 추진력이다.

며칠 전 대만의 학회에서 어떤 비구니 스님을 만났는데, 나는 그분께 어떤 수행을 하고 계시냐고 질문했다. 그러자 그분은 "저는 염불을 하고 있습니다"라고 대답했다. 보통 우리들이 하고 있는 수식관(數息觀)이나 수식관(隨息觀)이 아니었다. 자세하게 물으니, 그 염불은 '나

| 염과 무분별지 |

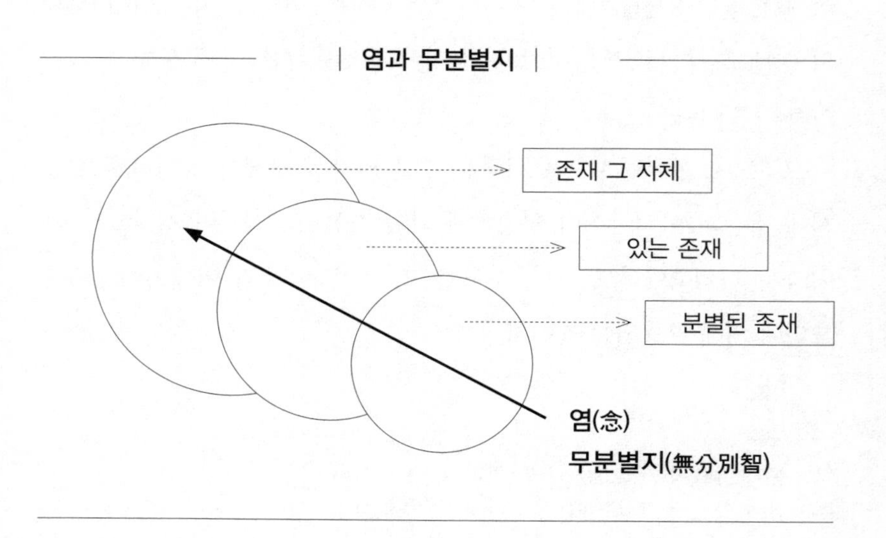

무아미타불'을 염하는 칭명염불이 아니라 관상염불(觀想念佛), 즉 부처의 이미지를 마음속에 떠올려 부처와 계속해서 일체화되어 가는 염불이었다. 부처의 이미지를 계속해서 생각하는 것도 요가의 수행 방법 중의 하나이다. 나는 요즘 좌선을 하면서 숨에 따라 숨과 하나가 되는 수식관(隨息觀)을 철저하게 수행하고 있다. 이 과정을 지도하고 있는 나의 스승은 앉아 있는 수행자들에게 '수식관(隨息觀)으로 갈 때까지 가라'고 외친다. 불가사의하게도 나는 그 말을 들으면 용기가 난다. 이것도 정문훈습이다.

게다가 자주 '지금·여기'라고 계속해서 외친다. 조용히 앉아 있으면, 그 말이 점점 심층에 울려 퍼져 '그래 해보자'라는 의지가 일어난다. '지금·여기'를 알지 못하면 어떤 것도 알 수 없다. 다시 말해 '여기'라는 장소, '지금'이라는 시간에 집중하지 않으면 아무것도 알 수 없다. '지금·여기'를 염하면 잠시 후에 '있는 존재'의 세계, 즉 의타기성의 세계로 되돌아올 수 있다. 그 속에서 다시 염과 무분별지의 힘으로 존재 속을 힘차게 나아간다. 이것이 변계소집성의 세계에 살고 있는 우리 범부가 지향해야 할 삶의 방식이 아닐까.

나는 정문훈습·무분별지·염이라는 말을 소중하게 되새기며 살고 싶다.

—

제10강

유무를 초월한 생각[사고]

『반야심경』에는 대승불교의 핵심이 들어있다고 한다. 그러나 읽어 보면 '무(無)'·'불(不)'·'비(非)'의 부정적인 언어만이 등장하는데, 즉 '색·수·상·행·식도 없고, 12처도 없고, 18계도 없다'고 한다. 다시 말해 부처님께서 설한 존재의 구성요소는 존재하지 않는다고 한다. 게다가 무명에서 시작하여 노사에 이르는 12연기, 고집멸도의 사성제도 없다고 한다. 이것이 도대체 무슨 말이냐는 의문을 품는 사람도 있을 것이다. 그러나 이것은 앞에서도 설명했듯이 '언어로 인식한 대로 사물은 존재하지 않는다'는 것을 강조하기 위한 것이다. 『반야심경』은 '사물(事物)·사상(事象)·존재(存在)는 언어로 인식한 그대로는 없다'고 설한다. 이번에는 '없다', 즉 '무'와 무의 반대 개념인 '유', 그리고 유와 무의 관계에 대해 말하고자 한다.

이분법적 사고의 오류

나는 최근에 사람들에게 '이분법적 사고의 종지부를 찍자'고 호소하고 있다. 여러분들은 어떻게 생각하는가? 과학·철학·종교에서도 이분법적 사고가 아닌 새로운 사고가 필요한 시대가 도래했다. 우리는 '있다·없다', 또는 '유(有)·무(無)'라는 말을 사용하며 살고 있다. 이것이 상식이다. 예를 들어 여기에 먼지가 있어, 그것을 닦으면 없어진다고 생각한다. 먼지가 있고 없고의 문제보다, 유와 무라는 언어를 사용할 때 가장 크게 문제가 되는 것은 우리가 '나는 지금 존재하고 있다. 그러나 죽으면 없어질 것이다'라는 생각에 괴로워하고 있다는 것이다.

부처님도 이런 인간의 보편적인 괴로움을 짊어지고 출가하여 6년간 수행한 결과 무상정등각을 얻어 이 문제를 해결했다. 그 결과 '비상비단(非常非斷)'의 중도를 설하였다. 우리는 '죽으면 단멸하는가? 아니면 사후에도 계속해서 존재하는가?'라고 생각하여 괴로워하지만, 부처님은 "상도 아니고, 단도 아니다. 계속해서 살아가는 것도 아니고, 끊어져 버리는 것도 아니다"라고 설한다. 이런 부처님의 가르침이야말로 이분법적 사고를 초월한 새로운 사고에 기초한 것이다. 여기서 상과 단은 유와 무로 바꾸어 말할 수 있다. 그래서 사후는 있는 것도 아니고 없는 것도 아니라는 의미로 '비유비무'이다. 또한 부처님은 "유상(有想)과 무상(無想)을 떠난 곳에 열반이 있다"고 강조하셨다. 있다는 생각(有想)과 없다는 생각(無想)에서 벗어나라는 것이다. 이처럼 부처님은 실로 이분법적 사고의 종언(終焉)을 고하였다.

그러나 이분법적 사고를 벗어나려고 해도 좀처럼 벗어날 수가 없다. 나이를 먹으면 먹을수록 '앞으로 몇 년이나 더 살 수 있을까?'라는 생각과 더불어, '죽으면 어떻게 될까?' 하고 생각하는 시간이 점점 많아진다. 남들 앞에서는 유상과 무상을 벗어나야 한다고 말하고 있는 나도 막상 내 문제가 되면 괴로운 마음이 드는 것이다. 이런 문제와 부딪히는 것은 나이와 상관없는 것이지만, 그래도 나이를 먹어감에 따라 점차 유와 무라는 두 가지 개념을 생각하는 데에 집중할 수밖에 없는 것 같다.

이 유와 무라는 언어를 생각할 경우, 책을 읽거나 남의 말을 듣는 것도 필요하지만 가장 중요한 것은 요가의 세계·선정의 세계, 즉 정심(定心)의 세계에서 유와 무의 언어를 되뇌며, 이 언어에 대응하는 것이 도대체 무엇인가를 관찰해 가는 것이다. 앞에서 요가나 선정이라는 말을 사용했지만 또 하나는 '유식관'이라는 관법(觀法)이 있다. 유식관이란 '오직 식(識)뿐이다, 즉 마음만이 존재한다'고 관하는 법[관법]으로, 앞에서 말한 정심(定心)안에서 조용한 마음과 하나가 되어 도대체 무엇인가 하고 관찰하는 방법이다. 지금 여기가 정심 속은 아니지만, 우선 언어를 사용하여 개념적으로 유와 무에 대해 함께 공부해 보자.

유무 대립의 이분법적 사고 중의 하나는 앞에 말한 상식(常識)이고, 다른 하나는 유럽인의 사고다. 물론 유럽에서도 유무를 초월한 사고에 기초한 신비주의적 사상도 있지만, 기본적으로는 유무 대립의 사고를 기본으로 하고 있다. 예를 들어 그리스 철학자 파르메니데스는 "있는 것은 있고 없는 것은 없다고 보아야 하지 않을까"라는 유명한 말을 남겼다. 그리고 그는 인간이 걸어가야 할 두 가지 길[인간의 삶의 방식], 즉 어두운 길인 야도(夜道)와 밝은 길인 주도(昼道)로 나누어 비유적으로 기술하고 있다.

먼저 야도에 대해 설명해 보자. 우리는 지금 이렇게 눈을 뜨면 밝은 세계에 살고 있다. 오늘 이곳에 오는 도중 신칸센[일본고속철도]에서 하얗게 덮인 후지산을 보았다. 역시 후지천[富士川] 주변에서 보는 후지산이 가장 아름다웠다. 후지산을 보면 우리는 '아름답구나! 대단해!' 라고 생각한다. 물론 이런 것도 필요하지만, 정말로 후지산은 존재하는 것일까? 조용히 유식의 입장에서 생각해 보면, 후지산은 외계에 존재하는 것일지 모르지만, 실제로 우리가 보고 있는 후지산은 사실 우리 자신의 마음속 영상일 뿐이다. 그렇다면 3,778m의 후지산이 자신의 마음속에 들어와 있다는 것이 되기 때문에, 자신의 마음은 3,778m보다도 크다는 것이 된다. 넓은 의미로 말하면 마음의 크기는 도대체 어느 정도인가 하는 문제가 생긴다.

그러나 조금 깊이 생각해 보면 이러한 물음은 전혀 의미가 없는 유희라는 것을 알 수 있다. 왜냐하면 '크다'는 것은 3차원의 공간에서 말하는 것으로, 마음에는 색깔도 형체도 없는 것이기 때문에 마음의 크기가 어느 정도인지에 대한 물음 자체가 성립하지 않는다. 본래 존재에는 색깔도 형체도 크기도 없다. 그럼에도 우리는 있다거나 색깔, 형체, 크기, 게다가 사물과 마음을 나눔으로써 '생생한 존재'를 완전히 다른 존재로 가공하여 변용시켜 버린다. 이 '생생한 존재'는 예를 들면 눈을 뜬 순간, 아직 나와 타인을 분별하기 이전의 세계다. 유식의 용어로 표현하면 의타기의 세계·연기의 세계다. 인과 연에 의해 생긴 존재, 이것이 생생한 존재다. 이것은 매일 아침 일어나는 순간 경험하는 존재다. 이것은 눈을 뜬 순간에만 체험할 수 있는 것이 아니다. 지금 이렇게 산란한 마음, 즉 산심(散心)이 점차로 정심(定心)에로 가면 '생생한 존재'로 되돌아올 수가 있다. 이것이 요가 실천의 첫걸음이다.

그러나 우리는 산심(散心)으로 후지산을 보고 후지산은 있다고 생각한다. 후지산은 과연 있는 것일까? 정오[대낮]의 밝은 세계 속에서 보고 있는 후지산은 정말로 있는 것일까? 후지산뿐만 아니다. 몇 번이고 이야기 했지만, 우리는 자신의 손을 보고 '나의 손이다'라고 말하며, '나'라는 것이 존재한다고 착각한다. 그러나 그 '나'라는 것은 언어의 울림일 뿐 그 언어에 대응하는 것은 결코 존재하지 않는다.

이처럼 우리는 밝은 정오[낮]의 세계에 살면서, '나'도 있고, '타인'도 있으며 갖가지 '사물'도 있다고 생각한다. 하지만 그것은 '없는 것을 있다고 보고, 있는 것을 없다고 보는 잘못'의 야도를 걷고 있는 것이다. 이것은 의타기성에서 일탈하여 변계소집성의 세계에 살고 있는 것이라고 말할 수 있다. 이처럼 파르메니데스는 인간의 잘못된 삶의 방식을 '야도'의 비유로 지적하고 있다. 그리고 그는 "'있는 것은 있는 것이며 없는 것은 없다'고 보는 주도로 걸어가자. 이를 위해 필로소피아(愛知, 지혜의 사랑)를 실천하여 마음을 순화시켜야 한다"고 호소하고 있다. 이런 파르메니데스의 생각도 '인간은 어떻게 살아야 하는가'에 대한 하나의 커다란 지침이 될 것이다. 하지만 그도 여전히 유와 무라는 이분법적 사고에 머물러 있다. 반면 불교는 그렇지 않다. 불교는 유와 무를 초월한 심오한 존재관에 기초한다. 이에 대해서는 나중에 다시 자세하게 기술하겠다.

기독교는 세상이 무로부터 창조됐다는 입장이다. 신이 무로부터 인간과 생물, 자연을 창조했다는 사고방식이다. 독일의 철학자 하이데거도 "인간 존재는 무에 받쳐진[걸쳐진] 존재다"라고 하였다. '걸쳐진 것'이란 어려운 표현이지만, 이는 무(無) 속에 반쯤 매달린 상태라는 의미로 해석할 수 있다. 정말로 우리는 살아가면서 반은 허무 속에 발을 넣고 있는 존재들이다. 이것은 여러 현상이나 경험을 통해 알 수 있다. 우리는 언제 어디서 생을 마감할 지 모른다. 우리가 죽으면 허무[無]하게 될지도 모른다. 또한 하이데거는 "인간 존재의 근거인 무는 불안에 의해 개시(開示)된다"고 하였다. 이 말도 우리는 경험적으로 알 수 있다. 이처럼 그의 철학을 이해할 수 있다.

유무의 초월

지금까지 기술한 유무의 상대적 사고는 불교의 입장에서 보면 미혹이다. 불교적 사고는 '유무를 초월한 사고'다. 다시 말해 비유비무적 사고 또는 중도적 사고라고 할 수 있다. 유무 상대의 이분법적 사고는 존재 전체의 부분만을 보는 것이다. 종이는 겉과 안이 있어 존재하는 것처럼 사물도 역시 겉과 안이 있어 존재할 수 있다. 우리 인간은 그 중에 표면만을 볼뿐이다. 종이의 겉[표면], 즉 세속제의 세계에만 머물러 있다거나 없다고 분별해 버린다.

그러나 종이의 안면, 즉 승의제의 세계가 있다. 부처님도 젊었을 때에는 종이의 안면을 몰라 고민했다. '인간은 왜 늙고 죽는가?' 부처님은 이 문제를 해결하기 위해 29세에 출가하여 격렬한 수행의 세계에 뛰어들었다. 그리하여 깨달은 것이 승의제의 세계다. 이 깨달은 지혜가 '무상정각', 즉 『반야심경』에 나오는 '아뇩다라삼먁삼보리'라는 지혜다.

우리들 마음의 모습은 크게 '식(識)'과 '지(智)'로 나눌 수 있다. 그리고 유식사상의 목적은 '전식득지(轉識得智)', 즉 식을 전하여 지를 얻는 것이다. 이 둘의 마음 중에서 식은 세속제의 세계로 있다거나 없다는 것이 통용되는 세계다. 우리는 보통 이 식의 세계에서 있다거나 없다고 생각하여 괴로워하며 살아간다. 그러나 앞에서 언급한 것처럼 부처님은 6년간 수행한 결과 보리수 아래에서 밝은 별과 함께 무상정각을 획득하여 '내가 할 수 있는 것을 전부 다했다'는 확신을 얻고서 성도(成道)를 선언했다.

이 무상정각을 유식의 용어로 설명하면 '무분별지'라고 할 수 있다. 분별이 없는 지혜라는 의미다. 부처님은 해 뜰 무렵 밝은 별과 함께 문득 깨달았는데, 이 근원적인 지혜를 '근본무분별지'라고 한다. 이 근본무분별지에 의해 언어로 말할 수 없는 승의제를 깨달은 것이다. '승의(勝義)'란 자세하게 말하면 '수승(殊勝)의 경계(境界)'라고 하는데, 경계란 대상을 의미한다. 즉 근본무분별지에 의해 관찰된 최고로 뛰어난 대상 또는 이(理)를 승의라고 한다. 여기서 이(理)는 불교를 배우는 사람은 잊어서는 안 되는 개념이다. 앞의 말을 이(理)라는 말로써 표현하면, 부처님은 해 뜰 무렵 밝은 별과 함께 승의제, 즉 최고로 뛰어난 이(理)를 깨달았다고 말할 수 있다.

넓게 말해서 이(理)에 즉(卽)해서 생각하고 살아가는 것이 요청되는데, 이것을 '여리작의(如理作意)' 혹은 '여리행(如理行)'이라고 한다. 또는 연기의 이(理)와 진여의 이(理)라는 두 개의 이(理)를 파악하는 것이 불도를 배우는 목적이라고 해도 지나친 말이 아니다.

그리고 제(諦), 즉 진리에는 세속제와 승의제 둘이 있다. 『대지도론』에는 "부처는 이제(세속제와 승의제)로써 법을 설한다"는 유명한 말이 있다. 독자들도 오늘부터 이 말을 잊지 말았으면 한다. 진리란 도대체 무엇이냐고 물을 때, 유럽인의 사고방식으로는 단지 하나의 진리만이 있다고 생각한다. 그러나 불교에서는 '언어로 말할 수 있는 진리[세속제]'와 '언어로 말할 수 없는 진리[승의제]'라는 두 개의 진리를 염두에 두고서 가르침을 펼쳐야 한다고 주장한다. 언어로 말할 수 없는 진리를 깨달은 사람이 언어로 말함으로써 진리는 생생하게 살아 있는 것이다. 이것이 중요하다. 불교를 열심히 공부하여 뛰어난 학자가 된 분에게 우리는 '저 분은 불교학자로서 훌륭하다'고 말하지만, 그 분이 말하는 언어가 과연 살아 있을까? 언어로 이해해 가는 불도의 영역을 '해(解)'라고 하고, 반면 몸과 마음으로 실천해 가는 것을 '행(行)'이라고 하는데, 가능한 '해행겸학(解行兼學)'의 정신으로 불도를 배워야 할 것이다.

그런데 세속제와 승의제의 제(諦)는 진리라는 의미로 범어 '사트야(satya)'의 번역이다. 사트야(satya)는 동사 √아스(as)의 현재분사형인 '사트(sat)'에서 온 명사로 본래 뜻은 '존재하고 있는 것'이다. 그러므로 진리란 존재하고 있는 것이라는 뜻이다. 즉 우리는 '존재하고 있는 것'을 여실하게 보아야 하는 것이다. 자신의 에고에 의해 만들어진 모든 것은 진리가 아니다. 에고를 없애고 순수하고 깨끗한 눈으로 본 존재, 그것이 바로 '존재하고 있는 것'이고 진리라고 말할 수 있을 것이다.

그래서 불교에서는 고집멸도(苦集滅道)의 사성제(四聖諦)를 설하는데, '괴롭다'는 의미의 고제(苦諦)가 첫 번째 진리다. 그러나 우리는 눈이 흐려져 괴로운 것을 괴롭다고 생각하지 않는다. 대학생에게 "인생이 즐거워?"라고 물으면 대부분의 학생이 "즐겁다"고 대답한다. 그러나 그들은 인생은 괴롭다는 진리를 알지 못한 것이다. 너무나 물질에 빠져서 무엇 하나 부족함 없이 생활하면 눈이 현혹되어 이런 생활이 행복하다고 착각한다. 사실 살아가는 그 자체가 괴로움이다. 왜냐하면 아무것도 알지 못하는 그 자체가 괴로움이기 때문이다.

다음은 집제(集諦)이다. 집제란 '갈애(渴愛)라는 인간의 욕망이 괴로움의 원인'이라는 진리다. 최근 젊은 사람[대학생]들에게 "언제 행복하다고 생각하는가?"라고 질문하면 대부분의 대학생이 "어떤 것[일]을 하고 있을 때가 행복하다고 생각한다"고 대답한다. 이것이 어떤 내용인지 칠판에 적어서 정리해 보면 '나' 또는 '자신'이 주어로 나온다. 모두 자신이 하고 싶은 것이나 원하는 것을 하고 있을 때 행복하다고 느끼는 것이다. 그러나 자신의 욕망이 충족되고 만족하는 것이 과연 진정한 행복인가? 나는 그렇지 않다고 생각한다. 솔직하고 여실하게 보면 자신의 욕망이 괴로움을 생기게 한다는 것을 알아차릴 수 있을 것이다. 이처럼 욕망이 괴로움의 원인이 되는 세속에서의 인과관계가 집제와 고제라는 두 진리의 인과관계로 훌륭하게 정리되는 것이다.

또다시 말하지만, 불교에서 '제(諦, satya)'란 '현재 존재하고 있는 것'이며, 그것은 '사실을 사실로서 보는 것'에 의해 관찰된 진리다. 이것은 초월적인 신이 진리의 근원이라는 입장에서 신에 대한 신앙을 설하는 기독교와 결정적으로 다른 점이다. 물론 기독교에서도 잘못된 에고[자아]를 없앨 수가 있다. 기독교 신자는 잘못된 에고[자아]·집착된 에고를 없애기 위한 강력한 신앙 형태를 가지고 있다.

이렇게 불교 진리관의 특징은 존재하고 있는 그것이 진리라는 것이다. 그런데 존재하고 있는 것이란 도대체 무엇인가? 그것은 바로 생명을 부여받은 '자신'이다. 앞에서 언급한 '있다'라는 동사 √아스(as)

에서 파생한 두 개의 명사가 있다. 하나는 '진리'라는 의미의 '사트야(satya)'이고, 또 하나는 '생물'이라는 의미의 '사트바(sattva)'이다. 사트바는 동사 √as의 현재분사형인 사트(sat)에 추상명사를 만드는 접미사인 트바(tva)를 붙인 것으로 중생(衆生) 또는 유정(有情)이라고 번역하기도 한다. 현재 존재하고 있는 생물의 일부가 인간이고, 그 인간으로서의 구체적인 존재가 '자신'이다. 이처럼 범어 원어의 입장에서 보면 '진리란 현재 존재하고 있는 것' 혹은 '자신 속에 있는 것'이라고 할 수 있다. 우리들 구체적 존재자(sattva, 유정, 중생)가 진리나 진실에 부합하여 살아가는 것에, 우리들 인간이 살아가는 가치·목적·의의(意義)가 있는 것은 아닌가? 이것과 관련하여 인도의 독립운동가 마하트마 간디의 말을 소개하고자 한다.

> "만약 우리 모두, 즉 남녀노소가 완전히 진리에 되돌아가 일할 때도 먹을 때도 마실 때도 놀 때도 눈을 뜨고 있다면 언제라도 삶의 활동은 진실의 실현으로 향하고 있어야 한다. 그리고 마침내 육체가 녹아 진실과 하나가 된다면 얼마나 아름다울까!"

그는 우리에게 '진실(satya)의 파악'을 호소하고 있다. 삶의 모든 활동을 진실로 향해야 한다는 이 말은 도겐 선사의 '위의즉불법(威儀卽佛法)', 즉 불교가 설하는 진리·진실은 행주좌와(行住坐臥)라는 위의(威儀) 속에 나타난다는 생각이다. 다시 말해 걸을 때나 머물고 있을 때나 앉아 있을 때나 자고 있을 때나 언제나 진리·진실을 추구하는 공부삼매(工夫三昧) 속에서 진리가 실현한다는 사고방식과 통하는 것이다.

또는 '드디어 육체에서 벗어나 진실과 하나가 된다면 얼마나 아름다울까'라는 입장에서 인간이 추구하는 진선미(眞善美)라는 3대 가치와 관련해서 설명하면, '진'에 부합하여 살 때[선] 거기에 '미'가 실현한다고 말할 수 있지 않을까.

부처님이 4개의 성문을 나와 본 체험이 출가의 동기가 되었다고 하는 유명한 '사문출유'의 가르침이 있다. 이 이야기에서 부처님은 차례대로 노인·병자·죽은 사람을 만난다. 그리고 마지막에는 수행자를 만나 출가를 결심한다. 이 사문이 진리·진실에 부합하여 살고 있기 때문에, 부처님께는 그 모습이 신비롭고 아름답게 보였을 것이다.

인간의 의지처

인간은 무엇을 의지처로 삼고, 어디에 머물며 살아야 하는지에 관하여 이야기를 진행하고자 한다. 유식학파의 소의경전이자 '유식'이라는 말이 최초로 등장하는 『해심밀경』의 「분별유가품」에는 어떻게 요가를 해야 할까라는 질문에 다음과 같이 대답하는 장면이 나온다.

"보살은 법가안립(法假安立)과 불사아뇩다라삼먁삼보리원(不捨阿耨多羅三藐三菩提願)에 의지하고 머물러 대승 중에서 사마타비파사나(奢摩他毘鉢舍那)를 수행해야 한다."

여기서 사마타는 '지(止)', 비파사나는 '관(觀)'이기 때문에 사마타비파사나는 '지관'을 의미하며, 이것이 요가의 구체적 내용이다. 이 경문에서 보살은 다음의 두 가지를 의지처로 살아야 한다고 말하고 있다.

첫째, 법가안립(法假安立)
둘째, 불사아뇩다라삼먁삼보리원(不捨阿耨多羅三藐三菩提願)

'법가안립(法假安立)'이란 임시적[假]으로 안립[安立]된 것[法], 즉 설해진 교법을 말한다. 다시 말해 부처님이 설하신 가르침에 의지하여 살아가라고 하는 것이다.

'불사아뇩다라삼먁삼보리원'이란 아뇩다라삼먁삼보리, 즉 무상정등각을 얻고자 하는 서원[願]을 버리지 말고[不捨] 살아야 한다는 것이다. 이것은 보살의 '상구보리 하화중생'의 2대 서원중에 상구보리에 해당한다. 전자는 지성적인 측면에서의 의지처이고, 후자는 의지적(意志的) 측면에서의 의지처라고 할 수 있다. 이것은 우리의 배움이 서원(誓願)에 뒷받침된 배움이어야 한다는 것을 앞의 경문은 우리에게 가르쳐 주고 있다고 할 것이다.

서원에 뒷받침된 학문 내지 지식의 획득과 관련하여 요즘 교육에 대한 이야기를 하고자 한다. 요즘 교육은 개성을 살리고 자주적이고 창의적인 배움을 강조하고 있다. 이것은 아마도 독재정권 시절 획일화된 교육에 대한 반동으로 나타난 현상이라고 생각한다. 물론 개성을 살리는 교육이 중요하다. 그렇지만 지나치게 "개성, 개성" 하는 것에 문제가 있다. 개성을 살리기 위해서는 먼저 인간의 보편적인 '공성(共性, 공통의 본성)'을 키울 필요가 있다. 공성이라는 확실한 토대가 있어야 처음으로 그곳에서 개성이라는 훌륭한 싹을 피울 수 있다. 모든 인간에게 있는 보편적인 공성을 무시하고 개성을 강조한 결과(소위 인재라 칭송받던 이들이) '옴 진리교[지하철에서 테러를 일으킨 종교단체]'에 입신하여 살인까지 하게 된 것은 아닌가? 그들은 이공분야에서는 개성 있는 우수한 인재였지만, 인간이 가진 따듯한 공성이 없었다. 메마른 땅에는 비실비실한 식물이 자라지만 비옥한 땅에는 굵고 쭉 뻗은 식물이 나온다.

그런데 왜 인간은 공성, 즉 공통의 본성을 가지고 있는가? 그것은 호모 사피엔스인 한 모두 같은 생명이기 때문이다. 36억 년 전 지구상에 생긴 한 생명으로부터 모든 생물이 갈라져 나왔기 때문이다. 그러므로 인간뿐만 아니라 식물도 동물도 모두 본래는 같은 생명이었다. 이런 마음으로 식물을 보는 시간을 가져 보면 어떨까? 마침 작년에 친구에게 받은 난초가 예쁜 꽃을 피우기 시작했다. 난초를 응시하고 있으면, 나는 생명이 그곳에 있다는 생각이 든다.

유식적인 사고에 의한 유무의 초월

다시 유무로 화제를 돌려 보자. 불교는 유무를 초월한 사고를 한다고 설명했지만, 여기서는 특히 유식적 사고에 대해 언급하고자 한다. 유식사상에서는 요가에 의한 마음의 관찰에 기초하여 유와 무를 보다 깊이 있게 관찰하고 있지만, 그 전에 유식에 이르기까지의 유무관(有無觀)을 개관하고자 한다.

우선 초기불교에서는 '무아(無我)'와 '무아소(無我所)'를 설한다. 예를 들면 『담마파다(법구경)』에 나오는 구절을 보자.

"제법은 무아라고 지혜로써 관하면, 그는 괴로움을 싫어한다. 이것이 청정에 들어가는 길[道]이다. 모든 명색[오온]에 아소[나의 것]라는 생각이 없고, 그것들이 소멸하여도 마음이 우울하지 않는 자, 그를 비구라고 한다."

나는 없다[無]·나의 것은 없다는 의미의 무(無)이다. 또한 부파불교에서도 '무아(無我)'와 '무아소(無我所)'를 설하는데, 아비달마의 논서인 『구사론』에서는 "오직 제행만이 있고, 아(我)와 아소(我所)는 없다"고 설한다. 여기서 '오직[唯]'이라는 말이 중요하다. 다시 말해 제행은 무상이고, 단지 무상인 제행만이 존재한다는 것이다. 즉 현상세계, 에너지가 방대한 변화체만이 존재한다는 것이다. 그럼에도 불구하고 우리는 '나' 혹은 '나의 것'이라고 하여 사물화(私物化)해 버린다. 어째서 이와 같이 사물화하는 권리가 우리에게 있는가? 조용히 지혜로써 관찰해 보면 오직 제행, 오직 에너지의 변화체만이 존재한다는 것이다.

용수를 창시자로 하는 중관파에 오면 조금 논리적으로 정비가 된다. 용수의 저작인 『중론』에서는 "많은 인연생법을 나는 무[=空]이다. 또는 이것을 가명(假名)이라고 한다. 또는 이것은 중도의 의미다"라고 설한다. 즉 인과 연에 의해 생긴 것은 '공(空)'이고, '가(假)'이고, '중(中)'이라고 논리화한다. 그리고 또 하나는 '일체법개무자성(一切法皆無自性, 일체법은 모두 무자성이다)'이라는 말이 등장한다. 자성이란 '고정적·실체적인 것'이라는 의미다. 보통 우리는 무언가 고정적·실체적인 것이 있다고 생각한다. 나는 있고, 타인도 있고, 사물이나 육체, 원자나 분자가 있다고 생각한다. 그리고 그들은 언어로 말한 대로 있다, 즉 자성이 있다고 생각한다. 조용히 생각해 보면 그것들 모두는 인연소생의 법으로 자성이 없는, 즉 무자성이라는 것이 '일체법개무자성(一切法皆無自性)'의 의미다.

지금까지는 '반야의 공'을 기초로 삼아 중관파의 유와 무에 대해 고찰했다. 그런데 이와 같은 흐름을 바탕으로 유식사상에서는 보다 심도 있게 유와 무를 고찰하여 '삼성(三性)'과 '삼무성(三無性)'을 제창한다.

제11강

집착을 떠나기 위한 '무'

유식과 보살

계속해서 '무'에 대해 말하고자 한다. 왜냐하면 『반야심경』에서 설하는 '무'나 '공'이라는 부정적인 말의 진의를 이해하는 것이 중요하기 때문이다. 그렇지만 '무'에 대한 설명에 들어가기 전에 나의 마음속에 떠오르는 두 개의 단어를 소개하고자 한다.

첫째, 유식
둘째, 보살

21세기에 들어와 세계적으로 환경문제, 종교대립, 민족분쟁 등이 끊이지 않고, 국내적으로는 살인사건, 각종 부정부패 등이 만연하고 있다. 불교의 관점에서 이런 상황에 대한 해결책을 제시할 필요가 있다고 생각한다. 구체적 해결책은 아니지만, 나는 최소한 핵심 키워드로 '유식'과 '보살'의 두 단어를 의지처로 하여 해결책을 찾아 보자고 제안하고 싶다. 나는 '유식'과 '보살'이라는 두 가지의 가르침을 근거로 삼아 반복해서 사색하고 실천하면, '인간이란 도대체 어떤 존재인가? 인간은 어떻게 살아야 하는가?'라는 두 가지의 커다란 문제를 해결할 수 있다고 확신하게 되었다.

유식의 교리는 학문의 대상일 뿐만 아니라 실천과도 연결된다고 앞에서 몇 번이나 강조했다. '유식 3년, 구사 8년'이라는 말이 있다. 즉 유식을 3년 배우고 나서 『구사론』을 기초로 한 구사학을 8년 배워야 한다는 의미로 이해된다. 하지만 사실은 그 반대로 구사를 8년 배우고 나서, 유식을 3년 동안 매일 배워야 한다는 것이다. 이처럼 구사학이나 유식학은 난해하고 번쇄한 불교 교리이다.

물론 유식사상은 인도에서 미륵·무착·세친 등의 논사들에 의해 발전하였으며, 삼장법사 현장에 의해 중국에 전해졌고, 한국과 일본에 전해지는 과정에서 교리가 복잡하고 난해해졌다. 하지만 어떤 교리라도 배우는 사람 자신의 의지에 기초하여 해석해 가면, 그것은 다른 형태로 나타난다. 그 하나가 '좋아! 유식의 교리를 일상생활 속에서 실천해 보자'는 의지이고, 이런 생각으로 유식을 배운다면 '유식 3년, 구사 8년'이라는 난해한 유식의 교리가 새로운 교리, 즉 실천적 교리로 내 속에 나타나는 사실을 나는 경험을 통해 알게 되었다.

특히 유식은 '실천적인 교리'라고 강조하고 싶다. '실천적 교리'라는 표현 속에 '교리'에 '실천'이 소유격의 형태로 연결되었지만, 그중에 '교리'가 '유식'이고 '실천'이 '보살'행이라고 생각한다. 이런 의미에서 유식과 보살의 두 단어가 키워드라고 앞에서 말했다. '유식'을 교리로 배우고, 배워서 얻은 지혜에 기초하여 '보살'로서 살아가는 사람이 늘어나면 앞에서 열거한 우리 시대의 문제들은 언젠가는 해결될 것이라고 나는 확신한다.

집착이란 무엇인가

집착이 무엇인지 간단하게 정리해 보자. 이 말도 앞에서 몇 번이고 설명했지만, 집착함으로써 인간을 괴롭히는 4가지 말, 즉 '자신[나]'·'사물'·'유'·'무'가 있다.

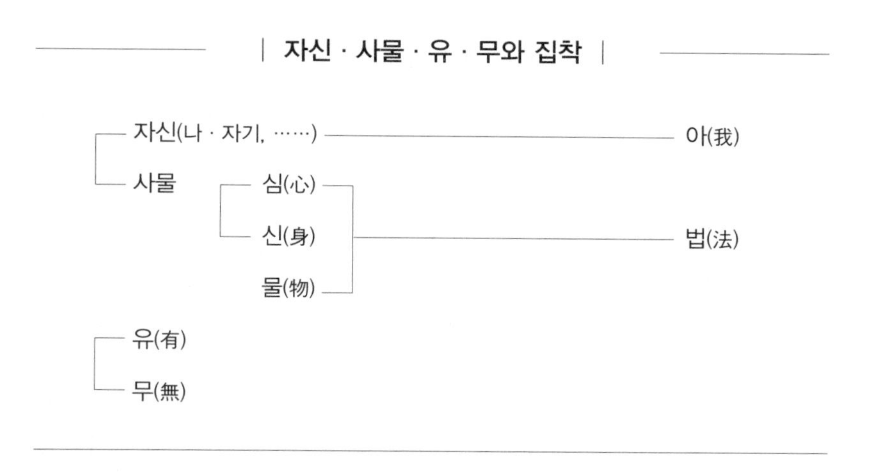

먼저 나와 사물이 집착의 대상이 될 때 우리는 괴롭다. 여기서 사물은 마음·신체·물질이라는 3가지를 의미한다. 우리는 이처럼 표현된 '사물'에 구애되고 있다. 그래서 『반야심경』에서는 '그러므로 공에서는 색도 없고 수·상·행·식도 없다'라고 설한다. 나를 구성하는 5개의 요소, 즉 오온 중의 첫 번째인 색은 신체, 수·상·행·식은 심[마음]

에 해당한다. 본래 우리는 '자신'과 그것을 구성하는 마음과 신체에 여러 가지로 구애된다. 내가 자신을 없앤다고 하는 것은 거꾸로 말하면 자신에게 강하게 구애되고 있다는 의미이다. 나는 최근 가능한 거울을 보지 않는다. 거울을 보더라도 가능한 얼굴은 보지 않으려고 한다. 내 얼굴을 보고 있으면 과거 자신의 얼굴과 비교해 저승꽃이 많아졌다는 생각에 우울해지기 때문이다. 나뿐만 아니라 나이를 먹은 분들은 모두들 그렇게 생각할 것이다. 이렇게 우리는 신체를 아름답거나 추하다는 미추(美醜)로 판단한다.

유식은 존재를 '상(相)'과 '성(性)'으로 나눈다. 우리가 존재하는 것은 무엇인가라고 추구하는 경우, 예를 들어 내가 자신의 얼굴을 보고서 아름답다거나 추하다고 판단하는 그 얼굴은 '상'에 속한다. 그런데 이 '상을 부정하고 성에 이른다(遣相證性)'는 것이 유식의 목적이고, 그 실천이 요가다. 요가를 하면 마음속에 다양한 관념, 생각, 언어가 일어난다. 그러나 그것은 모두 생겼다가 소멸하고, 소멸했다가 또다시 생기는 이른바 거품과 같은 것으로 본래 존재하는 것이 아니다. 그것들을 부정함으로써 도대체 '무엇'이 나타나는지를 확인하는 것이 중요하다. 현실에 되돌아와도 마찬가지다. 아름답다거나 추하다고 생각하는 얼굴을 제거해 버리면 무엇이 남을까?

나의 어머니와 관련된 이야기를 해보겠다. 벌써 15년 전의 일이다. 어머니가 암에 걸려 점차 쇠약해져 혼자 목욕도 하실 수 없게 되어, 내가 어머니의 등을 씻어 드리게 되었다. 그때 어머니는 "이런 모습이 되어서…"라며 탄식하셨다. 그때 나는 유식을 공부한 탓인지, "어머니! 어머니가 보고 있는 모습은 임시적인[가짜] 모습이고 진짜 모습은 아닙니다."라고 큰 소리로 말한 적이 있다.

정말로 얼굴 저쪽에는 무엇이 있을까? 미추(美醜)로 판단하는 '사물'의 저쪽에 있는 것은 도대체 무엇인가? 이처럼 언제나 무언가를 추구하는 의지, 즉 심사(尋伺)의 마음을 가지고 있으면 우리는 집착의 대상을 초월하여 자유롭게 살 수 있지 않을까! 요즈음 젊은이들 사이에 문제가 되는 질병 중에 과식증(過食症)과 거식증(拒食症)이 있다. 이 병은 비만을 고치기 위해 다이어트를 시작하면서 나타나는 증상이다. 이것은 연(緣), 유식학적으로 말하면 아뢰야식 속에 근본 원인인 '인(因)'이 종자로서 잠재하고 있던 것이 연[조건]을 만나 싹을 피우는 것이다. 그렇다면 그 인은 무엇인가? 부모로부터 폭력을 당했거나 부모의 관계가 좋지 않은 가정에서 자란 아이 중에 살을 빼고 싶다는 생각이 연[조건]이 되어 과식증이나 거식증이 일어난다고 한다. 이처럼 부모와의 관계가 원만하지 못한 것이 그와 같은 병의 원인(因)이라는 사실이 알려지고 있다. 자식과 부모 사이의 관계가 얼마나 중요한지 알 수 있다.

하여튼 과식증이나 거식증에 걸린 사람은 살을 빼고 싶다고 생각한다. 여기에 눈이라는 시각의 미혹이 일어난다. 인간에게 시각은 매우 소중한 감각인 동시에 인간을 미혹하는 원인이 되기도 한다는 사실을 유식을 공부하면서 알게 되었다. 눈으로 자신이 살쪘다는 것을 보고서, 더욱더 살을 빼고 싶다고 집착하기 때문이다.

유식사상에서는 표층심인 육식(六識)에 심층심인 말나식과 아뢰야식을 더하여 전부 8가지 식(識)을 세우지만, 육식은 크게 전오식(前五識)과 의식(意識)으로 나뉜다. 그중에 전오식을 현대어로 말하면 '다섯 가지 감각'이라고 할 수 있다. 최초의 안식은 시각이며, 의식은 언어를 사용하여 사고하는 마음이다. 이 전오식과 의식이 복잡한 협동적 움직임에 의해 우리들 표층심의 세계가 만들어지는 것이다. 가령 여러분은 이 강의를 들으면서 어떤 식(識)을 작동시키고 있는가? 안식인가, 이식인가, 의식인가? 내가 말하고 있는 것을 논리적으로 생각하려는 사람은 이식과 의식을 주로 작동시킨다. 반대로 "논리는 필요 없어!"라며 듣는 것만 철저히 하려는 사람은 안식과 이식만이 작동할 것이다. 이처럼 자신의 마음속에 또 다른 하나의 마음으로 관찰하는 것도 중요하다. 이것이 인간의 훌륭한 점이다. 유식사상은 이러한 마음속 관찰을 통해 성립한 사상이라고 말할 수 있다.

일상에서 반복해서 사색하다

눈은 인간을 미혹하게 하는 원인이라고 앞에서 설명했다. 그러나 한편 본다는 시각에는 또 다른 중요한 작용이 있다. 나는 '양자론에서 발견한 사실을 어떻게 유식학적으로 해석할 수 있을까?'라는 문제를 고민하고 있다. 좀 더 양자론을 공부하고, 반복해서 사색할 필요가 있다고 생각한다. 물론 내가 직접 실험은 할 수 없기 때문에 여러 책을 읽고서 양자론의 지식을 습득하여 내 나름대로 사색하는 수밖에 없다고 생각한다. 무엇보다도 자신이 생각해 보는 것이 중요하다. 불교는 문사수(聞思修)의 3가지 혜(慧, 지혜)를 말한다. 먼저 들은 것에 의해 얻은 지혜가 문혜(聞慧)이다. 그리고 들은 것을 스스로 사유함으로써 몸에 익힌 지혜가 사혜(思慧)이다. 예를 들어 '제행무상', 즉 모든 현상은 무상이라고 듣고서 '정말 그런가? 왜 그런가?'라고 생각하는 것이다. 이때 앞에서 말한 전오식과 의식을 작동시켜야 한다. 제행무상을 듣고서 그것을 감각의 데이터로 확인하고 그것을 정리하여 자신 나름대로 논리적으로 정리할 것을 요구하는 것이다. 여기에 인간의 훌륭한 점이 있다고 생각한다.

여러분들은 지금 나에게 유식 강의를 듣고 있는데, 들은 것을 결코 잊어버려서는 안 된다. '문훈습'이 작동하여 심층심의 어딘가에 남아 있기 때문에, 예를 들면 제행무상의 가르침을 '이제부터 현실생활에서 내 나름대로 생각해 보자'라고 결심하고서 일상생활에서 반복해서 사색해야 한다. 그리하여 '아! 그렇구나!'라고 납득하는 것이다. 불교는 이런 삶의 방식을 요구하는 것이다.

이런 의미에서 불교는 과학성과 철학성을 갖춘 사상이라고 할 수 있다. 과학의 추구는 감각데이터의 수집에서 시작해, 이것을 바탕으로 반복해서 사색한다. 유식도 우선 전오식의 데이터를 확실하게 확인하여, 그것에 논리적 사고를 더해 간다는 점에서 과학과 상통한다.

다시 양자론의 이야기로 되돌아가 보자. 소립자 중의 하나인 전자는 파도와 같은 상태로 존재한다고 한다. 그러나 구체적으로 관찰할 때 그 파도가 압축되어 입자와 같은 상태가 된다고 한다. 이처럼 인간이 눈으로 볼 때 '물질'의 존재 상태가 변한다는 것을 발견하였다. 보통 거시세계에서는 이와 같은 일은 일어나지 않지만, '물질'을 점차로 세분하여 극한에 이르면 그것을 보고 있는 '자신'과 보이는 '물질'이 하나의 세트가 된다는 사실을 발견한 것이다. 지금 여러분이 분필이 떨어지는 현상을 본다고 하자. 지금은 분필이라는 실체가 있고, 자신과는 전혀 관계없는 분필이 떨어진다고 생각할 것이다. 그러나 분필을 전자 상태까지 분해하면 그런 생각은 허락되지 않을 것이다. 이처럼 양자론에서 알 수 있는 것은 현상을 점차로 자세하게 분석하여 존재의 깊은 곳으로 들어가면 우리가 일상의 분별로써 파악할 수 있는 세계와는 다른 세계가 전개된다는 사실이다. 유식은 요가를 하면서 존재를 관찰하고 분석하여 마지막에는 상식으로 생각할 수 없는 '오직 식뿐이고, 외계의 대상은 존재하지 않는다(유식무경)'는 생각에 이른다. 이로써 보건대 양자[유식과 양자론] 사이에는 공통점이 있는 것이 아닌가! 과학도 유식도 똑같은 토대에서 관찰하고 있다는 생각이 강하게 든다.

지량수용의 사상

신체의 일부분인 얼굴을 보는 것에 의해 생기는 집착에서 시작해 상당한 비약을 거쳐 양자론까지 이야기가 전개되었지만, 다시 '집착'의 이야기로 되돌아가자. 집착의 대상으로 대표적인 것이 돈이다. 최근 보살도의 삶의 방식을 자세하게 기술한 논서인 『유가사지론』에서 돈에 대한 흥미로운 내용을 발견했다. 그것은 "보살은 광대한 재위(財位)와 대사업(大事業)을 바란다"는 것이다. 보살은 많은 재산을 모우고, 커다란 사업을 일으켜도 좋다는 것이다. 다시 말해 돈을 많이 벌라는 것이다. 그러나 계속해서 "보살은 대재위(大財位)와 대사업(大事業)에 집착하지 말고 지량(知量)해서 사용하라[受用]"고 한다. 다시 말해 돈은 벌어도 괜찮지만 지량(知量)해서 그것을 자신을 위해 사용하고, 지량(知量)해서 타인을 위해 사용하라는 것이다. 보통 사람이 자신이 모은 재산을 타인을 위해 사용하기란 어렵다. 하지만 보살은 가능하다는 것이다. 이 세상의 부와 재화는 불변이다. 왜냐하면 내가 벌면 누군가는 재화를 잃기 때문이다. 돈의 세계에도 역시 연기의 도리가 작동하고 있다. 이것이 자본주의의 가장 큰 문제다. 자본주의는 자신이 노력하면 노력한 만큼의 부를 얻을 수 있다는 보증이 있기 때문에 발전했다. 그런데 여기에 커다란 함정이 있다. 우리는 보살의 '지량수용(知量受用)'의 정신을 배울 필요가 있다. 즉 수용을 '자수용(自受用)'과 '타수용(他受用)'으로 나누어, 자신이 번 돈의 10%는 자신을 위해 사용하고, 나머지 90%는 타인을 위해 사용한다는 방침을 정하고 사업을 하는 것이 보살의 정신이다. 물론 보통 인간은 실천하기 힘들지만, '좋아! 보살로서 살자'라고 발심하고서 보살의 길을 걷기 시작하면 가능할지도 모른다. 모든 사업가가 이런 정신으로 살아간다면 세상은 크게 변할 것이다. 예를 들어 연못 속에 10개의 빗방울이 떨어지면 10개의 파문(波紋)이 일어난다. 이 파문들이 넓게 퍼져갈 때 다른 파문의 형태를 변화시키거나 대립하지 않고, 서로 중첩되면서 둥글고 아름다운 파도 모양을 계속해서 그려 나간다. 우리들의 삶도 이렇다면 어떨까! 이처럼 보살의 서원이나 삶의 방식은 우리에게 커다란 용기를 주는 것이다.

우리들의 또 다른 집착 대상으로 '지위'가 있다. 며칠 전, 동료 교수 두 사람의 정년퇴직 파티에 참가했다. 그중에 한 사람의 파티는 유명한 호텔에서 성대하게 펼쳐졌다. 화려한 축하 행사였지만, 퇴직하는 친구의 얼굴 표정은 어쩐지 쓸쓸해 보였다. 이것은 인간이라면 누구에게

나 일어나는 일이다. 그렇지만 지위를 초월한 저쪽에 있는 것은 도대체 '무엇'일까를 평소에 생각하여 추구해 가는 것이 중요하다. 지위에 집착하기 때문에 괴로움이 일어난다는 것을 잊어서는 안 될 것이다.

과학자의 태만

주제와 조금 벗어난 이야기를 해보자. 생명을 유전자로 환원하는 현대의 풍조에 대해 언급하고자 한다. 결론부터 말하자면, 현대는 생명을 지나치게 유전자라는 관점에서만 보고 있다고 생각한다. 며칠 전 어떤 방송을 보았는데, 이탈리아에서 클론 인간을 만들려는 의사들의 모임을 소개했다. 나는 굉장한 두려움이 엄습했다. 가까운 미래에 틀림없이 클론 인간이 등장할 것이다. 이런 현실을 우리는 어떻게 생각해야 할까. 또한 우리는 무엇을 할 수 있을까.

개인적인 생각이지만, 나는 20세기 인류 최대의 부정적인 유산은 원자폭탄이라고 생각한다. 과학적 지식이 기술에 악용되었기 때문이다. 핵분열이 방대한 에너지를 발한다는 과학적 지식이 전쟁에서 사람을 죽이기 위해 병기 제작에 이용된 것이다. 복제생명체를 만드는 지식도 마찬가지일 것이다. 그 지식을 획득한 인간은 위험한 것에 이용할 것이다. 게다가 위험하다는 것을 알면서도, 몇몇 기술자가 위험한 것을 실행에 옮길 것이다. 현재 소나 양과 같은 동물 복제가 점차로 가능해지고 있다. 하지만 여전히 그들이 어떤 병에 걸릴지, 어떻게 죽을지에 대해서는 전혀 알려진 것이 없다.

아직 구체적으로 알려진 것이 없음에도 불구하고 이런 기술을 인간에게 적용해 보겠다는 의사들의 숨은 의도는 무엇일까? 그들은 표면적으로는 불임자들에게 자식을 안겨주겠다는 명분을 내세우고 있지만, 과연 그 이유만으로 복제인간을 만드는 프로젝트를 추진하는 것일까? 이런 상황은 원자폭탄을 만들 때와 동일하다. 원자폭탄은 핵분열의 에너지가 대단하다는 것을 안 몇 명의 정치가와 군인들이 과학자나 기술자와 협력하여 만들어졌다. 물론 전쟁을 빨리 끝내겠다는 이유가 있었다. 각자 가치관이 달라서 단정할 수 없지만, 아무튼 사람을 살해하기 위해 병기를 만들었다. 이 점에 대해 우리는 조용히 생각해 볼 필요가 있다. 나뿐만 아니라 우선은 과학자가 생각해야 할 것이다. 자식을 낳으면, 그 부모가 자식을 돌보는 것이 중요하듯이 과학자들은 자신이 발견해서 세상에 내놓은 것에 대한 책임을 져야 할 필요가 있다. 그래서 나는 지식을 내팽개치고 있는 과학자에게 커다란 태만[책임방기]이 있다고 생각한다.

물심일여의 도리

먼저 '이기적 유전자'에 대해 간단하게 언급하고자 한다. 새끼를 키우고 있는 어미는 다른 동물이 자기 새끼를 해치려고 하면 자신의 몸을 던져서라도 자식을 지키려고 한다. 이런 행동은 어미의 몸속에 있는 유전자가 자식에게 이어지는 자신의 유전자를 남기기 위한 가장 좋은 방법이기 때문이라고 한다. 이것이 '이기적 유전자'의 의미다. 이 생각이 바른지 그른지 알 수는 없지만, 이런 하나의 해석으로 모든 것이 설명될 수 있을까? 생명을 지나치게 유전자라는 '물질'로 보는 것에 문제가 있는 것은 아닌가? 인간이나 동물에게는 보다 부드럽고 따뜻한 생명의 맥동(脈動)이 있다. 동물에게는 새끼를 지키려는 어미의 사랑이 없다고 누가 판단할 수 있겠는가? 유전자가 모든 행동을 일으키고, 자신의 생명은 유전자에 의해 좌우되며, 생명의 근거[근원]를 분자나 원자로 이루어진 유전자라는 '물질'에만 구하여 그것에 구애되고, 거기에만 지나치게 집착하고 있는 것에 커다란 문제가 있다고 나는 생각한다.

앞에서 '생명의 근거'라는 말을 했는데, 도대체 생명이란 무엇인가? 생명의 근거 또는 근원은 무엇인가라는 물음에 대해, 현대의 과학적 추구는 생명의 근원을 유전자나 DNA에서 구하게 되었다. 그런데 보다 깊은 곳에 있는 원인은 무엇인가? 불교[부처님]는 근원이 무엇인지 끝까지 추구하여 '연기의 도리'를 발견했다. 왜 인간은 태어나 늙고 병들고 죽는가? 불교는 그 인과의 연결고리를 더듬어 올라가 마지막에 '무명'이라는 마음의 무지가 근본 원인임을 알아차려 12연기로 정리하였다. 생명의 근원을 유전자나 DNA에서 구하는 인과성을 '물질의 인과성'이라고 한다면, 부처님의 12연기는 '마음의 인과성'이라고 할 수 있을 것이다. 나는 이에 대해 '물질도 마음도 아닌 인과성', 인간 존재에 한정해서 말하면 '심신일여의 인과성'이라는 관점에서 생명의 근원을 찾는 것이 중요하다고 주장하고 싶다. 우리는 유전자의 DNA 배열 때문에 일정한 나이에 이르면 암에 걸리게 되고 성격도 변하게 된다고 너무나 쉽게 말하고 있다. 그렇지 않고 인간 존재의 또 다른 관점인 몸도 마음도 아닌 '심신일여'인 것으로 파악하고, 이 관점에서 물리(物理)도 아니고 심리(心理)도 아닌 '물심일여(物心一如)의 도리[理]'를 탐구할 필요가 있다고 생각한다. '물심일여의 도리'도 언어의 장난일지 모르지만, 우리에게는 무언가 새로운 언어를 사용하여 저쪽에 있고 여전히 발견되지 않은 '새로운 도리'를 모색해 가는 것이 중요하다.

물심일여의 도리를 유식의 용어로 말하면 '아뢰야식연기의 도리'라고 생각한다. 이 도리는 표층심인 여섯 가지 식[六識]과 심층심인 아뢰야식이 상호 인과성을 유지하므로 생명이 지속한다는 사고방식이다. 앞에서 표층심·심층심이라는 심[마음]을 사용했지만, 우리들 표층의 상태는 물질[신체]도 마음도 아니다. 그것은 심신(心身)을 다한 작용이고 심신일여의 존재이다. 심신을 다한 훌륭한 가르침을 들으면, 뛰어난 힘이 심층의 아뢰야식에 심어진다.[정문훈습] 심신을 다해서 무언가에 집중할 때[무분별지를 가지고 행동할 때] 심층의 아뢰야식은 점차로 청정해진다. 여기에는 물심일여의 도리가 작동하고 있는 것이다.

특히 물심일여의 도리에 따라 살아갈 때 점차로 자신을 심층에서부터 정화해 가는 것이 중요하다. 『유마경』에는 "중생이 깨끗하면 국토도 깨끗하다"라는 가르침이 나온다. 다시 말해 한 사람 한 사람이 심층에서부터 청정해지면 자연도 사회도 청정해진다는 것이다.

몇 주 전에 나의 친구가 제작자로 참여하여 만든, 세계의 에너지 개혁에 관한 TV 프로그램을 보았는데, 거기에서 몇 십 년 후에는 수소가 중요한 에너지가 된다고 하였다. 또 앞으로 가솔린 자동차도 아니고, 환경에 유해한 물질도 배출하지 않는, 수소를 에너지로 사용하는 자동차 시대가 될 것이라고 했다. 자연 에너지를 얻기 위해 유럽에서는 풍력 발전 건설이 진행되고 있다고 한다. 이것을 보면 인간이 어리석지만은 않고 현명한 면도 있다는 것을 알 수 있다. 정말로 '중생이 깨끗하면 국토도 깨끗하다'는 말이 맞는 것 같다. 이것을 유식의 용어로는 '아뢰야식이 청정하면 기세간도 청정하다'고 바꾸어 말할 수 있다. 가족을 위해, 사회를 위해, 자신의 아뢰야식 속에 있는 청정한 종자에 비료를 주고자 하면, 다시 말해 한 사람 한 사람이 결심하면 세계는 크게 변할 것이다. 그래서 나는 아뢰야식연기를 믿고, 이것에 기초하여 여러분이 일상생활을 영위하기를 바란다.

무(無)의 두 가지 의미

다음으로 유(有)와 무(無)에 대해 말하고자 한다. 『반야심경』에는 "그러므로 공에는 색·수·상·행·식[오온]도 없고, 안·이·비·설·신·의[육근]도 없고, 색·성·향·미·촉·법[육경]도 없고, 안계도 없고 내지 의식계[육식]도 없다. 무명도 없고 또한 무명이 다함도 없다. 내지 늙음도 죽음도 없다. 또한 늙음과 죽음이 다함도 없다. 고·집·멸·도도 없다. 지(智)도 없고 또한 얻음도 없다"라고 하여 '무(無)'라는 말이 반복해서 등장한다. 나는 『반야심경』에서 이처럼 '무'를 강조하는 것은 두 가지 이유가 있다고 생각한다.

첫째는 앞에서 언급한 집착에서 벗어나기 위해 '무'를 설했다고 생각한다. '색·수·상·행·식도 없고 내지 얻음도 없기' 때문에 이러한 것에 대한 집착을 벗어나라는 것이다. 부파불교에서는 진리는 언어로 표현 가능하다고 했지만, 대승불교에서는 부처님의 깨달음의 세계로 되돌아가자는 정신 아래 지금까지 언어로 설해진 모든 것을 부정하였다. 언어로 설해진 것에 집착해서는 안 된다는 것을 강조하기 위해 반복해서 '무'를 설한 것이다.

둘째는 예를 들어 '무명도 없고 또한 무명이 다함도 없다'라는 경문을 나는 '무명이 있는 것도 아니고 무명이 없는 것도 아니다'라고 해석하고 싶다. 마찬가지로 '늙음과 죽음이 있는 것도 아니고 늙음과 죽음이 없는 것도 아니다'라고 바꾸어 말하고 싶다.

우리는 '유'와 '무'에 구애되어 살기 때문에 그곳에 어리석음·미혹·괴로움이 생긴다. 여러분도 요가를 실천하고 정심에 들어가 조용히 '유'와 '무'라고 말해 보길, 그리고 그 언어의 울림은 도대체 무엇인지, 무엇을 가리키고 있는지를 조용히 관찰해 보길 바란다.

앞에서 언급한 친구의 정년퇴직 파티에서 꽤 유명한 분자생물학자인 친구를 만나 "있다·없다는 말을 마음속으로 되새기면, 뜨거운 프라이팬에 떨어지는 물방울처럼 날아가 버리지 않는가"라고 물었더니, 그는 무슨 말인지 모르겠다는 표정을 지었다. 그때 나는 '과학자란 이런 사람이구나!'라고 생각하게 되었다.

아무튼 『반야심경』에서 설하는 '무'는 유무를 초월한 '무'이다. 무에는 '허무의 무'와 '실무(實無)의 무'가 있지만, 『반야심경』의 무는 '실무의 무'라고 말할 수 있을 것이다. 동양사상의 무와 서양의 무를 비교할 때, 내용이 있는 무를 '실무의 무'로, 완전히 허무적인 제로(0)의 무를 '허무의 무'로 나누지만, 『반야심경』의 무는 '실무의 무'이고, '공으로서의 무'라고 말할 수 있을 것이다.

정리해 보면, 『반야심경』에 나오는 '무'는 '집착을 떠나기 위한 방편으로서의 무'와 '유무를 초월한 비유비무의 존재관으로서의 무'라는 두 가지로 해석할 수 있다. 하여튼 '자신'·'사물'·'유'·'무'라는 4가지 말에 생각[사고]을 응시하여, 이것들이 의미하는 것이 도대체 무엇인지를 관찰하고, 그것에 대한 집착을 떠나 자유롭게 살아가는 것이 중요하다.

증익과 손감을 떠난 중도

이번 강의를 정리해 보자. '이것은 내 손이다'라는 판단에 대해 부파불교에서는 '나는 없지만 손은 있다'(我空法有)고 생각했다. 반대로 대승불교의 중관학파에서는 '자신도 손도 없다'(我空法空)고 주장한다. 혹은 '일체법개무자성'이라고 주장한다. 모든 존재는 자성이 없다는 뜻이다. 이런 주장을 잘못 이해하면 허무주의에 빠질 위험성이 있으며, 실제로 그렇게 생각한 사람도 있었다. 그래서 이런 잘못된 주장을 시정하기 위해 흥기한 것이 유식사상이다.

유식사상은 '이것은 내 손이다'는 판단에 대해 '자신도 손도 있으면서 또한 없다'고 한다. 중요한 것은 '있으면서 없다'는 표현이다. 이 중에 '있다'는 측면을 강조하여 '삼성설'이 등장하였으며, '없다'는 측면을 강조하여 '삼무성설'을 제창하였다. 삼성설은 변계소집성·의타기성·원성실성이지만, 이것에 대해서는 이미 앞에서 설명했기 때문에 생략하겠다. 다만 변계소집성은 도무(전혀 존재하지 않는다), 의타기성은 가유(假有), 원성실성은 실유(實有)라는 사실만을 언급하겠다.

그러나 인간은 어떻게든 언어에 구애된다. 예를 들어 가유·실유라고 하면 무언가가 있다고 생각해 버린다. 그래서 삼무성설을 설한다. "범부는 의타기와 원성실에서 증익하여 허망하게 아법(我法)의 자성이 있다고 집착한다. 이 집착을 제거하기 위해 불세존은 유[가유인 의타기와 실유인 원성실]와 무[도무인 변계소집]에서 총체적으로 무성을 설한다."(『성유식론술기』)고 하였다. '증익'이란 없는 것을 있다고 생각하는 것이다. 반대로 '손익'은 있는 것을 없다고 잘못 보는 것이다. 증익과 손감의 둘을 떠나 사물을 보는 것이 중도이다. 이 입장에서 삼성과 삼무성의 둘을 설한 것이다.

—

제12강

삼성과 삼무성

후지산은 존재하지 않는다

오늘 신칸센(新幹線)을 타고 오면서 후지산을 보았다. 때마침 봄 안개가 희미하게 걸쳐 있고, 눈이 녹기 시작하여 얼룩말의 피부처럼 줄무늬가 있는 후지산이었다. 후지산은 역시 아름다웠다.

그런데 유식사상의 입장에서 보면 후지산은 존재하지 않는 것이다. '무슨 바보 같은 소리야!'라고 생각하시는 분도 있겠지만, 자신이 보고 있는 후지산은 마음속에 있는 영상으로서의 후지산에 불과하다. 또 아름다운 후지산이라는 것도 그 영상에 자기 마음대로 생각을 부여한 것이라고 유식사상은 주장한다.

지금 내가 눈을 감으면 앞에서 본 후지산의 모습을 떠올릴 수가 있다. 확실히 재현된 후지산의 영상은 마음속에 있다. 그런데 우리는 우리가 재현하지 않아도 후지산이 자신을 떠나 바깥에 있다고 생각한다. 그러나 이런 후지산은 존재하지 않는다. 유식사상은 그것은 '변계소집성'으로서의 후지산일뿐이고 생각과 언어로써 만든 것에 불과하다고 주장한다. 후지산은 엄연하게 존재한다고 보는 소박한 실재론자의 입장을 잠시 떠나 유식사상의 주장에 귀를 기울여 보자. 확실히 후지산은 아름답다. 그것이 '무엇인가?'를 조용히 생각하는 것이 '어떻게' 살 것인가의 문제와 연결된다.

문훈습의 중요성

이번에는 '공에는 색도 없고, 수·상·행·식[오온]도 없다'는 경문을 살펴보자. 앞에서 몇 번 언급했지만, '색·수·상·행·식'은 나를 구성하는 5개의 구성요소이다. 색은 신체이며, 수·상·행·식은 마음이다. 그러므로 '공에는 색도 없다'는 것은 신체[몸]가 없다는 것이다. 여기서는 '신체'라는 존재에 주목하여, 이 신체와 삼성·삼무성과의 관계를 중심으로 살펴보자.

우선 '그러므로 공에는 색도 없다'고 하여 색의 존재를 부정하지만, 그러나 그 전에 '색즉시공 공즉시색'이라고 한다. 이처럼 공에는 색이 없다고 하면서, 색이 곧 공이며 공이 곧 색이라고 하는 것처럼 색과 공은 같다고 말한다. 앞에서도 설명한 것처럼, 여기서 알 수 있는 것은 『반야심경』에 나오는 '무'가 허무의 무, 즉 결코 존재하지 않는다는 의미의 무가 아니라는 점이다. 우리는 '없다'고 하면 그 말에 구애되어 '없구나'라고 생각해 버린다. 이것은 극단적인 생각[사고방식]이다. 또한 '있구나'라는 것도 하나의 극단적인 사고방식이다. 우리는 어쨌든 있다거나 없다거나, '유'나 '무'로 생각해 버린다. 예를 들어 우리는 현재 나는 살아 있지만, 죽으면 없어진다고 생각하여 두려워한다. 나도 나이를 먹어가면서 내 자신의 죽음을 진지하게 생각하게 되었다. 그래서 최근 '있다거나 없다는 것은 극단적인 생각이다. 이런 말에 미혹되지 말자'고 자신에게 들려주고 있다. 이런 말을 들려주면 심층의 아뢰야식에 그 말이 훈습된다. 이것을 '문훈습'이라고 한다.

이 '문훈습'은 중요한 개념이다. 나는 『반야심경』을 독송할 때, 다음의 두 구절에 힘을 주어 마음 깊은 곳에 훈습되도록 하고 있다. 그 두 구절이란 '색즉시공 공즉시색(色卽是空 空卽是色)'과 '마음에 가애도 없다. 가애가 없기 때문에 두려움도 없고, 전도몽상도 멀리하여 최상의 열반에 들었다'이다. 이처럼 마음에 가애나 장애가 없으면 공포는 없다. 그렇지만 실제로는 그렇지 않다. 내 마음 속에는 갖가지의 생각이 차례차례로 떠올라 나를 두렵게 한다. 이런 생각을 없애버리면 좋겠지만, 이런 생각이 떠오르는 순간 아뢰야식연기의 도리에 기초하여 그 생각이 마음속에 심어져 다시 한 번 마음속에 되돌아온다. 이것은 인과필연의 자연적인 법칙에 부합하는 것이다. 두려운 생각은 법칙에 따라 점차로 구르기 시작하여 심해지면 우울증이나 신경증에 걸리게 된다. 이것을 끊기 위해서 어떻게 하면 좋은가? 그 해결책으로 '마음에 가애도 없다. 가애가 없기 때문에 두려움도 없고, 전도몽상도 멀리하였다'고 큰 소리로 독송해 보는 것은 어떨까.

하여튼 '색이 곧 공이요, 공이 곧 색이다(色卽是空 空卽是色)'와 '그러므로 공에는 색도 없다(是故空中無色)'는 구절을 합쳐서 생각해 보면, 이것의 '무'는 결코 허무의 무가 아니다. 그렇다면 어떤 '무'인가? 조금 어려운 말이지만 '비유비무의 무'라고 할 수 있다. 이것은 본래 언어로 표현할 수 없는 것이지만, 굳이 언어로 말해 보면 '유도 아니고 무도 아니다'라고 말할 수밖에 없다. 이것을 긍정적 말로 표현하면 '중(中)'이라고 할 수 있다. 또는 '이변원리의 중도(유무라는 두 가지의 극단적인 생각을 멀리 떠난 중도)'라고도 한다. 그러므로 있다거나 없다는 극단적 견해를 떠난 심오한 반야의 지혜를 몸으로 체득하는 것이 중요하다.

양자론과 유식

중도에 대해 설명하기 전에 우선 '색(色)'에 대해 살펴보고자 한다. 앞에서도 몇 번이고 설명했지만, 색이란 인간 존재에 한정해서 말하면 신체[몸]라고 할 수 있다. 이 신체를 현대과학의 눈으로 보면 60조의 세포로 이루어져 있다. 또한 이 세포도 염색체로, 염색체는 유전자로, 유전자는 DNA로, 게다가 분자나 원자로, 원자는 원자핵과 전자로 환원할 수 있다. 드디어 신체는 소립자로 분해할 수 있다. 신체뿐만 아니다. 예를 들어 지금 눈앞에 보이는 마이크나 책상 등의 사물, 게다가 산이나 강 등의 자연물도 원자 내지 소립자로 환원할 수 있다. 이런 현대과학적 분석은 이미 불교에도 있는 것이다. 불교는 처음부터 과학적이며, 사물의 궁극적 요소가 무엇인지를 추구하였다. 그 구성요소로는 다음과 같은 두 가지 흐름이 있다.

① 지수화풍
② 극미(極微)

사물을 지수화풍의 4대 원소로 환원한 주장은 그리스 철학에도 있다. 다시 말해 모든 사물은 4개의 구성요소로 만들어졌다는 입장이다. 또한 사물은 극미로 만들어졌다는 주장도 있다. 극미란 범어로 '파라마누(paramāṇu)'라고 하는데, 이는 '가장 작은 것[極微]'이라는 의미로 현대의 아톰(atom), 즉 원자에 해당한다. 물론 당시에는 원자 현미경 등과 같은 관찰 도구가 없었기 때문에 원자핵이나 전자의 존재에 대해서는 언급하지 않았다. 그러나 불교에서는 인간의 머릿속에서 생각한 최소단위를 극미라고 명명했다. 그래서 현대에서 말하는 원자 내지 소립자와 불교에서 말하는 극미를 단순하게 비교하는 것은 문제가 있지만, '미시세계에서 인간은 존재의 관찰자가 아니고 존재에 대한 관여자로 보아야 한다'는 현대 양자론의 주장은 유식과 상통하는 점이 있어 흥미롭다. 소립자라는 것은 인간의 의식이 관찰하는 방법에 따라 그 상태가 변한다는 것이다. 관찰자와 그 대상인 소립자는 하나의 세트라는 사실을 발견한 양자론은 '유식소변·일체불리식'이라는 사고방식과 상당히 가깝다.

최근 내가 진지하게 고민하고 있는 것 중의 하나가 유전자·DNA와 아뢰야식과의 관계—넓게 말하면 신체와 아뢰야식과의 관계, 또 하나는 원자나 소립자와의 관계—보다 넓게 말하면 자연계와 아뢰야식과의 관계, 이 둘의 관계가 어떤 것인가 하는 문제다. 요즈음 나는 이런 문제에 대해 다양한 책을 탐독하면서 정보를 얻으려 하고 있다. 정보를 얻을 뿐만 아니라 얻은 정보를 바탕으로 열심히 생각할 필요가 있다. 생각이라고 해서 말을 이리저리 굴려 보는 것만으로 끝나서는 안 된다. 그렇다면 어떻게 생각해야 할까? 의식을 집중하고 때로는 말[언어]이나 정보를 마음속에 떠올리면서 선정에 들어간 듯한 상태에서 생각하면 마음 깊은 곳에서 좋은 생각이 떠오를 것이다.

불교에는 '문혜(聞慧)·사혜(思慧)·수혜(修慧)'의 3혜가 있다. 이것은 들은 것을 스스로 여리(如理)하게 근원적으로 생각하라는 부처님의 가르침이지만, 나는 최근에 사혜와 수혜의 중요성을 알게 되었다. 나는 20세기에 들어와 전개된 양자론의 논쟁사를 읽으면 흥분된다. 그중 아인슈타인과 보아의 논쟁이 유명한데, 그들은 서로 사색과 실험을 통해 얻은 것을 학회에서 발표하여, 서로 반박하거나 동의하는 과정을 통해 최종적으로는 모두가 납득할 수 있는 사고방식을 만들어 갔다. 정말 대단하다. 실로 그들은 선정·요가로써 사유하였다고 나는 생각한다. 앞에서 몇 번 설명했지만, 나는 과학자의 눈과 요가수행자의 눈이 향하는 최종 목적지는 같다고 생각한다.

다시 극미 이야기로 돌아가자. 부파불교에서는 소박한 실재론적인 생각이 강해서 자신의 바깥에 사물이나 자연계가 존재한다고 생각한다. 하지만 유식에서는 이런 것 일체가 존재하지 않는다고 하고 극미, 즉 원자도 자신이 만들어 낸 하나의 관념에 불과하다고 주장한다. 양자론의 주장도 이와 비슷하다. 적어도 소립자는 자신의 '바깥 저곳에' 실체로 있는 것이 아니라는 것이 판명되었다. 그렇다면 자기 '안[내부]의 여기에' 있는 것인가? '바깥'과 '안'이라는 개념을 초월하여, '바깥의 저곳'과 '안의 이곳'의 양방향에 있다. 즉 안과 바깥이 같다는 사실을 양자론에서도 알아차린 것이다.

부근과 정근

다시 신체 이야기로 되돌아가자. 불교는 신체를 '유근신', 즉 '근(根)을 가진(有) 몸(身)'이라고 한다. 근이란 감각기관을 말하는 것으로, 범어로 '인드리야(indriya)'라고 한다. 이 말은 원래 힌두교의 번개 신인 인드라(indra, 불교에서는 제석천)에서 파생한 명사로 '힘을 가진 자'라는 뜻이다. 힘을 가진 것 중에 최고인 것은 사물을 만들어 내는 힘이다. 이런 의미에서 안근 내지 신근, 즉 시각에서 촉각까지의 5가지의 감각기관은 사물을 생기시키는 강력한 힘을 가진 것이다.

예를 들어 눈을 뜨면 색이나 형체가 있는 다양한 사물을 볼 수 있다. 앞에서 '본다'라고 말했는데, 유식에서는 이 말을 '만들어 낸다'는 의미로 본다. 즉 감각기관에 능동적인 움직임[작용]이 있다고 보는 것이다. 자연과학적으로 외계에 사물이 있다고 생각하는 사람은 외계로부터 어떤 미크론(micron)[33]의 파장이 눈에 들어와 그것이 각막, 수정체를 통하여 망막 위에 영상을 만든다고 한다. 이처럼 수동적으로 생각한다. 반면 유식에서는 눈으로부터 에너지가 방출되어 마음속에 영상을 만들어 낸다고 생각한다. 앞에서 안근의 '근(根)'의 원어는 '인드리야(indriya)'라고 말한 것처럼, 이 단어에는 본래 근(뿌리)이라는 의미는 없다. 그러나 이것을 식물의 뿌리에 비유하여 '근'이라고 번역한 것이 뛰어난 점이다. 본래는 하나의 작은 종자로부터 뿌리와 싹이 생기고 그것이 커다란 나무로 생장하는 것이다. 가고시마의 야쿠시마(屋久

---

33 음향이나 전기의 파장, 분자와 분자 사이의 거리, 미생물의 크기 따위를 잴 때 쓰는 길이의 단위. 1967년 국제 도량형 총회에서 폐지되었다.

島)[34]에 있는 6천년 된 나무도 처음에는 조그만 종자나 뿌리에서 성장한 것이다. 식물의 뿌리는 이처럼 뛰어난 힘을 가졌다.

거목의 뿌리에 지지 않는 우리의 신체도 사물을 만들어 내는 강력한 힘을 가졌다. 눈을 떴다 감았다 하기를 반복해 보자. 그러면 사물이 보인다. 귀로 열심히 소리를 들어 보자. 먹을 때에도 맛과 하나가 되어 보자. 피부 감촉을 곤두세워 여러 가지 물건에 접촉해 보자. 그러면 감각은 수동적이지 않고 능동적이라는 것을 알 수 있다. 감각기관은 능동적이며, 게다가 빛의 에너지를 발하고 있다는 불교의 가르침을 소개해 보겠다. 불교에서는 감각기관 즉, 근을 두 가지로 구분한다.

부근(扶根)
정근(正根)

부근이란 원자·분자로 이루어진 감각기관으로, 예를 들어 눈은 각막·수정체·망막 등으로 이루어진 기관을 말한다. 현대 과학적으로 생각하면 이런 기관으로 충분하지만, 불교에서는 부근의 안쪽에 정근, 즉 진정한 근을 세운다. 이 정근을 도와주는 것이 원자나 분자로 이루어진 부근이다. 이처럼 불교는 이중의 감각기관을 설정한다. 정근은 우리가 알 수 없는 것을 알려준다. 우선 정근은 눈으로 볼 수 있는 것이 아니다. 이것이 중요하다. 왜냐하면 손가락은 결코 자신을 가리킬 수 없듯이 보고 있는 것은 결코 볼 수 없기 때문이다. 그래서 이것

---

34 일본 큐슈 최남단 가고시마 현에 있는 조그만 섬. 이곳은 수령 1000년 이상 된 삼나무의 자연림이 있어 유네스코 세계유산으로 지정되었다.

이 있다[존재]는 것은 추리[推量]로만 알 수 있다.

그리고 정근은 '청정한 보주(寶珠)와 같이 빛을 발하고 있다'고 한다. 여기서는 빛을 발하고 있다는 것이 중요하다. 태양의 광선뿐만 아니라 여러 가지 빛이 있다. 이런 의미에서 정근이 방출하는 빛은 '감각적 에너지'라고 바꾸어 말하고 싶다. 안근만이 아니다. 신체는 '오근을 가진 몸'이기 때문에 '나의 신체'는 강력하고 폭발적인 감각적 에너지를 방출하고 있는 것이다. 이런 사고방식은 불교 신자만이 이해할 수 있는 특별한 사상이 아니라 누구나 감각적으로 수긍할 수 있는 사실이 아닌가? 깊은 잠에서 깨어난 순간 우리 주위에 또 하나의 세계가 부활한다. 그것은 신체로부터 나오는 감각적 에너지가 만든 것이라고 생각하는 게 어떨까.

부근과 정근이라는 감각기관으로 이루어진 감각의 모습을 도표로 그리면 다음과 같다.

| 부근(扶根)과 정근(正根) |

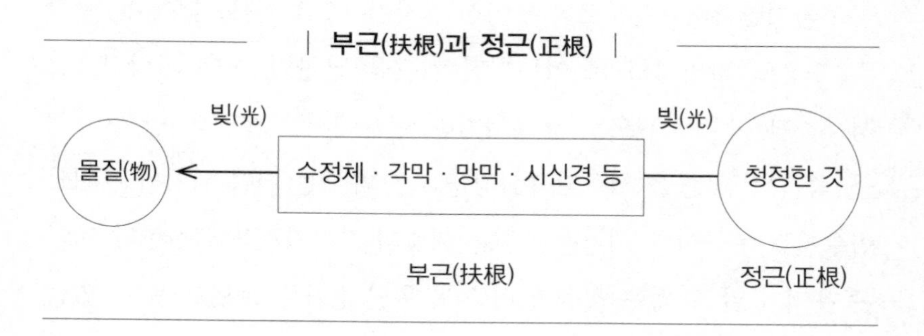

예를 들어 여기에 있는 컵이라는 사물을 본다고 하자. 정근에서 빛이 방출되어 그것이 수정체·각막·망막으로 이루어진 부근의 도움을 받아 컵에 이르러서, 그것을 감각하는 과정을 도표로 그린 것이다.[유

식학적으로 말하면 근본적인 원인은 모두 아뢰야식 속에 있는 종자이므로, 이 부근과 정근은 어디까지나 연(간접적인 원인)이다]

이제 앞에서 배운 내용을 실습해 보자. 눈을 떴다 감았다 하면서 눈의 움직임을 실감해 보자. 또한 소리나 음성을 듣는 것에 주위를 기울여 보자. 그러면 불가사의하게도 지금까지 무심코 감정이나 언어만으로 파악했던 신체[몸]가 내 자신에게 다가오는 새로운 신체관이 생길 것이다.

삼성과 삼무성이란

이제 본 강의 주제로 돌아가자. 유식학적으로 보면 신체는 3가지 견해로 구분 가능하다.

변계소집성으로서의 신체
의타기성으로서의 신체
원성실성으로서의 신체

변계소집성·의타기성·원성실성을 삼성[35]이라고 한다. 삼성은 유식의 대표적인 주장 중의 하나로, 같은 신체를 3가지 관점으로 파악한 것이다.

---

35 삼성설에 대해 자세하게 알고 싶은 독자는 역자의 『마음공부 첫걸음』(pp.192-203) 또는 『유식삼십송과 유식불교』(pp.212-221)를 참조하기 바란다.

먼저 변계소집성의 신체관에 대해 설명해 보자. 예를 들어 자신의 몸을 보고 '왜 이렇게 쪼그라드는가'라고 파악할 때, 이것이 '변계소집성의 신체'관이다. 우리가 보통 파악하는 신체는 이와 같은 신체관이다. 여기에 문제가 있다. 미추(美醜)의 대상으로서의 신체·늙거나 죽는다는 것과 연결된 신체, 이런 모든 것은 변계소집성으로 파악한 신체관에 기초한 것이다.

또한 앞에서도 설명한 물질적 존재, 즉 유전자나 DNA로 환원된 신체관을 변계소집성의 신체관으로 문제 제기하고 싶다. 신체는 60조의 세포로, 세포는 염색체로, 염색체는 유전자로, 그리고 유전자는 DNA로 환원될 때 인간의 게놈 해독이 급속하게 진행될 것이다. 그리고 이 성과에 기초하여 게놈 관련 의약품이나 유전자 조작 등의 문제가 발생할 것이다. 즉 DNA 해독이 돈벌이와 연결되기 시작한다.

또한 유전자 조작 기술의 발달로 복제인간도 가능하게 될 것이다. 이탈리아에서 복제인간을 만들고자 하는 의사들의 모임이 결성되었다고 한다. 이처럼 돈벌이와 연결된 DNA 해명, 복제인간과 연결된 유전자 조작과 같은 문제들은 변계소집성으로서의 신체관과 연관된다고 할 수 있을 것이다.

아름답거나 추한 신체, 늙고 죽어가는 신체는 있는가, 없는가? 이에 대해 유식에서는 '변계소집성은 상무성(相無性)이다'라고 주장한다. 아름답다거나 추하다고 색칠한 신체 혹은 늙어가고 있다거나 죽어가고 있다고 생각하는 모습, 그런 상(相)은 없다는 것이 바로 상무성이다.

삼성과 삼무성의 관계를 정리하면 다음과 같다.

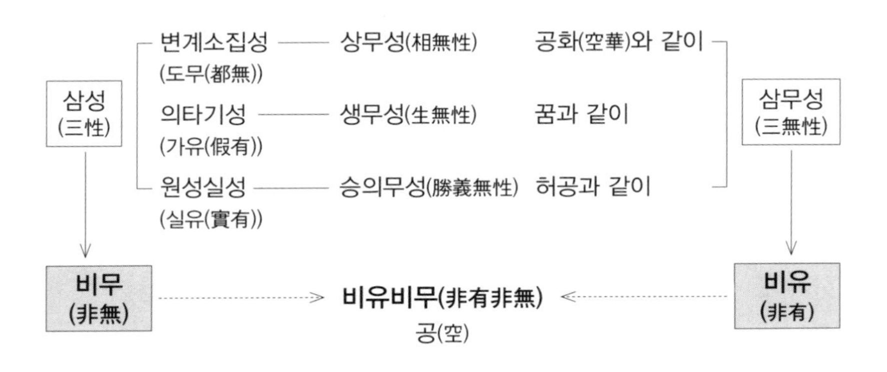

삼성의 완전한 명칭은 삼자성, 삼무성은 삼무자성[36]이라고 한다. 삼자성은 자성이 존재한다는 '유'의 측면이고, 삼무자성은 자성이 존재하지 않는다는 '무'의 측면을 말하고 있다. 우리는 '유'라고 하면 '유'에 구애[집착]되고, '무'라고 말하면 '무'에 구애[집착]되어 버린다. 이런 집착을 없애기 위해 삼성은 '유'이기 때문에 '비무(非無)'이고, 삼무성은 '무'이기 때문에 '비유(非有)'이다. 그러므로 삼성과 삼무성에 의해 전체적으로 보면 비유비무의 중도, 즉 공(空)의 논리를 완성시킨 것이다.

이처럼 유식사상은 완전한 논리적 이론을 구축했다는 점에서 신비감은 적다. 하지만 자연과학이 기호나 수식(數式)으로 진리를 표현하고자 하는 것처럼, 언어로 표현할 수 없는 것을 언어로 표현하고자 하는 의욕·의지가 삼성과 삼무성의 이론을 창안했다고 보아야 할 것이다.

36 삼무자성에 대해 자세하게 알고 싶은 독자는 역자의 『유식삼십송과 유식불교』(pp.222-226)를 참조하기 바란다.

앞에서 '의지'라는 말을 사용했는데, 이 용어는 중요하다. 왜냐하면 인간이 의지를 가지면 세계가 변하기 때문이다. 이곳에 오는 길에 전차 안에서 읽은 양자론에 관한 책에서 결국 가장 중요한 것은 '인간의 의지'라고 기술하고 있었다. 불교에서는 행위, 즉 업에는 신구의(身口意)의 3업이 있다고 한다. 이 중에 가장 근원적인 업이 의업, 즉 의지작용[움직임]이다. 신체적인 동작이나 말을 하는 것은 모두 의지의 표현이다. 이 의지는 양자론에서도 중요한 역할을 한다. 예를 들어 전자의 운동량을 알아보려는 의지를 일으켜서 관찰하면 위치를 알 수 없게 되며, 반대로 위치를 찾으려는 의지를 가지고 똑같은 전자를 보면 이번에는 운동량을 알 수 없게 된다고 한다. 이처럼 미시세계에서 관찰하는 사람의 의지에 기초한 '선택'에 의해 관찰의 결과가 변하는 것이다. 이 선택을 불교에서는 '분별'이라고 한다. 이처럼 인간이 나누고 분별하면 세계는 변하는 것이다. 그 분별의 배후에 의지가 있다. 우리는 일상에서 어떤 의지를 일으켜 한 순간을 살고, 하루를 살고, 일생을 살아야 할까? 이런 생각이야말로 우리의 삶에서 가장 중요한 일이 아닐까.

여기서 변계소집성에 대한 상무성에 대해 조금 더 살펴보자. '상(相)'이라는 것은 법상종(法相宗)의 '상'에 해당하는 말이다. 예를 들어 거울 앞에 서서 자신의 얼굴을 보며 '아름다운 얼굴이다, 추한 얼굴이다, 늙은 얼굴이다'라고 파악하는 모습이 상이다. 이 상은 마음속에서 생각과 언어로써 색칠된 것으로 결코 실체로 존재하는 것은 아니다. 이것도 조용히 생각해 보면 사실이라는 것을 알 수 있다. 그러나 보통 우리는 그런 얼굴이 있다고 생각한다. 얼굴뿐만 아닐 것이다.

진정으로 유식을 공부하여 삼성 속의 변계소집성을 배움으로써 자신이 전혀 존재하지 않는 것 속에 매일 살고 있다는 것을 알아차리면 두려움이 엄습하게 될 것이다. 이처럼 우리는 존재하지 않는 것 속에서 우왕좌왕하면서 살고 있는 것이다. 그러므로 우리는 매일매일 충실하게 살아야 한다. 하루, 일주일, 한 달 그리고 일 년을 살다 보면 허무감이 남는다. 왜냐하면 존재하지 않는 변계소집성을 있다고 생각하며 그 속에 살고 있기 때문이다.

이 변계소집성의 세계로부터 벗어나기 위한 첫걸음이 요가의 실천으로, 이로써 우선은 의타기성의 세계로 되돌아가는 것이다.

사물, 마음 그리고 물심일여의 인과

다음으로 의타기성으로서의 신체관을 살펴보자. 의타기란 다른 것에 의지하여 생기한다는 의미다. 그런데 다른 것[他]이란 도대체 무슨 말인가? 이것을 불교적으로 생각해 보면, 다른 것이란 무량무수의 연(緣)이라고 말할 수 있다. 헤아릴 수 없을 만큼의 무수한 다른 존재나 힘에 의해 나의 신체는 살려져 왔으며, 지금도 살려지고 있다.

이 무량무수의 연을 생각할 때 도움이 되는 것이 신체에 관한 자연과학의 정보이다. 인체는 62조의 세포로 구성되어 있다. 또한 10만개 정도로 생각한 인간의 유전자가 4만개 정도뿐이라는 것도 알게 되었다. 하여튼 수많은 세포와 유전자에 의해 살려지고 있다는 것을 자연과학의 정보에 의해 알 수 있었다. 이런 의미에서 신체는 확실히 의타기성적인 존재이다.

다만 과학은 물질적인 인과관계만으로 신체를 파악하는 것에 문제가 있다. 불교는 신체를 지탱해 주는 연에 마음도 포함시키고 있다. 신체를 만들어 내고 그것을 생리적으로 유지시키고 있는 근원적인 것으로 유식사상은 아뢰야식을 상정한다. 자세한 것은 나중에 기술하겠지만, 지금은 우선 마음속을 관찰해 보자. 지금 우리는 눈으로 신체를 볼 수 있지만, 그 보이고 있는 신체는 보고 있는 시각 속에 있는 것일까? 아니면 신체 속에 시각이 있는 것일까?

또한 시각은 뇌의 기능이라고 생각하는 사람도 있다. 하여튼 이것들에 대한 무언가의 결론이 나왔다면, 이러한 물음이나 생각 혹은 결론을 낸 사람의 마음 그 자체는 결코 관찰의 대상이 될 수 없다는 사실에 주목해야 할 것이다. 이것이 고려해야 할 중요한 지점이다. 자연과학의 추구도 확실히 뛰어나다. 그렇지만 지나치게 '사물의 인과'에만 집착하여 '마음의 인과'를 잊고 있는 것이 커다란 문제이다. '사물의 인과'와 '마음의 인과'에 대해서는 앞에서 이미 설명한 '물심일여의 인과'를 더하여 다음과 같이 도표를 작성했다.

이 중에 물심일여의 인과는 '신심일여의 인과'로 바꾸어 말할 수 있다. 이와 같은 인과를 세우는 것이 가능한지 어떤지 알 수 없지만, 나는 유식사상의 아뢰야식연기에 기초하여 굳이 이러한 인과를 생각해 보았다.

3종류의 인과 중에서 '사물의 인과'는 신체를 포함한 생명의 근원을 생각할 경우, 신체로부터 세포·염색체·유전자에로 환원하고, 그리고 최종적으로 DNA에서 그 근거를 구한다. 다음의 '마음의 인과'는 불교에서 설하는 12연기의 인과성이다. 왜 노사(老死)가 있는가? 그것

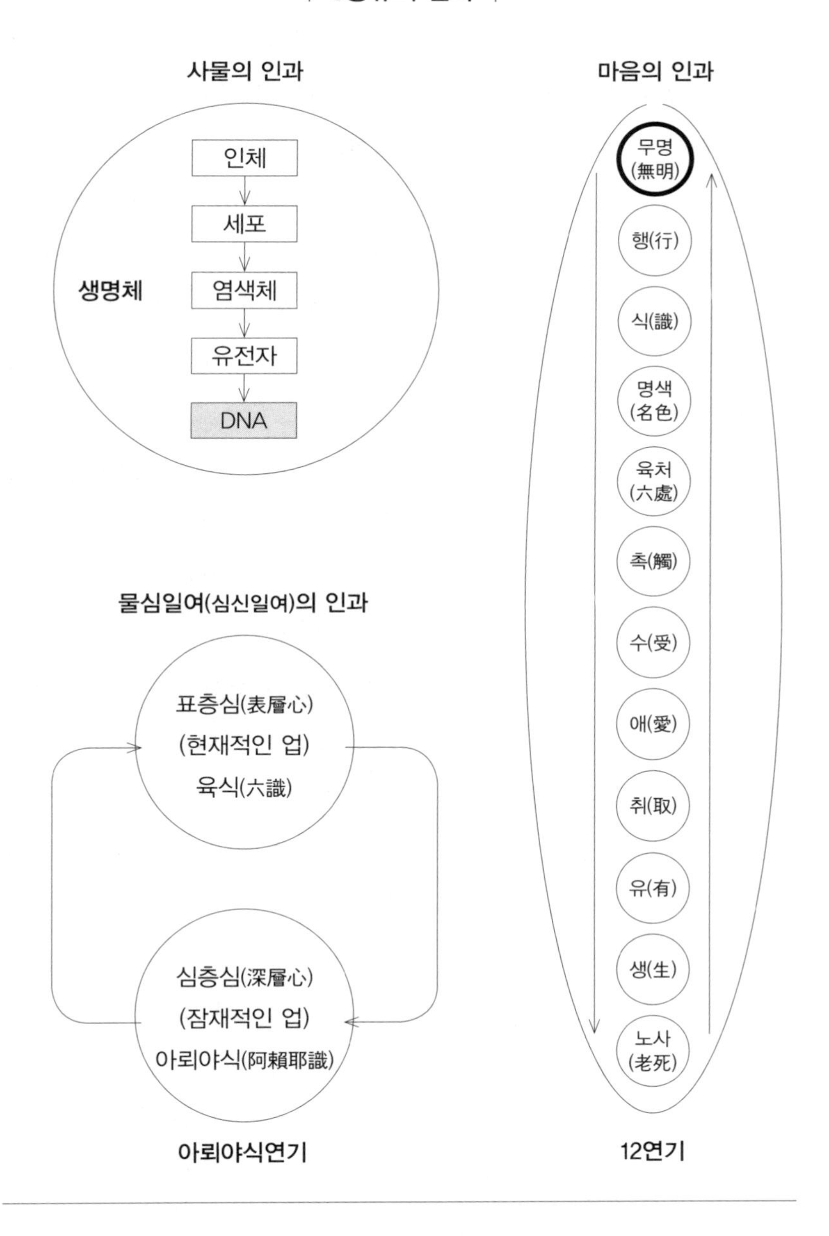
3종류의 인과
사물의 인과
인체
세포
생명체
염색체
유전자
DNA
마음의 인과
무명(無明)
행(行)
식(識)
명색(名色)
육처(六處)
촉(觸)
수(受)
애(愛)
취(取)
유(有)
생(生)
노사(老死)
물심일여(심신일여)의 인과
표층심(表層心)
(현재적인 업)
육식(六識)
심층심(深層心)
(잠재적인 업)
아리야식(阿賴耶識)
아리야식연기
12연기

은 생이 있고, 유가 있고, 취가 있고, 애가 있고, 수가 있고, 촉이 있고, 육처가 있고, 명색이 있고, 식이 있고, 행이 있고 최종적으로는 무명이라는 근본번뇌가 있기 때문이라고 역추적해 가는 인과성이다. 이 인과의 고리를 역추해 보면 무명이 있기 때문에 노사가 있는 것이다.

늙는 것과 죽는 것, 이것은 유전자나 DNA의 연구에서도 문제가 되는 것이다. 왜 늙어 가는가? 이것은 DNA의 단계에서 점차로 해명되고 있다. 어쨌든 앞으로 늙어가는 것을 억제할 수 있는 시대가 올지도 모른다. 하지만 그런 시대가 도래해도 100년 또는 200년 정도 살 뿐이지 영원히 살 수 있는 것도 아니다.

반면 12연기의 인과에 의하면 근원적인 원인인 무명을 없애면 늙어가는 것도 죽는 것도 없어진다고 설한다. 사물의 인과에서는 궁극적으로 노사는 없어지지 않는다. 그러나 마음의 인과에서는 노사가 없어진다. 이 차이는 무엇일까? 조용히 생각해 볼 문제다.

마지막으로 '물심[신심]일여의 인과'는 표층의 잠재적인 업과 심층의 잠재적인 업이 상호 인과적으로 관계하고 있다는 아뢰야식연기에 기초한 것이다. 이와 같은 인과를 굳이 세운 것에서 알 수 있는 것은 아뢰야식, 즉 마음[識·心]은 신과 심으로 이분할 때의 심으로써 파악해서는 안 된다. 신체도 아니고 마음도 아닌 '마음', 즉 비신비심의 마음[심], 그것이 신체도 마음도 만든 아뢰야식이라고 생각하면 어떨까.

불교전문 잡지인 『대법륜(大法輪)』(2009년 5월)에 홍복사의 다가와 슌에이 스님이 「유식과 현대」라는 제목으로 집필한 글에서는 아뢰야식의 종자를 유전자로 보는 견해에 대해 강하게 반대하고 있다. 나도 종자와 유전자의 관계는 어떠한지 오래전부터 생각하고 있었다. 최근

'아뢰야식은 마음뿐만 아니라 신체도 만들었다. 그 신체를 생리적·유기적으로 유지하고 있다'는 생각에 주목하여, 아뢰야식이 심과 신체를 만든 근원이라고 한다면 아뢰야식은 심도 신체도 아닌 식, 즉 '비신비심의 마음'이라고 생각하게 되었다. 아뢰야식이 신체를 만든 것이기 때문에 이 손은 아뢰야식으로부터 생긴 것이다. 엄밀하게 말하면 손과 인식되기 이전의 의타기성으로서의 손이 아뢰야식으로부터 생겼다는 것이다. 또한 안식 내지 의식의 6개의 마음도 아뢰야식이 만든 것이다. 이렇게 생각하면 신심을 생기시키는 근원적인 마음, 게다가 표층심으로는 알아차릴 수 없는 심층의 마음, 그것이 아뢰야식이라고 할 수 있을 것이다. 이런 관점에서 앞에서 설명한 '물신[신심]일여의 인과'의 도표(=아뢰야식연기의 도표)를 보라. 현재적(顯在的)인 업과 잠재적인 업이 서로 인과적 관계에 있지만, 그중에 현재적인 업은 신구의의 3업으로 구체적으로 행동한 것이므로, 거기에는 신체도 언어도 마음도 전부 함께 포함되어 있는 것이다. 그러므로 아뢰야식연기는 물심일여, 신심일여의 인과라고 할 수 있다.

이상으로 '사물의 인과', '마음의 인과', '물심일여의 인과'라는 3종류의 인과성이 있다고 제안했다. 하지만 이 생각은 조금 더 구체화해야 한다고 생각한다.

솟구치는 감사

다음은 의타기성에 대응하는 '생무성(生無性)'에 대해 알아보자. 유식사상에서는 다른 것에 의해 생기하는 것을 마음이라고 파악한다.

그런데 '유식, 즉 오직 마음만이 존재한다'고 들으면 마음은 있다고 생각해서 그 마음에 집착을 일으킨다. 그 집착을 제거하기 위해 의타기성은 생무성이라고 설한다. 생무성이란 '스스로 생겨서 존재하는 것이 아니다'라는 의미다. 확실히 마음은 자각하는 순간에 생긴다. 눈을 뜬 순간에 시각이 생긴다. 앞에서 '생긴다'고 했지만, 마음 또는 시각이 스스로의 힘으로 생기는 것이 아니고, 정확하게 말하면 '생겨지는 것'이라고 해야 한다. '생긴다'고 하면 그것은 연기의 도리·연기의 힘에 의해 생기는 것이라고 할 수 있다. 그러므로 그 존재는 무자성이고, 공이며, 있다[유]고 한다면 환영(幻影)과 같이 존재하는 것이다.

이와 같이 생각해 보면 신체는 스스로 살아가는 것이 아니고 살려지는 것이다. 그러므로 신체는 실체적으로 존재하고, 있는 것이 아니며, 있는 것 같지만 없고, 없는 것 같지만 있는 존재다. '색즉시공 공즉시색'에 비추어 보면 신체는 공이고, 공은 신체다. 신체뿐만 아니다. 아뢰야식에서 현현하고, 스스로가 갇혀 있는 이 세계 전체는 있는 것 같지만 없고, 없는 것 같지만 있는 환몽(幻夢)과 같은 존재다. 그렇지만 우리 범부는 좀처럼 환몽이라고 보지 못한다. 이 세상이 꿈이라는 것은 개념적으로는 이해하지만, 마음 깊은 곳에서는 이해하지 못한다. 왜냐하면 우리는 여전히 꿈에 갇혀 있기 때문이다. 그러나 그 꿈에서 깨는 순간, 즉 각성해서 부처가 되는 순간 세계가 꿈이라고 진정으로 깨달을 수 있다. 부처님도 6년간의 고행을 거쳐 보리수 아래에서 선정에 들어 밝게 빛나는 별(明星)과 더불어 꿈의 세계로부터 깨어났다. 그리고 '불노불사의 세계를 접했다'고 말씀하셨다. 이 말을 믿고서 나도 꿈에서 깨어 늙음도 죽음도 없는 각성의 아침을 맞이하고 싶다.

의타기성으로서의 신체관을 정리해 보면, 신체는 '살려지는 것'이라고 알면 감사의 마음이 일어난다. 우리는 "일어난 순간 눈이 보이네, 감사합니다. 식사를 맛있게 했네요, 감사합니다. 목욕을 하니 너무 기분이 좋네, 감사합니다"라며 모든 것, 모든 일에 감사하는 마음이 끊임없이 일어날 것이다.

진리 그 자체의 신체

마지막으로 원성실성으로서의 신체관이다. 이것은 깨달은 사람만이 알 수 있는 신체관이기 때문에 좀처럼 알기 어려우며 설명하기도 어렵다. 그래서 "색신(色身)을 보는 자는 부처를 보지 못한다. 법신을 보는 자는 부처를 본다"라는 문장을 소개하겠다. 부처님이 입멸하신 후, 제자들은 부처님께서 돌아가셨다고 슬퍼했다. 그러나 부처님의 진정한 신체는 눈으로 볼 수 있는 구체적인 신체[색신]가 아니라 진리로서의 신체[법신]가 진정한 신체라는 생각이 일어나 '법신을 보는 자는 부처를 본다. 색신을 보는 자는 부처를 볼 수 없다. 법신을 보라'는 생각을 강조한 것이다.

이 신체론은 부처님뿐만 아니라 자신의 신체 혹은 타인의 신체를 어떻게 보아야 하는지를 아는 데에도 참고가 될 수 있다. 『유가사지론』에서 '진여신(眞如身)'의 관찰을 강조하고 있다. 원성실성은 진여이기 때문에 원성실성으로서의 신체를 보는 것은 진여로서의 신체를 보는 것이다. 진여란 '있는 그대로'라는 의미이므로 진여신이란 '있는 그대로의 신체'라는 뜻이다. 이것은 확실히 각자(覺者)만이 관찰할 수 있지만, 우리도 우선은 실제로 요가를 수행하고, 선정에 들어 의타기성의 세계에 되돌아가 진여신을 깨닫는 첫걸음을 내딛어 보자. 앉아서 선정에 들어 들숨·날숨과 하나가 되는 순간 그 신체는 변할 것이다. 마음도 변할 것이다. 숨과 하나가 되는 것은 훌륭한 것이다. 정말로 숨과 하나가 되지 못하면 우리는 아무것도 알 수 없다. 한 순간에 숨과 하나가 된다. 물론 이는 좀처럼 하기 힘든 일이다.

원성실성에 대응하는 승의무성을 설한다. 승의무성이란 원성실성 속에는 아(我)도 법(法)도 없다고 정의하지만, 신체라고 하면 '텅 빈 신체'라고 말할 수 있을 것이다. 며칠 전 나는 선종의 노선사가 '깨달음은 텅 빈 것'이라고 말하는 것을 듣고서 잘 알지는 못했지만, "그렇구나" 하고 고개는 끄덕일 수 있었다.

유식의 논서에서 승의무성은 "허공과 같다"고 설한다. 허공이란 그 속에 아무것도 없는 광대무변의 공간이다. 텅 빈 공간이다. 눈을 뜬 순간 '일인일우주'의 세계가 나타난다. 그 우주 속에는 여러 가지가 둘둘 말려 있지만, 그것 전부가 없어지고 텅 빈 상태가 깨달음이 아닐까. 이것을 도겐(道元) 선사는 '신심탈락(身心脫落)·탈락신심(脫落身心)'[37]이라고 하였다.

이상으로 신체를 예로 들어 삼성과 삼무성을 설명했으나, 고찰의

---

37 신심탈락에서 신심은 몸과 마음, 탈(脫)은 해탈, 즉 속박에서 벗어났다는 의미이고, 락(落)은 상쾌한 경지를 말한다. 그러므로 신심탈락이란 몸과 마음이 모든 속박에서 벗어나 상쾌한 경지가 되었다는 뜻이다. 탈락신심이란 신심탈락에서 한 걸음 더 나아가 신심탈락했다는 생각 자체도 버렸다는 것이다. 다시 말해 버릴 것을 다 버리고 버린다는 마음까지도 버려 아무것도 없는 경지이다.

대상은 신체뿐만이 아니다. 어떤 것이라도 좋다. 어떤 하나에 자신의 모든 에너지를 쏟아 부어 '도대체 무엇인가?'를 추구[공부]하는 그곳에 살아가는 용기가 솟아오를 것이다.

제13강

유식사상의 자연관·우주관

상식의 부정

지금 우리가 공부하고 있는 『반야심경』에는 상식에서 벗어난 파격적인 것이 적혀 있다. 왜냐하면 부처님이 설한 가르침[말] 내지 부파불교에서 주장한 개념을 전부 부정하고 있기 때문이다. 경문에는 "그러므로 공에는 색·수·상·행·식(오온)도 없고, 안·이·비·설·신·의(육근)도 없고, 색·성·향·미·촉·법(육경)도 없고, 안계도 없고 내지 의식계(육식)도 없다. 무명도 없고 또한 무명이 다함도 없다. 내지 늙음도 죽음도 없다. 또한 늙음과 죽음이 다함이 없다. 고집멸도도 없다. 지(智)도 없고 또한 얻음도 없다. 얻어지는 것이 없기 때문이다"라고 설한다. 이처럼 종래의 개념을 전부 부정하고 있지만, 여기서 설하는 '무'는 결코 허무의 무가 아니라는 것은 이미 몇 번이고 설명했다. 이 경문 중에서 주목해야 할 것은 '공에는[空中]'이다. 다시 말해 '공에는[空中]'이라는 조건이 붙은 '무'를 설하고 있는 것에 주목할 필요가 있다. 반야경에서 시작해 유식사상에 이르는 불교의 가르침은 상식이나 기존의 사고방식을 부정하고 있다. 여러분은 정원에 있는 나무가 자신을 떠나 '있다'고 생각한다. 이런 생각을 소박한 실재론이라고 한다. 우리뿐만 아니라 과학자들도 외계에 사물이 존재한다는 실재론의 입장이다.

며칠 전 이론 물리학자인 친구를 만나, 유식의 입장에서 본 양자론에 대해 내 나름의 생각이 맞는지 그른지 확인해 보았다. 그 친구와 나는 30년 이상 만나고 있다. 그는 자신의 연구가 꽉 막혀 전혀 진전이 없자, 결국에는 자신의 마음을 바꾸지 않으면 연구의 진척이 없을 것이라는 생각에 좌선의 세계에 뛰어들었다.

마음은 색깔도 형체도 없기 때문에 좀처럼 파악하기 힘들다. 그래서 거울을 비유로 들어 설명하겠다. 거울 표면의 상태에 따라 비춰지는 영상이 다른 것처럼, 우리의 마음 상태에 따라 보이는 것이 변한다. 앞에서도 몇 번이고 설명했지만, 정말로 '일인일우주'이다. '일인일우주'의 세계를 현현시키고 있는 우리들 한 사람 한 사람의 마음 상태를 변화시켜 가면 틀림없이 우주, 즉 세계가 변해갈 것이다. 물리학자인 내 친구도 이렇게 생각하여 벌써 30년 이상 좌선을 통해 마음을 단련시키고 있다.

그에게 하이젠베르크의 불확정성 원리 등의 양자역학 이론을 유식의 입장에서 보면, '양자역학에는 이런저런 문제가 있다'라며 문제를 제기하여, 그의 의견을 듣고자 했다. 문외한이 두 사상을 비교하면 큰 오류를 일으키게 된다. 그래서 만약 비교한다면 자신의 생각을 전문가에게 물어서 타당한지 그른지 검증을 거칠 필요가 있다고 생각한다.

여담이지만 나는 기독교 재단이 설립한 대학에서 24년간 재직하고 있다. 그동안 몇 번이고 기독교 학자들에게 기독교에 대한 나의 생각이 바른지를 질문했다. 그들은 신에 대한 사랑도 중요하지만 그보다 중요한 것은 이웃에 대한 사랑이라고 했다. 이 말을 듣고 나는 '역시 기독교와 불교의 근본 가르침은 같구나'라고 생각하게 되었다. 괴로워하는 사람에 대한 사랑, 이것은 호모 사피엔스라면 누구나 품고 있는 의지의 발현이다. 이 의지라는 말에 주목해 보자. 이 인간의 근본적인 의지는 타자에 대한 사랑이 되어 나타나는 것이라고 나는 믿고 있다. 타인이 행복하게 되었으면 하는 것을 서원의 발현이라고 한다. 이것을 불교에서는 보살의 서원이라고 한다. 기독교에서는 '이웃에 대한 사랑'이라고 한다. 인간의 삶은 최종적으로는 자비행, 즉 이타행으로 귀결된다.

본래 이야기로 되돌아가자. 나는 물리학자인 친구에게 "인력의 법칙은 마음 바깥에 있는가? 아니면 마음속에 있는가?"라고 질문했다. 손에 쥐고 있던 분필이 손에서 벗어나면 그것은 바닥으로 떨어진다. 그때 마음의 바깥에 있는 분필에 마음의 바깥에 있는 인력의 법칙이 작용하여 분필이 낙하한다고 보는 것이 소박한 실재론이다. 그 친구는 자신이 알고 있는 99%의 물리학자가 소박한 실재론을 믿고 있다고 했다. 그러나 그는 인력의 법칙은 마음속에 있다고 단정했다. 그러면서 이런 주장을 다른 물리학자에게 말하면 바보 취급당한다고 했다.

이런 견해가 왜 잘못된 것일까? 이것은 어떤 장소에서, 무엇을 어떻게 관찰해야 할까라는 살고 있는 장소가 다르기 때문이라고 생각한다. 니시다 기타로(西田幾多郎)[38]의 철학에는 '장소(場)'라는 이론이 있으며, 양자역학에도 '장소'라는 말이 쓰인다. 세계 전체, 존재 전체를

---

38 니시다 기타로(1870~1945): 근대 일본의 철학자이자 정토진종 승려.

나타낼 때 '장소(場)'라는 말을 사용하면 편리하므로 나도 최근 이 말을 사용하기 시작했다.

삼성이라는 장소

여기서는 변계소집성·의타기성·원성실성의 삼성을 각각 '장소(場)'로 설명해 보자. 예를 들어 변계소집성의 세계를 장소로 생각하자. 이 변계소집성의 장소는 우리가 언어로 말하고, 말해진 것은 있다[존재]고 생각하며, 게다가 그것에 집착해서 미혹되어 괴로워하는 장소다.

또 하나, 언어와 생각을 떠나 일체화되어 살아가는 장소가 있는데, 이것이 의타기성의 장소(場)다. 예를 들어 여러분이 무릎을 꿇고 앉아서 강의를 들으면 다리가 아프다. 그래서 '다리를 펴세요'라고 해도 아픈 것은 어쩔 수가 없다. 하지만 아픔[고통]과 하나가 되도록 노력해 보자. 물론 자아가 분출되기 때문에 좀처럼 하나가 되기는 힘들다. 그러나 무리를 해서라도 나를 없애 보자. 단지 1초, 2초, 5초만이라도 괜찮다. 그 속에 자신을 몰입시키고 융화시켜 가자. 통증과 하나가 될 때 그 통증은 자신과 대등하게 된다. 이와 같이 하나가 된 세계, 이것도 하나의 장소[場]이지만, 이것을 의타기성의 장소라고 할 수 있을 것이다.

마지막으로 원성실성의 장소는 우리들이 좀처럼 체험할 수 없는 것이다. 이것은 부처의 세계, 깨달은 인간이 살아가는 세계이기 때문이다.

이와 같이 인간은 3개의 장소, 3개의 세계에 살 수 있는 가능성을 가지고 있다. 다시 말해 언어로 말하고, 그것이 있다[존재]고 착각하고, 집착하여 우왕좌왕하면서 살아가는 세계가 하나 있다. '다리가 아프

네, 이런 빌어먹을'이라고 생각한다. 또는 앞에서도 등장한 예이지만, '저 사람은 미워, 싫어!' 혹은 '저기에 있는 나무와 같은 자연 그 자체는 결코 아름답지도 예쁘지도 않다.' 이것은 일인일우주 속에서 감각 데이터와 생각과 언어에 의해 자연 그 자체를 가공해서 아름답다고 변형해 버린 것이다.

본래 갑자기 마음속에서 나온 A라는 존재는 완전히 중립[neutral]이다. 예를 들어 타인을 본 순간은 밉지도 싫지도 않다. 마찬가지로 깨어난 순간에 출현하는 세계 전체는 중립이다. 매일 아침 우리 한 사람 한 사람은 존재의 심연에서 갑자기 깨어났다. 그리고 그곳에 세계가 재현한다. 그 순간에 그 세계는 아직 이름이 없으며, 생각이 부여되지도 않았다. 그래서 이것은 중립이고, 중성이다. 이것은 A라거나 非A라고 별도로 나타낼 수 없다는 의미로 유식에서는 '무기(無記)'[39]라고 한

---

39 유식에서는 마음[의식, 말나식, 아뢰야식]을 가치론적으로 선, 불선[악], 무기로 나눈다. 선이란 '이 세상과 저 세상에서 이익을 주는 마음이나 행위'를 말한다. 반대로 불선이란 '이 세상이나 저 세상에서 손해를 초래하는 마음이나 행위'를 말한다. 그리고 무기는 '이 세상이나 저 세상에서 이익도 손해도 가져다주지 않는 마음이나 행위'이다. 그래서 호법보살은 『성유식론』에서 무기를 "선과 불선의 이롭고 해로운 뜻 중에서 기별(記別), 즉 선인지 악인지 별도(別)로 나타낼 수 없기 때문에[無記] 무기라고 이름한다"고 주석하고 있다. 그런데 우리들이 일상생활에서 유념해야 할 것이 있다. 바로 현재 자기가 아무리 행복(즐거움)하거나 불행(괴로움)하더라도 이 행복과 불행은 지금 세상(현세)에만 영향을 미치지만, 선·악·무기는 현실세계뿐만 아니라 미래에도 영향을 미친다는 사실이다. 다시 말해 재산이 많아 현세에서 행복하더라도 또는 재산이 없어 불행하더라도 그 행복이나 불행은 미래까지 가지 않는다는 것이다. 반면 착한 일을 하거나 혹은 나쁜 짓을 하면 그것은 현세뿐만 아니라 미래에도 영향을 미친다는 것이다. 너무나 당연한 말일지도 모르겠지만, 또한 그렇기 때문에 우리는 자신의 삶을 열심히 살면서 선한 일은 많이 하고 악한 짓은 하지 말아야 하는 것(修善斷惡)이다.

다. 인간은 스스로 분별·언어·개념으로써 이 무기인 것을 나누었지만, 나누기 이전의 '일인일우주'의 세계는 무기로서 계속해서 존재하고 있다. 이런 것을 우리는 '저 나무는 아름답다, 저곳에 더러운 쓰레기와 폐수가 있다'고 분별해 버린 것이다.

앞에서 설명했지만, 자신의 신체도 마찬가지다. 늙어가는 신체는 본래 있는 것일까? 요가나 좌선을 하면서 중후하게 앉아 보자. 앉아 있을 때는 마음도 몸도 없다. 조금 전에 말한 '마음도 몸도 없다'라는 표현은 중요하다. 이 상태에 머물러 있을 때가 '의타기의 유식'의 세계에 머물러 있다고 말할 수 있을 것이다. 유식이라는 말은 '유심'이라는 말로 바꾸어 말할 수 있다. 하지만 이때 유심은 서양철학에서 말하는 '유심론'의 유심과는 의미가 다르다. 서양철학에서 말하는 유심은 물질이나 마음이라는 대립 개념으로서의 유심이지만, 유식사상에서 말하는 유심의 '심'은 신체도 아니고 마음도 아니다. 앞에서도 설명했지만, 아뢰야식이 모든 것을 만들었기 때문에 신체와 마음 양쪽을 생기시킨 것이다. 이 양자를 생기시킨 근원, 즉 아뢰야식은 '신체도 마음도 아닌 것'으로 정의하는 것이 적절하다고 생각한다.

지금은 모든 것을 논리적으로 생각해 보자. '신체도 마음도 아니다'라고 말했지만, 바꾸어 말하면 '신체이면서 동시에 마음이고, 마음이면서 동시에 신체이다'라고 정의할 수 있다. 이런 정의는 상식적인 생각이 아니다. 우리는 신체이거나 마음이라고 이분하므로 그 중간적 존재를 결코 인식할 수 없기 때문이다.

그러나 '공의 세계'로 환원한다면 가능하다. 게다가 공으로까지 환원하지 않아도 된다. 요가나 선정을 하거나 일상생활에서 하나가 되면 가능하다. 다시 말해 일상의 순간순간에 자신의 모든 존재를 투입해 가면 알 수 있을 것이다.

몸도 심도 아닌 마음

이처럼 '몸도 심(心)도 아닌 마음'이 있다는 것을 앞에서 설명했지만, 이런 생각은 극히 최근에 일어난 것이다. 내가 최근 관심을 가지고 있는 것은 양자역학과 유식의 관계이다. 이에 대한 논문을 작성하게 되어 여러 관련 자료를 읽고 정보를 모으고 있다. 하지만 관련 정보를 수집하는 것에 그치지 않고, 이에 대한 생각을 집중할 필요가 있다. 다시 말해 불교에서 설하는 문혜·사혜·수혜 중에 사혜, 즉 사고에 의해 얻어진 지혜를 기르는 것이 필요하다. 이 사혜는 언어나 논리만으로 생각해서는 안 된다. 하나가 되어 생각해 가는 것이다. 하나가 되어 생각해 가면 불가사의하게도 마음 안에서 언어가 역으로 나온다. 그러면 뜻밖에 새로운 생각이 떠오른다. 사실 '몸도 심도 아닌 마음'이라는 것도 열심히 생각하고 있을 때 갑자기 나의 마음속에서 튀어나온 것이다. 본래 그전에 여러 정보가 나의 심층의 아뢰야식 속에 있었지만, 그것이 하나가 되어 생각하는 것에 의해 익어갔던 것이다. 그것이 어느 순간에 갑자기 마음속에 싹을 피운 것이다.

정원에 있는 나무는 외계에 존재하지 않는다. 모든 것은 유식무경이다. 오직 마음만이 존재한다. 이런 유식의 교리를 좌선하면서 계속해서 생각하였더니 다음과 같은 비유가 마음속에서 떠올랐다. 예를 들어 영화를 스크린 앞에 앉아서 보면 비춰진 것이 현실에 있는 것처럼 생각하여 화면에 빨려 들어간다. 그때는 영상이 뒤에 있는 빔 프로젝트로부터 투영된 것임을 알지 못한다. 만약 스크린의 뒤쪽에서 보면 어떨까? 뒤쪽에 서면 프로젝트의 존재가 분명하게 확인되어 '그럼 그렇지! 영상은 투영된 임시적인 존재에 불과하다'는 것을 알게 된다.

마찬가지로 우리는 유식무경임에도 불구하고 빔 프로젝트와 스크린 사이에 살고 있어, 자신도 사물도 현실에 있다[존재]고 착각하여 그것들에 집착하며 살아간다. 전혀 존재하지 않는 변계소집성의 세계에 산다. 하루, 일주일, 한 달, 1년을 살면서 허무하게 매일 매일을 보낸다. 생각해 보면 정말로 두렵다.

그러므로 가능한 10분, 20분이라도 의타기성의 세계로 되돌아가는 시간을 가지면 어떨까. 요가를 하면서 마음을 가라앉힌다. 그때에는 정말로 자신도 존재하지 않는다. 신체도 마음도 없다. 나[我]도 법(法)도 없다. 예쁘다·추하다, 밉다·좋다고 쓸데없이 고민하는 미혹한 세계로부터 10분이든 20분이든 있는 것도 아니고 없는 것도 아니며, 신체도 아니고 마음도 아닌 세계, 즉 연기의 도리에 맡겨진 세계로 되돌아와야 하지 않을까? 이런 생활을 1년, 2년 계속하면 자신도 알지 못하는 사이에 심층의 마음이 점차로 정화되어 갈 것이다.

색으로서의 자연을 관찰하다

여기서는 "그러므로 공에는 색도 없다"라는 경문에 대해 설명하겠다. '색도 없다'의 색은 앞에서 '신체'로 설명했지만, 여기서는 또 하나의 색인 '자연'에 대해 기술하겠다. 우리는 보통 자연은 외계에 존재한다고 생각하지만, 유식은 독자적인 주장을 한다. 즉 '자연은 아뢰야식이 만들었다. 자연을 만든 아뢰야식이 언제나 그것을 계속해서 인식한다'고 주장한다.

물질, 즉 원자나 분자로 이루어진 자연계는 나의 외계에 존재한다. 이것이 상식이고 과학의 견해이다. 하지만 과연 그럴까? 예를 들어 외계에 있다고 하더라도 나는 나의 마음 바깥에 던질 수가 없기 때문에, 바깥에 있는 자연 그 자체를 나는 볼 수 없다. 그러므로 내가 구체적으로 보고 있는 자연은 마음속의 영상이다. 예를 들어 지금 내가 나무를 보고 있다고 하자. 그 나무의 영상은 시각[안식]의 대상이므로 눈을 감으면 그 영상은 사라져 버리지만, 나는 머릿속에서 '나에게는 보이지 않지만, 그 나무는 내 바깥에 있다'고 생각한다. 그러나 유식사상에서는 '그런 나무는 존재하지 않는다. 나무는 아뢰야식에 의해 만들어져 아뢰야식이 언제나 계속해서 인식하고 있다'고 한다.

이런 사고방식은, 인간의 지식은 '힘'이라고 생각하는 인류에게 시사하는 바가 크다. 다시 말해 이 힘에 의해 자연을 지배하고자 한 근대 이후 서양인의 삶의 방식이 물질문명을 발전시켜, 인류뿐만 아니라 모든 생물의 생존을 위협하는 인류, 지구 환경문제를 일으킨 현대의 인류에게 하나의 참고가 되는 가르침이라고 생각한다.

유식사상이 설명하는 자연과 아뢰야식과의 관계를 도표로 그려보자.

| 자연과 아뢰야식의 관계 |

두 개의 자연

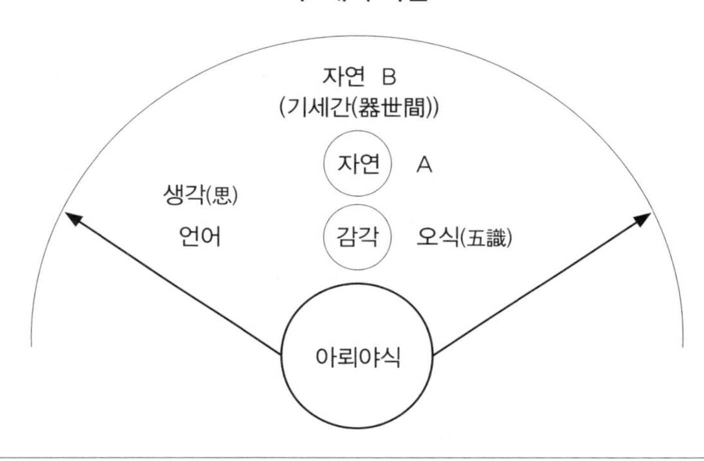

불교 용어로 자연을 '기세간(器世間)', 생물세계를 '유정세간'이라고 한다. 다시 말해 자연이라는 '기(器, 그릇)'속에 생물이 서식하고 있다고 파악하는 것이 불교 자연관의 특징이다. 위의 도표에서처럼 자연을 두 종류로 구분한다.

자연A : 감각에 의해 파악되어, 생각과 언어에 의해 채색되어진 자연이다. 인간이 공유할 수 있는 자연이다.
자연B : 아뢰야식이 만든 것으로, 아뢰야식이 계속해서 인식하는 자연이다. '일인일우주' 속에 있는 자연이다.

A라는 자연이 외계에 있다고 생각함으로써 자연이 돈벌이를 위한

대상이 되고, 삼림 채벌이나 골프장 건설 등의 환경파괴가 진행된다. 나는 '내가 표층의 감각으로 파악한 자연, 그리고 거기에 생각과 언어에 의해 채색되어진 자연만이 자연이 아니다. 내 마음 속에 있는 아뢰야식이 대상으로 있는 자연이 있다'는 자연관에 기초하여, 자연에 대한 의식혁명을 실천하자고 제안하고 싶다. 삼림 채벌 등에 의한 자연파괴를 방지하기 위해서는 정치적·경제적·사회적 관점에서 개혁이나 개선이 필요하지만, 역시 한 사람 한 사람이 자연에 대한 견해를 변화시켜 가는 것이 중요하다고 생각한다. '자연과 더불어', 또는 '자연 친화'라는 말을 하기 전에 자신과의 관계 속에서 조용히 '자연이란 도대체 무엇인가?'라는 질문을 먼저 해야 한다고 생각한다. 감각의 데이터·생각·언어로써 파악한 '자연'의 저쪽에 있는 '있는 그대로의 자연'에 생각을 집중하면, 차갑고 냉랭한 자연이 따듯하고 가깝게 느껴질 것이다.

불교의 우주생성론

이제 불교의 우주 생성설에 대해 알아보자. 불교에는 '사겁(四劫)'설이 있다. 그것은 성겁(成劫, 우주가 생성될 때)·주겁(住劫, 우주가 발전 존속할 때)·괴겁(壞劫, 우주가 파괴될 때)·공겁(空劫, 우주가 완전히 공무(空無)가 될 때)의 4가지 겁을 거쳐 생성과 소멸을 반복한다는 우주론이다. 겁이란 영원하다고 말할 수 있을 정도로 긴 시간을 말한다.

불교의 우주생성론은 현대의 우주론인 빅뱅설과 유사하다고 한다. 확실히 양자 사이에는 공통점이 있지만, 우주가 생성되었을 때의 존재방식에 대한 이해가 서로 근본적으로 다르다. 빅뱅설에서는 왜 빅뱅이 일어났는지 그 원인을 물을 수가 없다. 반면 4겁설은 완전히 빈 상태이기 때문에 "유정의 업의 증상력에 의해 기세간의 전조(前兆)가 생겨, 허공에 미세한 바람이 불기 시작한다"고 설하는 점이 과학적 우주 생성설과 다르다. 이것은 아비달마 논서인 『구사론』에 등장하는 문장이다. 이 생각이 어떠한 체험에서 나왔는지 아니면 완전히 관념적으로 만들어 낸 것인지는 알 수 없지만, 하여튼 '유정의 업력'이 우주 생성에 관여하고 있다는 것에 주목할 필요가 있다고 생각한다. 다시 말해 우주는 무기물로서 인간으로부터 독립한 것이 아니라는 견해가 중요하다.

지금 유식의 '일인일우주'의 세계관에 비추어 생각해 보면 우리는 서로 말로써 자연을 설정한 것이다. 우리는 '일인일우주'로 그 우주의 바깥에 던져져 있는 것이 아니다. 그럼에도 불구하고 왜 "저곳에 나무가 있네"라고 서로 인정할 수 있는가? 생각해 보면 불가사의하다.

철학자 칸트(Immanuel Kant, 1724~1804)라면 인간은 모두 시간·공간이라는 선험적인 직관형식을 가지고, 동시에 오성이 선험적인 카테고리를 가지고 있기 때문이라고 설명할 것이다. 반면 유식사상에서는 심층의 아뢰야식에 공통의 업을 생기시키는 종자가 선천적으로 잠재해 있기 때문이라고 대답할 것이다. 확실히 여러분 한 사람 한 사람이 보고 있는 나무의 영상과 내가 보고 있는 나무의 영상은 다르지만, 이것을 서로 언어로 "아! 저기에 나무가 있네"라고 말하고, 그곳에 '나무'를 설정한다. 나무뿐만 아니다. 넓게는 자연·세계·우주를 설정한다. 이것은 사실이다. 이 사실을 사실로 인정하고, 그 위에 모든 인간이 인정하는 자연·세계·우주 속에 살아가는 것이 중요하지 않을까.

새로운 자연관 · 우주관으로

앞에서 자연에는 '모든 인간이 공유하는 자연'과 '일인일우주 속에 있는 자연'의 둘로 나누었지만, 이 두 자연관을 합친 새로운 자연관 내지 우주관을 형성하는 시대가 도래한 것 같다. 앞에서 설명했지만, 인력의 법칙도 마음속에 있었다. 또는 자신은 광대무변한 우주 속의 일부가 아니라, 그와 반대로 광대무변한 우주를 만들었다고 생각함으로써 삶의 방식이 다르게 되는 것은 아닐까? '일인일우주'라는 구체적 세계에 가만히 빠져들어, 가능하다면 마음 깊은 곳에 침잠해서 아뢰야식이 만든 자연[기세간]을 조용히 바라보면, 광대무변한 공통의 우주가 있다는 우주관을 갖는 것보다 '좋아! 살아 보자'는 용기나 의지가 솟아오르는 것은 아닐까?

앞에서 '의지'라는 말을 했다. 의지는 무엇보다도 중요하다. 이미 말했지만, 양자역학도 인간의 의지를 대단히 중요하게 생각하기 시작했다. 하이젠베르크의 불확정성 원리에서는 전자의 속도를 관찰하려고 생각하며 관찰하면 위치를 알 수 없게 되고, 반대로 위치를 관찰하려고 생각하여 관찰하면 속도를 알 수 없게 된다고 한다. 즉 관찰자의 의지가 사물의 상태[모습]에 관여하고 있다는 것이다.

의지에 의해 세계가 변한다. 이것은 일상생활에서도 경험할 수 있다. 지금 여러분이 나의 강의를 들으면서 '다리가 아픈데, 빨리 안 끝나나!'라고 생각하면 세계는 변한다. 그러나 '좋아! 무슨 일이 있어도 끝까지 들겠다'라고 생각하면, 다리 아픈 것이 조금 덜하게 될 것이다. 넓게 말하면 존재의 어느 곳에 마음의 초점을 맞추는가에 따라 세계는 변한다. 의지의 작용이 이토록 중요하다.

그런데 인간의 행위, 즉 업에는 신구의(身口意)의 삼업이 있다. 그중에 의업이 근본인데, 이것을 사업(思業)이라고도 한다. 이 의지는 '진리란 무엇인가?'에 관한 진리론에도 관여한다. 'a는 b이다'라는 판단이 진정으로 바르다면, 그것이 바로 진리다. 그때 그 판단이 옳은지 그른지를 판단하는 근거를 단순히 지적 영역에서만 구하지 말고, 심층심에 잠자고 있는 의지를 깨우는 곳까지 추구해야 하는 것이다. 지성을 만족시키고, 게다가 깊은 곳에 잠자고 있는 의지도 만족시키는 'a는 b이다'라는 판단, 이런 판단을 우리는 자신 속에 확립해 가야 할 것이다.

예를 들어 '오온은 아(我)도 아니고 아소(我所)도 아니다'라는 가르침이 있지만, 이것을 우선은 논리적·지적으로 이해하고, 동시에 그것이 의지를 만족시키는지 아닌지를 물어보아야 할 것이다. 우리는 보통 신체와 마음은 자신의 것이라고 생각하여 그것에 집착[我執]한다. 예를 들어 아내를 '내 아내'라고 생각해서 소유하고자 한다. 그러나 어디서 찾아도 '나', '나의 것'이라는 것은 존재하지 않는다고 알고서, '정말 그렇네!'라고 판단함으로써 '그래! 나의 것이 아닌 신체와 마음을 타인을 위해 사용하자'는 용기가 솟아오를 것이다. 여기에 새로운 인생이 시작된다.

지금까지 자연과 아뢰야식의 관계에 대해 설명했다. 조금 부족한 점이 있지만 이번 강의는 여기서 마치겠다.

—

제14강

사성제

겉과 속

다음으로 '고집멸도도 없다(無苦集滅道)'는 경문을 살펴보자. 앞에서도 몇 번이고 설명했지만, 이 '무'는 결코 부정적인 허무의 무가 아니다. 만약 이것이 부정된다면 부처님이 설한 초기경전 이래의 가르침이나 부파불교 시대의 가르침은 전부 부정된다. 그러나 우리는 긍정과 부정이 성립하는 두 가지의 세계에 살아가야만 한다는 것이 불교의 '중도', 즉 '중'의 삶의 방식이라고 생각한다. 지금 '고집멸도가 없다(無苦集滅道)'고 단정하는 것은 '공에 있어서', 즉 '반야의 지혜에 의해 비추어진 세계에 있어서'라고 말할 수 있다. 우리는 현실적으로 차별적 세계에 살고 있다. 괴로움도 있고 갈애도 있으며, 게다가 수행이라는 실천도 있다. 그 결과로 열반이라는 훌륭한 마음의 경지를 얻을 수 있다. 그러나 인간이 이런 세계에만 살고 있다면(비유하면 종이의 겉면으로만 살아간다면) 아무래도 그것에 집착이 일어난다. 그리고 그 집착의 결과로 괴로움과 미혹이 일어나고, 결국 죄를 짓게 된다.

이처럼 괴로움·미혹·악을 없애기 위해서 우리는 '부정의 세계', 즉 종이의 안쪽 세계를 알아야 한다. 그리고 여기서 '고집멸도는 없다'고 단정하는 것이다. 무라고 해서 아무것도 생각하지 말라는 것이 아니다.

오늘은 종이의 표면에서 우리가 미혹하는 모습과 미혹하고 있는 것을 자각하여 그것을 없애 가는 깨달음에로의 길이라는 두 가지를 설명하고자 한다. 다시 말해 불교의 대표적인 가르침인 고집멸도의 사성제에 대해 유식사상을 참고하여 설명하고자 한다.

사성제란 무엇인가

사성제 중의 '제(諦)'는 범어 '사트야(satya)'의 번역이다. 이 말은 이미 앞에서 설명했지만, '있다, 존재하다'는 뜻의 동사 √아스(as)의 현재진행형 '사트(sat)'에서 파생한 명사로 '현재 존재하고 있는 것'이라는 의미다. 그러므로 불교에서는 '현재 있는 것'을 진리라고 생각한다. 이런 점이 기독교와 다르다. 기독교에서 궁극적 진리는 인간을 초월한 초월자로서의 유일하고 절대적인 신이다. 그러므로 현재하고 있다고 인식할 수 없다. 기독교의 신은 결코 인간의 눈으로 볼 수 없으며, 보이지 않는 신이다. 불교에서 부처님은 법신·보신·응신의 삼신론이 있는데, 법신은 우리들에게 모습을 나타내지 않는다. 즉 우리가 볼 수 없는 부처님의 신체이다. 그러나 이 법신은 기독교에서 말하는 인간을 초월한 초월자가 아니고, 어디까지나 부처는 우리의 마음속에 존재한다.

하여튼 불교는 현재 있는 것을 진리, 즉 '제(諦, satya)'라고 생각하고, 이로써 고집멸도의 사성제를 세웠다. 먼저 '괴로움'이라는 진리, 즉 '고성제[괴로움에 관한 성스러운 진리]'다. 그리고 두 번째는 '고집성제'이다. 여기서 '집(集)'이란 '원인'의 의미로, 고집성제란 '괴로움이 일어나는 원인에 관한 성스러운 진리'라는 뜻이다. 즉 고성제와 고집성제로 미혹한 세계의 인과관계를 설한 것이다. 다시 말해 '집[원인]'이 있기 때문에 '고'라는 결과를 초래한다는 인과관계이다.

다음에는 깨달음의 세계에서의 인과관계가 '고멸성제'와 '고멸도성제'이다. 고멸도성제란 괴로움을 멸하는 방법[道]에 관한 성스러운 진리라는 뜻으로, 길[방법]을 걸어가서 도달하는 깨달음을 말한다. 열반이 멸제이다. 그러므로 고멸도성제가 원인[인]이고 고멸성제가 결과[과]이다.

이처럼 사성제는 병을 치료하는 의학적 사고방식에서 힌트를 얻은 것이다. 몸이 아파 병원에 가면 "어떻게 오셨나요?"라고 의사가 묻는다. 그러면 환자는 여러 가지 병의 증상을 이야기한다. 이것이 고성제다. 그러면 "최근 어떻게 생활했어요?"라고 하여 의사는 병의 원인을 찾는다. 이것이 고집성제다. 그리하여 병의 원인을 찾았으면 의사는 환자에게 처방전을 준다. 이것이 고멸도성제다. 그리고 환자가 약을 먹으면 병이 낫는다. 이것이 고멸성제이다. 이처럼 깨달음의 세계에서는 고멸도성제가 원인이고 고멸성제가 결과이다.

이와 같이 부처님은 의학적 지식으로부터 사성제를 세웠다. 부처님의 뛰어난 점은 사실을 사실로서 보고 현상세계의 배후에 작동하는 법칙, 즉 도리[理]가 무엇인지 추구하였다는 것이다. 그리고 모든 존재에 작동하는 도리로서 '연기의 도리'를 깨달았다. 연기란 '인연생기'의 줄인 말로, 모든 사물은 인과 연에 의해 생기한다는 법칙이다. 이처럼 원인으로써 인[근본 원인]과 연[보조 원인]을 세운 것이 부처님의 뛰어난 점이다. 아무튼 어떤 결과가 있으면 그 결과를 생기시키는 원인은 반드시 있다. 즉 인과의 도리가 작동하고 있다. 그래서 부처님은 이 인과의 도리인 연기의 도리를 믿으라고 우리에게 호소한다. 부처님 당시 바라문교[힌두교]에 저항한 다양한 사상이 북인도를 중심으로 일어났는데, 그중에 하나가 인과를 부정하는 유물론이었다. 부처님은 이런 사고방식에 대해 인과를 부정하는 잘못된 견해, 즉 '인과발무(因果撥無)의 사견(邪見)'이라고 강하게 비판했다.

우리들의 행위 하나하나는 결과를 생기게 한다. 이것은 두 가지의 의미로 결과를 초래한다. 다시 말해 순간순간 행위는 먼저 타인에 대해서 영향을 줄 뿐 아니라 동시에 자기 자신에게도 영향을 미치기 때문이다. 이것은 아뢰야식연기라는 연기관을 배우면 알 수 있다. 본래 불교의 업사상은 자업자득이 강조되어 자신에게만 결과를 초래한다는 이른바 대자적(對自的)인 측면만을 생각하기 쉽지만, 결코 그렇지 않다. 업, 즉 행위의 작용에는 대타적(對他的)인 측면도 있다. 요즈음 사람들, 특히 젊은이들은 이런 사실을 잊고 사는 것 같다. 그들은 지하철 안에서 휴대폰이나 화장을 한다든지, 담배꽁초를 아무 곳에나 버려도 타인에게 민폐를 끼친다고 생각하지 않는 것 같다. 그러나 이런 모든 행위는 타인에게 민폐를 끼친다.

그리고 동시에 그 행위는 자기 자신의 심층심에 영향을 준다는 것도 잊어서는 안 된다. 담배꽁초를 버리면 거리가 더럽게 되지만 동시에 자신의 심층심, 즉 아뢰야식을 더럽히는 것이다. 이처럼 하나의 행위가 이중의 결과를 초래함에도 불구하고, 이 인과의 도리를 믿지 않는 사람들을 부처님은 강하게 비판하였다.

아뢰야식 종자

인과(因果) 중에 인(因)을 세분하면 인(因)과 연(緣)으로 나뉜다. 그 중에 인은 근본 원인, 연은 보조 원인이다. 예를 들어 식물의 씨앗(직접원인)을 책상 위에 두면 결코 싹이 나지 않는다. 그러나 씨앗을 땅에 묻고 물을 주고 적당한 온도를 유지하면 싹은 난다. 이 물과 온도가 연(緣)이다. 우리가 보통 원인이라고 하는 것은 거의 대부분 보조 원인인 연(緣)이다. '저 사람 밉다'는 괴로움을 일으키는 것을 예로 들어 보자. '나는 왜 이렇게 되었을까? 왜 이런 결과가 일어난 것인가'라고 생각해 보자. 그러면 자신의 마음속에 밉다는 마음이 일어나기 때문에 그 사람이 밉다는 결과가 생긴다는 것을 알아차릴 것이다. 이 밉다고 생각하는 마음이 바로 연(緣)이다.

그렇다면 그 사람을 미워하는 결과를 생기지 않기 위해서는 연(緣), 즉 밉다는 마음을 없애버리면 된다는 것도 알아차린다. 그렇지만 좀처럼 없앨 수 없다. 누르고 눌러도 미운 감정이 솟구쳐 오른다. 그래서 유식사상에서는 사람을 미워한다는 결과보다 깊은 원인을 찾았는데, 그것을 아뢰야식의 종자라고 했다. 다시 말해 모든 근본 원인인 인(因)이 아뢰야식 종자라는 것을 유식 논서에서는 강조하고 있다. 평소에는 알아차리기 힘들지만, 마음 깊은 곳에 잠재해 있는 '밉다고 생각하는 마음을 일어나게 하는 가능력'이야말로 근본 원인이라고 생각하는 것이 납득하기 쉽다. 그래서 이 생각에 대해 불교 내부에서 반론은 등장하지 않는다.

이처럼 괴로움의 원인을 깊이 있게 찾아보자. 그러면 반드시 심층에 그 원인을 찾을 수 있을 것이다. 그러면 그 근본 원인을 없애려는 실천의 의지가 솟아오를 것이다. 즉 아뢰야식 속의 더러운 종자를 태워 없애고자 하는 정열이 솟아오를 것이다.

진지하게 유식사상을 공부해 보면, 일상생활에서 이것을 활용해 보고자 하는 생각이 점차로 강하게 될 것이다. 나도 연(緣)이 있어 30년 가까이 유식을 공부할 수 있게 되었다. 정말로 감사하게 생각한다.

고성제

이제 사성제 중의 고성제[괴로움에 관한 성스러운 진리]에 대해 설명해 보자. 괴로움에는 삼고(三苦), 즉 3가지 괴로움이 있다.

고고(苦苦) : 더위, 추위, 기근 등에서 오는 괴로움
괴고(壞苦) : 자기가 좋아하는 대상이 없어질 때 생기는 괴로움
행고(行苦) : 일체 유위법이 무상하여 변하는 것에서 오는 괴로움

먼저 고고(苦苦)란 더위, 추위, 굶주림, 목마름 등의 괴로움이다. 다시 말해 자연 등의 외계의 상황에 의한 괴로움이다. 그러므로 천재지변도 고고에 속한다. 그런데 우리가 어떻게 할 수도 없는 지진 등의 천재도 있지만, 지금 세계 각지에서 일어나는 사막화 등에 의한 기근은 산림 채벌이나 지구온난화 등의 인재에 의한 괴로움이라는 것이 문제

이다.

괴고(壞苦)는 자기가 좋아하는 대상[樂境]이 변화하여 사라지는 것에서 생기는 괴로움이다. 이것은 일상에서 우리가 자주 경험하는 괴로움이다. 우리가 느끼는 감수작용에는 괴롭게 받아들이는 고수(苦受)와 즐겁게 받아들이는 낙수(樂受)가 있다. 그러나 즐겁게 느끼는 감수작용도 그 본질은 고(苦)이다. 왜냐하면 즐겁다고 느끼는 대상은 반드시 언젠가는 변화하여 없어지기 때문이다. 사실 우리는 즐거움과 괴로움 사이를 왔다 갔다 한다. 그러므로 즐거움과 괴로움을 왔다 갔다 하는 그 자체가 여전히 고(苦)다.

우리가 좀처럼 실천하기 힘들지만, 고도 아니고 낙도 아닌 또 하나의 감수작용, 즉 불고불락의 감수작용으로 살아가는 것이 이상적인 삶이 아닐까. 불고불락의 감수작용을 '사수(捨受)'라고 한다. 그런데 '사(捨)'라는 말은 중요하다. 사(捨)란 '치우치지 않는 마음'이라고 할 수 있다. 다시 말해 곧바로 서서 어느 쪽으로도 기울지 않은 삶의 방식으로, 불교가 이상으로 삼은 삶이다. 사실 『유가사지론』[삼장법사 현장이 범어 원본을 구하기 위해 인도로 갈 만큼 중요한 논서]에서도 치우치지 않는 마음을 강조한다. 이곳에는 아라한[깨달음을 얻은 성자. 대승불교에서는 그 깨달음을 소승적이라고 한다]이 되면 보고 듣고 만지는 등 무엇을 해도 걱정도 없고 기쁨도 없다고 설한다. 지금 나의 마음속에 떠오르는 것은 미야자와 겐지의 '비에도 지지 않고'라는 시의 "모든 일에 자신을 고려하지 않고, 잘 보고 듣고 알아 그리고 잊지 않고"라는 한 구절이다. 모든 것에 자신은 고려하지 않고 견문각지(見聞覺知)하는 삶의 방식이다. 이것은 바로 아라한이나 보살의 삶의 방식이다. 우리는 무엇을 보아도 좋아하거나 싫어한다. 또는 일희일우(一喜一優)한다. 그렇지만 보살이나 아라한이 되면 보거나 듣거나 무엇을 해도 걱정이나 기쁨이 없어진다는 것이다. 정말로 자신에 대한 집착이 없어지면 걱정도 기쁨도 사라진다.

앞에서 설명한 것은 사실 종이의 표면[바깥쪽]의 이야기라고 할 수 있다. 다시 말해 이런 세계가 있다는 것을 알고, 그리고 종이의 표면에서 일희일우(一喜一優)하는 것이다. 이것은 무언가 모순이 있는 것 같지만, 그렇지 않다. '부처님은 이제로써 법을 설한다'고 했다. 이제(二諦)란 승의제와 세속제를 말한다. 세속제란 이른바 종이의 표면 세계로 인간이 일희일우하는 세계를 말한다. 승의제란 이른바 종이 뒷면[안쪽]의 세계, 즉 자신을 없앤 세계로, 기쁨도 슬픔도 없는 세계를 말한다. '나는 내가 아니기 때문에 나이다'라는 도리에 따라, 다시 종이의 안쪽 즉 자신이 아닌 자신이 되고 종이의 표면으로 되돌아가 다시 슬퍼하고 기뻐하는 것이다. 이때는 기쁨도 걱정도 자신에게 되돌아오지 않게 된다. 다시 말해 타자에 대한 걱정과 타자에 대한 기쁨으로 전환되는 것이다.

이것은 직접 체험해 보아야 하지만, 지금 여러분은 논리로 알았다고 생각한다. 보통 우리는 '자신'을 삶의 중심에 두고 자신이 걱정하고 자신이 기뻐하는 세계에서 살아간다. 자신을 부정하는 세계에 침잠해 보자. 요가나 좌선을 실천함으로써 '자신'이라는 환영이 융해되어 버리는 세계에 빠져 들어가 보자. 이곳에 빠지는 시간이 많으면 많을수록 자신은 없어지게 된다. 그리고 다시 한 번 눈을 뜨고 귀를 기울여 살아가면, 지금까지 자신을 위해 사용하던 에너지가 타인에게 향하게 되어, 타자에 대한 걱정·타자에 대한 기쁨이 되는 것이다. 보통 사람은 좀처럼 실천하기 힘들지만, 하나의 이상적인 삶의 방식으로서 마음에 새겨둘 필요는 있을 것이다.

행고(行苦)란 일체의 유위법이 무상하여(변하여) 생기는 괴로움이다. 이것도 모든 것에 걸쳐 있는 괴로움이다. 행이란 현상적 존재[만들어진 것]라는 뜻으로, '행'이란 글자가 들어가는 말 중에 '제행무상'이라는 유명한 가르침이 있다. '모든 것[만들어진 모든 것]은 무상이기 때문에 고이다'는 인과관계는 우리들에게 늘 작용하고 있다. 그러므로 우리는 '제행무상'의 가르침을 확실하게 확인할 필요가 있다. 유식사상에서는 다음과 같은 두 가지 방식으로 확인한다.

현량(現量)[40]
비량(比量)

현량이란 감각으로 확인하는 것을 말한다. 감각으로 확인할 수 있는 것을 찾아보자. 매미를 예로 들어보자. 매미는 여름에 열심히 운다. 그러나 여름이 끝나 가면 여기저기에 매미의 시체가 나뒹군다. 작년 가을 나는 귀뚜라미를 키웠다. 귀뚜라미의 울음소리는 나를 즐겁게 해주었다. 하지만 그 울음소리는 점점 작아졌다. 두 마리 중에 한 마리가 먼저 죽고, 한 마리마저도 한쪽다리가 떨어져 나간 상태로 울었

40 현량이란 범어 '프라티약샤(pratyakṣa)'의 번역으로, '눈(akṣa)에 대한(prati)·현전(現前)의' 등의 의미이다. 6감관(根)에 의해 대상을 직접(現前) 지각하는 것이나 직관하는 것을 의미한다. 그래서 '직접지각'이라고도 번역한다.

다. 드디어 울 수도 없는 날이 왔다. 그것을 보면서 나는 굉장히 슬펐다. 이런 매미나 귀뚜라미 등의 생물을 통해 얻은 '제행무상'의 가르침을 현대 젊은이들에게 나는 알리고 싶다.

요즈음은 대부분 죽음을 병원에서 맞이한다. 가능하다면 병원에서 죽음을 맞이하는 것보다는 집에서 죽음을 맞이하면 어떨까. 할아버지나 할머니가 집에서 돌아가시는 것을 접하면서 젊은이들이 인간의 죽음이라는 엄숙한 제행무상의 도리를 깨닫는 것도 중요하다고 보기 때문이다. 이처럼 인간이 죽는 것은 자연의 도리이고, 진리라는 사실을 감각의 데이터로 아는 것이 중요하다.

다음은 비량에 대해 알아보자. 비량(anumāṇa)이란 생각[추리]한다는 의미다. 그러므로 최종적으로 제행무상을 자신이 논리적으로 생각해 가는 것이 필요하다. 감각적으로 실감하는 것에만 머물지 말고, 그 실감한 것이 왜 그러한가를 논리적으로 생각해 가는 것이 인간의 뛰어난 점이다. 제행은 무상이라는 것을 여러 가지 각도에서 논증할 수 있는데, 인과로써 설명해 보자. 과[결과]는 반드시 인[원인]이 변한 것이다. 반드시 원인이 변화해서 결과가 되는 것이다. 이것은 틀림없는 사실이다. 예를 들어 나무는 종자에서 싹이 나고, 싹에서 뿌리, 뿌리에서 가지로 성장하였지만, 이것 모두는 앞의 원인과 결과가 다른 것이다. 그래서 무상이라는 결론을 내릴 수 있다. 게다가 모든 현상은 반드시 무언가의 원인에서 생긴다. 그렇다면 일체의 현상은 변화하는 것, 즉 제행무상이라고 논리적으로 증명한 것이 된다. 이처럼 논리적 사고에 의해 제행무상의 도리를 최종적으로, 자신 안에서 보다 강하게 납득할 수 있게 될 것이다.

이상으로 고고·괴고·행고의 삼고에 대해 설명했다. 이 이외에도 사고[생로병사]나 팔고[8가지의 괴로움]도 있지만, 앞에서 설명했기 때문에 생략하겠다. 다만 병고(病苦)와 사고(死苦)에 대해서 잠깐 설명을 덧붙이고자 한다.

병고(病苦)는 신체적 괴로움과 정신적 괴로움으로 나눌 수 있다. 이 중에 의학은 감사하게도 약을 사용하여 신체적 괴로움을 없앨 수 있다. 그러나 병고는 죽음의 괴로움[死苦]과 연결된다. 다시 말해 병에 걸린 사람은 그 괴로움이 죽음에로의 괴로움으로 연결되어 간다. 죽는다는 괴로움, 즉 마음의 괴로움이 육체적 괴로움보다 더 큰 괴로움일 것이다. 그러나 의학은 아무리해도 사고(死苦)는 해결할 수 없다.

그래서 종교가 필요한 것이다. 그렇다면 불교에서는 죽음의 괴로움을 어떻게 해결하는가? 나는 부처님이 보리수나무 아래에서 무상정등각을 얻어, 처음으로 말씀하신 '불생·불사·불사의 세계를 접했다'는 가르침을 믿는 것이, 그 출발점이라고 생각한다. 물론 최종적으로는 태어나는 것도 늙어가는 것도 죽는 것도 없는 세계에 스스로 접촉해야 하는 것이다. 바꾸어 말하면 반야의 지혜인 공(空)을 깨달을 필요가 있지만, 이곳에 이르는 첫걸음이 앞에서 언급한 부처님의 말[가르침]을 믿는 것이다.

그리고 그 다음에는 '그래! 이 세계에 도달해 보자!'라고 결심하고 첫발을 내딛는 것이다. 그 실천의 첫걸음은 10분이든 20분이든 조용히 앉아서 요가나 선정을 행하는 것이다. 그것은 '의타기성의 세계로 되돌아가는 것'이다. 예를 들어 조용히 앉아 날숨·들숨과 하나가 될 때 혹은 숨에 맡긴 경우 신체도 마음도 없다. 이 한 순간에 '지금, 여기'와 하나가 될 때는 삶도 죽음도 없다. 좀처럼 하나가 되는 것은 힘들지만, '지금, 여기'라고 말을 하면서 자신을 질타(叱咤)하거나 격려하면서 모든 에너지를 집중에 간다. 이것은 간단한 것 같지만 좀처럼 하기 힘들다. 그렇지만 하면 할 수 있다.

이와 같이 조용히 앉아 '무엇인가? 무엇인가?'라고 추구해 가는 것이 불생·불노·불사의 세계에 첫발을 내딛는 것이다. 우리는 하루 종일 여러 가지 의미에서 눈과 귀를 통해서 주어진 귀중한 삶의 에너지를 외계로 흘려보내 낭비하고 있다. 비록 미미하지만 그 에너지를 자신에게로 되돌려 '도대체 무엇인가?'라고 추구하는 시간을 가지는 것이 중요하다고 생각한다. 앉아 있을 때만 아니라 길을 걸을 때도 무엇을 하든 들숨·날숨과 하나가 되어 간다. 하나가 되면 될수록 불가사의한 존재의 신비가 보일 것이다.

고집성제

다음은 고집성제[괴로움이 일어나는 원인에 관한 성스러운 진리]이다. 여기서 '집'이란 고의 원인을 말한다. 고의 원인은 무엇일까? 한마디로 말하면 '번뇌'이다. 번뇌 중에서 가장 근원적인 번뇌가 아무것도 알지 못하는 무명이다. 무명이라는 근본번뇌에 의해 우리는 다양한 탐욕이나 분노가 생긴다. 탐욕을 탐애(貪愛)라고 하며, 간단하게 말하면 애(愛)라고도 한다. 다시 말해 애와 분노가 일상생활에서 마음을 어지럽히는 원인이다. 이 중에 '애'는 고집성제의 집(集), 즉 괴로움의 원인이다. 우리는 무언가에 애나 애착을 가지고 있기 때문에 집착이 생기고, 거기에 괴로움이 결과적으로 생긴다. 이런 것은 일상생활 속에서 체험할 수 있다.

다시 '죽음'의 문제로 되돌아가자. 불교는 죽고 싶다는 생각도 하나의 애착으로 보고 부정한다. 죽고 싶다는 것은 존재하고 싶지 않다는 애착이다. 물론 지금 사랑하는 사람이나 자식이 있거나 만족한 삶을 보내는 사람은 보다 오래 살고 싶다고 생각하지만, 정말로 불행한 사람이나 괴로움에 시달리는 사람은 죽고 싶다고 생각할 것이다. 그러나 불교는 이것에 대해 아주 엄격하게 고찰한다. 왜냐하면 삶과 죽음, 존재나 비존재, 시간과 공간은 모두 인간이 생각해 낸 어리석은 환영으로, 이런 것은 진실로 존재하는 것이 아니라고 하는 것이 불교의 기본적인 입장이기 때문이다. 그러므로 지금 살고 있는 세계나 사후세계에 집착하지 말 것이며 혹은 또다시 태어나고 싶다는 생각도 하지 말아야 한다.

고멸도성제

그렇다면 어떻게 해야 할까? 그래서 '무분별지로 살아가야 한다'고 유식사상에서는 호소한다. 다시 말해 '중(中)'을 알고 '중(中)'을 실천해야 한다. 즉 '중도(中道)'를 실천하라고 강조한다. 이 중도가 고멸도성제의 도(道)에 해당한다.

중도란 무엇인가? 부처님은 '비상비단(非常非斷)의 중도(中道)'라고 설한다. 상주도 아니고 단멸도 아니다, 즉 죽으면 있는 것도 아니고 없는 것도 아니라고 관찰하라는 것이다. 이와 같은 중(中)의 견해를 유식사상에서는 '무분별지'로 살아가는 것이라고 한다. 무분별지란 한 순간에 하나가 되어가는 것이다. 자신도 없고 타인도 없으며, 자신과 타인 사이에 성립하는 행위도 없다. 이 삼자를 분별하지 않는 '삼륜청정'의 무분별지야말로 중도라고 유식사상에서는 강조한다. 이처럼 중(中)을 보는 지혜를 '반야'라고도 할 수 있다. 『대반야경』에는 "이와 같이 반야바라밀다는 능히 중도를 나타낸다. 실로자(失路者)로 하여금 이변(二邊)을 떠나게 하기 위함이다"고 하였다. 여기서 '실로자'란 길[路]을 잃은 자, 어떻게 살아가야 할지 모르고 헤매는 사람을 말하지만, 우리는 보통 유와 무, 자신과 타인으로 둘로 나눈다. 이러한 극단적인 생각에서 벗어나기 위해 반야의 지혜를 키우고, 이것에 의해 공을 깨달아, 이변(二邊) 즉 극단적인 생각을 없애서 자유롭게 살아가자고 경문에서 말하는 것이다.

게다가 반야를 몸으로 체득하면, 어떤 삶의 방식이 될까? 다음 경문에서는 "보살마하살이 반야바라밀다를 수행할 때 이와 같이 일체를 보지 않고, 보지 않기 때문에 집착이 생기지 않는다"고 설한다. 반야에 의해 공을 본다. 즉 반야라는 무분별지를 작동시켜 살아가면 분별하는 것이 없다. 일체를 보는 것도 듣는 것도 없다. 그러므로 그곳에는 집착이 생기지 않는다. 집착이 생기지 않기 때문에 자기 자신도 괴롭지 않다. 자기 자신이 괴롭지 않는 대신에 자신의 에너지를 타자에게 베풀어 갈 수 있게 될 것이다. 그리하여 진정한 의미의 이타행이 펼쳐지는 것이다.

『반야경』은 궁극적으로 무엇을 설하고자 했을까? 그것은 자기를 멸한 이타행을 실천하자는 것이다. 반야바라밀다를 실천하는 것은 결국 살아 있는 사람들을 위해 살아가는 것이다.

용수의 『중론(中論)』에서는 "불생불멸 부상부단 불일불이 불래불출"이라는 '팔불중도'의 가르침이 있다. 이 경문에 대해 학문적으로는 다양한 연구가 있다. 그렇지만 실천과 연결되지 않으면 의미가 없다.

고멸성제

다음은 고멸성제이다. 중도를 실천하여 최종적으로 도착하는 곳이 번뇌를 멸한 열반이다. 여기서 멸(滅)이란 열반이다. 열반에 대해 불교의 각 학파는 각각의 견해를 제시하고 있지만, 유식사상에서는 열반을 다음의 4가지로 분류한다.

①본래자성청정열반(本來自性清淨涅槃) : 진여

②유여의열반(有余依涅槃) : 번뇌장을 끊었지만 이숙의 괴로운 결과[苦果]인 여분의 의신(依身)이 남아 있다.

③무여의열반(無余依涅槃) : 번뇌장도 끊고 괴로운 결과[苦果]인 신체도 멸하였다.

④무주처열반(無住處涅槃) : 소지장을 끊었다. 대지·대비한 보살의 열반. 대지(大智)이므로 생사[윤회]에 머물지 않고, 대비(大悲)이므로 열반에 머물지 않는다.

이것이 완성된 열반론이다. 모든 근원을 진여에 구하고, 마음을 정화함으로써 그 진여가 어느 정도로 마음속에 나타나는가에 의해 무여의에서 무주처까지 열반을 나누었다.

번뇌장을 없앴지만, 여전히 신체를 가진 상태로 얻은 열반이 유여의열반이다. 번뇌장이 없어지고 게다가 신체도 없어진 열반이 무여의열반이다. 그러나 이것은 소승적 열반이므로 대승은 마지막의 무주처열반을 이상으로 삼는다. 이것은 대승의 보살이 도달할 수 있는 열반으로 이 단계는 소지장마저 끊은 단계이다. 다시 말해 유무나 자신과 타인이라고 하는 생각이나 언어가 없어져 알아야 할 것, 즉 진여를 완전히 알고, 대지와 대비를 가지고서 사람들을 위해 이타행을 실천할 수 있게 된다. 무주처열반의 열반은 생사와 대립하는 열반이 아니라, 괴롭더라도 사람들을 위해 괴로워하면서 살아가는 삶의 방식으로서의 열반이다. 즉 "대지(大智)이므로 생사[윤회]에 머물지 않고, 대비(大悲)이므로 열반에 머물지 않는다"는 삶의 방식이다. 생사에도 머물지 않고 열반에도 머물지 않는 삶의 방식이 전개되는 것이다.

나는 최근 이런 보살의 삶의 방식에 진정한 행복이 있다고 확신하게 되었다. '나는 어떻게 돼도 괜찮아', 이런 생각으로 살아가는 중에, 문득 이것을 알아차리면 자신의 행복과 연결된다고 생각한다. 이런 의미에서 무주처열반은 나에게 커다란 버팀목이다. 나도 점차로 죽음에 가까워지고 있다. 어떻게 나의 죽음을 해결할 것인가가 문제이다. 그래서 '좋아! 내 행복은 어떻게 돼도 괜찮아. 생사를 반복하더라도 타인을 위해 살자. 나는 죽는 것이 아니다'라는 생각과 말을 마음속에 되새기면 죽음의 공포가 점차로 얇아질 것이다. 죽음이 두려운 사람이라면 한 번쯤 나와 같은 생각을 해보길 권한다.

—

제15강
무소득과 유식성

무소득과 유소득

이번에는 『반야심경』의 다음 경문을 살펴보자.

●

얻어지는 것이 없기 때문이다. 보리살타[보살]는 반야바라밀에 의지하기 때문에 마음에 가애도 없다. 가애가 없기 때문에 두려움도 없고, 전도몽상을 멀리하여 최상의 열반에 들었다.
以無所得故 菩提薩埵 依般若波羅蜜多故 心無罣礙 無罣礙故 無有恐怖 遠離顚倒夢想 究竟涅槃

제14강에서 '고·집·멸·도도 없다. 지(智)도 없고 또한 얻음도 없다'는 경문까지 설명을 했다. 여기서는 마지막 구절인 '얻어지는 것이 없기 때문이다', 즉 '무소득(無所得)'에 대해 설명하고자 한다. 무소득의 반대말은 '유소득(有所得)'이지만, 보통 소득이라고 하면 돈과 관련되는 것이 대부분이다. 그러나 여기서 말하는 소득은 다르다. 먼저 세친의 『유식삼십송』에 나오는 무소득을 참고로 하여, 『반야심경』의 무소득을 설명하고자 한다.

"식을 일으키고 유식성에 머물기를 구하지 않고서는 이취[능취와 소취]의 수면[번뇌]을 아직 능히 복멸[단멸]할 수 없다(뜻을 일으켜 유식의 본성과 일체가 되는 것을 구하지 않는 단계에서는 능취와 소취의 견해를 생기게 하는 번뇌를 복멸할 수 없다).〈26게송〉

현전에 소물을 세워 이것이 유식의 본질이라고 생각한다. 소득이 있기 때문에 실로 유식에 머물지 않는다.〈27게송〉

만약 이때에 소연[대상]에 대해서 지혜[智]를 모두 얻는 바가 없다면, 그때에 유식에 머무는 것이다. (왜냐하면) 이취[소취와 능취]의 상을 떠났기 때문이다.〈28게송〉

무득이고 부사의이므로 이것은 출세간지이다. 두 개의 추중을 버리는 까닭에, 즉 전의를 증득한다.〈29게송〉

이것(究竟位)은 무루계이고, 부사의이고, 선이고, 상이고, 안락이고, 해탈신이고, 대모니의 법이라 이름한다.〈30게송〉"[41]

먼저 '무소득'을 설명하기 전에 '유식성(唯識性)'이라는 개념을 설명

41 『유식삼십송』 제26게송-30게송의 한역은 다음과 같다.
乃至未起識 求住唯識性 於二取隨眠 猶未能伏滅.(26) / 現前立少物 謂是唯識性 以有所得故 非實住唯識.(27) / 若時於所緣 智都無所得 爾時住唯識 離二取相故.(28) / 無得不思議 是出世間智 捨二麤重故 便證得轉依.(29) / 此即無漏界 不思議善常 安樂解脫身 大牟尼名法.(30)

하고자 한다. '유식성'이라는 말은 『유식삼십송』 첫 게송에도 등장하는 아주 중요한 개념이다. 유식성이란 궁극적 진리, 즉 진여와 같은 말이다. 그래서 이 진여[유식성]를 증득할 때, 그 증득한 지(智)가 소득이 없는 상태가 되는 것을 말한다. 유식사상에서는 유식성, 즉 진여를 증득하는 것을 깨달음이라고 한다. 이 깨달음을 부처님은 '열반에 들어가다'라고 표현하지만, 열반을 유식사상에서는 '진여'라고 바꾸어 말한다. 이 진여를 처음으로 증득하는 단계를 '견도(見道)' 또는 통달위라고 하는데, 이 단계에 이르면 처음으로 자타불이(自他不異)의 평등한 세계를 접할 수 있다고 한다.

그런데 우리 범부는 차별의 세계에 살고 있다. 여러분은 지금 나의 목소리를 듣고, 칠판에 서툴게 쓴 글자를 보고서, '저사람 목소리 별로네, 글자도 서툴고!'라고 차별하고 분별한다. 또는 '저 사람 싫어, 이 사람은 좋아'라고 차별한다. 혹은 '여름은 덥지만 가을이 되면 선선하겠지'라고 생각한다. 이처럼 우리 범부는 갖가지로 차별하고 분별하지만, 깨달음의 세계에서 보면 이와 같은 차별되고 분별된 것 모두는 진여가 나타난 것으로, 근원적인 것에서 나온 것이라고 한다.

이와 같이 부처의 세계에서 출발하여 현상세계를 해석해 가는 것이 화엄사상이다. 즉 깨달음에서 출발하여 미혹의 세계를 해석하는 것이다. 반면 유식사상은 미혹에서 깨달음에 이르는 과정, 즉 어떻게 하면 미혹한 범부가 부처가 될 수 있는가를 중시하는 사상이다. 이런 의미에서 깨달음에 근거를 둔 화엄종이나 천태종을 '성종(性宗)'이라고 하고, 미혹에서 깨달음에 이르는 과정을 중시하는 유식사상, 즉 법상종을 '상종(相宗)'이라고 한다. 양종은 학문적으로 서로 논쟁하지만, 중요하지 않다. 불교 전체를 이해하기 위해서는 이 두 견해를 맞물리게 하여 구체적으로 자신이 만들고 있는 세계를 생각해야 할 것이다.

예를 들어 손으로 책상을 쳐서 나는 '탁탁'한 소리를 어떻게 파악할 것인가? 이것이 문제다. 성종의 입장에서 보면, 이 소리는 진여가 나타난 것이다. 또는 꾀꼬리의 울음소리도 진여에서 나타난 것이다. 그래서 이런 생각을 듣고서 조용히 좌선이나 요가를 수행하고 있을 때, 이 생각을 떠올려 울고 있는 꾀꼬리의 울음소리는 진여에서 나타난 것·부처의 세계에서 흘러나온 것이라는 생각한다. 그리고 이번에는 상종의 입장에서, 꾀꼬리의 울음소리를 통해 진여에 도달할 수 있다고 믿고서, 그 울음소리에 공부삼매(工夫三昧)하고자 하는 것이다. 꾀꼬리의 울음소리는 미혹에서 깨달음에 도달하기 위한 매개다. 나중에 설명하겠지만, 『유식관작법』에서 료헨 화상이 말한 것처럼 숨을 관찰하는 것에 의해 진여의 세계에 이를 수 있다는 것이다. 이 진여의 세계는 바로 무소득의 세계다. 또는 진여는 유식성이나 열반이라고도 말할 수 있다.

무소득의 반대말이 유소득이지만, 유소득이란 마음속에 무언가의 대상·생각·언어가 있는 상태를 말한다. 간단하게 말하면 언어로써 파악된 무언가가 있는 상태이다. 지금 여러분도 '유식성'이라는 말을 듣고서 이것이 궁극적인 진여라고 머리로 이해하고, 마음속으로 유식성이라는 말을 하거나 무언가의 이미지를 그린 상태이다. 이 단계는 아직 소득이 있어, 진여로서의 유식성에 이른 것이 아니다. 그렇지만 궁극의 세계에 이르기 위해서는 역시 언어를 단서로 출발할 수밖에 없다. 유식관이라는 관법(觀法)은 조용히 요가나 선정에 들어가 지금 자신이 그 한가운데 머무는 세계, 즉 아뢰야식에서 현현한 유위의 세계·현상세계는 모두 오직 식이 나타난 것이라고 우선 언어로 생각해 가는 것이다. 이때는 아직 진정한 의미의 유식성은 아니다. 그러나 역시 우리는 언어로 모든 것을 시작할 수밖에 없다. 이처럼 유소득의 세계에서 출발해서 최종적으로는 무소득의 세계에 이르는 것이다.

오위의 수행단계

여기서는 『유식삼십송』에서 언급한 '식을 일으키고 유식성에 머물기를' 이하의 구문 내용을 살펴보고자 한다. 이 문장은 자량위(資量位)·가행위(加行位)·통달위(通達位)·수습위(修習位)·구경위(究竟位)라는, 유식에서 중요하게 생각하는 '오위의 수행단계[보살이 부처가 되기까지 수행의 5단계]'를 설명하고 있다.

【 ① 자량위 】

"식을 일으키고 유식성에 머물기를 구하지 않고서는 이취[능취와 소취]의 수면[번뇌]을 아직 능히 복멸[단멸]할 수 없다"는 최초의 구문은 자량위를 설명한 것이다. 이 단계[位]에서는 아직 '식을 일으켜서 유식성에 머물기'를 구하지 않는 단계이다. '유식'이라고 들어도 '좋아! 이것을 깨달아 보자'라고 결심하지 않은 단계이다.

'이취의 수면' 중에 '이취'란 소취(所取)와 능취(能取)를 말한다. 소취·능취라는 말은 유식사상에서 중요한 말이다. '취'란 '취하다'고 한역하지만, 넓게는 '인식하다'는 의미다. 인식은 반드시 '인식되는 것'과

'인식하는 것'의 둘로 성립한다. 전자를 소취, 후자를 능취라고 한다. 이 마음의 이분화, 즉 인식되는 측면과 인식하는 측면으로 나눈 상태를 초래한 가능력을 수면(隨眠)이라고 한다. 이것은 아뢰야식 속에 종자로 잠재해 있다고 생각한다. 이런 가능력을 아직 복멸시키지 못한 상태가 자량위의 단계이다. 나는 눈을 뜬 순간 여러분을 보고 있으며, 게다가 지금 내가 여러분을 상대로 강의를 하고 있다고 생각한다. 다시 말해 나 자신과 여러분을 이분하여 버린다. 이런 이분화의 가능력이 아직 남아 있는 단계가 자량위이다.

【 ②가행위 】

"현전에 소물을 세워 이것이 유식의 본질이라고 생각한다. 소득이 있기 때문에 실로 유식에 머물지 않는다"는 구문은 가행위를 설명한 것이다. 유식·유식성을 반복해서 듣고서, 그것이 심층심에 훈습되어 점차로 심층심의 상태가 변하여 '좋아! 유식성을 깨달아 보자!'라고 발심하여 수행력을 더해 가는 단계이다. 여기서 '현전에 소물을 세워 이것이 유식의 본질이라고 생각한다'고 설하고 있는데, 현전, 즉 마음 속에 소물[映像]을 세워서, 유식성이란 무엇인가라고 사유하는 단계이다. 아뢰야식에서 나타난 '인인유식의 세계'·'일인일우주의 세계'는 오직 마음의 현현이라고 관상(觀想)하는 것이다.

본론과는 벗어나는 이야기이지만, 일인일우주에 대해 설명해 보자. 내가 담당하고 있는 NHK의 '마음의 시대'라는 TV프로그램에서 '일인일우주'라는 주제로 진행했는데, 시청자들의 반응이 상당했다. 일인일우주는 누구나 인정할 수밖에 없는 사실이다. 이것은 외계에 사물이 있다고 생각하는 과학자도 인정할 수밖에 없는 사실이다. '일인일 우주'라는 사실을 알았다면 인간의 삶의 방식이 어떻게 바뀔 것인가에 대해 내가 최근에 생각한 바를 말씀드리고자 한다.

우선 첫째는 타자에 대한 판단이 겸허(謙虛)하게 될 것이다. 왜냐하면 일인일우주이기 때문에 타자의 세계·타인의 우주 속에 들어갈 수 없다. 그러므로 타자는 자신의 마음속 영상이다. '저 놈은 밉다, 저 사람은 원래 저런 인간이야!'라는 판단도 자신 속에서 만들어 낸 것이다. 이것을 알았을 때 '저놈은 미워, 저놈은 싫어!'라고 생각하는 것도 자기 마음대로 타인의 모습을 만든 것은 아닌가라고 반성하게 된다. 타자에 대한 판단도 겸허하게 되며, 만약 그렇다면 판단이 틀리지는 않았는가라고 하여 생각을 고치게 된다.

또 하나는 타인을 배려하는 마음이 생기게 된다. 예를 들면 병에 걸린 사람의 세계는 전 우주가 괴로움의 세계이다. 이것을 알아차리면 가능한 그 괴로움을 조금은 가볍게 해주고 싶다는 마음이 일어난다. 인간만이 아니다. 동물에 대해서도 배려심이 솟아오른다. 예를 들어 무더운 여름이라고 하자. 인간뿐만 아니라 여기저기 땅을 돌아다니는 개미도 더울 것이다. 일인일우주는 '일생물일우주'라는 생각으로 발전한다. 개미도 파리도 모두 똑같은 하나의 우주를 가지고 있다. 그러므로 인간뿐만 아니라 살아 있는 모든 생물에 대해 자비의 마음이 솟아오를 것이다.

다시 가행위로 돌아가자. 가행위에서는 여전히 소득이 있어, 진실의 유식성에 머물지 않는다. 왜냐하면 '실로 유식에 머물지 않는' 상태이기 때문이다. 소득이 있다는 의미의 '유소득'은 언어로써 개념적으로 생각하는 것이다. 이처럼 언어로 생각한 유식성을 '허망의 유식성' 또는 '변계소집성의 유식성'이라고 한다. 그러나 변계소집성이라도 모두 나쁜 것이 아니다. 언어로 말하고 언어로 파악한 것은 진실하지 않지만, 그와 같이 생각하는 것 자체가 진실에 이르는 출발점이 되는 것이다. 하지만 그곳에는 언어로 말한 자신과 언어로 파악한 유식성이 마주보고 있어, 그곳에 소득이 있다. 이것이 가행위의 단계이다.

【 ③ 통달위 】

"만약 이때에 소연[대상]에 대해서 지혜[智]를 모두 얻는 바가 없다면, 그때에 유식에 머무는 것이다. (왜냐하면) 이취[소취와 능취]의 상을 떠났기 때문이다"는 구문이 통달위이다. 통달위는 견도(見道)라고도 한다. 이것은 소연[대상]에 대한 지혜[智]가 전혀 소득이 없으므로, 진정한 의미로 유식성에 머문 상태이다. '이취[소취와 능취]의 상을 떠났을' 때 소취와 능취의 이원대립(二元對立)이 없어져, 이곳에 전혀 소득 없는 세계, 즉 무소득의 세계가 현성(現成)하는 것이다. 이것은 진실한 유식성에 머무는 상태이다. 변계소집성의 유식성이 아니라 원성실성의 유식성에 머무는 것이다. 이것은 유식성 그 자체와 하나가 되는 것이라고 할 수 있다.

하나가 된다[일체화]는 것은 어떤 것인가? 예를 들어 보겠다. 이것을 확인할 수 있는 가장 좋은 예는 중력이다. 지금 분필이 떨어지는 것을 보고, 그곳에 중력이 작용하고 있다는 것을 알 수 있다. 그때 그곳에는 중력에 의해 낙하해 가는 '대상=소취'와 그것을 보고 있는 '자신=능취'의 둘이 존재하며, 중력은 어디까지나 대상화된 것으로 인식되는 것이다. 이것과 마찬가지로 언어로 파악된 유식성은 대상화된 유식성이기 때문에, 이것을 허망 또는 변계소집성의 유식성이라고 한다. 이것에 대해 일체화된 중력을 인식하기 위해서는 조금 높은 곳에서 뛰어내려 보면 바로 알 수 있을 것이다. 뛰어내려 떨어질 때는 언어뿐만 아니라 그 어떤 것도 없다. 능취도 소취도 없다. 자신도 중력도 없다. 오직 그것뿐이다. 소취도 능취도 멸한 무소득의 세계가 이곳에 현성하는 것이다. 이와 같이 유식성과 일체화되는 것은 이취의 상을 떠나 무소득에 통달한다, 즉 진여에 통달하는 것이다. 이것을 통달위라고 한다.

【 ④ 수습위 】

"무득이고 부사의이므로 이것은 출세간지이다. 두 개의 추중을 버리는 까닭에, 즉 전의를 증득한다"라는 구문이 수습위이다. 세간지가 아닌 '출세간지(出世間智)'로, 이것은 무분별지라고도 바꾸어 말할 수 있다. '둘의 추중'이란 번뇌장과 소지장을 말하며, 아뢰야식 속에 잠재하여 장애를 일으키는 종자이다. 이 두 개의 장애를 일으키는 종자를 버렸기 때문에 전의를 증득하는 것이다. 아뢰야식 속에 있는 두 개의 장애의 종자를 버리는 것은 '십지(十地)'[42]라는 긴 수행의 과정을 거칠 필요가 있지만, 이 과정이 수습위이다. 이 과정의 마지막에 부처가 되는 단계인 구경위에 이른다.

---

42 십지에 대해서는 역자의 『유식삼십송과 유식불교』(예문서원, 2009), pp.236-238을 참조하기 바란다.

【 ⑤ 구경위 】

"이것(究竟位)은 무루계이고, 부사의이고, 선이고, 상이고, 안락이고, 해탈신이고, 대모니의 법이라 이름한다"라는 구문은 전의하여 이른 구경위이다. 전의란 소의(所依)를 전(轉)하는 것이다. 우리는 자신이 존재한다고 생각하지만, 그 '자신'이 존재하는 '의지처'가 바로 소의이다. 지금 '자신'이라고 한 것처럼, 자신에 강조 표시를 하는 데에는, 이유가 있다. 이러한 자신이 정말로 존재할까? 소의가 있으면 능의(能依)도 있어야 한다. 이 능의가 자신이지만 이러한 자신은 없다. 왜냐하면 무아이기 때문에 궁극적으로 자신이라는 능의는 없다. 만약 있다고 한다면 그것은 임시적[假]으로 있는 것이다. 즉 가아(假我)이기 때문에 자신에게 강조 표시를 하여, '자신'이라고 표기했다.

하여튼 능의는 없다. 그렇다면 있는 소의는 무엇인가? 그것은 우선 초기불교 용어로 말하면 색·수·상·행·식의 오온이다. 게다가 오온을 펼친 것이 12처·18계이다. 이것들이 소의를 전하여, 즉 변화시켜서 별도로 있는 것처럼 하고 있는 것이 전의이다. 예를 들어 미륵보살 저작인 『대승장엄경론』에는 12처 중에 오근을 전하면 '제근호용(諸根互用, 모든 감각기관이 서로 작용한다)'이라는 상태가 된다고 설한다. 예를 들어 안근, 즉 눈으로 소리를 듣는 것이, 거꾸로 이근, 즉 귀로써 색깔이나 형체를 볼 수 있게 된다고 설한다. 이런 생각을 어떻게 해야 할지 알 수 없지만, 하여튼 이것은 부처의 경계이므로 우리 범부는 헤아릴 수 없다.

다음으로 유식에서는 전의를 어떻게 생각할까? 유식사상은 오온·12처·18계의 모든 것을 식(識)속에 넣는다. 그러므로 유식에서 소의란 안·이·비·설·신·의의 육식과 말나식, 아뢰야식의 두 가지 식을 더한 8가지 식이다. 이 8가지 식이 전(轉)하여 다음의 '4가지 지(智)'를 얻는다고 하는데, 이것이 전의(轉依)이다.

전오식 …………… → 성소작지
의식 …………… → 묘관찰지
말나식 …………… → 평등성지
아뢰야식 …………… → 대원경지

이 4지[四智]의 내용은 어렵다. 이 부처의 지혜를 단지 학문적으로 해석하면 그다지 의미가 없다. 유식사상은 단순히 유식학이라는 학문만이 아니라 우리 가까이에 일어나는 일과 관련이 있는 실천학이라고 생각한다. 그렇다면 의식을 전하여 얻은 묘관찰지를 어떻게 파악할 수 있을까?

묘관찰지, 즉 '오묘하게 관찰하는 지혜'는 의식(意識)으로 '하나가 되어 관찰하는 것'과 '언어로 관찰하는 것'의 둘을 잘 조합시켜 존재의 깊은 곳으로 점차로 들어가는 것이라고 할 것이다. 예를 들어 이 분필은 도대체 무엇인가라고 물을 때 언어로 '이것은 분필이다'라고 말해버리면 그것으로 모든 것은 끝난다. 그렇지 않고 분필이라고 이름 붙이기 이전, 즉 마음속에 있는 '그것'과 하나가 되어 관찰하는 것이 중요하다.

분필보다 더 중요한 것이 있다. 요가를 실천하는 중에 숨과 하나가 되어 숨을 관찰하는 것이다. 숨과 하나가 되어가는 것을 1년, 2년, 3년 계속하면 숨은 무엇인지 숨 그 자체에 대해 알게 될 것이다. 그러면 '숨은 생멸하는 법이다'라고 언어로 이해할 수 있게 될 것이다. 마음속 숨의 영상을 '자상(自相)'이라고 한다. '그 숨은 생멸하는 법이다'라고 이해하게 된 것은 '공상(共相)'이다. 즉 묘관찰지는 사물을 자상과 공상의 둘로써 깊게 관찰해 가는 마음의 작용이다. 이런 의미에서 묘관찰지는 일상생활에서도 활용할 수 있는 지혜라고 할 수 있다.

이상으로 세친의 『유식삼십송』의 5가지 수행단계를 예로 들어, 무소득에 대해 설명했다. 『유식삼십송』에서는 통달위[견도]에서 처음으로 무소득의 세계에 도달할 수 있다고 한다.

소취와 능취의 세계가 없어진 무소득의 세계

다음은 무소득이라는 용어가 등장하는 『분별유가론』에 있는 '무착교수송(無着教授頌)'을 살펴보고자 한다.

> "보살은 정위(定位)에서 영상은 오직 마음이라고 관한다. 의상(義想)은 이미 멸하여 세심하게 오직 스스로의 상(想)이라고 관한다. 이와 같이 내심(內心)에 머물러, 소취는 있는 것도 아니며, 다음은 능취도 또한 없다고 알아, 무소득을 접한다."

정위(定位)란 요가나 선정을 닦아 마음이 안정된 상태이다. 이 상태에서는 마음속에 나타난 것, 즉 영상은 마음에 불과하다는 것을 알 수 있다. 예를 들어 지금 여러분이 이 분필을 보았다면, 분필이 여기

외계에 있다고 생각하지만, 조용히 선정에 들어 관찰한다면 분필은 마음속에 있는 영상에 불과하다는 것이 판명될 것이다. 이것은 누구라도 그럴 것이다. 과학자라고 자부하는 사람이라도 마찬가지일 것이다. 그래서 나는 요가행자와 과학자의 관찰이 도착하는 곳은 같다는 사실을 최근 생각하게 되었다. 왜냐하면 양자의 '관찰 장소'와 '관찰 대상'이 같기 때문이다. 양자 모두 관찰의 장소는 양자 모두 일인일우주인 자신의 마음속이고, 관찰의 대상은 마음속의 영상이다. 이처럼 양자의 관찰 장소와 관찰 대상이 같다는 것을 과학자는 알지 못한다. 과학자는 '그렇지 않아, 사물은 마음 바깥에 있고, 자신은 그 마음 바깥에 있는 사물을 관찰하고 있다'고 고집한다. 하지만 결코 그런 일은 없다. 왜냐하면 일인일우주이므로, 그 우주 바깥으로 벗어날 수 없기 때문이다. 그러나 과학자의 선입관을 없애는 것은 어렵다. 이것은 종교의 세계에서도 마찬가지이다. 믿어 버리면 그것은 절대적으로 타당하다고 생각하여, 다른 사상을 받아들이지 않는 광신도가 되어 버린다. 얼마나 어리석은 행동인가!

다시 본문으로 돌아가자. '의상을 이미 소멸[滅除]하다'는 것 중에 '의상'이란 사물이 마음을 떠나 있다고 생각하는 것이다. 그러나 안정된 마음에 머물 때 이런 생각은 없어져 버리고 모든 것은 자신의 마음이 만들었다는 것을 확실하게 알게 된다. 우리는 마음속에 있는 영상을 언어와 생각으로 바깥에 던져 버린다. 그러므로 마음 내부에 머물러 언어로 말하지도 않고 생각도 멸하여 가만히 일체화 되어 보자. 예를 들어 수식관은 숨과 하나가 되어 가는 것이다. 이것을 1년, 2년, 3년간 계속해 보면 깊은 삼매의 상태로 들어갈 수 있을 것이다. 정말로 하루하루 거듭하는 것에 의해 숨과 하나가 되어 간다. 그러면 여기에 생각이나 언어는 나오지 않는다.

앞에서도 말씀드렸지만 나는 수식관을 닦고 있다. 나를 지도해 주는 노선사는 수식관으로 갈 때까지 가보면 자신감이 생긴다고 말씀하신다. 물론 공안이든 무엇이든 상관없다. 중요한 것은 무언가와 하나가 되어가는 것이다. 그렇지만 좀처럼 쉽지 않다. 심층심이 언제나 흔들흔들 움직이기 때문이다. 그러므로 한 번이나 두 번이 아니고 반복해서 선정을 닦는 훈습력이 중요하다.

다음은 '이와 같이 내심에 머물다' 중의 '내심에 머물다'는 구문을 살펴보자. 내심에 머문다는 것은 요가의 마음, 즉 지관(止觀)의 마음에 머무는 것이다. 그중에 '지'는 조용한 마음, '관'은 있는 그대로 관찰하는 마음이다. 『해심밀경』에서는 지(止)와 관(觀)을 다음과 같이 정의한다.

지 …… 무간심(無間心)을 사유하다
관 …… 심상(心相)을 사유하다

무간심이란 사이[간격]가 없이 숨과 하나가 되는 것이다. 예를 들면 들숨과 날숨은 간격[사이]이 없다. 이 간격 없이 숨과 하나가 되어 가는 것이 지(止)이다. 그리고 하나가 된 상태에서 벗어나 들숨과 날숨을 관찰하여 가는 것이 관(觀)이다.

하여튼 이와 같이 내심에 머물러 가면 '소취(所取)는 있는 것이 아니고, 다음에는 능취(能取)도 없다'고 알게 된다. 소취, 즉 대상이 없다는 것을 안다. 그러면 능취도 없다는 것을 알게 된다. 그리고 소취와 능취가 없다고 아는 순간 '무소득을 접하게' 된다. 반복해서 선정을 닦으면, 마음속이 이른바 텅 비워진 그때, '무소득'을, 다른 말로 하면 '유식성' 또는 '진여'를 접하게 되는 것이다. 나는 '접한다'는 말을 좋아한다. 아직까지 직접 체험하지는 못했지만, 조금은 알 것 같은 느낌이 든다.

지금 숨을 관찰의 대상으로 삼았지만, '자신'도 중요한 관찰 대상이다. 살아가는 중에 가장 문제가 되는 것은 바로 '자신'이다. 자신은 언제나 존재한다고 생각한다. 그러므로 '나는 죽는다'고 하는 공포가 생긴다. 죽어가는 자신은 '소취'이다. 반면 두려워하는 자신은 '능취'이다. 결국 죽는 것이 두려운 것은 능취와 소취, 즉 죽는다는 대상과 그것을 두려워하는 자신이 대립하기 때문이다. 그러므로 대립을 없애면 두려움도 없어진다. 그렇다면 그 대립을 없애기 위해서는 어떻게 하면 좋을까? 그 방법의 하나로, 두려움과 하나가 되는 것이다. 소리를 내어 "두렵다! 두려워!"라고 말을 하면 어떨까? "괴롭다! 괴로워!"라고 하여 두려움·괴로움과 하나가 되어 버리면, 두려움도 괴로움도 없어져 버리지 않을까? 이처럼 논리적으로 생각하는 것도 중요하지만, 어쨌든 이것을 실천해 보는 것이 더 중요하다.

하나가 됨으로써 능취와 소취가 없어지고, 그곳에 무소득의 세계가 나타난다. 그러나 현실세계는 이 양자의 대립이 격렬하다. 즉 약한 자신·죽어가는 자신·미운 사람·돈·지위 등의 모든 것은 소취이고, 이것이 능취와 대립하여 우리의 삶은 매일 피곤한 삶을 살고 있다. 비록 몸이 피곤하더라도 '소취와 능취가 없을 때 무소득에 접한다'는 「무착교수송」의 가르침을 조용히 사유해 보자.

『유식관작법』의 무소득

마지막으로 무소득이라는 말이 나오는 료헨 화상의 『유식관작법』의 한 구절을 소개하겠다.

"먼저 좌선하는 방에 들어가 앉는다. 다음으로 결가부좌한다(혹은 반가부좌). 다음은 의대를 푼다(허리띠를 느슨하게 푼다). 다음은 정인(定印)에 머문다. 다음은 몸을 바르게 한다(먼저 몸을 사방으로 움직이고, 다음으로 불상과 같이 앉는다). 다음으로 더러운 기운을 내뿜는다(한 번 내지 두 번). 다음으로 입을 닫는다(입과 이를 꼭 닫으면 안 된다). 다음으로 혀를 입천장에 가볍게 붙인다(코로 숨을 쉴 수 있게 한다). 다음으로 눈을 지그시 감는다(눈을 뜬 것도 아니고, 감은 것도 아닌 상태). 다음으로 숨을 조절한다(숨소리가 나지 않도록 한다. 들숨과 날숨을 자유롭게 한다). 다음으로 마음을 바르게 머물게 한다. 즉 마음을 서두르지도 않고, 떠 있지도 않고(들뜨지 않고), 가라앉지도 않게(지나치게 의기소침하지도 않게) 한다. 이와 같이 지관을 닦는다. 그러면 먼저 자신의 마음(自心)의 생각(念念)이 생멸하는 것을 알고, 다음으로 생멸, 허가(虛假), 공적(空寂)을 안다. 다음으로 공념(空念)을 멈추고 무소득에 머문다."

이처럼 유식관이라는 유식의 독자적인 수행 방법을 기술하고 있지만, 앉는 방법은 좌선과 동일하다. 해설은 생략하겠지만, 역시 '무소득에 머문다'는 구절에 주목할 필요가 있다고 생각한다.

이처럼 『반야심경』, 『유식삼십송』, 「무착교수송」 그리고 『유식관작법』에서 '소득이 없는 것', 즉 무소득을 도달해야 할 경계의 대상으로 삼고 있다는 것을 확인했다. 아무튼 요가를 하루, 이틀, 1년, 2년 실천하여, 가능하다면 금생에서 '무소득의 세계'를 접하고 싶다는 서원을 여러분과 함께 세웠으면 한다.

—

제16강

마음에 가애가 없다

무소득=공=진여

이번 강의에서도 계속해서 "얻어지는 것이 없기[무소득] 때문이다. 보리살타[보살]는 반야바라밀에 의지하기 때문에 마음에 가애도 없다. 가애가 없기 때문에 두려움도 없고, 전도몽상도 멀리하여 최상의 열반에 들었다."는 경문을 살펴보자. 제15강에서는 '무소득'에 대해 자세하게 살펴보았다. 소득이란 돈[재산]이 있다는 의미가 아니라, 마음속에 여러 가지 생각·언어·번뇌가 있다는 의미이다. 그러므로 소득이 없다는 것은 생각·언어·번뇌가 없다는 말이다.

예를 들어 우리는 '깨닫고 싶다'고 생각한다. 혹은 '깨달음이란 공이다' 혹은 '유식'이라고 듣고서 '오직 마음뿐이다'라고 언어로 생각한다. 이처럼 우선은 언어로 진리를 추구하지만, 그곳에는 아무래도 언어가 남아 있다. 이와 같은 단계에서는 언어가 가리키는 '그 자체'를 결코 파악할 수 없다. 예를 들어 『반야심경』에서 가장 중요한 가르침인 '공' 그 자체를 접하지 못하는 것이다.

앞의 경문은 소득 있는 상태가 무소득이 되어 처음으로 '공'과 접할 수 있다고 말하고 있다. 언어로 말하면 '공이란 무소득'이라고 할 수 있다. 표현을 바꾸어 말하면 '일인일우주의 세계가 텅 비었다'고 할 수 있다. 즉 일인일우주이다. 매번 말씀드렸지만, 공통의 우주가 있는 것이 아니고 각자의 우주가 있다. 다시 말해 200명이 있으면 200개의 우주가 있다. 이 일인일우주의 세계로부터 생각·언어·번뇌가 완전히 없어져 일체가 텅 빈 상태가 공이다. 긴 수행 끝에 이런 세계를 접하는 것이 깨달음이다. 자신 속에 남아 있는 마지막 먼지[번뇌]가 어느 때 완전히 불식되는 순간, 자타도 내외도 하나도 둘도 없는 세계를 접한다. 이것을 '무상정각', 즉 '아뇩다라삼먁삼보리'를 얻었다고 한다.

그러나 텅 비어 있다[공]고 하여도 결코 허무가 아니다. '무소득을 접하다'라고 하는 것처럼 접촉하는 대상이 있다. 이 대상을 굳이 언어로 표현하면 '진여'라고 할 수 있다. 진여란 진실하고 여상(如常)것이며, 궁극적으로 알아야 할 것이지만, 대승불교, 특히 유식사상에서는 진여라는 말을 대단히 중요시하게 되었다. 지금까지의 설명을 정리하자면 '무소득=공=진여'라고 할 수 있다.

사물에 대한 의문

보리살타는 '보살'의 온전한 말이다. 보살에 대해서는 이미 제2강에서 자세하게 설명했지만, 간단히 복습하면 보살이란 먼저 '도대체 무엇인가?' 또 '인간은 어떻게 살아야 할까?'라는 2가지 문제의 해결을 향하여 노력 정진하는 사람을 가리킨다. 이중에 '도대체 무엇인가'는 가장 근원적인 물음이다.

나의 경험을 이야기해 보겠다. 나는 초등학교 4, 5학년 무렵 세 번이나 기절하는 병에 걸렸다. 세 번째로 기절하고서 깨어났을 때, 마침 석양이 방의 창문을 통하여 들어왔다. 그것을 본 순간 마음속에서 '도대체 무엇인가!'라는 말이 폭발하는 것처럼 튀어나왔다. 그때까지 어린아이의 마음, 즉 내 자신이 있고, 내 주변에 자연이 있다고 생각했는데, 그 순간 모든 것이 허무하게 되어 버렸다. 언어로 말하면 '도대체 무엇인가?'라고 외쳐 무소득까지 간 것은 아니지만, 무언가 대단한 것을 접했다고 할 수 있을 것이다. 지금 생각해 보면 그때 내 모든 가치관이 기왓장처럼 붕괴해 버렸다.

어린아이 때는 '자신'에 대해 잘 알아차리지 못한다. 자신 이외의 '사물'에 대해 강한 흥미를 가지고 있기 때문이다. 그런데 4, 5학년이 되면서 철학적이라고 말할 수는 없지만, '자신'과 '사물'이란 무엇인지를 생각하기 시작했다. 나의 경우는 우연히 병 때문에 자각한 것이다. 지금 생각해 보면 그저 고마울 뿐이다. 이처럼 머리가 욱신욱신 아파도 '도대체 무엇인가'라는 의문이 폭발적으로 솟아오른다. 이것을 넓게 말하면 '사물'에 대한 의문, 세계에 대한 의문이라고 할 수 있을 것이다.

그 이후 누구나 경험하는 일이지만, 스무 살 전후가 되면 '자신'에게 집착하여 괴로워한다. 지금은 사람들 앞에서 말을 잘 하지만, 스무 살 무렵에 나는 가슴이 뛰고 얼굴이 붉어져 말을 전혀 하지 못했다. 언제나 '자신'을 의식하여 타인 속으로 들어가지 못해 괴로워했다. 이런 자신으로부터 벗어나기 위해 어느 절에서 좌선을 시작했다. 인간은 자신에 대해 극한까지 고민해 보면 대단한 에너지가 나온다. 그 첫날 지도를 해주신 스님이 "무(無)와 하나가 되라. 무를 철저히 해라. 앉아 있을 때, 청소할 때, 빨래를 할 때에도 언제나 무와 하나가 되라"고 가르쳐 주었다. 그래서 무와 하나가 되려고 정말 열심히 했다. 인간은 더 이상 길이 없을 때는 정말로 솔직해진다. 그때 나는 솔직하게 1주일 동안 무에 집중하였다.

그리고 일주일이 지나 집으로 돌아오는 길에 전차를 탔는데, 주위의 풍경이 너무나 맑고 아름답게 보였다. 전차를 타고 있는 모든 사람이 웃는 것처럼 보였다. 불과 일주일 동안 노력한 결과, 내 자신이 이렇게 바뀔지 몰랐다. 이 대단한 체험이 오늘날의 나를 있게 한 인연이 되었다고 생각한다.

이처럼 나의 경험을 통해 보아도, 처음에는 '사물'에 대한 의문과 집착에서 시작해서, 다음에는 '자신'에 대한 집착을 알아차린다. 이것을 불교 용어로 말하면, 사물에 대한 집착을 '법집', 자신에 대한 집착을 '아집'이라고 한다.

이 두 가지 집착으로부터 해탈을 목표로, 법 즉 존재란 무엇인가? 자연이란 도대체 무엇인가? 3차원의 공간이란 도대체 무엇인가? 공간 속에 있는 존재란 무엇인가? 이것을 끝까지 확인해 보고자 하는 서원을 일으킨 사람이 보살, 즉 보리살타이다.

이 중에 보리는 각오(覺悟), 즉 깨달음의 지혜이고, 그 지혜를 획득하겠다는 서원을 일으킨 사람이 보살이다. 또한 보살은 '뭇 생명을 구제하겠다'는 자비의 서원을 일으킨 사람이다. 이른바 자비와 지혜를 추구해 가는 사람이 보살인 것이다.

가애란 무엇인가

경문에서 "보리살타는 반야바라밀에 의지하기 때문에 마음에 가애도 없다"고 말한다. 즉 보살은 반야를 체득함으로써 가애가 없어진다고 설한다. 다시 말해 마음을 덮고 장애하는 것이 없기 때문에 공포가 없고 일체의 전도와 몽상을 떠나 궁극의 열반에 이른다고 설한다. 이 중에 가애에 대해 알아보자.

가애의 범어는 '아바라나(āvaraṇa)'인데, '방해하다, 덮다'라는 의미의 동사 √vṛ에 접두어 ā가 붙어 ā-√vṛ에서 파생한 명사로 '장애·방해'라는 뜻이다. 『반야심경』에서는 가애라고 번역하지만, 보통은 '장(障)' 혹은 '장애(障礙)'라고 한역한다. 이 장애는 번뇌장과 소지장의 두 종류로 나뉜다. 먼저 번뇌장이란 '번뇌의 장애'라는 뜻으로 번뇌는 근본번뇌와 수번뇌(隨煩惱, 부차적 번뇌)[43]로 나뉜다. 근본번뇌는 탐(貪)·진(瞋)·의(癡)·만(慢)·의(疑)·악견(惡見)[44]의 6개이다. 수번뇌는 번뇌로부터 파생한 더러운 마음이다. 이런 번뇌와 수번뇌가 생기는 것은 그 한

43 부차적 번뇌(隨煩惱)는 다음과 같이 분류한다.
분(忿, 분노하는 마음)·한(恨, 한을 품는 마음)·복(覆, 잘못을 숨기고자 하는 마음)·뇌(惱, 폭언하는 마음)·질(嫉, 질투)·간(慳, 인색)·광(誑, 속이는 마음)·첨(諂, 아첨하는 마음)·교(憍, 자신이 잘되는 것을 자랑하는 마음)·해(害, 상해하는 마음)·무참(無慚, 내면적인 부끄러움이 없는 마음)·무괴(無愧, 외면적인 부끄러움을 모르는 마음)·혼침(惛沈, 마음이 지나치게 가라앉은 마음)·도거(掉擧, 들뜬 마음)·불신(不信, 믿음이 없는 마음)·해태(懈怠, 청정에 게으른 마음)·방일(放逸, 선에 게으른 마음)·실념(失念, 집중력이 없는 마음)·산란(散亂)·부정지(不正知, 바른 앎이 아닌 마음)

44 이중에 악견은 다시 살가야견[유신견], 변집견, 사견, 견취견, 계금취견으로 분류한다. 자세한 것은 역자의 『마음공부 첫걸음』(민족사, 2011), pp.157-160을 참조하기 바란다.

번뇌와 수번뇌

번뇌 — 탐(貪) · 진(瞋) · 치(癡) · 만(慢) · 의(疑) · 악견(惡見)

수번뇌 — 분(忿) · 한(恨) · 복(覆) · 뇌(惱) · 질(嫉) · 간(慳) · 광(誑) · 첨(諂) · 해(害) · 교(憍) · 무참(無慚) · 무괴(無愧) · 도거(掉擧) · 혼침(惛沈) · 불신(不信) · 해태(懈怠) · 방일(放逸) · 실념(失念) · 산란(散亂) · 부정지(不正知)

가운데에 '자신'이 있기 때문이다. '자신[나]'이라는 의식이 있기 때문에 번뇌가 일어나는 것이다. 자신이 있다고 생각하는 마음을 '아견(我見)'이라고 하며, 이 자신에 집착하는 마음을 '아집(我執)'이라고 한다. 여기서 아견과 아집에 대해 살펴보자.

먼저 며칠 전에 읽은 신문기사를 소개하고자 한다. 요즈음 고등학생 사이에 일어나고 있는 '자해 행위', 즉 나이프로 자신의 몸을 상처 내는 행위에 대한 의견을 기술한 기사였다. 글을 기고한 전문가는 이런 행위가 일어나는 원인을 두 가지로 분석했다. 첫째는 가정에서 부모의 기대를 받고 자랐지만, 그 기대에 부응할 수 없는 자신이 비참해서 자신의 몸에 상처를 낸다고 한다. "훌륭한 사람이 돼라. 좋은 대학에 가야지!"라고 어릴 때부터 부모에게 들었지만, 결국 그 기대에 부응하지 못했다. 그래서 부모의 기대에 부응하지 못한 자신이 싫어져, 결국 자신의 몸에 상처를 냄으로써 마음이 상쾌해진다는 것이다.

또 하나의 이유는 상처를 내 피가 흐를 때 '나는 살아 있다'고 실감할 수 있기 때문이라고 한다. 자신의 삶을 허무하게 느끼며, 전혀 인생의 목적도 없고, 어떤 가치관으로 살아야 할지도 모른다. 이런 상태로

1년, 2년 지나다 보면 자신의 미래는 전혀 희망이 안 보인다. 그래서 몸에 상처를 내어 피가 흐르는 순간에 자기가 살아 있다는 것을 실감할 수 있다고 한다.

나도 젊었을 때 크든 작든 이런 경험을 했다. 다만 앞에서 설명한 그런 원인은 아니었다. 부모로부터 한 번도 공부하라는 잔소리를 들어본 적도 없다. 다만 어머니로부터 언제나 "몸 잘 챙겨"라는 말만 들었다. 왜냐하면 아버지가 가슴에 병이 생겨 돌아가실 때까지 병원에 입원해 계셨기 때문이다. 자식이 똑같은 병에 걸리지 않도록 어머니는 식사에만 온 신경을 쏟아 부었다. 아무튼 나는 몸을 건강하게 유지하라는 교육만 받았다. 그래서 부모로부터 훌륭한 사람이 되라, 좋은 대학에 들어가라는 기대를 받은 일은 전혀 없었다. 지금 생각해 보면 너무나 고마운 일이다. 그러나 나 자신도 초등학교, 중학교 시절까지 전혀 목적이 없었다. 앞에서 설명했던 초등학교 때, 모든 가치관이 기왓장처럼 무너졌기 때문이다.

아무튼 자해 행위를 일으키는 원인에는 두 가지가 있었다. 그중에 전자는 후천적으로 심어진 자아의식에 의한 것이었다. 부모에게서 기대를 받는 아이는 "너는 이렇게 해라"는 말을 듣는다. 그러면 아이는 '나[자신]는 이렇게 해야 한다'고 생각한다. 이와 같이 교육이나 환경에 의해 심어진 '자신'이라는 자아상(自我像)·자아관(自我觀)이 형성되어 버린다. 그래서 이 자아상에 져서 자해 행위를 하게 되는 것이다. 즉 후천적으로 타인으로부터 심어진 '자신'으로 인해 괴로워하게 되는 것이다. 이와 같이 괴로워하는 젊은이는 '본래의 자신'을 알지 못하고 '허위의 자신'에 집착하고 있는 것이다.

후자의 경우는, '내[자신] 인생의 목적은 무엇인가? 나는 무엇 때문에 사는가?'의 문제이다. 마찬가지로 '나[자신]'를 생각하고 그 자신에 집착하는 것이다. 이와 같이 생각된 자신은 본래 존재하지 않음에도 불구하고 있다고 착각한다. 반복해서 말하지만, '내 손'이라고 했을 때 '나'라고 하는 말에 대응하는 것은 결코 존재하지 않는다. '나'라는 말의 울림만이 있을 뿐이다. 그럼에도 '나는 쓸모없는 놈'이라며 괴로워한다. 또는 자기 인생은 무엇인지, 자신 인생의 목적은 무엇인지를 알지 못하겠다고 괴로워한다. 여기에는 모두 '나[자신]'라는 것이 있다는 착각이 전제되어 있다. 여기에 커다란 잘못이 있다고 생각한다. 이러한 자아상도 역시 타인에 의해 심어진 '자신'이다.

그렇다면 이와 같은 자아상을 설정하고 자신에게 집착하게 된 이유는 무엇일까? 유식사상에서는 말나식으로 그 메커니즘을 설명한다. 표층심에서 '자신[나]'이라는 의식이 일어나지만, 그것은 주전자에서 끓어오르는 수증기와 같은 것으로, 유식학파 사람들은 심층심에서 언제나 끓고 있는 자아집착심이 있다는 것을 발견했다. 그리고 이 자아집착심을 '말나식'이라고 이름하였다. 자든 깨어 있든 움직이든 심층에서 말나식이 작동하면서 표층의 자신이 '나'라는 의식을 일으킨다. 유식학파 사람들이 발견한 말나식을 배우는 것이 '나'는 무엇인가의 문제를 추구해 가는 출발점이 될 것이다. 또한 실제로 요가나 선정을 닦아 표층의 마음을 안정시켜, 스스로 말나식에 접촉하게 되면 삶의 에너지가 보다 깊은 곳까지 뿌리를 내리게 될 것이다.

이처럼 선천적인 자아집착심과 후천적인 자아의식의 작용에 의해 '나[자신]'를 설정하는 것이다. '나[자신]'를 생각할 때, 이 의식이 선천적인지 후천적인지를 확인해 보자. 예를 들어 손을 보면, 누구나 '내 손'이라고 생각한다. 인간인 한 누구나 손을 보고서 누구의 손이냐는 질문을 받으면 자기 손이라고 답할 것이다. 그러므로 '내 손'이라고 생각하는 나[자신]는 선천적이며, 게다가 표층적 자아의식이다. 또 다른 예를 들어 보자. 아기는 안고 어르지 않으면 울음을 그치지 않거나 잠을 못 자는 버릇이 있다. 아직 감각기관이 완전하게 발달하지 않았음에도 불구하고 안고서 어르지 않으면 잠을 못자고 운다. 이것은 아기에게 선천적이며, 게다가 표층적인 자아의식이 있다는 증거이다.

물론 선천적인 자아집착심도 중요하지만, 후천적으로 심어진 자아의식 내지 자아상이 더 큰 문제이다. 가정이나 학교에서 부모나 선생이 하는 "훌륭한 인간이 되라! 열심히 해라!"는 말에 의해 형성된 자신[나]은 본래의 자신이 아니다. 그러므로 이러한 자신은 중요하지 않다.

'나'의 존재 분석

그렇다면 '본래의 자신'을 발견하기 위해서는 어떻게 하면 좋을까? 그 출발점은 본래의 자신이 도대체 무엇인지를 생각해 보는 것이다. '나'라는 존재를 분석하면 다음의 3종류가 있다고 생각한다.

분별된 존재
생(生)의 존재
있는 그대로의 존재

이 중에 '분별된 존재'란 생각과 언어에 의해 형성된 자신이다. 즉 변계소집성으로서의 자신이다. 앞에서 자해(自害)하는 고등학생의 예를 들었는데, 그는 부모로부터 "훌륭한 사람이 되라"는 말을 듣고 열심히 노력했지만, 쓸모없는 나[자신]라고 생각할 때의 '자신[나]'이 분별된 존재로서의 자신이다. 이는 자신은 선하다 혹은 악하다고 '선악시비'하는 것으로서의 분별된 자신을 말한다. 앞에서 선악시비라는 말을 했는데, 분별 중에 가장 문제가 되는 것이 선하다·악하다는 판단이다. 이것으로부터 옳고 그름, 즉 일상에서 이것은 좋고 저것은 나쁘다는 판단을 하기 때문이다. 우리는 사실 이러한 판단 속에서 우왕좌왕하고 있다. 특히 현대사회는 정보가 흘러넘치는 사회다. 흘러넘치는 정보에 의해 심어진 우리, 특히 젊은이들은 어떤 곳으로 가야 할지 모른 채, 우왕좌왕 살면서 미혹하고 괴로워한다.

그렇다면 우왕좌왕하는 삶의 방식을 바꾸려면 어떻게 하면 좋을까? 이를 위해서는 '분별된 존재'로부터 우선은 '생의 존재'로 되돌아와야 한다. '생의 존재'로 되돌아오기 위해서는 조용히 앉아 요가나 선정을 수행해야 한다. 예를 들어 들숨과 날숨과 하나 되어 앉아 있을 때는 자신도 타인도 유도 무도 없다. 어떤 분별된 것도 없다. 그런데 앉아 있을 때, 그냥 멍하니 앉아 있으면 안 된다. 언제나 '도대체 무엇인가?' 하고 추구하는 마음이 없으면 안 된다. '나는 누구인가? 타인은 누구인가? 우주는 무엇인가? 사는 것이란, 죽는 것이란 무엇인가?'라고 격렬하게 질문하는 마음이 있어야 한다. 즉 발보리심(發菩提心), 발심(發心)을 가져야 한다. 발심은 잠재적이지만 누구나 가지고 있다. 문제는 이것을 어떻게 발아(發芽)시키느냐이다. 이 발심의 싹을 피우는 방법이 지금의 교육 현장에는 없다는 것이 아쉽다.

하여튼 '도대체 무엇인가'라는 추구하는 마음을 가지고 앉아 있을 때, 그때 '생의 존재'로 되돌아올 수 있다. 10분이든 20분이든 앉아 있어 보자. 그곳에는 유도 무도 없다. 심신(心身)도 분별되지 않는다. 무분별지가 되었을 때, 그 순간은 '생의 존재'로 되돌아왔다고 해야 할 것이다. 이곳에는 '자신'이 없다. 하지만 나중에 생각해 보면 '자신'은 있다고도 말할 수 있다. 물론 그 자신은 특별한 의미가 포함된 '자신'이다. 분별되고 집착된 자신이 아니다. 염(念)으로 집중하여 앉아 있을 때 그 '염'이라는 자신이 있다고는 할 수 없을까? 넓게 말하면 오온으로서의 자신·제행으로서의 자신·유식으로서의 자신이 있다고 할 수 있다.

이처럼 '자신'을 생각하면, '자신'이라는 것이 조금은 엷어져 간다. 예를 들어 '나의 아내'라고 하지 말고 거꾸로 '아내의 나'라고 생각해 보자. 다시 말해 타인을 먼저 두고서, 타자가 소유한 자신을 생각해 보자. 이 생각은 사실과도 부합한다. 조용히 사실을 사실로 관찰해 보면, 굳이 자신이라고 말한다면 '자신의 손', '오온의 자신', '색·수·상·행·식의 자신'이라고 해야 한다는 것을 알아차릴 수 있을 것이다. 이것을 알아차리기 위해서는 '생의 존재' 즉 '의타기성의 세계'로 되돌아갈 필요가 있다.

소지장과 무명

다음은 소지장에 대해 설명하고자 한다. 소지장이란 알아야만 할 것을 덮어서 알지 못하게 하는 장애이다. 자연과학의 발전으로 우리는 유전자나 DNA에 대해 자세하게 알게 되었다. 게다가 게놈을 해명하는 연구도 급속하게 진행되고 있다. 그러므로 불교도 자연과학적 지식을 결코 부정할 수 없다. 그렇지만 이것은 유위의 세계, 현상세계에 관한 지식일 뿐이다. 불교는 유위에 대해 '아는 것'뿐만 아니라 무위에 대해서도 '알아야 한다'고 주장한다.

진소유성(盡所有性)과 여소유성(如所有性)이라는 말이 있다. 진소유성이란 유위의 세계, 현상세계를 말한다. 이것을 우리는 있는 그대로 알아야 한다. 있는 그대로 알기 위해서는 요가나 선정을 닦아서 조용한 마음, 즉 정심(定心)이 될 필요가 있다. 예를 들어 '생명'이란 무엇인가를 DNA나 유전자로써 아는 것보다, 앉아서 정심으로 생명과 하나가 되어가는 방법을 불교는 강조한다.

진소유성이란 횡(橫)의 세계를 아는 것이지만, 여소유성의 세계는 종(縱)의 세계이자 무위의 세계를 아는 것이다. 바다로 비유하자면, 바다 표면의 크고 작은 파도의 세계뿐만 아니라 심해의 물을 알 필요가 있다. 그것은 있는 그대로 있는 무위의 세계·도리의 세계, 즉 궁극적으로 알아야 할 진여의 세계이다.

궁극적으로 알아야 할 것, 즉 진여를 덮고서 보이지 않게 하는 장애가 소지장이며, 구체적으로는 '무명(無明)'이다. 이 무명에는 다음의 두 종류가 있다.

번뇌상응무명(煩惱相應無明)

독행무명(獨行無明)

번뇌상응무명은 번뇌와 함께 작용하는 무명이다. 독행무명이란 번뇌와 함께 작용하지 않고 독자적으로 작용하는 무명이다. 독행무명은 현상의 배후에 있는 '도리', 즉 연기의 도리와 진여의 도리를 모르는 것이다. 연기의 도리란 앞에서 몇 번이고 말씀드렸지만, '이것이 있으면 저것이 있고, 이것이 없으면 저것도 없다'는 인과의 도리이다. 모든 일은 인과의 도리에 의해 생겨서 멸한다. 우리 마음속의 현상 또는 인간관계 등 전부는 도리에 따라 생기는 것이다. 이 연기의 도리를 마음속으로 확인해 가면 삶의 방식이 달라질 것이다. 연기의 도리를 알고, 그것에 따라 살면 자신의 행동은 부드럽지만 강하게 될 것이다. 앞에서도 말씀드렸지만, 마음속에 '밉다'는 생각이 있기 때문에 눈앞에 '미운 사람'이 나타난다. 그때 마음속의 미워하는 마음을 없애면 그 사람이 밉지 않게 된다. 본래 그 사람은 밉지도, 밉지 않은 것도 아닌 '무색'의 사람임에도 불구하고 마음대로 '밉다'는 색깔을 칠해 버린 것이다. 이처럼 연기의 도리에 따라 상대를 미워하지 않으려고 하여도 "알고는 있지만, 과장이나 부장이 미워요"라고 하는 사람이 많다. 그렇지만 나는 "그렇다고 하더라도 다시 한 번 미워하는 마음을 없애 보라"고 강하게 권한다. "도리는 알고 있지만 현실은 그렇지 않아요. 인생은 이런 건데 뭐!"라고 하는 사람에게 인과의 도리는 확실하게 작동하고 있다고 강하게 호소하고 있다.

진여의 도리란 차별세계의 깊은 곳에 있는 자타 평등의 세계이다. 모든 것이 이곳으로 돌아오는 '있는 그대로의 존재'이다. 우리는 그 존재에 대해 무지하기 때문에 '자신'을 세워서, 타인과 대립하는 생활을 하고 있다.

이 독행무명이 근원에 있기 때문에 그곳에 번뇌가 일어난다. 그 번뇌와 함께 작동하는 무명이 번뇌상응무명이다. 그래서 '어리석음(愚癡)이 없으면 미혹[惑]은 일어나지 않는다'라고 한다. 우치[어리석음]란 무명이다. 즉 독행무명이 있고, 처음으로 그곳에 번뇌가 일어난다.

번뇌 중에서 '진(瞋)', 즉 분노에 대해 잠시 설명해 보자. 이 분노를 료헨 화상은 『법상이권초』에서 '나를 거역하게 되면 반드시 분노하는 마음이 있다'고 정의한다. 우리는 언제나 자신이 한 가운데에 있기 때문에, 자신을 거역하는 것에 분노한다. 그러므로 그런 자신이 없으면 분노도 없게 된다. 그렇다고 하더라도 인간은 좀처럼 자신을 없앨 수 없다. 그러나 노력하면 없앨 수 있다. 만약 없애지 못하면 그 사람의 인생은 허무하게 된다. 나이를 먹으면 점차로 '나'를 강하게 의식하게 된다. 이런 사람의 인생은 정말로 허무하다. 가능하다면 1년에 1센치, 1밀리라도 자신을 깎아 작아졌다고 실감할 수만 있다면 살아갈 용기도 솟아날 것이다.

지금까지 내용을 정리해 보면, 진여의 도리와 연기의 도리에 어두운 마음, 즉 이것이 독행무명이고, 흔히들 말하는 무명이다. 이 근원적인 무명이 있기 때문에 여러 가지 번뇌가 생기는 것이다.

이상으로 가애(罣礙), 즉 장애에 대한 설명을 마치겠다.

—

제17강
공포

『법구경』의 가르침

이번 강의에서는 '공포(恐怖)'에 대해 설명하고자 한다. 우선 초기 경전인 『법구경(담마파다)』의 게송을 소개하는 것으로 시작하겠다. 『법구경』에 "마음에 번뇌[漏]가 없으며, 사념(思念)이 어지럽지 않고, 선악의 분별을 버려서 각성한 사람에게는 두려움[공포]이 없다"는 가르침이 있다.

『법구경』에 대해 이번 강의에서는 언급하지 않았지만, 『법구경』은 『숫타니파타(경집)』와 더불어 부처님의 육성에 가장 가까운 경전이라고 한다. 대승에서 설하는 공이나 유식의 교리가 어렵다고 생각하시는 분은 『법구경』를 읽어 보기를 권한다. 왜냐하면 이 경전은 '인간은 어떻게 살아야 하는가'를 쉽게 기술한 불교의 입문서이기 때문이다.

'담마파다(법구경)' 중의 '담마(dhamma)'는 팔리어이며, 범어로는 '다르마(dharma)'인데, 이를 법(法)으로 한역한다. 법이라는 말에는 다양한 의미가 있지만, 이 경우 담마는 '진리', '파다(pada)'는 '말[언어]'의 의미이므로, 담마파다는 '진리의 말[말씀]'로 번역한다. 또는 법은 '진리를 뒷받침한 언어'를 의미하기도 한다. 즉 경전에 쓰인 경문이 법이다. 이것을 교법(教法)이라고 한다. 그러므로 법회 때마다 독송하는 『반야심경』의 문장인 경문도 법이 되는 것이다. 그런데 경문이란 의미를 가진 음성이고, 넓게 말하면 언어이지만, 언어는 어디까지나 언어일 뿐, 문제는 언어가 가리키는 대상, 엄밀히 말하면 '그 자체'는 무엇인가 하는 것이다. 우리는 언어[말]대로 '사물'이 있다고 생각하지만, 결코 그렇지 않다. 부처님은 "오온을 조건[緣]으로 아(我)와 아소(我所)라고 집착한다"고 설했다. 단지 구성요소인 색·수·상·행·식의 5가지 모임이 있을 뿐이데, 그것을 대상으로 '나[我]', '나의 것[我所]'라고 착각하고 있는 것에 우리 범부의 미혹과 괴로움이 전개한다고 부처님은 말씀하신다. 우선 이 가르침을 경전으로부터 배울 필요가 있다. 그렇지만 이것만으로 불충분하다. 스스로 요가와 선정을 닦아 조용한 마음으로 있는 그대로 보는 것, 무아라는 사실을 사실로서 보는 것이 중요하다.

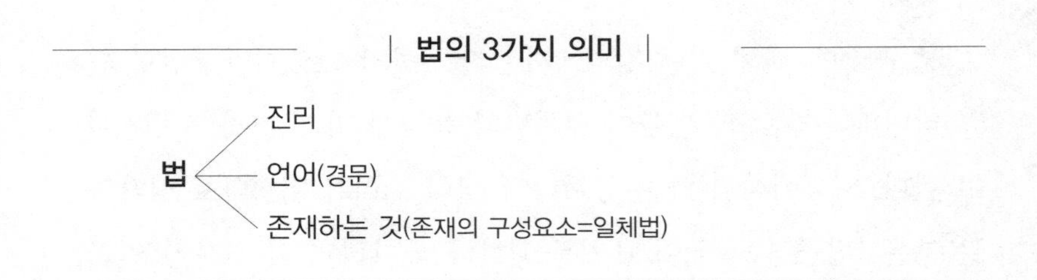

법이란

위의 도표에서처럼 법에는 대략 3가지 의미가 있다. 즉 진리·언어

[경문]·존재하는 것[존재의 구성요소=일체법]이다. 앞에서 설명했지만 담마파다는 '진리의 말씀'이라는 의미다. 즉 경전의 문구[경문]는 진리에 대해서 말한 것이라는 의미다. 이것은 모든 경전에 해당하는 것이지만, 경전의 문구 즉 경문은 '존재하는 것'의 '진리'에 대해서 말한 '언어'이다. 그리고 불교는 모든 존재하는 것의 진리에 대해 다 말할 수 있다는 입장을 취한다. 그래서 일체법이라는 말에는 '존재하는 모든 것'과 그것에 대한 '모든 언어[경문]'라는 두 가지 의미가 있다. 일체의 존재를 '언어'로 말하고, 그리고 그 일체의 언어 저쪽에 있는 '진리'를 추구해 가는 것을 불교는 지향한다.

그리고 '존재하는 것'이란 '임시적인 자아(假我)'이다. 즉 '가아'를 구성하는 오온이고, 오위백법의 백법이다. 불교는 이 임시적인 자아[법]를 의지처로 삼아 부처님이 설한 경문[법]을 단서로 최종적으로 진리[법]에 이르는 것을 목적으로 한다. 이처럼 모든 것은 법이라는 언어에 포함된다.

앞에서 가아[임시적인 자아]라고 했는데, 이 생각이 중요하다. 그런데 '가아(假我)'나 '임시적인 자신'이라고 하면 역시 '아(我)'나 '자신(自身)'이 있다고 생각하고, 그것에 집착해 버린다. 그래서 나는 가아를 '생명'이라고 표현해 보자고 제안하고 싶다. 보다 엄밀하게 말해서 '살려지고 있는 생명'이라고 부르면 어떨까! 며칠 전 2,000km를 표류하다가 구조된 사람이 화제가 되었다. 그는 어떻게 구조되었을까? 미국 특수부대에서 훈련을 받은 평론가의 분석에 따르면, 여러 가지 요소가 있겠지만 가장 중요한 원인은 그의 마음이 아침에 일어날 때마다 '어! 또 눈을 떴네. 이대로 죽어도 할 수 없지!'라는 마음이 되었다는 것,

즉 자신이 살려지고 있다는 것을 알아차려 사는 것에 그다지 집착하지 않은 것이다. 죽음 직전까지 가면 이런 마음이 들까? 나도 언젠가는 죽겠지만, 임종이 가까이 와서 내일 죽을지도 모를 상황이 되었을 때, '아! 오늘도 살려지고 있구나!'라는 마음이 든다면 얼마나 좋을까. 그렇지만 죽음에 가까워졌을 때서야 이렇게 생각할 것이 아니라 건강할 때부터 '살려지고 있는 생명'의 존재에 대해 알아차려야 할 것이다. '생명'이란 무엇인가? 유식의 용어로 말하면 '의타기'라고 말할 수 있을 것이다. 의타기란 '다른 것에 의지하여 존재하고 있다'는 의미다. 우리의 생명은 자신이 살아가는 것이 아니다. 부모에게서 받은 생명이며, 그 부모에서 부모에로 거꾸로 올라가 보면 헤아릴 수 없을 만큼 많은 생명의 결정(結晶)이 임시적인 자신[가아]의 생명이다. 눈을 뜬 순간, 오늘은 무엇을 할까 하고 생각하는 것이 아니라 살려지고 있는 생명과 하나가 되어, 생명을 실감해 보면 어떨까!

살려지고 있다는 것, 즉 의타기성을 실감하는 것은 아침에 일어날 때만 할 수 있는 것이 아니다. 요가 선정에 들어가서도 실감할 수 있다. 시간이 있다면, 이 강의를 마치고 함께 요가를 실습해 보자.

며칠 전 『문예춘추(文藝春秋)』라는 월간 잡지에서 「신행복론」이라는 특집호를 발간했다. 나도 123명의 필자 중 한 사람으로 참가하여 '보살로서 사는 행복'이라는 제목으로 불교적 관점에서 행복론을 제시했다. 나는 거기에다 "행복이란 자신의 행복이 아니다. 촛불처럼 다른 사람을 위해 불빛과 따듯함을 주면서 타 들어가는 것에 행복이 있다"고 기술했다. 이 이외에도 다양한 행복론이 있었는데, 어느 분의 글이었는지는 기억이 나지 않지만, 무엇이 행복인가라고 묻는다면 지금 여기에 살려지고 있는 것, 눈을 뜬 순간 '아! 살려지고 있네'라는 실감이 행복이라고 하는 글을 보았다. 나는 전적으로 동감했다. 이 분의 말을 유식의 용어로 바꾸면, 의타기의 생명을 실감하고 있다고 말할 수 있을 것이다. 그러나 우리는 좀처럼 의타기의 생명·의타기의 세계를 실감할 수 없다. 우리는 자신을 중심으로 살며, 게다가 언어로써 구축한 세계, 이른바 변계소집성의 세계에 살고 있다. 자신[나]이 살고 있다고, 언제나 그곳에 내가 등장한다. 조금 전 다가와(多川) 주지스님께서 강의 중에 진(瞋), 즉 분노에 대해 언급하셨는데, 분노는 '자신을 거역하는 것, 자신과 맞지 않는 것에 대한 성냄'이라고 말씀하셨다. 자신이라는 의식은 쉽게 없어지지 않는다. 아뢰야식 속에 이 의식을 일으키는 힘이 종자로써 선천적으로 들어 있으며, 또한 개인적인 의식으로 과거의 역사·과거의 업이 심층의 마음속에 쌓여 있음으로 인해 자신이라는 생각·자신이라는 언어가 언제나 일어나고 있기 때문이다. 그러므로 우리는 이것을 좀처럼 없앨 수 없다.

그러나 우리는 반야의 지혜로써 조용히 관찰하고 사유할 때, 연기의 도리를 이해함으로써 삶의 방식이 변해 갈 것이다. 반야의 지혜를 움직여 보자. 그러면 "만약 여기에 '자신'이 없다면 무엇을 말해도 자신을 거역하는 것·싫어하는 것은 나타나지 않을 것이다. 그러므로 결코 성내는 일은 없다"는 것을 이해할 수 있을 것이다. 다시 말해 '이것이 있으면 저것이 있고, 이것이 없으면 저것도 없다'는 연기의 도리를 이해할 수 있을 것이다. '이해'를 영어로는 'understand'라고 하는데, 이것을 'standunder'로 바꿔써 보면, 이는 '보다 깊은 곳에 서다'는 의미가 된다. 우리는 표층의 현상적인 세계에서 우왕좌왕하고 있지만,

보다 깊은 곳에 침잠해 가면 그 현상에 작용하는 도리를 알 수 있다. 즉 도리[理]가 풀려[解] 나타나는 것이다.

유식에서는 '인인유식(人人唯識)', 즉 '일인일우주(一人一宇宙)'라고 했다. 한 사람 한 사람 각자의 세계 속에서 우왕좌왕하고 있지만, 그 세계는 기본적으로 '자신'이 관여하고 있지 않다. 호흡도 심장도 자신이 움직이고 있는 것이 아니다. 밉다는 감정을 '자신'이 아무리 억누른다 해도 좀처럼 억누를 수가 없다. 미운 사람을 만나도 결코 미워하지 않겠다고 다짐해도, 그 사람을 만나면 역시 밉다는 감정이 일어난다. 이것은 신체든 마음의 움직임이든 자신을 초월한 하나의 도리가 작동하고 있기 때문일 것이다.

유식에서는 이 도리를 '아뢰야식연기'라고 한다. 아뢰야식이라는 심층심에 잠자고 있는 종자가 싹을 피워, 자신이 억누를 수 없는 마음이 생기는 것이다. 그리고 그 표층의 마음이 또한 심층에 종자를 심어가는 것처럼 인과의 연쇄가 무한히 계속된다. 빙빙 도는 인과의 도리가, 자신도 어떻게 할 수 없는 힘으로써 지배하고 있는 것이다. 이 연기의 도리·아뢰야식의 도리를 알면 적어도 그곳에 '나', '자신'이라는 것은 없어진다. 이와 같이 연기의 도리·아뢰야식의 도리를 이해하여, 일상생활에서 미운 사람이 눈앞에 나타날 때 '아뢰야식연기의 교리를 떠올려, 밉다는 현상의 배후에는 아뢰야식연기의 도리가 작동하고 있다고 생각하면 조금은 자아의 마음[에고]이 엷어지지 않을까.

의지력

『법구경』 이야기로 되돌아가자. "마음에 루[漏]가 없으며, 사념(思念)이 어지럽지 않고, 선악의 분별을 버려서 각성한 사람에게는 두려움[공포]이 없다"라는 경문 중에 '루(漏)'란 번뇌로 바꾸어 말할 수 있다. 안·이·비·설·신이라는 5가지 감각기관, 즉 오근으로부터 번뇌가 물처럼 스며들기 때문에 번뇌를 루(漏)라고 표현한 것이다. 우리의 정신적 에너지는 방대하지만, 대부분을 외계의 일이나 사물을 향하여 방출하고 낭비하고 있다. 가장 큰 낭비가 일어나는 곳은 눈이라는 감각기관일 것이다. 그러므로 우선 눈을 반쯤 감고 앉아서 요가나 좌선을 하면 에너지의 낭비가 줄어들 것이다. 에너지의 지나친 낭비는 병을 생기게 한다. 요즘 젊은이들은 여러 가지 마음의 병을 앓고 있다. 나도 최근 몇 사람으로부터 고민을 듣고서 놀랐는데, 요즘 결벽증에 걸린 젊은이들이 많다는 것이다. 결벽증에 걸리면 집에 은둔하게 되고 외출을 할 수 없게 된다고 한다. 외출하려면 대단한 결심이 필요하며, 외출하고 돌아와서는 몸에 걸친 모든 것을 세탁한다고 한다. 이처럼 결벽증은 '더럽다'는 생각이 원인이 되어 세상에 나갈 수 없게 되는 병이다. 이런 사람은 눈이나 귀, 피부의 감각이 작동하여 결벽증이 된 것이다.

하여튼 우리는 5가지의 감각기관을 통해 생긴 오식(五識)에 의해 에너지를 유산(流散)시키고 있다. 이때 오식만이 아니라 감각을 통제하는 마음인 제6의식이 함께 작동한다. 『법구경』에서는 '자신을 통제하라'고만 반복해서 말하는데, 자신을 통제하기 위해서는 의식을 어떻게 운용하는가가 중요하다.

의식은 말(馬)을 모는 사람으로 비유한다. 말을 모는 사람이 말을 잘 조절하듯이, 의식이 오근과 오식을 잘 조절하는 것이 필요하다. 이 중요한 의식의 작동을 어디로 향하게 할 것인가? 이곳에 '염'이라는 집중하는 마음작용이 중요한 역할을 하게 된다. 부처님은 '염에 의해 근(根)을 지켜라'라고 제자에게 설하고 있다. 예를 들어 탁발 도중에 여성을 만나고 번뇌가 일어나 괴로워하는 제자에게 부처님은 '여자를 보지 말라'고 타이른다. 왜냐하면 보는 시각을 통해서 번뇌가 흘러들어오기 때문이다.

다음은 "사념(思念)이 어지럽지 않고"라는 구문을 살펴보자. 구문 중에서 '사념'이란 넓게 보면 마음의 작용이라고 파악할 수 있고, 좁게 보면 마음의 근원이라고 할 수 있는 의지(意志)를 가리킨다고 할 수 있다. 인간의 행위, 즉 업에는 신구의(身口意)의 3업이 있는데, 그중에 '의(意)'는 범어로 '마나스(manas)'라고 하는데, 그 대표가 '체타나(cetanā)'로 사(思) 또는 의념(意念)·사념(思念)이라 한역한다. 요즈음 말로는 '의지'에 상당한다. 마음의 작용 중에서 가장 중심이 되고 가장 중요한 작용이 어떤 목적을 가지고 그것에로 향하는 행위를 일으키는 '의지'이다. 그러므로 '사념(思念)이 어지럽지 않다'는 것은 어떤 하나의 목표를 향해 의지가 확실하게 정해져, 마음이 어지럽지 않은 것이라고 해석할 수 있다. 표층의 마음 영역에서 말하면 조용히 앉아 들숨·날숨과 하나가 되는 것, 또는 어느 한 곳에 생각을 집중해서 마음이 유산(流散)되지 않는 것이 '사념(思念)이 어지럽지 않다'는 것의 뜻이다. 하지만 표층심이 어지럽지 않게 되기 위해서는 심층심이 듬직하게 안정되지 않으면 안 된다. 마음이 어지럽지 않다는 것은 바로 이런 상태를 말하는 것이다. 이른바 인생에서 하나의 커다란 목적을 가진 '의지'나 '사념'의 중요성을 이 구문에서 설명하고 있다고 할 것이다.

앞에서 설명했지만, 『문예춘추(文藝春秋)』의 「신행복론」에는 여러 가지 행복론이 기술되어 있다. 흔히 '백 명 있으면 백 개의 행복론이 있다'고 말한다. 그렇지만 나는 이 말을 들으면 왠지 쓸쓸한 느낌이 든다. 나는 모든 인간에게 공통되는 보편적인 행복론이 있다고 생각한다. 좀처럼 알아차리기 힘들지만, 인간은 깊은 마음속에 모두 똑같은 의지를 가지고 있다고 믿고 있기 때문이다. 인간은 똑같은 목적을 가지고 살고 있으며, 살아왔기 때문에 인류가 지금까지 살아남았다고 생각한다. 과거에 얼마나 많은 전쟁이 있었는가! 정말로 조금만 잘못했어도 인류는 멸망했을지도 모른다. 그러나 이렇게 살아남았다는 것은 역시 호모 사피엔스라면 누구나 똑같은 하나의 목적을 가지고 있다는 사실을 증명한다고 생각한다.

많은 행복론 중에 내가 감동한 것은 타카쯔기시(高槻市)의 시장(市長)을 지내셨던 분의 행복론이었다. 그는 바쁜 시장 자리를 그만두고 침대에 누워만 있는 아내를 간병한 분이다. 언론에 보도되어 널리 알려진 사연이다. 그가 쓴 문장을 간단하게 소개하고자 한다.

"침대에 누워만 있는 아내를 간병한다는 것이 처음에는 대단히 힘들었습니다. 지옥과 같은 생활이었습니다. 아내가 간병으로 몸을 어느 정도 회복하고서 "대단히 죄송합니다"라고 말하고서, 울면서 "이제 이별이네요!"라고 말하는 모습을 보면서 저는 정신을 차렸습니다. 지금까지 제가 좋아하는 일을 할 수 있었던 것은 아내가 도와 주었기 때문입니다. 아내를 돌보는 것이 그녀에 대한 보답이라고 생각하게 되었습니다. 아내의 병간호를 하고 있는 지금 저는 진심으로 생각합니다. 나의 남겨진 인생을 아내의 병간호를 위해 쓴다면 얼마나 행복하겠는가! 그녀의 존재 자체가 나의 행복과 연결되어 있다는 사실을 다시 알게 되었습니다."

이분은 부인의 존재, 부인의 행복이 바로 자신의 행복이라는 것을 알게 된 것이다. 인간은 별개로 존재하는 것 같지만, 깊은 곳에서는 서로 연결되어 있다. 일인일우주, 한 사람 한 사람이 크고 작은 파도의 상태이지만, 깊은 해저에 침잠해서 보면 모두 똑같은 바닷물이라는 것을 그는 아내의 병간호를 통해서 알게 된 것이다. 이분은 실로 '보살도'를 걷고 있다고 해도 과언이 아닐 것이다.

죽음의 공포를 해결하는 법

다음은 "가애가 없기 때문에 공포도 없다"는 경문중의 '공포도 없다'는 구절을 살펴보자. 인간에게 공포는 여러 가지가 있지만, 최대의 공포는 '죽음'이다. 생로병사의 사고(四苦)중에서 사고(死苦)가 가장 두려운 것은 누구나 인정할 것이다. 이것에 관해 앞에서 기술한 '행복이란 무엇인가?'라는 행복론으로 다시 한 번 되돌아가자. 나는 예전에 행복은 다음과 같은 3가지 상태를 말한다고 생각했다.

굶지 않는 것
진리를 아는 것
죽음의 공포가 없는 것

먼저 '굶지 않는 것'은 물질적인 문제이지만, 현재 아프리카 등의 각지에서 기근에 시달리는 사람들은 지옥 같은 생활을 보내고 있다. 이처럼 먹는 것이 곤란하지 않는 것은 행복의 최저 조건이라고 할 수 있다. 보다 넓게 말하면 건강도 행복의 필수조건이다. 아무리 재력이 있어도 건강하지 않으면 행복할 수 없다. 『법구경』에서도 "건강이 최대의 보물이다"라고 설하고 있다.

다음은 '진리를 아는 것'이다. 우리들이 느끼는 불안은 진리를 알지 못하기 때문에 생기는 것이다. 나는 어디서 와서, 어디로 가는가? 지금 이 순간 나는 도대체 어떤 사람인가? 앞에서도 말했지만, 나는 초등학교 4학년 때 갑자기 기억을 상실하여 기절하는 병을 있었는데, 어느 날 기절하고 깨어났을 때, 마침 창문으로 석양이 들어오는 것을 본 순간 '도대체 무엇인가?'라고 마음속으로 울부짖었다. 말로 표현하면 '도대체 무엇인가?'이지만, 완전히 허무 속에 던져지는 느낌이었다. 그리고 지금까지의 모든 가치관이 기왓장처럼 붕괴했다. 지금도 마음에 조용히 침잠하면 그 생각이 떠오른다. 이런 경험은 나뿐만 아니라 크든 작든 누구나 있을 것이다. 우리는 이와 같이 세상에서 우왕좌왕하면서 도대체 무엇이 진실이고, 진리가 무엇인지 아무것도 모른 채 살아가고 있다. 그러나 조용히 생각해 보면 그것은 괴로움이고 불안이다.

무엇이 진리인가? 부처님이 무상정등각에 의해 깨달은 진리를 우리에게 설하신 것이 경전에 담겨 있다. 이런 경전의 경문을 단서로, 이 '임시적인 자신'을 배[船]로 삼고, 제6의식으로 노[舵]를 저으면서 인생이라는 바다를 항해해 가는 것이 불도를 걷는 일이라고 생각한다.

정말로 진리를 알면 행복하다. 그리고 이것은 세 번째의 '죽음에 대한 공포가 없다'는 행복과 연결된다. 그래서 부처님이 보리수 아래에서 깨달은 후에 '불노불사의 세계를 접했다'고 말씀하신 것은 우리에게 용기를 준다.

앞에서 언급한 3개의 행복은 불전에 설해진 '재보시·법보시·무외보시'에서 힌트를 얻은 것이다. 재보시란 사람들에게 물질적인 원조를 하는 것, 법보시란 진리를 설해주는 것, 무외보시는 두려움이 없는 상황을 부여해 주는 것이다. 하여튼 죽음이 최대의 공포이기 때문에, 죽음을 해결하기 위한 방법이 문제가 된다. 이와 관련해서 다음의 4가지 방법을 살펴보자.

첫째, 옛날 중국에서처럼 불사의 묘약을 발명하는 방법이다. 중국 황제들의 무덤을 파헤쳐 유골을 조사해 보면 수은이 대량으로 검출된다고 한다. 그들은 수은을 조합하여 불사의 묘약을 만들려고 시도한 것이다. 그러나 그것은 허망한 노력으로 죽음의 공포를 없애는 진정한 해결법은 아니다.

둘째, 자신의 작품 속에 자기 생명을 의탁하는 방법이다. 이것은 예술가들의 해결법이지만, 이 또한 진정한 해결법이 아니다.

셋째, 자기 자식에게 자신의 생명을 의탁하는 방법이다. 자신은 죽더라도 자신의 생명은 자식에게 이어진다고 생각하여, 죽음을 납득하는 것이다. 이것도 하나의 방법이지만 역시 진정한 의미의 해결법은 아니다.

앞에서 제시한 3가지 방법은 모두 진정한 해결법이 아니다. 다음의 네 번째 방법이 죽음의 공포에 대한 진정한 해결법이다.

넷째, 스스로 불사의 세계에 접하는 방법이다. 앞에서 언급했지만, 부처님은 무상정등각을 얻어 불사의 세계를 접하고서 궁극적인 의미로써 죽음의 해결을 성취했다.

죽음과 중도

죽음을 해결하는 데에 '중도'의 사고방식이 중요한 작용을 한다. 앞에서 설명했지만, 중도란 다음의 두 가지로 정의할 수 있다.

비상비단(非常非斷)
비고비락(非苦非樂)

이 중에 '비상비단'은 '비유비무(非有非無)'라고 바꾸어 말할 수 있다. 부처님은 '인간이 죽으면 유(有)인가 무(無)인가'라는 질문에 '있는 것도 아니고 없는 것도 아니다'라고 대답하셨다. 진정으로 있다·없다는 생각은, '유' 또는 '무'라는 언어를 인간의 측면에서 부여한 것에 불과하다. 유무를 초월한 저쪽의 존재, 즉 진여에는 있는 것도 없는 것도 통용되지 않는다. 또 하나는 비고비락의 중도이다. 부처님은 '고행도 아니고 쾌락도 아닌 삶의 방식을 살라'고 설하신다.

여기서 한 달 전에 방영된 힌두교에 대한 이야기를 하고자 한다. 힌두교는 일정한 장소에 모여 한 달 동안 목욕으로 수행을 한다. 그 프로그램은 한 달 동안 목욕하는 수행을 촬영한 것이었다. 고행자들은 '신(神)를 만나고 싶다'고 외쳤다. 인터뷰 중의 일반인은 '인간은 더러운 존재이기 때문에 목욕을 하여 더러움을 깨끗하게 씻어 내어, 이 세상에서 죄를 없애 내세에서는 보다 좋은 신분으로 태어나고 싶다'는 서원을 했다고 한다. 그중에는 "동물로 태어나고 싶지 않아 목욕을 한다. 동물로 태어나면 비참하게 살해되기 때문이다"라고 말하는 사람도 있었다. 만약 이런 생각을 하게 만드는 것이 힌두교의 교리라면, 부처님이 힌두교의 범아일여 사상을 반대하고 무아설을 주창한 이유를 쉽게 이해할 수 있을 것이다. 그들은 너무나 '나'·'자신'에 집착하고 있기 때문이다.

불교는 '선한 일을 하여 내세에 좋은 곳에 태어나자'는 생각을 강하게 반대한다. 왜냐하면 '나'라는 것은 존재하지 않지 때문이다. 그러나 '칠불통계게'에는 '제악막작 중선봉행 자정기의 시제불교(諸惡莫作 衆善奉行 自淨其意 是諸佛教)'라고 하여, '스스로 마음을 청정하게 하라'고 설하고 있다. 이 가르침이 자신의 마음을 깨끗하게 함으로써 내세에 좋은 곳에 태어나고자 바라는 것이라고 생각하면 안 된다. 윤회를 하더라도 그곳에는 에너지의 변화체만이 있을 뿐이다. 태어나고 죽고, 죽고 태어나는 것은 면면히 연결되어 가는 살려지고 있는 '생명'의 연속체이다. 이것을 '임시적인 자신'이라고 한다면 '좋아! 나는 괜찮아. 다른 사람을 위해, 이 생명을 사용하자'는 마음으로 살아가는 것이 불교에서 설하는 보살의 삶의 방식이다.

요즈음 이슬람 과격파가 세계에 퍼져 나가 여러 문제를 일으키고 있다. 21세기 세계는 어떻게 전개될지 예측 불가능하다. 특히 무서운 것은 타인을 살해하고 자신도 죽는 자살 테러이다. 이들 자살 테러리스트들은 사후에 자신이 신의 세계에 태어난다고 믿는다. 이것이 과연 종교일까! 종교는 어디까지나 자신도 타인도 행복하게 살아가는 것을 지향하는 것이다.

—

제18강

전도와 열반

전도

'원리전도몽상 구경열반'이라는 경문이 이번 강의의 주제이다. 먼저 '전도(顚倒)'는 '사전도(四顚倒)'와 '증익(增益)과 손감(損減)의 전도(顚倒)'를 중심으로 기술하고자 한다. 그 전에 전도의 기본적인 의미부터 살펴보자.

4가지 전도 : 무상(無常)·고(苦)·무아(無我)·부정(不淨)→상(常)·락(樂)·아(我)·정(淨)
증익의 전도 : 없는 것[변계소집성]을 있다고 보는 것
손감의 전도 : 있는 것[의타기성·원성실성]을 없다고 보는 것

전도란 '거꾸로 되어 있다'라는 뜻이지만, 여기서는 '인식적 잘못[잘못된 앎]'을 의미한다. 우선 인식적 잘못이 무엇인지 살펴보자. 우리는 눈앞에 있는 것, 즉 시각·청각·미각·후각·촉각의 5가지 감각을 바탕

으로, 생각과 언어를 더하여 파악된 것이 정말로 실재하는지 아닌지를 다시 생각해 보자.

앞에서 몇 번이고 말씀드렸지만, '미운 사람'이란 정말로 나를 떠나 존재하는 것일까? 우리는 무반성적으로 '미운 사람'이 외계에 있다고 생각하지만, 마음속을 있는 그대로 관찰해 보면 '미운 사람'은 자신의 마음속에서 만들어 낸 '영상(影像)'에 불과하다는 것이다. 누군가가 눈앞에 있다. 그러나 그 사람은 본래 밉지도 밉지 않은 것도 아닌 중성적 존재이다. 그렇지만 우리는 시각으로 파악하여, 시각의 영상에 대해 '밉다'는 생각과 언어로써 '미운 사람'을 가공해 버린다. 그리고 밉다는 행위는 즉시 아뢰야식에 영향을 준다. 즉 종자를 심어 본인이 알지도 못하는 사이에 심층심에서 성장한다. 그리고 다음에 그 사람을 만날 때는 미움이 두 배로 증가한 경우가 종종 있다. 왜냐하면 그곳에는 반드시 아뢰야식연기의 도리가 작동하고 있기 때문이다. 이런 의미에서 매번 말씀드렸듯이 아뢰야식연기의 도리에 비추어, 자신의 일상적인 삶의 방식을 반성해 보는 것이 중요하다.

하여튼 전도의 가르침은 '저 사람 미워'라는 우리 자신의 판단이 '인식적 잘못[잘못된 앎]'이 아닌가 하면서 조용히 자신의 생각을 고쳐 나가야 한다고 우리에게 호소하고 있는 것이다.

상(常)·락(樂)·아(我)·정(淨)의 4전도

이번에는 4전도에 대해 살펴보자. 초기불교 이래로 존재는 '무상·고·무아·부정'인데도, '상락아정'이라고 잘못 생각한 4가지 전도를 설한다. 보통 자기 존재에 대해 '나는 언제나 존재하고[나는 영원한 존재이고], '나'라는 실체는 즐거운 존재이고, 나는 존재하고, 나는 청정하다', 즉 '상락아정'이라고 착각하고 있다는 것이 부처님이 설한 4가지 전도의 내용이다. 이 중에 무상(無常)이나 고(苦)는 어느 정도 알고 있지만, '무아(無我)'는 좀처럼 이해하기 쉽지 않다. 왜냐하면 인간이 깨닫는 데 최대 장애가 되는 나에 대한 집착, 즉 아집이 가장 강하기 때문이다. 이 아집에서 탐진치 등의 번뇌가 생겨, 우리는 고(苦)의 바다를 표류하고 있다. 그러므로 불교의 가르침 중에서 우선은 '무아'를 배워야 한다.

나는 없다는 이 말을 우리는 좀처럼 이해할 수 없다. 또다시 반복하지만, 손을 보고 실험을 해보자. 손을 보고 "내 손"이라고 말하지만, 이 중에 '손'이라는 언어에 대응하는 것은 눈으로 볼 수 있지만, '자신[나]'이라는 언어가 가리키는 것은 아무리 찾아도 어디에서도 볼 수 없다. 즉 '자신[나]'은 언어의 울림만이 있을 뿐이다.

이와 같이 실험하여 보여 주어도, 도대체 뭐가 뭔지 어려워서 잘 모르겠다고 하는 사람이 있는데, 그 사람은 마음이 바깥으로 유산(流散)하고 있어, '나는 존재한다'라는 상식 속에 갇혀 살아가고 있기 때문이다. 반면 불교는 '무아'라는 비상식의 사상을 설한다. 우리는 한 번 상식을 넘어 비상식의 세계에 뛰어들 필요가 있다. 그리고 다시 한 번 상식의 세계에 되돌아오면 활달하게 살아갈 수 있을 것이다.

이처럼 '내 손'이라고 말해도 '나'라는 언어에 대응하는 것은 존재하지 않는다고 아는 것에는 '반야의 지혜'가 작동하고 있다는 것을 최근 생각하게 되었다. 인간은 아주 강하게 자신에 집착하고 있다. 그러나 그 집착의 대상인 '나'는 존재하지 않는다는 것을 알았을 때, 그곳에는 새로운 '자신[나]'이 현성(現成)한다. 이처럼 '아[자신]'에 집착하지만, 동시에 '무아'를 아는 것에 인간의 뛰어난 점이 있다고 생각한다.

또한 마지막의 '부정(不淨)'도 좀처럼 이해하기 힘들다. 우리는 신체를 바깥[밖]에서 보고 청정하다고 생각하지만, 이것은 잘못이다. 실로 우리의 신체는 그 안에 똥과 오줌 등이나 갖가지의 장기를 쌓아 두고 있는 더러운 존재이다. 예쁘다고 생각한 것이 실제로는 부정하다고 보는 수행이 '부정관'[45]이다. 이 부정관은 시체가 썩어가는 모습을 관찰하여, 그 영상을 자신의 육체에 환원시켜 육체의 부정을 관찰하는 방법으로 수행하는 것이다. 이 관법을 분석하면 다음과 같다. 우선 구체적으로 자신의 육체를 본다. 이것을 유식 용어로는 '자상(自相)'이라고 한다. 자상은 개별적이고 구체적인 모습이다. 여러분 한 사람이 한 사람 자신의 얼굴을 바라본다면 각자의 마음속에 자신만이 볼 수 있는 얼굴이 나타난다. 이것이 자상으로서의 얼굴이다. 그리고 그 얼굴에 대해 우리는 아름답다거나 추하다고 분별한다. 그러나 그것은 이른바 에고의 마음에 의해 파악된 모습이다. 그 개별적인 얼굴 모두에게 공

45 부정관이란 탐욕의 성향이 있는 사람의 탐욕 또는 감각적 욕망(카마)을 제어하기 위한 수단이다. 외적으로는 타인의 육체가 부패하여 백골로 변해가는 9가지 모습[죽은 시체, 죽은 시체를 짐승들이 쪼아 먹는 모습, 해골에 살과 피와 힘줄이 뒤엉켜 있는 모습, 해골에 힘줄만 남아 붙어 있는 모습, 해골과 뼈에 흩어져 있는 모습, 해골이 하얗게 바랜 모습, 해골이 뼈 무더기로 변한 모습, 뼈가 삭아 티끌로 변한 모습]을 직접 눈으로 보고 난 후 상기하는 방법과 내적으로는 자신의 몸을 구성하는 요소(31가지, 장기, 똥, 오줌 등)를 상기하면서 부정(不淨)하다고 생각하는 수행법이다. 이러한 수행을 통해서 감각적 욕망을 다스리는 것이 부정관 수행의 목적이다.

통하는 모습, 즉 얼굴의 본질은 부정하다고 보는 것이 부정관이다. 이와 같이 보면 아름다운 얼굴도 추한 얼굴도 젊은이의 육체도 늙은이의 육체도 모두 공통적으로 부정하다. 이와 같이 모든 자상에 공통하는 모습을 '공상(共相)'이라고 한다. 이처럼 자상에 들어가 공상까지를 보는 것이 인도 요가의 기본적인 관찰 방법이다.

들숨과 날숨도 관찰의 대상이다. 우선 자신 속의 숨[息]을 관찰하여, 그것과 하나가 되어간다. 이것은 한 사람 한 사람의 마음속에 숨의 자상을 관찰하는 것이다. 그러나 이것으로 끝나면 의미가 없다. 누구나가 가지고 있는 숨의 공통성, 즉 공상까지도 관찰해야 하는 것이다. 예를 들어 숨[息]은 무상이라고 관찰한다. 숨은 언제나 생겨서 소멸해 가는 무상한 것이다. 숨은 나오는 순간 사라진다. 그러나 또 다음 숨이 나온다. 조용히 숨을 관찰할 때, 숨은 찰나적으로 소멸하면서 상속하는 무상한 것이며, 그곳에 무상의 도리가 작동하고 있다는 것이 분명하게 밝혀질 것이다. 요가나 선정을 닦을 때 이것을 떠올려 숨에 대해 '염(念)'으로 집중해 보자.

이처럼 우리는 자신의 존재가 '무상·고·무아·부정'이라고 관찰해야 하는데, 이것을 전도하여 '상락아정'이라고 생각한다. 여기서 괴로움이 생긴다고 불교는 강조한다.

다만 대승불교에서는 상락아정을 긍정적인 개념으로 설하는 경우도 있다. 그것은 부처의 입장에서 보면 상락아정이기 때문이다. 대승불교는 깨달음을 얻고 그 세계에 뛰어들어, 그리고 다시 무상·고·무아·부정의 세계에 되돌아와, 그 속에서 자유롭게 살아가는 것을 최종 목적으로 삼고 있기 때문이다.

증익 · 손감의 전도

다음은 증익·손감의 전도에 대해 살펴보자. 증익과 손감은 둘 다 잘못된 생각을 나타낸 말이다. 그중에 증익은 '없는 것을 있다'고 보는 잘못된 생각, 손감은 '있는 것을 없다'고 보는 잘못된 생각이다. 증익과 손감이라는 잘못된 생각을 떠나 사물을 보는 것을 '중도'라고 한다. 증익과 손감을 유식 용어로 말하면, 증익은 변계소집성, 즉 '없는 것을 있다고 보는 것'이다. 변계소집성이란 '언어에 의해 말해져 집착된 것'이다. 언어로 말해진 것은 진실로 존재하지 않음에도 불구하고 우리는 언어로 말해진 것이 있다고 착각한다. 그리고 그것에 집착한다. 게다가 미혹과 괴로움의 세계를 출현시킨다. 예를 들어 앞에서 언급했지만, 우리는 '내 손'이라고 말하고, '나'를 설정하여 그것에 집착하지만, 조용히 관찰해 보면 '나[자신]'는 어디에서도 찾을 수 없다. 이 사실을 알았다면 여러분들도 오늘부터 타인이 나에게 무슨 말을 해도 신경 쓰지 말고 자신의 길을 걸어가 보라. 왜냐하면 그런 '나'는 존재하지 않기 때문이다.

이와 같은 이야기를 젊은 대학생에게 하면, 수긍하며 미소를 짓는 사람이 있다. 20세 전후의 젊은이는 이런 것들을 자신의 문제로 고민하고 있기 때문에 사실을 사실로 지적하면 수긍한다. 그러나 어른이 되면 아집이 강해지는 탓에 좀처럼 수긍하지 않는다. 우리도 '나는 존재하지 않는다'는 사실을 사실로서 알면 삶의 방식이 크게 변할 것이다.

그러나 대부분은 '없는 것을 있다'고 생각하며 살아간다. 이것을 『반야심경』에서는 '몽상(夢想)'이라고 한다. '꿈속의 생각'이라는 의미로, 존재하지 않는 것을 존재한다고 생각하며 살아가는 삶의 방식을 의미한다고 해석할 수 있다. 그런데 몽상에 해당하는 범어는 존재하지 않는다. 아마도 구마라집이나 현장이 부가하여 번역한 것 같다. 왜냐하면 단지 전도라고 하면 좀처럼 이해하기 어렵기 때문일 것이다. 그래서 몽상을 부가하여 전도몽상이라고 번역한 것으로 추측한다. 하여튼 우리는 없는 것을 있다고 생각하는 세계, 즉 증익의 세계 속에 살고 있다.

동시에 우리는 '있는 것을 없다'고 생각하는 손감의 세계에 살고 있다. 이것을 유식의 용어로 말하면 '의타기성과 원성실성', 즉 있는 것을 없다고 하는 세계에 살고 있다고 할 수 있다.

의타기성이란 다른 것에 의지해서 생기한 존재, 즉 '일인일우주'이다. 눈을 뜬 순간 빅뱅처럼 현현하는 세계이다. 이곳에는 '자신[나]'이 관여하고 있지 않다. 눈을 떴을 때 '좋아! 지금부터 내가 다시 한 번 더 눈을 떠서, 이 세계를 만들어야지!'라고 생각하여, 이 세계가 현현한 것이 아니다. 본래 자신이 태어나려고 생각해서 이 세계에 태어난 것도 아니다. 눈을 감았다가 뜨면 시각이 생긴다. 이것도 자신이 보려고 생각해서 보게 된 것이 아니다. 이처럼 자신을 떠나, 자신도 어떻게 할 수 없는 힘이 작동하여, 이 힘에 의해 일인일우주의 세계가 만들어진 것이다. 이것은 의타기의 힘이며, 수동적인 힘이다. 이 힘에 의해 형성된 세계 속에, 이번에는 언어로써 능동적으로 파악한 갖가지의 것이 존재한다고 생각한다. 그리하여 언어에 의해 색칠되고 가공된 변계소집성의 차별세계가 성립한다. 이처럼 '어떤 것'이 성립하기 위해서는 두 가지의 힘, 즉 수동적인 힘과 능동적인 힘이 작동해야 한다. 앞에서도 언급했지만, 눈을 뜬 순간에 자신이 보는 것이 아니라 보이는 것이다. 이것은 수동적이다. 그리고 그 후에 자신이 본다고 언어로써 자신을 설정하고, 게다가 '시각'이라는 언어로써 그 작용을 파악한다. 언어로 파악하지 않으면 자신도 시각도 없다.

우리는 우선 언어를 없애서 변계소집성의 세계에서 벗어나, 자신을 잊고 '살려지고 있는 의타기의 세계'로 되돌아갈 필요가 있다. 그 방법은 요가나 선정을 닦는 것이다. 살려지고 있는 의타기의 세계라고 하였는데, 바꾸어 말하면 '생(生)의 에너지'로 되돌아가는 것이라고 할 수 있다. 특히 의타기성이라는 존재에 바로 접촉하는 기회를 가짐으로써 의타기성의 존재를 확인하여, 이런 것은 없다고 하는 손감을 떠나는 것이 중요하다.

원성실성이란 '일체제법의 진여', 즉 진여를 말한다. 모든 존재의 근거에 있는 일미(一味)·평등(平等)·변행(遍行)·청정(淸淨)이라고 정의한다. 이것은 긴 수행의 결과, 그 존재를 바로 깨닫는 것이다. 이 단계까지 도달하지는 못하더라도 우리는 우선 이런 것은 없다고 부정하는 손감으로부터 떠나 진여의 존재를 믿는 것이 중요하다.

이처럼 증익과 손감의 전도를 떠나는 것에 대해 살펴보았다. 이와 같은 견해 혹은 삶의 방식을 중도라고 한다. 이 중도를 또한 '비유비무의 중도'라고도 한다. 이것을 유식의 삼성설로 말하면 '변계소집성은 무(無)이기 때문에 비유(非有)이고, 의타기성과 원성실성은 유(有)이기 때문에 비무(非無)이다. 존재 전체로 보면 비유비무(非有非無)라고 할 수 있다. 그러나 이것은 지성으로써 중도를 논리적으로 파악한 것이다. 실천적인 중도는 '일법중도(一法中道)'라고 한다. 일법중도란 하나의 존재가 '비유비무의 중'이라는 의미이지만, 실천적으로는 반야의 지혜, 즉 무분별지로서 어떤 것과 하나가 되어 가는 것이다. 그러므로 유식사상에서는 최종적으로 중도란 무분별지라고 간단하게 정의한다.

열반

다음은 '구경열반' 중의 열반에 대해 살펴보자. '구경열반'이란 궁극적인 열반에 들어간다는 의미다. 열반은 범어로 '니르바나(nirvāṇa)', 팔리어로는 '닛반나(nibbāna)'이다. 한역은 팔리어 닛반나를 음사한 것이다. 여기의 열반은 삼법인(三法印) 중의 '열반적정'과 같은 의미다. 열반이란 무엇인지 살펴보기 전에 먼저 삼법인에 대해 설명하겠다.

제행무상(諸行無常)이란 일인일우주의 세계가 언제나 쉬지 않고 변화한다는 것이다. 일어난 순간부터 잘 때까지, 아니 잘 때도 신구의의 삼업으로 둘러싸인 세계이다. 유식 용어로 말하면 식이 쉬지 않고 전변(轉變)하는 세계이다. 에너지에 둘러싸인 세계이다.

그래서 제행무상의 세계와 하나가 되면 제법무아(諸法無我)를 알게 된다. 있는 것은 오직 무상한 에너지의 변화체뿐이며, 그곳에 상일주재(常一主宰)한 자아[我]는 어디에서도 찾을 수 없다. 내 손도 마찬가지다. 손이라는 에너지의 변화체가 있을 뿐인데, 그것에 대해 말나식이라는 심층에서 작동하는 자아집착심이 용솟음쳐서, 의식으로써 '이것은 내 손이다'라고 착각하여, 그것에 자신을 설정해 버린다. 그렇지만 조용히 일체화되어 언어를 떠나 마음으로 생각하고 관찰해 보면 무상하다는 것을 알 것이며, 제법도 무아라는 것을 알 것이다. 이와 같이 제행무상의 세계에서 제법무아의 지혜를 가지고 살아가는 것을 점차로 늘려감으로써, 최종적으로 열반적정(涅槃寂靜)의 세계에 도달할 수 있을 것이다.

제행무상의 세계는 유위의 세계이며, 열반적정의 세계는 무위의 세계이다. 그런데 여기서 부처님이 열반에 대해 어떻게 말씀하고 계시는지 『법구경』의 가르침을 살펴보자. "가을의 연꽃〈뿌리〉를 끊는 것처럼, 그대의 애념(愛念)을 끊어라. 이리하여 적정(寂靜)의 도(道)를 길러라. 이 열반은 선서(善逝)에 의해…"라고 말씀하셨다. 연꽃의 뿌리는 가을에 수확하는 것이다. 그래서 연꽃의 뿌리를 끊는 것처럼 그대의 애념 즉 탐욕을 끊는 것에 의해 적정에 이르는 길을 걸을 수 있다고 설한다. 그리고 적정은 열반으로 바꾸어 말할 수 있다. 선서(sugata)란 '깨달음의 세계로 잘[su] 가신 분[gata]'이라는 의미로, 부처님을 가리킨다. 이처럼 부처님은 '애념을 끊는 것에 의해 적정의 열반에 이를 수 있다'고 간단하게 설하고 있다. 이것이 부처님이 설한 초기불교의 열반론이다. 그 후에 열반론은 복잡하게 전개되지만, 최종적으로는 유식사상에서는 본래자성청정열반(本來自性清淨涅槃)·유여의열반(有余依涅槃)·무여의열반(無余依涅槃)·무주처열반(無住處涅槃)의 4종류의 열반으로 정리한다.

먼저 본래자성청정열반이란 앞에서도 기술했지만, 일미(一味)·평등(平等)·변행(遍行)·청정(清淨)한 진여로, 이것이 항상 근저에 있다. 그러므로 진여를 덮고 있는 장애를 얼마만큼 제거하는가에 따라 나머지 3개의 열반도 세워졌다.

번뇌장을 제거함으로써 나타나는 것이 '유여의열반'이다. 의(依)란 육체를 의미하므로 '육체를 가지고 살아 있는 그대로 도달한 열반이다. 반면 무여의열반은 육체를 멸한 상태, 즉 생사의 괴로움이 없어져서 나타나는 열반이다. 부처님이 돌아가신 후, 제자들은 부처님께서 이런 열반에 들어갔다고 생각한 것이다.

그러나 유식유가행파는 이런 열반은 진정한 열반이 아니라고 반대한다. 그들은 소지장을 끊음으로 나타나는 '무주처열반'이라는 새로운 열반을 제창한다. 소지장이란 '알아야만 할 것', 즉 진여를 덮고 있는 장애가 끊어지면, 진여가 전면적으로 나타나 생사와 열반에 구애되지 않는 삶의 방식이 전개되어 진정한 의미의 열반에 도달할 수 있다고 주장한다. 그리고 이런 열반으로 사는 사람을 '상구보리 하화중생'의 2대 서원을 가지고 사는 보살이라고 생각했다. 그래서 이런 서원을 가지고 계속해서 사는 '보살도'를 강하게 선양(宣揚)하게 되었다.

물론 이렇게 사는 것은 어렵다. 나는 최근 누구나 이렇게 살고 싶다는 의지를 마음 깊은 곳에 가지고 있으며, 이것이 조건[연]을 만나면 행동으로 나타난다고 믿게 되었다. 가라앉은 조용한 마음 그리고 사물을 있는 그대로 보는 마음으로 주위의 괴로워하는 사람에게 생각을 집중해 보자. 나도 괴롭다. 타인도 괴롭다. 그렇다면 어느 쪽의 괴로움을 먼저 없애야 할까. 보통 우리는 존재 전체를 자신 속에 넣어서 생각하지 않는다. 상대가 괴로워하든 말든 무슨 상관이야! 오로지 자신의 괴로움만 없애고자 하며 자기중심적으로 산다. 그러나 조용히 눈을 지그시 감고 존재 전체를 자신 속에 넣어서, 눈앞의 괴로워하는 사람에게 반야의 지혜를 향하게 하면 아뢰야식 속에 있는 보편적인 의지가 깨어난다. 나는 어떻게 되든 상관없어! 우선 주위의 괴로워하는 사람을 구하고 싶다는 의지가 일어날 것이다.

그러나 보통 이런 의지는 솟아오르지 않는다. 왜냐하면 '나', '나의'라는 생각이 강고한 장애가 되어 있기 때문이다. 게다가 그곳에는 아집이 강하게 작동하고 있기 때문이다. 다시 말해 '나'·'내 아내'·'내 자식'·'내 회사' 그리고 '내 나라'·'내 민족'이라고 생각하기 때문이다.

이상으로 '무주처열반'을 지향하며 사는 사람이 한 사람이라도 더 늘어나기를 염원하면서 강의를 마치겠다.

—

제19강

중도의 중요성

이번에는 '열반·적정·공'이라는 3개의 단어를 단서로 현대의 문제나 일상생활의 문제에 한정해서 살펴보고자 한다. 우선 열반·적정·공은 같은 의미다.

열반의 의미를 재확인하다

열반에 대해 앞 강의에서 설명했지만, 열반의 의미를 재확인하는 차원에서 복습을 해보자. 열반은 범어로 '니르바나', 팔리어로 '닛바나'라고 하지만, 열반은 팔리어 '닛바나'의 음역이다. 의역하면 '안온(安穩)'·'적멸(寂滅)'·'적정(寂靜)' 등으로 번역하지만, 대부분 열반이라고 음역한다. 그런데 왜 음역했을까? 하나의 언어에 여러 의미가 있기 때문이다. 예를 들어 '안온(安穩)'이라고 번역하면 '편안함'이라는 의미에 한정되기 때문이다. 예를 들어 초기경전에서는 생사를 벗어나서 열반에 이른다는 일방적인 열반을 생각했지만, 대승불교에서는 '무주처열반'이라는 새로운 열반을 제시한다. 이 열반은 생사에서 해탈한 일방적인 열반이 아니라, 생사에도 머물지 않고 열반에도 머물지 않는, 바꾸어 말하면 생사에 구속되지 않고 열반에도 구속되지 않는 보살의 삶의 방식을 말하기 때문에 단지 '편안함'의 상태만을 의미하지 않는다. 고[생사]와 락[열반]의 양쪽에 걸쳐 있으면서 사람들을 계속해서 구제하는 삶의 방식이다. 그러므로 여기에는 '편안함'만이 있는 것이 아니다. 혹은 괴로움의 한 가운데에 있으면서 언제나 마음의 깊은 곳은 적정한 상태로 있는 것을 의미한다고 할 수 있다. 태풍이 오는 바다의 표면은 크든 작든 파도로 넘실댄다. 그러나 깊은 해저의 바닷물은 미동도 하지 않는다. 이처럼 무주처열반에 머무는 보살의 표면의 마음은 사람들을 구제하기 위해 괴로워하고 고민하지만, 마음 깊은 곳은 조용하고 동요가 없는 상태이다. 이런 보살은 '나타나는 모습'에서는 동요하지만, '숨겨진 모습'에서는 조용하다.

앞 강의에서 유식사상에서 설하는 본래자성청정열반·유여의열반·무여의열반·무주처열반의 4종류의 열반을 소개했다. 간단하게 정리하면 다음과 같다. 사람은 누구나 열반의 근거라고 할 수 있는 본래자성청정심을 가지고 있다. 이것이 본래자성청정열반이다. 이것을 덮고 있는 번뇌장을 제거하는 것에 의해 유여의열반이 현현(顯現)한다. 다음에 육체를 버리고 생사의 고로부터 해탈하는 것에 의해 무여의열반이 현현한다. 그러나 이상적인 열반은 소지장을 끊는 것에 의해 얻어진 무주처열반이다.

초기불교에서 말하는 열반

이상으로 앞의 강의 내용을 복습했다. 여기서 초기불교로 되돌아가 열반에 대한 기본적인 생각을 도표를 보면서 소개하고자 한다. 우리는 일인일우주로 살고 있다. 상식적으로는 하나의 우주에 모두가 살고 있다고 생각하지만, 여기에 2백 명이 있으면 200개의 우주가 존재한다. 있을 수 없는 일이라고 여길지 모르겠지만, 이것은 사실이다. 누누이 말했지만, 얼핏 보면 비상식적으로 보이는 유식의 교리일지라도 용기를 가지고, 사실을 사실로 보아야 한다고 나는 주장하고 싶다.

어떤 의미에서 상식이란 용기 없이도 말할 수 있는 것이다. 다시 말해 모두 똑같은 생각을 하고 있기 때문에, 그럴 것이라고 우리는 쉽게 타협해 버린다. 하지만 이 상식에서 한발 나아가 '여실지견(如實知見)' 하면, 일인일우주라는 사실을 알게 될 것이다.

그러나 일인일우주이기 때문에 괴로워하는 사람을 생각하는 동정심이 일어난다. 불가사의하게도 존재의 깊은 곳까지 침잠하여 일인일우주라는 사실을 확실하게 알면 알수록 상대를 생각하는 마음이 점점 강하게 일어난다. 길을 걷다 보면 웃는 사람도 있지만, 찌푸린 얼굴을 하고 있는 사람도 있다. 60세가 된 지금 나는 '아! 그들 모두 잘 살고 있구나!'라고 느낀다. 나도 열심히 살고 있기 때문에 상대의 기분을 조금이나마 이해하게 되었다. 오늘도 아침 일찍 일어나 열심히 신칸센을 타고 나라(奈良)에 왔다. 방금 "열심히 왔다"고 했는데, 60세가 되면서 나는 무리하지는 않기로 했다. 인간은 무리하면 스트레스가 쌓인다. 무엇을 하든 천천히 하면서 무리하지 않기로 했다. 몸에 무리가 오면 천천히 걷기로 했다. 유식의 용어로 말하면 나는 '의타기로 산다', 다시 말해 다른 것에 의지하여 살고 있지 않나 생각한다. 몸이 약해졌기 때문에 약한 몸에 나를 맡기고 살기로 했다.

'열심히 해야 한다'는 것은 변계소집성의 '자신'을 만들어 내서 무리하는 것이다. 몸이 힘들어 아주 천천히 걸어가는 자신의 상황을 실감하게 되면 나와 비슷한 노인을 만났을 때, 그와 내가 같은 세계에 살고 있다고 공감할 수 있다. 정말로 일인일우주이기 때문에 각자의 인간 세계는 상황에 따라 상태가 다르게 되는 것이다. 여기서 '삼계'의 도표를 보자.

| 삼계(三界)의 유위(有爲) · 무위(無爲) |

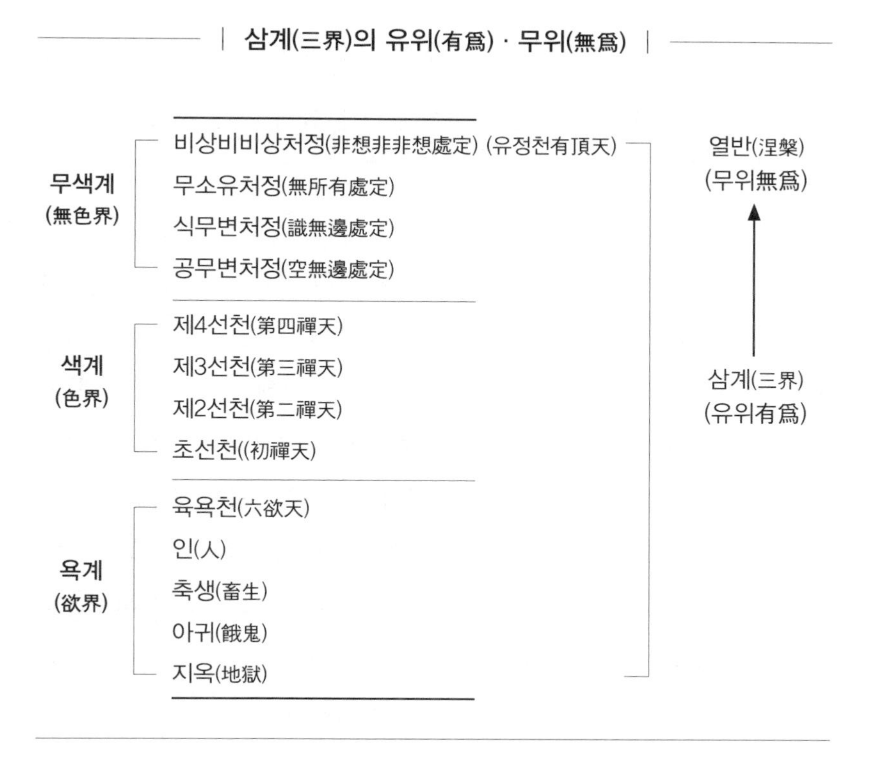

이 일인일우주를 분석해 보면 욕계·색계·무색계의 삼계로 나눌 수 있다. 삼계(三界)의 '계'는 세계라는 의미로, '세간(世間)'이라고 번역하는 경우도 있다. 범어로는 '로카-다투(loka-dhātu)'라고 하는데, 로카[loka)는 '파괴하다'라는 의미의 동사√luj(루즈)에서 파생한 명사형이다. 그러므로 세간·세계란 변화하고 파괴되어 가는 제행무상(諸行無常)이라고 파악한 것이다. 일인일우주라는 세계의 마음 상태는 끊임없이 변화하는 것이다. 인간은 도표에서처럼 지옥에서 유정천 사이를 왔다 갔다 한다. 즉 삼계를 생사 윤회한다. 본래 삼계는 두 종류로 분류한다.

첫째, 과거·현재·미래의 삼세에 걸쳐 삼계를 생사 윤회한다.

둘째, 마음의 상태, 선정의 깊이에 의해 삼계를 위아래로 왔다 갔다 한다.

첫째는 보통 우리가 생각하는 생사윤회이다. 어릴 때 '이런 나쁜 짓을 하면 지옥에 떨어져!'라는 말을 자주 들었는데, 이것은 윤회설에 기초한 것이다. 반면 둘째는 한 인간의 마음 상태·선정의 깊이에 의해 사는 세계가 다르다는 것이다. 부처님은 방편으로 첫 번째인 윤회설을 설했을지 모르지만, 부처님의 진의는 두 번째 입장이라고 생각한다. 물론 첫 번째 입장인 생사윤회설을 경전에서 배워 그것을 믿으면서 살 수도 있다. 그러나 이것으로 끝나면 불교는 기독교나 이슬람교 등과 똑같은 종교가 될 것이다. 불교는 지혜에 의해 사실을 사실로서 언제나 자신이 경험하고 확인할 것을 요청한다. 이 삼계설도 선정을 닦는 것에 의해 살아가면서 스스로 경험할 수 있는 세계이다. 부처님도 삼계를 왔다 갔다 했다. 기독교나 이슬람교는 신앙[믿음]만을 설하는 반면 불교는 신앙과 더불어 지혜를 강조하는 점이 다르다.

이런 의미에서 삼계설에 대해서도, 삼세에 걸쳐 생사를 거듭한다고 경전에 설한 것을 신앙의 대상으로 파악한다. 다시 말해 나쁜 일을 하면 죽어서 지옥에 떨어지고 좋은 일은 하면 천계에 태어난다고 생각하여 현생의 삶을 규제하는 것이다. 이것은 경전에서 설한 것, 즉 교리에 대한 하나의 파악 방식이다. 그러나 불교는 이것만을 요청하지 않는다. 불교는 믿음[신앙]에서 출발하지만, 스스로 마음을 청정하게 하는 것에 의해 사실을 사실로서 보는 지혜를 획득하기를 바란다.

우리가 마음속에 머물러 조용히 마음의 상태를 관찰해 보면 때로는 지옥에 떨어져 있다는 것을 실감한다. 타인과 싸우고 있는 사람 혹은 시리아 등에서 격렬하게 싸우고 있는 사람들의 심정[마음상태]은 지옥이라고 해도 과언이 아니다. 마음의 상태[심정]에 의해 사는 세계는 틀림없이 변한다. 그러므로 '유식소변'은 유식의 독자적인 가르침이 아니고, 보편적인 사실을 적용시킨 말[언어]이다. 일체의 존재는 오직 마음이 변한 것이라는 교리를 삼계설에 적용시켜 보면, 앞에서 말한 두 가지의 삼계설 중에 후자가 적절할 것이다. 하여튼 지옥이나 천계라고 하면 무언가 공간적인 존재라고 생각하지만, 이는 기본적으로 잘못된 생각이다. 왜냐하면 이것은 살아 있는 존재의 상태를 말한 것이다. 보통 육도윤회라고 하는데, 육도는 육취(六趣)라고도 한다. 본래 육도 중에서 아수라를 제외하여 오도(五道), 즉 오취(五趣)라고 하였지만, 후에 아수라가 추가되어 육취(六趣)가 되었다.

오취 또는 육취에서도 '취(趣)'는 능취(能趣)와 소취(所趣) 즉 '가는 곳'과 '가지는 것'으로 나뉘는데, 삼계에 열거된 지옥에서 유정천[비상비비상천][46]까지 그곳에 살고 있는 모든 살아 있는 존재의 상태, 즉 마음의 상태[심정]이다. 그러므로 지옥은 정식으로 '지옥에 사는 자[존재]'라는 의미다.

삼계를 벗어나 열반에 들다

그런데 이와 같은 삼계를 바탕으로 부처님은 '이 삼계를 출리(出離)하여 열반에 들었다'는 열반에 대한 기본적인 생각을 설하셨다. 앞의 도표에서 제시한 삼계는 '유위(有爲)'로 바꾸어 말할 수 있다. 유위란 만들어진 현상세계이다. 유식학적으로 말하면 한 사람 한 사람의 심층심인 아뢰야식에서 만들어진 것이다. 우리는 아침에 일어난 순간 다시 일인일우주의 세계를 만들어, 그 세계 속에서 우왕좌왕하면서 살고 괴로워한다. 정말로 우리는 '삼계화택(三界火宅)'에 살고 있다. 그러므로 불이 활활 타고 있는 현상세계로부터 출리, 즉 해탈하여 괴로움이 없는 세계·무위의 세계에 이르는 것을 부처님은 '이 삼계를 출리(出離)하여 열반에 들었다'고 설하신 것이다. 삼계·유위의 세계·현상세계는 미혹하고 괴로운 세계이다. 현상이 존재하기 위해서는 우선은

46 유정천(有頂天, bhāva-agra-deva)이란 무색계의 4번째 단계로, 삼계[三有, bhāva]의 정상[頂, agra]에 있는 천(天, deva)이라는 뜻이다. 부처님의 단계를 제외하고 가장 높은 수행의 경지이다. 비상비비상천이라고도 하는데, 마음속에 명료한 생각[想]이 없는 것[非想], 또한 전혀 생각이 없는 것이 아닌[非非想] 경지를 말한다.

그 중심에 '자신'이 없으면 안 된다. '자신'이라는 자아심[에고의 마음]이 있기 때문에 그곳에 현상이 나타난다. 만약 심하게 술에 취했거나 깊은 잠에 빠져 있을 때는 제6의식이 없기 때문에 현상은 사라져 버린다. 그러나 깨어나 제6의식이 작동하면 그곳에 '자신'을 중심으로 하는 현상세계가 나타난다. 그러면 그 '자신'을 중심으로 하여 '지금·여기'라는 틀 안에서 현상을 파악할 수밖에 없을 것이다. 그리고 그 속에서 감각의 데이터에 휘둘려 이것저것을 생각하고, 여러 가지 말[언어]을 하면서 괴로움의 세계 속에 함몰되어 간다.

중도에 의해 열반에 이르다

부처님은 "중도를 닦아 삼계로부터 해탈하여 열반에 이르자"고 말씀하신다. 중도야말로 21세기에 맞는 인간의 새로운 삶의 방식이라고 나는 강하게 확신한다. 21세기 초에 살고 있는 우리는 한 발 잘못 디디면 멸망의 나락으로 떨어질 가능성이 있다. 이러한 세계를 구하기 위해서는 정치적·경제적 대처도 필요하지만, 근본적으로는 한 사람 한 사람 인간이 '일인일우주'임을 자각하고 자신의 마음을 변혁해 가는 것이 무엇보다도 중요하다. 인간의 의식혁명을 위해서는 '중도'사상이 필요하다. 보다 극단적으로 말하면 중도가 아니면 세계는 좋은 방향으로 나아갈 수 없다고 나는 확신한다.

그렇다면 '중도'란 어떤 것인가? 이미 몇 번이고 말했지만, 다시 설명해 보자. 중도를 언어로 정의하면 다음과 같다.

비유비무

비고비락

전자(비유비무)는 '도대체 무엇인가?'라는 물음에 대한 대답이다. '있는 것도 아니고 없는 것도 아니다'라고 보는 것이 '중(中)'을 아는 것이다. 후자(비고비락)는 '어떻게 살 것인가?'라는 물음에 대한 대답이다. '고행도 아니고 쾌락도 아닌' 삶의 방식을 말하는 것이다.

이 중도를 자신 속에서 살려가기 위해서는 우선 '있다'든가 '없다'든가 하는 언어로 말하지만, '유'나 '무'에 집착하지 않는 것이 필요하다. 우리는 언어에 집착하고 말[언어]대로 사물이 존재한다고 생각해 버리고서, 고민하고 괴로워한다. 그러므로 언어에 지지 않는 강력한 마음을 양성할 필요가 있다. 그 마음을 단련하는 방법이 요가의 실천이다.

물론 책을 읽거나 학문을 배우는 것도 중요하다. 그렇지만 이것으로 끝나면 언어나 지식, 정보에 함몰되어 그 깊은 곳에 있는 것이 보이지 않게 된다. 이런 의미에서 "책을 읽어라", "학문적 방법론을 확립해서 훌륭한 논문을 쓰라"고 권하기만 하는 대학 교수나 연구자들이 나는 걱정스럽다. 인간·자연·인권·생명·선악·신(神) 등의 개념이 학문의 영역에서 문제가 되고 있지만, 각각의 언어나 개념이 지시하는 대상 그 자체는 어떤 것인가 하고 탐구하는 자세가 없다면, 학문은 단순히 개념 조작으로 끝날 뿐, 의미가 없기 때문이다. 이런 의미에서 부처님만큼, 크게 말하면 불교만큼 언어와 그 언어가 지시하는 대상과의 관계를 추구하고 관찰한 인물이나 사상은 없다고 할 것이다.

앞에서 '추구'라는 용어를 사용했는데, 언어로써 추구하는 마음을 불교에서는 '심사(尋伺)'라고 한다. 그중에 '심(尋)'은 대략적으로 추구하는 마음이고, 사(伺)는 자세하게 추구하는 마음이다. 그리고 그 추구의 상태는 첫째 '유심유사(有尋有伺)', 둘째 '무심유사(無尋有伺)', 셋째 '무심무사(無尋無伺)'로 깊어 간다고 생각할 수 있다. 유심유사란 심도 사도 있다, 즉 대략적으로 추구하는 마음과 자세하게 추구하는 마음도 있는 추구의 방식이다. 무심유사는 대략적으로 추구하는 마음이 없어지고 자세하게 추구하는 마음만이 작동하는 것이다. 무심무사는 더 이상 언어로 추구하는 것이 없어져 버린 것이다. 이와 같이 처음에는 반드시 언어가 필요하지만, 마지막에 언어는 없어지고, 언어가 지시하는 '그 자체'에 도달할 수 있는 곳까지 인식이 깊어져 갈 것을 불교는 요구한다.

앞에서 '언어를 없앤다'고 말했는데, 견해를 바꾸면 언어와 하나가 되는 것이라고 할 수 있다. '괴롭다'고 생각할 경우 '괴롭다'는 언어의 저쪽에 '괴롭다'는 '사실'이 있다. 그 사실에 대해 한 사람의 자신, 즉 괴롭다고 느끼는 자신이 있다. 이것이 '현실의 자신'이다. 이것에 대해 즐겁게 지내고 싶다고 생각하는 '이상(理想)의 자신'이 있다. 그리고 그 두 자신이 대립하면서 '괴로움'이 현실로 나타난다.

그러므로 괴로울 때 단지 '정말 괴롭네'라고 탄식할 것이 아니라, 힘껏 '괴롭다, 괴롭다'라고 외치면서, 그 말과 하나가 되면 어떨까? 우리는 '괴롭다'는 말[언어]을 한 순간에는 그 괴로움이 더욱더 깊어 간다. 그러나 대담하게 언어와 하나가 되어 '괴롭다, 괴롭다'라고 계속해서 외치면 불가사의하게도 괴로움이 덜하게 된다.

신앙과 지혜

미국의 9·11테러 이후 학생들과 종교에 대한 여러 이야기를 나누곤 하는데, 그때마다 나는 종교에는 두 가지 형태가 있다고 말한다.

①신앙을 기반으로 하는 종교
②지혜를 기반으로 하는 종교

신앙을 기반으로 하는 종교는 기독교와 이슬람교 등이고, 지혜를 기반으로 하는 종교는 불교다. 물론 불교도 신앙에서 출발하지만, 지혜를 가짐으로써 최종적으로 구원를 받는다는 입장을 취한다. 이 두 가지 종교 형태를 도표를 그리면 다음과 같다.

| 신앙을 기본으로 한 종교와 지혜를 기본으로 한 종교 |

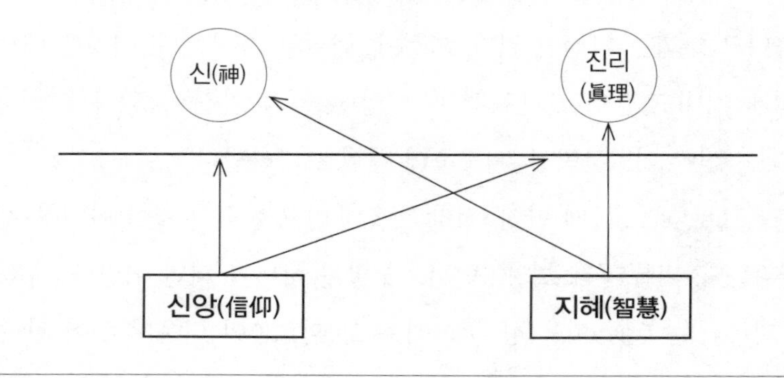

'신'을 궁극적 존재로서 선 위에 위치하게 했다. 불교는 신을 인정하지 않기 때문에 궁극적 존재를 '진리'라고 표현했다. 그리고 선을 그은

아래에 '신앙'과 '지혜'를 배치하고, 이 양자와 선 위에 있는 신 또는 진리가 어떤 관계에 있는가를 화살표로 나타냈다.

신앙은 신이나 진리에까지 선이 닿아 있지 않지만, 지혜는 신과 진리에 직접 닿아 있다. 신앙에 기반을 둔 기독교의 신은 교리적으로 '보이지 않는 신'이고, 인간과 신은 존재적으로 구분되기 때문에 신은 단지 신앙의 대상이 될 뿐, 결코 지혜로써 파악할 수 있는 것이 아니다. 물론 기독교에서도 신비주의자들은 지혜로 신을 본다고 주장하지만, 정통 기독교에서는 이것을 교리로써 부정한다.

반면 지혜를 기반으로 하는 종교의 화살표는 신에도 진리에도 화살표가 직접 그어져 있다. 대부분의 인도 종교는 기본적으로 지혜를 강조하고, 지혜를 획득하지 못하면 궁극적 의미에서 구제되지 않는다는 입장이다. 그 전형이 불교이다. 부파불교까지는 연기의 도리를, 그리고 대승불교에서는 연기의 도리에 더하여 진여의 도리를 요청하였다. 지혜로써 그것을 '깨닫다·증득한다·오입(悟入)한다·통달한다' 등의 여러 가지로 표현하지만, 어디까지나 스스로 직접 진리를 증득할 것을 요청한다.

이와 같은 두 가지 형태의 종교 중에서 내가 강조하고 싶은 말은 신앙만을 강조하는 종교는 위험성을 안고 있다는 것이다. 왜냐하면 교리를 자신 안에서 반추하지도 않고, 언어로 말해진 교리대로 행위를 하기 때문이다. 그리하여 비참한 결과가 생긴다. 요즈음 이슬람 근본주의자들에 의한 테러나 과거 가톨릭에서 십자군 원정, 마녀사냥, 코페르니쿠스의 종교재판 등의 비참하고 잔악한 사건이 대표적인 사례이다. 2001년 폴란드 출신 교황인 요한 바오르 2세가 과거 가톨릭에서 일으킨 과거의 잘못을 사과했다. 이제야 겨우 이런 시대가 온 것 같다. 하여튼 신앙에 기반을 둔 종교는 과거의 역사에서 보면 위험성을 안고 있다는 것은 확실하다.

반면 신앙뿐만 아니라 지혜를 더한 종교는 신앙으로 인한 잘못을 방지하는 힘을 가지고 있다고 말할 수 있다. 특히 불교가 설하는 '공의 지혜', '중(中)을 보는 지혜'는 훌륭하다고 생각한다. 왜냐하면 '언어로써 말해진 것'에 대한 집착을 철저하게 부정하기 때문이다. 예를 들어 기독교나 이슬람교는 참 아니면 거짓이라고 한다. 불교는 참이라고 판단해 버리는 것, 다시 말해 교리를 참과 거짓으로 분별하는 것 자체를 잘못이라고 생각하기 때문이다.

중도는 서로 대립하는 개념을 부정하는 것이다. 그러므로 진위[참과 거짓]에 대해서도 '비진비위'라고 말할 수밖에 없다. 만약 부처님에게 신앙만을 기반으로 하는 종교가 참인가 거짓인가라고 질문한다면 '참도 아니고 거짓도 아니다'라고 대답했을 것이다. 이것을 바꾸어 말하면 '공(空)'이라고 할 수 있다.

반야의 지혜에 의해 비춰져 나온 공의 세계는 모든 분별이 사라진 세계이다. 그러므로 참이나 거짓이라고 하는 것 자체가 잘못이다. 그래서 분별은 모두 '허망분별'이라고 하는 것이다. 허망분별이란 유식사상에서 처음 사용한 개념이다. 이 생각은 정말로 훌륭하다. 그러므로 '신앙만을 중요하게 생각하는 종교는 위험을 안고 있다'고 하는 판단, 그런 분별도 잘못된 것이다.

인간의 마음이 교리대로 움직이는 것은 아니다. 기독교는 지혜를 말하지 않는다고 하지만, 기독교와 기독교 신자는 다르다. 즉 교리 그 자체와 교리를 실천하는 인간은 다르다. 진지하게 괴로움으로부터 해탈하고, 다른 사람들과 함께 행복한 세계를 만들려고 서원한 강력한 의지를 가진 인간은 교리에 구속되지 않는다고 생각한다. 이것이 인간의 훌륭한 점이다. 의지가 지성을 이긴 것이다. 현대의 우리는 언제나 정보나 지식에 기초하여 행동하지만, 인간에게 있는 보편적인 의지, 즉 '도대체 무엇인가?' 하고 알고자 하는 의지와 '살아 있는 생물을 구제하겠다'는 의지, 이 두 가지 의지를 깨달은 사람이라면 기독교 신자든 이슬람교 신자든 불교 신자든 힌두교 신자든 그들의 마음 지혜와 신앙이 혼연일체가 되었다고 생각한다.

본래 신앙과 지혜를 두 가지로 나누는 것 자체가 잘못된 것이다. 신앙 혹은 지혜라고 명사로 말해 버리면 잘 흐르고 있는 마음의 에너지 변화체를 무리하게 정지시켜, 그 언어의 저쪽에 무언가 실체적인 것이 있다고 생각해 버린다. 그리하여 신앙과 지혜라는 상이한 둘로 나누어 버린다. 하지만 과연 그럴까? 괴로운 사람일수록 강력한 신앙심을 가지고 있지만, 그 신앙을 계속해서 가지고 있던 결과, 어느 날 갑자기 밝고 빛나는 마음으로 되는 경우가 있다. 열심히 신이나 부처를 믿고 기도하면, 그 믿는 마음의 상태가 어느 날 상쾌하게 된다. 이것을 굳이 말로 하면 지혜라고 할 수 있을 것이다. 이런 것을 실감한 사람은 더 이상 지혜라든가 신앙이라든가 하는 구별이 없어진다.

하여튼 나는 최근 명사로써 사물을 파악하는 것을 중지해 보자고 사람들에게 호소하고 있다. 물론 우선은 명사로 파악해도 되지만, 그 명사를 단서로 명사 저쪽에 있으면서 멈추지 않고 도도하게 흐르고 있는 생명의 에너지를 바로 파악하는 것, 즉 명사가 가리키는 구체적인 나의 마음작용을 자신 안에서 확인하는 것이 중요하다. 사실 신앙도 자신의 괴로움보다 오히려 타인의 괴로움과 만났을 때 진정한 의미의 신앙을 가진 것이 아닌가! 어떤 사람을 구제하고 싶다고 마음에서 서원할 때, 자신을 초월한 근원적인 것을 믿고 그것에 기도하게 된다. 그 기도하는 마음을 자신 안에서 확인해 가면서, 그것을 점점 강하게 해간다. 그러면 바로 여기에 신앙과 지혜가 합체한, 한 인간의 에너지가 양성(養成)되는 것이다.

'신'이라는 말도 명사다. 이 명사에 대응하는 것이 도대체 무엇인가? 다시 한 번 고찰하는 용기를 가져야 한다고 생각한다. 특히 유일신 종교의 위험성을 보았다. 그리고 나는 우리가 현재 보고 있는 '열반·적정·공'이라는 사상을 가진 불교의 입장에서 '신'이란 무엇인가를 진지하게 물어볼 필요가 있다고 생각한다.

종교는 아무래도 교리를 배우는 것으로 시작한다. 다시 말해 우선은 말로써 가르침을 받는다. 우리도 조금 전에 『반야심경』을 독송했지만, 기독교 신자는 성경, 이슬람 신자는 코란을 읽는다. 그리고 그곳에 쓰인 가르침을 살아가는 안내서로 삼는다. 그러나 신에게 과도하게 집착하면 잘못된 길을 갈 가능성이 있다. 지금 지하드[聖戰]를 하고 있는 사람들은 우리 입장에서 보면 신에게 과도하게 집착한 세뇌된 인간이다. 세뇌란 정말로 무서운 것이다.

이와 같은 신에 대한 집착으로부터 벗어나기 위해 또는 타종교와의 분쟁을 없애기 위해서는 어떻게 하면 될까? 하나의 방법은 종교를 진지하게 믿는 사람들이 '신'이라는 개념에 부여된 '속성'이란 무엇인가라는 문제 관심을 가지고, 서로 이야기 해보는 것이다. 본래 인간은 여러 가지 심정(心情)을 하나로 정리하여 그 결과로 궁극적인 '신'을 창안한 것이다. 이 심정에는 '괴로움'으로부터 벗어나고자 하는 심정이 가장 강하다.

그렇다면 괴로움으로부터 벗어나기 위해서는 어떻게 하면 될까? 예를 들어 자타대립에 빠져 괴로워 하고 있다고 하자. 그러면 이것으로부터 벗어나기 위해서는 어떻게 하면 좋을까? 답은 간단하다. 서로 사랑하면 된다. 서로 사랑하면 정말로 자타대립의 괴로움은 없어진다. 타인과 대립하여 괴로운 상황에 빠져 있다 해도 '나는 어떻게 돼도 괜찮아!'라는 정열로 대립하는 상대를 안아 보자. 이 '사랑하는' 힘에 의해 세상은 평화롭게 될 것이다. 이 사랑한다는 심정과 체험에 기초하여 '신'을 세우게 되는 것은 아닐까? 그래서 기독교에서 신의 속성에 대해 물으면 바로 '신은 사랑이다'라고 대답한다.

'유일하고 절대적인 신'의 포로가 된 사람들에게 '신을 믿는 여러분의 마음속에 있는 보편적인 마음은 무엇인가?'라고 물으면, '사랑'이라고 답할 것이다. 혹은 '행복하게 되는 것'이라고 답할 것이다. 신의 속성으로 사랑뿐만 아니라 행복을 추가해도 될 것이다. 혹은 '환희'를 추가할 수도 있다. 이 3가지의 심정 중에서 가장 큰 개념은 행복이다. 행복 속에 사랑이 있고, 사랑 속에 환희[기쁨]가 있는 것은 아닐까!

하여튼 모든 사람이 민족이나 종교를 초월하여, 자신의 삶속에서 어떤 심정이나 기분이 가장 강하고 중요한지를 조용히 마음속으로, 다시 말해 사물을 있는 그대로 보는 마음으로 찾아갈 때 민족대립이나 종교 간의 분쟁은 사라진다고 확신한다.

제20강

부처님의 팔상도와 무상정각

반야바라밀다는 불모

삼세의 모든 부처도 완전한 지혜[반야바라밀]에 의지하기 때문에 최고의 깨달음[무상정등각]을 얻었다.
三世諸佛 依般若波羅蜜多故 得阿耨多羅三藐三菩提

부처는 석가모니뿐만 아니고 과거·현재·미래에 걸쳐 출현한다고 한다. 그 모든 부처는 반드시 반야바라밀다를 실천·수행하여 아뇩다라삼먁삼보리[무상정등각]를 얻어 부처가 되었다는 것이 경문의 내용이다. 이런 의미에서 반야바라밀다는 부처를 태어나게 한 어머니[母], 즉 각모(覺母)이다. 오늘 12월 8일은 부처님이 성도하신 날[성도일]이다. 그래서 이번 강의는 부처님의 일생을 정리한 '팔상성도'를 먼저 소개하고, 이것과 관련하여 반야바라밀다나 아뇩다라삼먁삼보리[무상정등각]에 대해서 설명하고자 한다.

팔상성도란

팔상성도 중의 '팔상(八相)'이란 '강도솔(降兜率)·입태(入胎)·출태(出胎)·출가(出家)·항마(降魔)·성도(成道)·전법륜(轉法輪)·입멸(入滅)'을 말한다. 성도(成道)란 부처님의 일생에서 8가지의 중요한 사건[팔상] 중 '성도'를 중심으로 표시한 것이다. 이 둘을 합쳐 팔상성도라고 부른다. 이를 구체적으로 설명해 보자.

【 강도솔(降兜率) 】 도솔천에서 내려오다

불교에서 부처가 된 사람은, 부처가 되기 이전에는 도솔천에 거주하고 있다고 생각한다. 도솔이란 범어 '투스타(tuṣta)'의 음사이며, '즐겁다'는 의미이기 때문에 '희족천(喜足天)'이라고 의역하기도 한다. 현재 도솔천에는 미륵보살[마이트레야]이 거주하고 있으며, 언젠가 사바세계에 내려와 중생을 구제하려고 수행을 하고 있다. 부처님도 지상에 탄생하시기 전에 도솔천에 거주하였다. 그리고 흰 코끼리를 타고 사바세계에 강림(降臨)하셨다.

【 입태 】 마야 부인의 뱃속으로 들어가다

그리고 부처님의 어머니인 마야 부인에게 입태하였다. 마야란 범어 '마야(māyā)'의 음사로 '환영[幻]'이라는 의미다. 본래 이야기에서 조금 벗어나지만, 환영[마야]에 대해 설명하고자 한다. 원래 마야 즉 환영이라는 말은 인도에서 아주 중요한 개념이다. 예를 들어 바라문교에서는 대자재천이라는 신이 놀기 위해서 세계를 창조했다고 한다. 그리고 이 세계는 모두 환영이라고 한다. 불교는 대자재천이 세계를 창조했다는 생각은 부정하지만, '세계는 모두 환영'이라는 사고방식은 받아들였다. 그래서 부처님은 "이 세상은 꿈이다. 그러므로 꿈에서 빨리 깨어나라"고 설법하신다. 2,000년 전 빛나는 별과 함께 부처님은 무상정각을 얻었지만, 이것은 긴 꿈, 환영의 세계로부터 깨어나 본래의 진실한 세계로 되돌아갔다고 할 수 있다. 불타(佛陀)는 범어 '붓다(buddha)'의 음사로, √budh(깨닫다)에서 파생한 과거분사이다. 그래서 '각자(覺者)'로 번역한다. 다시 말해 불타는 환영인 꿈의 세계로부터 깨달은 것이다.

사실 유위전변(有爲轉變)하는 이 세계는 꿈과 같은 것이다. 아니, 꿈이다. 여러분은 지금 눈을 뜨고 있다고 생각하지만, 과연 그럴까? 여러분 중에 확실히 지금 눈을 뜨고 있다는 확신을 가지고 말하는 사람은 아무도 없다. 그러나 우리는 이것을 알아차리지 못한다. 오히려 지금 깨어나 확실한 세계에 살고 있다고 생각하고, 그 속에서 우왕좌왕하고 있다.

이처럼 괴로워하는 중생을 구제하기 위해 부처님은 꿈의 세계로 내려와 마야 부인의 뱃속으로 들어갔다.

【 출태 】 세상에 출현하다

입태한 부처님은 드디어 룸비니에서 마야 부인의 옆구리에서 태어났다. 그리고 일곱 걸음을 걷고서 '천상천하 유아독존'이라고 선언했다. '유아독존'을 '오직 한 사람만이 존귀하다'는 거만한 주장으로 받아들이는 해석도 하지만, 그런 의미는 아니다. 앞에서도 말했듯이 우리는 '인인유식'이고, '일인일우주'이다. 에고가 있는 한, 우리는 그 우주로부터 벗어날 수가 없다. 그러나 부처님이 빛나는 별과 함께 깨달은 우주는 내외(內外)가 없어진 우주이다. 자신이 우주가 되고 우주가 자신이 된, 그런 우주다. '독(獨)'이라는 글자는 유식의 '유(唯)'와 통하는데, 독(獨)은 유(唯)이기 때문에 모두이다. 오직 하나와 일체가 될 때 유아독존이라고 할 수 있지 않겠는가!

【 출가 】 사문이 되다

부처님은 29세 때 처자를 버리고 출가했다. 좋은 환경에서 살다가 무슨 이유로 젊어서 출가한 것일까? 그것은 '고로부터의 해탈'을 구했기 때문이다. 부처님은 감수성이 예민한 분이셔서 이 세상의 도리인 무상(無常)을 일찍부터 알아차린 것이다. 우리는 젊을 때 무상을 알지 못한다. 자아의식이 강해서 '나'는 언제나 존재한다고 착각했기 때문에 무상을 볼 수 없다.

무상관은 생사윤회와 통한다. 수행을 깊이 한 사람 중에는 과거세의 업에 의해 자신은 이 세상에 태어났으며, 또한 미래세에도 태어난다고 말하는 사람이 있다. 앞에서 '자신[我]'이라고 말했는데, 불교는 무아를 주장하면서 윤회를 설하는 모순이 있는 것처럼 보인다. 이에 대해 불교는 '업이 상속하고 있다'고 주장한다. 그리고 그곳에 고정적·실체적인 자아가 있다는 것은 부정한다. 다시 말해 업이 상속한다 또는 생사를 거듭한다고 생각하면, 윤회를 과학적으로 납득할 수 있지 않을까!

그렇지만 본래 생사윤회는 보살의 서원으로 설정된 것이다. 나는 살고 있는 지금 존재할 뿐이며, 죽으면 무(無)가 된다고 생각할 수 있다. 그러나 자신의 바람이나 서원은 미래에도 결코 없어지지 않는다. 그러므로 '지금 열심히 살고 싶다, 남겨진 인생 열심히 하자!'는 자세로 매일매일 살아야 한다. 그러면 그 업은 반드시 심층심에 훈습되어 종자로 남는다. 또한 이러한 업은 타인에게도 반드시 영향을 미친다.

오직 '업'만이 있고 '나'는 없다. 그렇지만 아집에 빠져 있는 우리는 좀처럼 알 수 없다. 여기서 '나'를, '임시적인 나', '살려지고 있는 나'로 말[언어]을 바꾸어, 그 언어가 의미하는 사실을 조용히 관찰해 보자. 그러면 '임시적인 나', '살려지고 있는 나'를 알 수 있고, 볼 수 있을 것이다.

의외로 젊은 사람은 이 사실을 바로 알아차린다. 이것은 에고가 있으면서 아직 세상의 더러움에 물들지 않았기 때문일 것이다. 다시 말해 아직 에고가 강하게 고정되어 있지 않기 때문일 것이다. 젊은이는 아직 순수하고 유연한 마음을 가지고 있다. 가능하다면 젊었을 때의 순수성과 유연성을 그대로 유지하고 싶지만, 나이를 먹어 갈수록 자아의식이 점점 강해진다. 그 이유는 자타대립의 세계 속에서 계속 살아가기 때문이다. 가능하다면 세상에 지지 말고 젊었을 때부터 '나'를 없애 가는 것이 중요하다.

【 항마 】 번뇌를 제압하다

그리하여 부처님은 6년간의 수행[고행] 끝에 드디어 깨달음을 얻었다. 깨닫기 직전 악마[마라]가 나타나 부처님을 유혹한다. 악마는 부처님에게 정치인이 되어 전 인도를 통일하는 왕이 되라고 권한다. 또는 아름다운 여성을 출현시켜 유혹한다. 그러나 부처님은 악마의 유혹을 물리치고 악마를 이긴다. 이것을 항마(降魔)라고 한다. 사실 악마는 깨닫기 직전 부처님 자신의 내면적인 번뇌[괴로움]를 상징적으로 표현한 말이다.

【 성도 】 깨달음을 얻다

악마를 물리치고, 부처님은 동틀 무렵 붓다가야에 있는 보리수나무 아래에서 아뇩다라삼먁삼보리[무상정등각]를 증득했다. 즉 진리[道]를 이루었다[成]. 부처님에게 6년간의 고행은 반드시 필요한 것이었다. 고행이 없었다면 결코 무상정등각을 얻을 수 없었다고 생각한다. 그러나 고행도 중요하지만, 마지막은 고행만으로 안 된다. 조용히 그러면서 힘 있게 다이아몬드[금강]처럼 단단한 정(定), 즉 금강유정(金剛喩定)의 힘으로 최후에 남은 미세하고 찰싹 붙어있는 번뇌의 잔재를 불식시킨 순간에 무상정등각을 얻었다.

후세에는 6년간의 수행으로 무상정등각을 얻을 수 없다. 부처님도

부처님의 항마와 성도를 나타낸 조각상(파키스탄 · 간다라출토)

보살로서 영원할 만큼의 긴 세월 동안 공덕을 쌓았다는 생각에 기초하여 『본생담[자타카]』이라는 설화문학이 만들어진다. 그중 부처님이 중생을 구하기 위해 과거에 흘린 피의 양이 사해(四海)의 물보다 많고, 뼈는 수미산보다 높다는 이야기는 눈물이 날 정도로 감동적이다. 이 이야기를 아는 차원에서 끝내지 말고, 자신의 삶속에 반영한다면 '좋아! 해보자'는 결의가 솟아날 것이다.

인간은 불가사의하게도 자신보다도 오히려 타인의 괴로움을 구제하고 싶다는 마음이 들 때 격렬하게 수행할 수 있다. 본래 나[자신]는 존재하지 않는다. 없다[무]는 것을 알아차리고 그리고 괴로웠던 자신의 과거를 되돌아볼 때 타인의 괴로움을 자신의 괴로움으로 받아들일 수가 있다. 게다가 '좋아! 다른 사람을 위해 살자'는 마음이 되면, 그 사람에게는 굉장한 용기가 솟아오른다. 무서울 정도로 기합[기백]이 들어간 인생을 보낼 수 있다. 다만 그런 사람과 만남의 인연이 있느냐 하는 것이 문제이다. 그렇지만 이런 서원을 평소에 가지고 있다면, 그런 사람을 만나게 된다. 그리고 주위에 괴로워하는 많은 사람이 있다는 것을 알게 된다.

요컨대 이타행을 철저히 하면 좋은 것이다. 이타행을 철저하게 하면 어느새 그것이 자리행이 되는 것이다. 자리(自利)도 타리(他利)도 본래 인간이 분별한 것이기 때문이다.

【 전법륜 】 진리의 수레를 굴리다

부처님이 깨달음을 얻은 후에 처음으로 가르침을 펼친 것을 '초전법륜(初轉法輪)'이라고 한다. 즉 처음으로 진리의 수레를 굴렸다는 것이다. '륜(輪)'이란 본래 던져서 상대를 해치는 무기였지만, 이 경우는 번뇌를 깨부쉈다는 의미로 쓰인다. 부처님의 최초 설법 내용은 사성제·팔성도·12연기·중도 등이지만, 이 가르침들을 받쳐 주고 있는 것은 연기의 도리이다. '이것이 있으면 저것이 있다. 이것이 없으면 저것도 없다'는 연기는 자연과학에도 통하는 법칙이다. 이 연기의 도리를 보려면 에고[자아]을 없애야 한다.

에고를 없애면 연기의 도리가 보인다. 예를 들어 사람이 많은 지하철에서 앉았을 때 자신이 빨리 승차했기 때문에 앉았다는 식으로 해석하는 에고를 없애 보면, 앞에 서 있는 사람들에게 감사하는 마음이 일어날 것이다. 왜냐하면 '당신이 서 있기 때문에 내가 앉았다'는 간단

초전법륜상(인도 사르나트 박물관)

하지만 연기의 도리에 따른 사실을 알아차리기 때문이다.

이처럼 연기의 도리에 따른 견해로 일상생활을 한다면 자타가 대립했던 지금까지의 삶의 방식이 크게 바뀔 것이다. 연기의 도리는 자연에서도 배울 수 있다. 나뭇잎들은 가을이 되면 떨어지게 되는데, 낙엽이 떨어지기 때문에 그 후에 새로운 싹이 나오는 것이다. 떨어지고 싶지 않다고 열심히 남아 있는 잎은 없다. 바람이 불면 잎이 떨어진다. 그러나 인간은 다르다. 에고가 있어, 죽고 싶지 않다. 다시 말해 죽는다는 도리에 거역해서 살고 싶어 한다. 그러나 인간도 대자연의 도리에 지배되는 존재이다.

【 입멸 】 열반에 들다

부처님은 인도 각지를 돌면서 설법했지만, 80세에 쿠시나라가 사라쌍수 나무 밑에서 입멸하셨다. 이 입멸에 의해 부처님의 육체는 없어졌지만, 결코 허무로 돌아간 것이 아니라, 보다 본질적인 신체로서의 존재로 돌아갔다는 생각이 나중에 일어났다. 그리하여 "색신(色身)을 보는 것은 나를 보지 못한다. 법신을 보는 자는 나를 본다"고 설하였다. 색신이란 육체로서의 신체이고, 법신이란 진리로서의 신체이다. 나중의 대승불교에서는 불신을 법신·보신·응신의 3개로 나누어 삼신설을 주창하였다. 이 중에 법신은 진리로서의 부처의 신체이다. 보신은 수행의 결과, 32상 80수호(隨好)[47]라는 특징을 갖춘 부처의 신체이다. 응신은 화신 혹은 응신이라고 하는데, 사람들을 구제하기 위해, 이 지

47 부처님이 가진 보통 인간과 다른 신체적 특징을 80가지로 구분한 것이다. 80종호라고도 한다.

상에 오신 부처이며, 구체적으로는 2천 5백 년 전에 출생한 부처가 응신이다. 나중에 중국에서는 산천초목 등의 자연계도 응신이라는 생각이 일어난다. 산·강·바람소리·빗소리도 부처가 나타난 것이라고 한다. 이 생각도 훌륭하다. 조용히 선정에 들어 빗소리를 듣거나 혹은 참새의 울음소리를 들으면, 그 소리는 무언가 근원적인 것으로부터 나타났다는 것을 알게 된다. 모든 것이 구제의 방편이고, 연(緣)임을 받아들일 수 있다. 어려운 일이지만, 미운 사람도 부처의 화신이다. 즉 미운 사람도 자기 자신이 성장·발전하기 위해 부처가 보낸 사람이라고 생각하면 어떨까! 모두가 이렇게 생각하면 대립이나 싸움 등은 없어질 것이다.

법신과 불도

법륭사에서 유식사상을 깊이 연구한 사에키(佐伯) 화상은 법신에 대해 다음과 같이 말한다. 나는 이 문장을 읽으면 부처님의 가르침 대로 살겠다는 용기가 솟아오른다.

"우리의 인생이 유의미하기 위해서는 반드시 법신의 본원에까지 달관(達觀)하여 그것에 순응하는 생활을 해야 한다. 유식론·백법론에서 '백법이무아(百法而無我)'를 가르치는 것도, 유식의 '성상(性相)'을 설하는 것도, 결국은 '불신(佛身)'을 관찰하는 방법을 가르치는 것이다. '유식여환(唯識如幻)'의 도리를 관찰하여, 자신의 '진성(眞性)'을 증득해야 한다. 헛되이 전(詮)과 연(緣)에 구애되어 유루희론(有漏戲

論)에 떨어지면 안 된다. 불학자(佛學者)는 실로 생각[意]이 여기에 이르러, 초연하게 아집훈습(我執薰習)의 미망계(迷妄界)를 해탈하여, 무루청정(無漏淸淨)의 불경계(佛境界)에 오입(悟入)해야 한다. 수도(修道)의 공부(工夫)를 최우선적으로 해야 한다."

우선 '우리의 인생이 유의미하기 위해서는 반드시 법신의 본원에까지 달관(達觀)하여 그것에 순응하는 생활을 해야 한다'라고 했는데, 이것은 인생을 유의미하게 보내기 위해서는 이른바 생명의 근원인 법신으로서의 자기를 자각해야 한다는 의미다. 법신은 부처인데, 이것은 기독교나 이슬람교에서 설하는 초월적인 신을 말하는 것이 아니라, 자신의 본원을 가리킨다. 그러므로 근원적으로 보면 부처와 중생은 동일하다. 보다 정확하게 말하면 부처와 중생은 불일불이(不一不二) 즉 '동일하지도 않고 다르지도 않다'고 보아야 한다. 왜냐하면 만약 부처와 자신이 동일하다면 더 이상 수행이 필요 없다. 또는 만약 부처와 자신이 다르다면 우리는 결코 부처가 될 수 없다. 그러나 현실에서는 수행이 필요하며, 또 우리 자신이 부처가 될 수 있기 때문에 불일불이이다. 이처럼 부처가 되는 가능성을 가지고 있다고 보증되어 있지만, 구체적으로 그 가능력을 자각하기 위해서는 수행이 필요한 것이다.

다음은 '유식론·백법론에서 백법이무아(百法而無我)을 가르치는 것도 유식의 성상(性相)을 설하는 것도 결국은 불신(佛身)을 관찰해야 하는 방법을 가르치는 것이다'라고 기술하고 있는데, 이 중에 유식론이란 『성유식론(成唯識論)』이고, 백법론은 『대승백법명문론(大乘百法明門論)』이다. 후자의 논서에서는 100개의 존재 구성요소[백법]와 이것들의 본질인 인무아와 법무아에 대해 설하고 있는데, 불교의 방대한 교리는 백법과 이무아 두 가지로 포섭된다. 존재 전체는 유위와 무위로 나뉘는데, 백법이 유위이고, 이무아가 무위이다. 또한 성상(性相)에서 '상'이란 미혹한 유위의 세계이고, '성'은 깨달음인 무위의 세계이다. 유식사상에서 설하는 모든 가르침은 불신(佛身), 즉 법신(法身)을 관찰하여 깨달음에 이르기 위한 방편이라는 것을, 이 구절은 말하고 있다.

다음은 '유식여환(唯識如幻)의 도리를 관찰하여, 자신의 진성(眞性)을 증득해야 한다. 헛되이 전(詮)과 연(緣)에 구애되어 유루희론(有漏戲論)에 떨어지면 안 된다'고 기술하는데, 이 중에 '전'이란 언어에 의한 분별, '연'이란 살아가면서 경험하는 다양한 일이라고 해석할 수 있다. 또는 '연'을 '감각의 데이터'와 '생각'이라고 해석하면, 감각의 데이터는 밖에서 오는 연이고, 생각은 안에서 나오는 연이라고 할 것이다. 우리는 살면서 외적이든 내적이든 이미 무량무수의 연(緣)에 농락당해[흔들려] 미혹하고 괴로워하고 있는데, 이런 세계를 한마디로 말하면 '유루희론'의 세계라고 할 수 있다.

이와 같이 미혹하고 괴로워하는 사람들에게 사에키(佐伯) 화상은 마지막에 '불학자(佛學者)는 실로 생각[意]이 여기에 이르러, 초연하게 아집훈습(我執熏習)의 미망계(迷妄界)를 해탈하여, 무루청정(無漏淸淨)의 불경계(佛境界)에 오입해야 한다. 수도(修道)의 공부(工夫)를 최우선적으로 해야 한다'고 결론짓고 있다. 불학자란 학자가 아니라 불도를 배우고 실천하는 자이다. 또한 '학'이란 단순히 학문이 아니고 계·정·혜의 3학으로, 계율을 지키고 선정을 수행하고 지혜를 닦는 3가지 의미를 배우는 것이다.

우리는 나이를 먹을수록 점점 아집이 늘어 간다. 그리고 헛되이 전(詮)과 연(緣)에 구애되어 유루희론(有漏戲論)에 떨어진다. 이것이 우리의 인생이다. 이렇게 인생은 허무하고 쓸쓸하다. 지금이라도 무루청정의 세계에 들어가는 것을 목표로 부처의 길로 가라고 사에키 화상은 우리에게 호소하고 있다. 진심으로 고마운 교훈이다.

삼세제불이란

다시 『반야심경』의 경문으로 되돌아가자. '삼세제불(三世諸佛)'이란 과거·현재·미래의 삼세에 걸쳐 다양한 부처가 출현한다는 생각이다. 이미 부처님을 포함하여 7명의 부처가 출현했는데, 이것이 이른바 과거7불이다. 그리고 미래불은 그 유명한 미륵불이다. 여기서 유의할 것은 '불(佛)'이란 기독교의 신처럼 무언가 궁극적 존재가 아니라는 점이다. 불[부처]이란 '언제나 계속해서 존재하는 진리를 깨달은 사람'이라고 정의할 수 있다. 그렇다면 계속해서 존재하는 진리란 무엇인가? 이것에 대해 초기경전에서는 다음과 같이 설한다.

> "부처가 출현하든 출현하지 않든 법성(法性)·법주(法住)·법계(法界)에 안주한다. 무엇이 법성인가? (중략) 답하기를 모든 연기는 무시이래의 이성취성(理成就性)인 법성이라 이름한다."

부처가 이 세상에 태어나든 태어나지 않든, 법 즉 '연기의 도리'는 영원히 불변하고 계속해서 존재한다. 이 영원불변의 진리를 깨달으신

분이 부처다. 부처의 근원에 진리를 두는 점이 기독교나 이슬람교와 같은 일신교와는 크게 다른 점이다.

반야의 중요성

"삼세제불은 반야바라밀다에 의지하는 까닭에 아뇩다라삼먁삼보리를 얻었다"라는 경문 중에 반야바라밀다가 무엇인지를 해석하기 위한 참고 자료로 가마쿠라 시대에 활약한 죠게이(貞慶) 스님[48]의 『법상심요초(法相心要抄)』의 문장을 소개한다.

> "반야바라밀다와 문수보살은 삼세제불(三世諸佛)의 발심(發心)의 각모(覺母)이다. 본체[體]는 지혜이다. 법에 있는 것을 반야라고 하고, 사람에게 있는 것을 묘길상(妙吉祥)이라고 한다."

여기서 반야 즉 지혜가 제불을 생기시키는 근원이다. 즉 반야는 각모라는 생각이 배경에 있다. 반야와 그 실천행인 반야바라밀다란 제불의 발심과 깨달음[覺悟]을 생기게 하는 모체이다. 반야 즉 지혜를 교법으로써 설한 것이 반야경이고, 사람으로 나타낸 것이 묘길상 즉 문수보살이라는 것이 이 구절의 의미다. 앞의 『반야심경』과 『심요초』의 두 문장에서 반야의 지혜가 얼마나 중요한가를 알 수 있다.

『심요초』에서는 5종류의 반야를 설한다.

---

48 죠게이(1155~1213): 가마쿠라 시대에 활동한 법상종 승려.

첫째, 실상(實相) : 진여이다.

둘째, 관조(觀照) : 지혜로서의 반야이다. 반야의 본체이다

셋째, 문자[능전(能詮)의 언교(言教)] : 언어로 말해진 문자로써 나타난 반야, 즉 반야경 등이다.

넷째, 경계(境界) : 반야에 의해 비추어진 일체의 대상이다.

다섯째, 권속(眷屬) : 반야의 지혜로부터 나타난 신구의 삼업, 구체적인 행동이다.

이처럼 5종류의 반야로 나누지만, '본체는 지혜이다'라고 설하고 있는 것처럼, 반야의 근원은 지혜이다. 이 지혜의 작용이 '관조(觀照)'라고 표현하지만, '비추어 관[관찰]하다'는 표현이 알기 쉽다. 이것을 거울에 비유해 보면, 거울은 닦으면 닦을수록 빛을 발해서 사물을 비추어 준다. 이처럼 우리의 마음도 닦으면 닦을수록 빛을 발해서 사물을 깊게 관찰할 수 있다. 이 마음을 닦는 힘이 '무분별지'에 기초한 실천이다.

아뇩다라삼먁삼보리[무상정등각]란

아뇩다라삼먁삼보리(阿耨多羅三藐三菩提)란 범어 '아누타라 삼먁삼보디(anuttara-samyak-sambodhi)'의 음역이며, '더 이상 위가 없다'는 무상정각으로 의역한다. 무상정각에 이르는 과정을 유식학적으로 간단히 해석해 보면 다음과 같다.

"우선은 표층심에서 무분별지에 기초한 행위에 의해 이원대립(二

元對立)하는 상박(相縛)으로부터 해탈한다. 그 표층의 상태가 심층의 아뢰야식 속에 있는 더러운 종자를 전부 태워 마음이 심층에서부터 정화되고, 그 정화된 마음이 있는 그대로 있는 것, 즉 진여를 깨달을 때 무상정각을 얻게 된다."

또한 유식학에서는 무상정각이라는 불지(佛智)는 팔식(八識)을 전하여 얻은 4가지 지(四智)로 나뉜다. 다시 말해 전오식은 성소작지, 의식은 묘관찰지, 말나식은 평등성지, 아뢰야식은 대원경지로 변한다. 이것을 '식이 전하여 지를 얻는다[전식득지]'고 한다.

4가지 지(智)의 근원은 물론 아뢰야식을 전하여 얻은 대원경지[크고 원만한 거울과 같은 지]이다. 일인일우주인 마음 전체가 완전히 청정과 하나가 되어, 대우주의 원만한 거울과 같이 될 때, 거기[우주]에 사는 우리는 어떻게 변할까? 『반야심경』의 아뇩다라삼먁삼보리의 구문을 독송할 때마다, 부처가 획득한 최고의 지혜에로 생각을 달려가 보자.

제21강
진여의 길

절대란

우리의 마음에서 만들어진 것은 모두 상대적이다. 그렇다면 절대적인 것은 무엇인가? 결론부터 말하면 이것은 언어로 말할 수 없는 것이다. 이것을 굳이 언어로 표현하면, '무아'이다. 『반야심경』에서는 '공'이라고 한다. 무아도 공도 부처가 긴 수행의 결과, 그 깨달음의 내용을 언어로 표현한 것이다. 그러므로 우리는 우선 언어로 된 것을 단서로, 그리고 최종적으로는 언어의 저쪽에 있는 '그 자체'를 한 사람 한 사람 인간이 직접 체득해야 한다.

내가 근무하고 있는 대학의 학생들에게 '생명은 무엇인가'라고 질문을 했다. 그러면 학생들은 진지하게 대답을 한다. 예를 들면 '생명은 살아 있는 에너지다', '유전자에 의해 지탱되는 것이다', 또는 가치를 부여하여 '생명은 소중한 것이다'라고 대답한다. 그중에 어느 학생이 '생명은 생명이다'라고 대답했다. 그래서 내가 '동어반복이네'라고 질책을 하자, 그는 무덤덤하게 계속해서 '생명은 생명이다'라고 답했다. 그래서 내가 '왜 그런가?'라고 질문을 하자. '생명을 표현하기 위해서는 생명이라는 말이 가장 궁극적인 표현이다'라고 주장했다. 나는 이 답변에 만족했고 납득했다. 이번에는 학생이 나에게 "생명은 무엇입니까?"라고 질문했다. 그래서 나는 교단 위에서 양손을 들고 "으악!"하고 큰소리로 외쳤다. 왜 그랬을까? 모두들 알고 계시겠지만, 생명이라는 말로 지시된 '그 자체'는 결코 언어로 표현할 수 없다. 표현하려고 하면 자신의 전 존재로 나타낼 수밖에 없기 때문이다. 불교의 가르침, 즉 교법에 대해서도 똑같은 견해를 취해야 한다. 불교 교리를 언어대로 즉 논리적 이해로 시작해야 하지만, 그것이 궁극적 목적은 아니다.

삼법인[제행무상, 제법무아, 열반적정]이라는 가르침이 있다. 이 중에 제행무상의 '제행(諸行)'이란 현상적 존재·만들어진 존재 즉 유위법이다. 현상적 존재는 모두 끊임없이 변화하여 무상하다는 것이 제행무상의 의미다. 그리고 제법무아에서 제법(諸法)이란 무위법과 유위법을 포함하는데, 유위이든 무위이든 모든 존재[제법]는 고정적이거나 실체적인 것이 아니라는 의미다. 초기불교에서 무아는 '나'라는 것은 존재하지 않는다는 의미이지만, 대승불교에서는 인무아와 법무아라는 두 가지의 무아를 주장한다. '나'라는 것은 존재하지 않을 뿐만 아니라 나를 구성하고 있는 요소와 심지어 자연계까지도 존재하지 않는다고 파악했다.

이처럼 불교는 우선 언어를 사용하여 상세하게 논리적으로 분석을 더해 가지만, 그것은 모두 '방편'이고, '진실'이 아니다. 이것이 중요한 점인데, 제행무상·제법무아의 가르침을 단서로 가르침[언어]이 지시하는 '그 자체'를 바로 체험하는 것이 최종 목적이다.

앞에서도 언급했지만, 불교는 가르침에서 시작하여 실천을 거쳐 최종적으로 깨달음에 이른다는 교(敎)·행(行)·증(證)의 3가지 영역에 걸친 인간적 행위이다. 즉 불교는 단순히 부처의 가르침뿐만 아니라, 불행(佛行)·불증(佛證)을 포함한 '불도'라고 해야 할 것이다.

『유가사지론』

주제와 조금 벗어나는 이야기를 해보자. 초기 유식 논서 중에 『유가사지론』이 있다. 이것은 현장 스님이 범어 원본을 구하려 인도를 떠났던 동기가 된 유식사상의 원천이라고 할 수 있는 중요한 논서이다. 이것은 한역으로 100권이 넘는 대작이다. 범문도 3분 1 정도 출판되어 있다. 티베트 역도 전체가 남아 있다. 나는 지금 범본·한역본·티베트 본의 3본 연구에 남은 인생을 쏟아 붓고 있다.

이 논서를 읽으면 읽을수록 과학·종교·철학이 혼연일체가 된 뛰어난 내용을 포함하고 있다는 것을 알게 되었다. 이 『유가사지론』이나 『해심밀경』이 원천이 되어 인도에서 무착, 세친 등의 뛰어난 논사들이 유식사상을 조직화하고 대성시켰다. 그리고 이를 호법, 계현의 중기 유식학파의 논사들이 계승하였으며, 현장에 의해 중국에 전해졌다. 여러분도 잘 알다시피 흥복사에는 미륵보살을 중심으로 무착보살·세친보살 상이 안치되어 있다. 나는 미륵·무착·세친 보살이 모셔져 있는 누각[北円堂]을 지날 때마다 『유가사지론』 연구와 현재 진행하고 있는 『성상학사전(性相學辭典)』[49] 작업을 무사히 마치기를 기원한다. 『성

49 이 사전은 『유식불교사전(唯識佛敎辭典)』(春秋社)이라는 책명으로 2010년에 출간되었다.

상학사전』은 2010년에 흥복사 창립 1300년 기념 사업의 일환으로 진행하고 있는 것이다. '성상학'이란 유식사상의 학문명이며, '법의 성과 상에 관한 학'이라는 뜻이다. 법(法)이란 몇 번이고 말씀드렸지만, '존재'·'존재하는 것'이라는 의미다. 존재하는 것이란 간단히 말하면 추상적인 것이 아니고 지금 한 사람 한 사람이 짊어지고 갈 수밖에 없는 생명, 즉 마음이다. 이것은 '자신'을 초월한 연기의 힘에 의해 생겨난 것이다. 그러므로 우리는 '자신'이 살아가는 것이 아니고 살려지고 있는 것이다. 그럼에도 불구하고 우리는 '나'는 존재한다고 착각하고 있는 것에 여러 가지 문제가 생긴다. 조금 억지일지 모르지만, 지옥은 결코 사후에 있는 것이 아니라 '내가 살고 있다'고 생각하는 그 순간이 지옥이 되는 것이 아닌가! 이런 생각이 가정에서 부부·부자의 싸움에서 시작하여 민족이나 종교의 대립까지도 일으켜 버린다. 이것을 유식 용어로 표현하면 '의타기'로 살려지고 있는 세계임에도 우리는 자신이 살고 있다고 생각한다. 즉 이 세계를 '변계소집'의 세계로 변용시켜 버린다.

나는 때때로 실험삼아 아름다운 여성에게 "예쁘시네요!"라고 말해본다. 그러면 대부분의 사람이 "아닙니다"라고 겸손하게 대답한다. 여기에는 반드시 자아가 나온다. 그래서 나는 "당신이 아름다운 것은 당신의 부모가 이렇게 낳아주었기 때문이 아닌가!"라고 약간 비꼬아서 말한다. 얼굴뿐만 아니다. 우리는 다양한 모습[相]에 집착하고, 그것에 구속되어 '일인일우주'의 마음속에서 우왕좌왕하고 있다.

이러한 마음속에 떠오르는 '상(相)'이란 과연 무엇일까! 조용히 마음속을 관찰해 보자. 조용히 눈을 감고 호흡과 하나 되어 머물러 보

자. 그러면 그 속에 여러 가지 생각이 차례차례로 홀연히 일어난다는 것을 알게 된다. 또한 지금까지 외계에 있다고 생각한 것이 자신의 마음속에 있다는 것도 알게 된다. 예를 들어 보름달을 마음속에 떠올려 보자. 그리고 그 보름달의 영상을 언제까지나 없애지 않고, 유지하면서 계속해서 생각할 수 있는 사람이 있다면 그 사람은 강력한 염력(念力)을 가진 요가수행자라고 할 수 있다.

진언밀교에 월륜관(月輪觀)이라는 행법(行法)이 있는데, 지금 달을 예로 들어 보자. 구체적으로 눈을 뜨고 달을 본다. 그리고 눈을 감고 영상으로서의 '달'을 마음속에 그려 보자. 그렇게 조용히 구체적인 달과 영상으로서의 달은 어떻게 다른지를 관찰하고 생각해 보자. 그러면 두 달의 존재는 같으며, 양쪽 다 마음속의 영상에 불과하다는 것을 알 수 있다. 그렇지만 눈을 떠서 보는 달은 그 영상의 저쪽에, 즉 마음 바깥에 '사물'로서 존재한다고 주장할 수도 있다. 그렇지만 이것도 몇 번 말씀드렸지만, 양자역학의 발달로 '사물'을 구성하는 소립자는 크기가 없으며, 그 상태를 관찰하는 사람의 상태에 영향을 미친다는 것을 알게 되었다. 유식무경(唯識無境)·유식소변(唯識所變)·일체불리식(一切不離識)이라는 유식의 교리는 결코 신앙의 대상이 아니라, 조용히 깊게 관찰한 결과로써 얻은 것이다.

본래 '도대체 무엇인가!'라는 것을 계속해서 추구해 보자. 그 추구하는 마음 즉 심사의 마음이, 우리의 마음속에서 일어나는 번뇌를 끊을 수 있게 한다. 그러므로 우리는 죽을 때까지 '나·타인·자연·우주는 도대체 무엇인가?'라고 추구해야만 할 것이다.

이타 즉 자리

부처가 설한 교법은 '법계등류법(法界等流法)', 즉 부처라는 임시적인 존재를 통해서 진리의 세계로부터 흘러나온 가르침이라고 한다. 교법을 듣는 것의 중요성에 대해서 여기서 다시 확인해 보자. 바른 스승으로부터 바른 가르침을 바르게 반복해서 듣는 것을 '정문훈습'이라고 한다. 이른바 표층의 행위가 심층의 아뢰야식 속에 있는 뛰어난 가능력, 즉 열반의 종자·보리의 종자를 성장·발육시키는 것이다.

사천왕 중에 다문천(多聞天)이 있는데, 초기불교 이래 '다문'은 대단히 중시되었다. 몇 번이고 반복해서 듣는다는 정문훈습은 언어로 바꾸어 말하면 '다문(多聞)'이라고 할 수 있다. 내가 지금 유식의 교리에 대해 여러분에게 말을 하고 있는 것은, 이 가르침을 모두에게 전하는 동시에 내 자신의 마음속에도 훈습해 가는 것이다. 그러므로 이것은 모두에게 불법을 설하는 이타행인 동시에 자신 속에 있는 뛰어난 종자를 발육시키는 자리행이기도 하다.

찰나, 찰나가 자리 즉 이타의 상태로 살려지고 있다고 한다면, 이것보다 더 뛰어난 것은 없을 것이다. 이타행과 자리행이 한 순간에 하나의 행위 속에서 성립한다면 진정한 의미의 기쁨이 일어날 것이다. 유식에서는 자량위·가행위·통달위·수습위·구경위라는 5가지의 수행단계를 설하는데, 그중에 통달위는 있는 그대로 있는 진리, 즉 '진여'를 증득하는 단계로, 그때 처음으로 자리행과 이타행이 동시에 행해지게 되고, 그곳에 커다란 기쁨이 일어나기 때문에 통달위는 '환희지'라고도 한다.

그러나 우리 범부는 좀처럼 하기 힘든 일이다. 범부로서 행할 수 있는 자리행과 이타행도 있다. 그것은 '화안애어(和顔愛語)'이다. 언제나 온화한 얼굴을 하고, 남에게 부드럽게 말을 하는 것은 타인에게 좋은 기분을 불러일으키는 이타행인 동시에 자신의 심층심인 아뢰야식에 좋은 영향을 미쳐 마음이 깨끗하게 되는 자리행이 된다.

사유[생각]의 중요함

●

때문에 알아야 한다. 반야바라밀다는 대신주이고, 대명주이고, 무상주이고, 무등등주이다.

故知般若波羅蜜多 是大神呪 是大明呪 是無上呪 是無等等呪

최근 알게 된 것이지만, 『유가사지론』에는 바라문교와 불교의 차이를 간략하게 기술하고 있다. 바라문교의 사람들은 단지 듣는 것으로 궁극적인 것을 이루지만, 불교도는 들은 법을 조용한 곳에서 요가를 실천하여, 그 내용을 깊이 사유한다는 것이다. '스스로 사유하는 것'은 가르침을 잘못 없이 바르게 받아들이기 위해서 중요하다. 왜냐하면 단지 들어서 그것을 그대로 받아들이는, 신앙에 기초한 종교에는 위험성이 숨어 있기 때문이다.

『유가사지론』에는 '바깥(外)'과 '안(內)'이라는 말을 자주 사용한다. 바깥에서 타인의 말이나 바깥의 소리, 즉 바른 인간[善友, 善士, 善知識, 大師]으로부터 바른 가르침을 듣기 때문에 우선은 '바깥'으로부터 영향을 받는다. 동시에 들은 가르침을 요가나 지관을 닦아 자신의 내부[안쪽]에서 여리(如理)하게 사유해 가는 것을 강조한다. 이것은 문사수의 실천을 통해 얻은 문혜·사혜·수혜라는 3가지 지혜에 의해 최종적으로 깨달음에 이를 수 있다고 설하는 것이다.

앞에서 '요가를 실천하다'는 말을 했는데, 요가는 '법수법행(法隨法行)' 의 실천 속에 포함되어 있다. 법수법행은 '법행'과 '수법행'으로 나뉘지만, 그중에 법행(法行)이란 부처님에 의해 설해진 가르침[法]을 신구의(身口意)의 삼업 즉 신체적·언어적·정신적인 3가지 행위로써 구체적으로 실천하는 것이다. 예를 들면 경전을 독송한다든지, 사경을 한다든지, 사람들을 위해 말을 하거나, 부처님이나 출가자에게 공양하는 행위를 말한다. 그리고 이처럼 드러나는 법행을 뒤에서 지탱해 주는 것이 수법행(隨法行)이다. 이것이 바로 요가나 지관·좌선이라는 실천이다. 들은 법을 스스로 사유하여 지혜를 얻고, 그 지혜를 요가 등의 실천을 통해 깊이 있게 갈고 닦아 최종적으로 아뇩다라삼먁삼보리를 획득하는 것이다.

정법을 생각하다

여기서 바른 가르침, 즉 '정법(正法)'이란 어떤 가르침인지 생각해 보자. 예를 들어 이슬람교에게 성전(聖戰)을 설하는 코란의 가르침은 바른 것이다. 그러나 이 가르침이 모든 사람에게 바른 가르침인지는 의문의 여지가 있다. 단지 이런 가르침이 선인지 악인지 판단할 때는 주의가 필요하다. 왜냐하면 자유의지에 기초한 인간의 행위만이 선악이라는 가치판단이 가능하기 때문이다. 그러므로 이슬람교 혹은 기독교, 불교의 가르침이 선인가 악인가라는 판단은 전혀 무의미한 것이다. 그렇지만 이것이 바른가 그른가라는 판단은 가능하다. 그렇다면 바른 가르침은 무엇인가? 이것에 대해 『유가사지론』에서는 다음과 같이 설한다.

> "바른 가르침이란 그것에 따라 실천하면 마음에 있는 장애가 없어져 마음이 청정하게 되어가는 것이다. 즉 번뇌로부터 일어나는 괴로움의 세계로부터 해탈하여 즐거움의 세계에 이르는 것이다. 바꾸어 말하면 생사의 고해(苦海)로부터 벗어나 즐거운 열반의 세계에 이르는 것이라고 할 수 있다. 이런 것을 바른 가르침이라고 한다."

여기서 주의해 할 것은 고(苦)에서 락(樂), 생사(生死)에서 열반(涅槃)이라는 일방적인 과정으로 파악하면 안 된다. 대승불교는 대비천제보살(大悲闡提菩薩)[50]이 지향하는 '무주처열반'에 머무는 것을 가장 뛰어난 인간의 삶의 방식이라고 가르친다. 이것은 사람들을 구제하기 위해 괴로움의 세계와 즐거운 세계, 즉 생사와 열반에 구애되지 않고 살아가는 삶의 방식을 나타낸 말이다.

그러므로 앞에서 정법을 정의한 내용 중에 중요한 것은 '마음에 있는 장애가 없어져 마음이 청정하게 되는 것'이 아닐까! 에고에 충만한

---

50 깨달음의 세계에 들어가지 않고 굳이 생사윤회 속에서 중생구제를 행하는 보살.

마음이 청정하게 되어가는 것, 즉 자신에 대한 집착이 없어지게 되면 불가사의하게도 자비의 마음이 증대한다. 어떻게 이런 것을 알 수 있을까? 연기의 도리가 그렇게 만든 것은 아닐까! 하여튼 아집이 없어진 마음이 청정하게 되면 될수록 자비심은 점점 증대한다.

이와 같이 살려고 순간순간 노력 정진하지 않으면 우리의 일생은 유령과 같은 삶이 되지 않을까. 왜냐하면 '지금'만이 존재한다고 생각하는 삶에 자타의 행복이 함께 실현되기 때문이다. 사실 '지금'이라는 시간만이 존재할 뿐이다. 과거는 지났고 미래는 아직 오지 않았기 때문에 '지금'밖에 없다. '지금' 여기서 하나가 되면, 자신의 깊은 곳에 있는 에고로부터 해방된 보편적이고 순수한 의지가 생긴다. 이러한 의지에 따라 살아간다면 생의 충실감을 느낄 수 있을 것이다.

진여를 증득하다

앞에서 설명했지만, 정법[바른 가르침]이란 그것에 따라 실천하면 마음에 있는 장애가 없어져 마음이 청정하게 되는 가르침이라고 『유가사지론』에서는 설하고 있다. 그렇지만 마음을 심층에서부터 정화시키기 위해서는 '반야에 의해 진여를 증득'해야 할 필요가 있다.

진여를 증득하는 것은 우선 자리적(自利的) 이유가 있다. 우리의 마음은 표층도 심층도 흐려져 있다. 이 흐려진 마음을 뿌리부터 정화하기 위해서는 이른바 청정한 보름달과 같은 진여를 볼 필요가 있다. 그래서 『반야심경』에서는 '마음에 가애가 없어'진다고 했다. 가애가 없어지면 '공포가 없어져 전도몽상을 멀리하게' 되며, 이로써 열반이 완성되는 것이다. 이것이 진여를 보는 자리적 목적이다.

게다가 이타적 이유도 있다. 대승불교의 최종 목적은 사람과 사회 속에서 괴로워하는 중생을 구제하는 것이고, 그 구제는 구제하는 대상을 차별하지 않는 것을 이상으로 삼는다. 보살은 살아 있는 생명을 평등하게 대하고 또한 어떤 곤란한 일에 처해도 기가 꺾이지 않는다고 한다. 이와 같이 평등하고 강력한 이타행을 실천하기 위해서는 자타평등의 궁극적 진실, 즉 진여를 볼 필요가 있다. 이에 관해 『유가사지론』 36권에서는 다음과 같이 설한다.

"법무아지(法無我智)에 의해 일체법의 이언자성(離言自性, 불가언설)을 여실(如實)하게 알아, 소법(少法) 및 소품류(少品類)를 분별하는 것 없이 오직 사(事)를 취하고 오직 진여(眞如)를 취한다."

이 중에 '오직 사(事)를 취한다'는 것은 오직 하나가 되어 식사를 하거나 걷거나 자거나 사람과 말하는 등의 행위를 가리킨다. 이러한 행위·실천을 오랫동안 닦음으로써 최종적으로 '오직 진여(眞如)를 취하다'에 이르게 된다. 그렇다면 '오직 진여(眞如)를 취하다', 즉 증득하는 것에 의해 무엇을 획득하는 것인가? 『유가사지론』에서는 앞의 문장 다음에, 계속해서 아래와 같이 설한다.

"이와 같이 승의(勝義)를 행하기 때문에 진여혜(眞如慧)에 의해 일체법(一切法)을 평등하게 보며, 일체처(一切處)에 있어서 평등견(平等見), 평등심(平等心)을 구비하여 최승(最勝)의 사(捨, 기울지 않는 평등심)를 얻는다. 이 사(捨)에 의지하는 까닭에 모든 명처(明處)·일체선교(一切善巧)에서 권수습(勸修習)할 때, 일체의 고생·일체 고난을 만나도 퇴전하지 않는다."

이 중에서 '사(捨)'란 '한쪽으로 치우치지 않는 평등심'을 말한다. 이타행을 실천할 때 이 마음을 가지는 것이 중요하다. 이를 위해 차별적 존재 이른바 일미(一味)·평등(平等)·변행(遍行)한 진여를 관(觀)할 필요가 있다.

우리는 타인을 원망·친근함·무관심의 3종류로 차별하여 보는데, 이와 같이 삼자로 분별하는 것이 없고, 치우치지 않는 마음으로 모든 사람들을 구제하는 것을 지향하는 것이 이상적인 삶의 방식이다. 이런 삶의 방식이 가능하려면 진여를 증득하여, 마음 안에서부터 차별심을 없앨 필요가 있다.

그렇지만 우리 범부는 진여를 증득하여, 이런 마음을 가지는 것이 힘들다. 그러므로 범부가 범부로서 자비를 전개하기 위해서는 자신의 주위에 있는 자식, 아내, 남편, 친구와 하나가 되어, 저쪽에 있는 일미(一味)·평등(平等)·변행(遍行)한 진여에 이르고자 원을 가지고서 가까이에 있는 사람들에게 자비의 마음을 품어 자비를 실천해 가는 것이 중요하지 않을까!

제22강

진언이란 무엇인가

진언[주문]이란 진실한 말이다

이제 『반야심경』의 마지막 경문을 살펴보자.

●

때문에 알아야 한다. 반야바라밀다는 대신주이고, 대명주이고, 무상주이고, 무등등주이다. 일체의 괴로움을 제거하여 진실하며 헛됨이 없기 때문이다. 반야바라밀다의 진언을 설한다. 즉 주문을 설한다. 아제 아제 바라아제 바라승아제 모지스바하
故知般若波羅蜜多 是大神呪 是大明呪 是無上呪 是無等等呪 能除一切苦 眞實不虛故 說般若波羅蜜多呪 卽說呪曰 揭帝 揭帝 般羅揭帝 般羅僧揭帝 菩提僧莎訶

주문이란 진언을 말하는데, 무량한 공덕을 함축한 진실의 언어·신성한 언어를 의미한다. 홍법대사 쿠카이(空海)는 『반야심경비건(般若心

經秘鍵)』에서 진언에 대해 다음과 같이 말한다.

"진언은 불가사의하다. 관송(觀誦)하면 무명을 제거한다. 한 자[一字]에 천 가지의 도리를 포함한다. 행행(行行)하여 원적(圓寂)에 이르고 거거(去去)하여 원초(原初)에 들어간다."

우리의 평상심은 끊임없이 변화하며, 산란한 상태다. 이 산란심을 정심(定心)으로 되돌리기 위해서는 진언이 불가결하다는 것이다.

조금 전 강의에 앞서 『반야심경』을 독송할 때, 여러분은 어떤 심정이었는가? 정심으로 독송해야 한다고 말하고 있는 나도 사실 강의 서두에 무슨 말로 시작할까 생각하면서 산란한 마음으로 『반야심경』을 독송했다. '진언은 불가사의하다. 관송(觀誦)하면 무명을 제거한다'고 홍법대사 쿠카이(空海)[51]는 말했지만, 이 말의 의미를 정말로 납득했다면 훌륭한 마음상태가 될 것이다. 무명이란 우리가 가진 근본적인 번뇌로, 이것에 의해 태어나 늙고 병들고 죽는 괴로움이 생기게 되는 것이다. 그중에 태어나는 괴로움 즉 생고(生苦)는 자신과 타인이 대립하여 싸우고 있는 상태이다. 몇 번이고 말씀드렸지만, 우리는 '저 사람은 밉다'라고 말하지만, 본래 '미운 사람'은 결코 없다. '미운 사람'이라는 존재가 자신을 떠나 객관적으로 존재하는 것이 아니다. 미운 사람은 어디까지나 자신의 마음속에서 만들어 낸 사람이기 때문이다.

하여튼 『반야심경』을 무심(無心)으로 독송하고, 그 독송하는 소리

51 쿠카이(空海, 774~835): 헤이안 시대 진언종 승려로 일본 진언종의 개창자이다.

를 듣는 것은 무명을 제거하는 커다란 힘이 된다. 왜냐하면 조용히 무심으로 독송하는 무분별지의 행위가 정문훈습이 되어 아뢰야식에 심어져, 마음이 심층심부터 정화되기 때문이다. 조용히 마음을 안정시켜가기 위해서는 '염력(念力)'이 필요하다. 열심히 염(念)한다는 것은 좀처럼 하기 힘들다. 염력을 몸에 익히는 것은 어렵다. 그렇지만 체득하면 존재의 깊은 곳까지 들어가는 커다란 동력(動力)이 될 것이다. 앞선 진언의 정의 중에 '관송'이라는 표현이 있는데, '송(誦)을 관(觀)하다', 즉 '독송[노래, 암송]을 관찰한다'고 나는 해석한다. 즉 하나가 된 마음의 상태를 별도의 마음이 관찰해 가는 것이 관송이다. 그중에 하나가 된 마음이 '정(定)'이고, 이것을 관하는 마음이 '혜(慧)'가 아닐까!

우리의 일상생활은 좀처럼 그런 마음의 상태가 될 수 없기 때문에, 때로는 좌선이나 요가, 유식 용어로 말하면 지관을 닦아야 한다고 생각한다. 요가를 닦고 마음을 집중하면 지금까지 보던 세계와는 다른 세계가 나타날 것이다. 모든 것은 한 순간 존재한다는 것을 알 것이다. 보통 우리는 분필이라는 사물이 시간의 흐름 속에 존재한다고 생각하지만, 존재하는 것은 마음속의 영상이고, 마음은 순간순간 생겼다가 소멸하는 것이기 때문에, 그 영상도 순간순간 생겼다가 소멸해 가는 존재에 불과하다.

그런데 마음속의 영상은 그렇다고 하더라도 마음 바깥의 원자나 분자로 구성된 분필은 존재한다고 주장하는 외계실재론자도 있다. 이에 대해 세친 보살은 『유식이십론』에서 결코 외계에 원자는 존재하지 않는다는 것을 다각도로 논증하고 있다. 과학세계에서도 20세기 초까지는 사물의 최소 구성요소인 원자는 존재한다고 생각했다. 20세기에 들어와 급속하게 진전한 양자역학의 연구 결과, 외계에 소립자가 실체로 존재한다는 생각은 애매하게 되었다.

우리는 시공간이 자신을 떠나 있다고 생각한다. 철학자 임마누엘 칸트는 시간과 공간은 우리의 인식형식, 주형(鑄型) 즉 시공은 감성의 직관형식이라는 것을 이율배반(二律背反)으로 증명하였다.

이와 같은 양자역학이나 철학적 사고를 차용하지 않더라도, 우리는 조용히 마음속에 머물러서 마음속에서 일어나는 과정을 관찰하면, '모든 존재는 언어가 만든 것이다'라는 사실을 확인할 수 있게 된다. 예를 들어 '시간'은 '지금' 한 순간 존재한다. 그러므로 우리는 '지금'이라고 말하면, '지금'이라는 시간이 있는 것처럼 생각되지만, '지금'이라고 할 때 '지금'은 이미 사라지고 없기 때문에 결코 우리는 '지금'을 파악할 수 없다. 공간도 마찬가지다. 우리는 자신의 외부에 3차원의 공간이 존재하며, 그 속에 자신이 있다고 생각하지만, 우리는 결코 자신의 바깥으로 나온 적이 없다. 오히려 그 속에 갇혀 있는 마음은 크기를 가지고 있지 않기 때문에, 공간이라고 말해지는 것은 도대체 무엇인가?

그리고 가장 문제가 되는 것은 '자신'이다. 사실 '자신[나]'은 언어의 울림뿐이다. 게다가 자신의 주변에 있다고 생각하는 사물[법]도 언어에 의해 만들어진 것이다. 불교는 전자의 자신에 대한 집착을 아집(我執), 후자의 사물에 대한 집착을 법집(法執)이라고 하며, 우리는 이 두 집착에 의해 미혹과 괴로움의 세계를 출현시킨다고 한다.

예를 들어 우리는 '죽으면 열반에 들고 싶다. 극락세계에 가고 싶다'고 서원하지만, 이것도 생각해 보면 '자신'·'열반'·'극락'이라는 '나'와 '법'에 집착하는 것이다. 법집 즉 법에 집착하는 것은 '사물'에 대한 집착인 동시에 '교법에 대한 집착'이라는 것을 알 필요가 있다.

물론 우선은 부처님이 설하신 가르침을 길잡이로 삼아, 바른 길을 걸어가야 한다. 그렇지만 그 가르침이 절대적이라고 믿어 버리는 것에 문제가 생긴다. 그러므로 『반야심경』에서는 지금까지 설한 모든 교설은 '무'라는 말로 부정한다. 즉 생로병사, 고집멸도, 안이비설신, 무명, 무명이 다함도 없다고 설하는 것이다. 『반야심경』이 불교의 핵심을 설하고 있다고 말하는 이유는, 간단하게 말하면 '말[언어]과 생각에 집착하지 말라'고 주장하기 때문이다. 언어는 중요하다. 그러나 보다 중요한 것은 언어가 사라져 가는 듯한, 유연하고 자유로운 토양을 마음속에 키우는 것이다.

하여튼 모든 것은 언어가 만든 것이라는 사실을 요가나 선을 닦아, 조용히 정심으로 마음속에 머물러 관찰해 보자. 그러면 집착에서 조금은 해방될지도 모른다.

한 자[一字]가 천 가지의 도리를 품는다

『반야심경』의 마지막 경문이다.

●

아제 아제 바라아제 바라승아제 모지스바하
揭帝 揭帝 般羅揭帝 般羅僧揭帝 菩提僧莎訶

이 경문은 범어 "가테 가테 파라가테 파라삼가테 보디 스바하(gate

gate pāragate pārasaṃgate bodhi svāhā)"의 음역이다. 굳이 번역하자면 "가는 자여! 가는 자여! 저쪽으로 가는 자여! 완전하게 저쪽으로 가는 자여! 깨달음이여! 행복이 있어라" 또는 "도달했다, 도달했다, 저쪽에 도달했다, 완전하게 저쪽에 도달했다. 깨달음이여! 행복이 있어라"고 할 수 있다. 앞에서 홍법대사가 "진언은 불가사의하다. 관송(觀誦)하면 무명을 제거한다. 한 자에 천 가지의 도리를 포함한다"는 진언의 정의로 되돌아가자. '한 자에 천 가지의 도리를 포함한다'고 했는데, 앞의 진언을 염송하면, 몇 초밖에 걸리지 않는다. 그렇지만 잘 생각해 보면 진언은 순간순간 생겼다가 소멸한다. 그러므로 한 자[一字], 한 소리[一音]만이 존재한다. 그러므로 '아제(揭帝)'는 없는 것이다. 그래서 한 자에 천 가지의 도리를 포함하고 있는 것이다. 혹은 언어는 더구나 진실한 언어는 굉장한 에너지나 힘을 가지고 있다고 생각한다. 본래 불교 이전 바라문교에서는 만트라(mantra), 즉 진언은 신도 조절할 수 있는 힘을 가지고 있다고 했다. 그리고 진언을 신에게 봉독할 수 있는 자는 바라문이라고 생각했다. 반면 부처님은 이런 생각에 반대했지만, 대승불교에서는 진언이나 주문을 받아들이게 되었다.

또한 '한 자에 천 가지 도리를 포함한다'고 했는데, 유식에서 도리는 연기의 도리와 진여의 도리를 설한다. 전자인 연기의 도리는 '이것이 있으면 저것이 있고, 이것이 없으면 저것도 없다'는 간단한 도리이지만, 이것이야말로 물리·심리·윤리 등의 모든 것에 통하는 근원적인 법칙이다. 이것을 구체적인 현상으로 예를 들면 '무언가가 있기 때문에 나[자신]이라는 것이 있지 않는가?'라는 관찰을 해보자. 우선 시간을 더듬어 생각해 보면 36억 년 전에 지구상에 생겨난 '생명 한 방울'

이 있었기 때문에, 지금 '나'라는 생명이 있는 것이다. 이 생명을 구성하는 단백질을 만들어 낸 효소는 초신성(超新星)의 폭발에 의해 지구상에 뿌려졌다는 것을 알게 되었다. 이와 같이 살펴보면 영원한 과거의 시간과 무한한 공간이 연결되어 하나의 생명이 내[자신] 생명이 된 것이다. 일인일우주이므로 개별적으로는 각각의 생명은 상이(相異)하지만, 그들의 배후에 공통인 '연기의 도리'에 의해 지탱되어 살고 있다는 것이다. 일인일우주라는 것은 '사(事)'의 세계라고 말할 수 있지만, 무량무수의 '사(事)'를 모두 포괄하는 '리(理)'가 연기의 도리라고 할 수 있다.

보다 가까이 있는 현상에 눈을 향해 보자. 다리가 있기 때문에 걸을 수 있다. 눈이 있기 때문에 볼 수 있다. 눈이 볼 수 있다는 것은 대단한 일이다. 여러분도 눈을 뜰 때마다 '보인다'고 외치고, 그리고 '눈아! 고맙다'라고 감사하는 마음을 갖자. '내가 걷는 것이 아니라 다리가 걷고 있다. 내가 보고 있는 것이 아니라 눈이 보고 있다'라는 사실을 알아차렸을 때 에고의 마음이나 아집이 없어진다.

또한 자연[환경]이 있기 때문에 내가 있다는 관점도 중요하다. 환경[자연]이 아름다우면 마음도 아름답게 된다. 예를 들어 '버려진 담배꽁초를 줍는 행위'는 타인을 위한 일이기도 하지만, 자신을 위한 것이기도 하다. 도로가 깨끗하면 자신의 마음도 깨끗하게 되기 때문이다. 또한 잘 생각해 보면 '담배꽁초'는 내 마음속에 있는 것이다. 그러므로 버려진 담배꽁초를 줍는 것은 자신의 마음을 깨끗하게 하는 것이다.

게다가 살아가는 데 있어 가장 중요한 도리는 '아뢰야식연기'이다. 이것은 표층심과 심층심이 서로 인과관계에 있다는 도리이다. 표층심이 있기 때문에 심층심이 있으며, 심층심이 있기 때문에 표층심이 있는 도리이다. 그러므로 더러운 표층심이 있으면 더러운 심층심이 있으며, 반대로 더러운 표층심이 없으면 더러운 심층심도 없게 되는 것이다. 어떻게 살 것인가 하는 윤리적 문제는 아뢰야식연기를 믿고 실천하는 것이라고 생각한다.

다음으로 '즉신(卽身)으로 법여(法如)를 증득하다'를 설명한다. 진언종[일본의 밀교 종파중의 하나]의 교리에 '즉신성불(卽身成佛)'의 가르침이 있는데, 이것은 '그 몸 그대로 부처가 된다'라는 의미다. 여기서는 '즉신(卽身)으로 법여(法如)를 증득하다'라고 했지만, '즉신'에는 두 가지 해석이 가능하다. 하나는 지금 순간에 몸[身]에 즉(卽)해서 법여, 즉 진여를 증득한다는 해석이다. 또 하나의 즉신이란 일생(一生) 중의 몸[身]으로, 내세가 아니라 일생(一生)에서 진여를 증득하여 부처가 될 수 있다는 해석이다.

하여튼 진언이란, 구체적으로 『반야심경』의 '아제 아제 바라아제 바라승아제 모지스바하'라는 진언은 뛰어난 힘을 가지고 있다. 그래서 '일체의 괴로움을 제거하여 진실하며 헛됨이 없다'고 하였다. 우리는 『반야심경』의 이 경문을 믿고서 소리 높여 '아제 아제 바라아제 바라승아제 모지스바하'라고 봉독하자.

또 "행행(行行)하여 원적(圓寂)에 이르고 거거(去去)하여 원초(原初)에 들어간다"라고 설하였다. 이 문장을 내 나름대로 해석하면, '행행(行行)하여 원적(圓寂)에 이른다'는 미래로 향하게 하는 작용이고, '거거(去去)하여 원초(原初)에 들어간다'는 과거로 향하는 작용으로 파악할 수 있다. 즉 미래로 향하여 걸어가면 원적에 이르고, 과거로 돌아가면 원초에 되돌아가는 것이라고 해석할 수 있지만, 이르는 곳인 '원적'과 되돌아온 '원초'는 같은 것이다. 이것은 앞에서 말씀드렸지만, 모든 것은 언어에 의한 관념 조작에 불과한 것이다. 다시 말해 가는 것도 오는 것도 같은 것임을 체득하여 깨달을 필요가 있다.

가장 쉬운 실천은 요가를 닦아서 원래로 되돌아오는 것이다. 유식 용어로 말하면 '변계소집성'의 세계에서 '의타기성'의 세계로 되돌아오는 것이 중요하다. 이것을 반복해서 행함으로써 최종적으로 '원성실성'의 세계에 이르거나 들어갈 수 있을 것이다.

다라니란

마지막으로 진언, 즉 만트라와 같은 의미인 '다라니(陀羅尼, dhāraṇi)에 대해 살펴보자. 『유가사지론』(45권)에서는 4종류의 다라니를 제시한다.

법다라니(法陀羅尼)
의다라니(義陀羅尼)
주다라니(呪陀羅尼)
인다라니(忍陀羅尼)

이 중에 주다라니(呪陀羅尼)의 '주(呪)'는 만트라, 즉 진언이기 때문에, 『반야심경』의 마지막에 있는 주문은 주다라니에 상당한다. 『유가사지론』에서는 주다라니는 '능히 갖가지의 재환(災患)을 제거한다'고 설한다. 그러므로 진언의 힘을 믿고서 『유가사지론』의 주문과 『반야심경』의 주문을 합쳐서 독송해 보자. 표층의 행위는 반드시 정문훈습이 되어 또는 무분별지가 되어 심층의 아뢰야식을 정화해 갈 것이다.

이것으로 『반야심경』 본문에 대한 해설을 마치겠다. 다음 강의에서는 전체 내용을 정리해 보겠다.

제23강
아뢰야식연기의 세계

계체와 무표업

10년 전 이곳 홍복사 불교문화 강좌에서 3년에 걸쳐 『유식삼십송』을 강의했다. 이번에는 2년 간, 23회에 걸쳐 『반야심경』을 강의했다. 이런 인연으로 3년 전에 홍복사에서 삭발을 했다. 머리를 깎아 외모는 변했다. 그런데 알맹이는 좀처럼 변하지 않는다. 그러나 참괴(慚愧)[52], 즉 부끄러워하는 마음은 머리를 깎고서 점차로 강해진 것 같다. 계를 받음으로써 인간[나]의 표층 상태가 심층의 마음에 영향을 준 것 같다.

부파불교시대부터 수계를 받는 '행위'의 본질에 대한 논의가 있었다. 그 행위는 신구의(身口意) 삼업으로 이루어져 있다는 것이 호법(護法)이라는 유식 논사의 주장이다. 확실히 계를 받는 의식(儀式)에서 나도 청정한 마음이 되어 열심히 경을 독송하고, 서원도 했다. 이 순간

52 내면적으로 부끄러워하는 마음(참慚)과 외면적으로 부끄러워하는 마음(괴愧).

순간 서원의 상태, 즉 그 현행이 심층에 종자를 훈습시키는 것이다. 계를 받는 나의 표층 상태가 틀림없이 나의 심층에 어떤 결과를 심는다. 그 결과를 계체(戒體)라고 하는데, 무표업(無表業)이라고도 한다. 구체적으로 드러나지는 않지만 심층에 존재하여 표층의 상태를 규제하는 것이다. 그렇지만 나는 언제나 자아심[에고의 마음]을 분출해 버린다. 그래서 나는 언제나 참괴의 마음으로 매일 반성하며 살고 있다.

그런데 이 에고, 즉 '나(我)'는 정말로 존재하는 것일까? 불교에서는 나(我)를 '아(我)'와 '아소(我所)'의 둘로 나눈다. 나(我)는 자아(自我)이고, 아소(我所)는 '나의 것', 즉 내가 소유한 것이다. 이처럼 불교에서는 나를 둘로 나누었지만, 일상에서 우리는 나(我)에 대해 거의 생각하지 않는다. 다시 말해 나(我)는 내가 소유하는 것[我所]을 생각한 반동(反動)으로 의식되는 것이다.

누누이 말했듯이 '나'는 단지 언어의 울림이 있을 뿐이다. 마음속에 언어를 떠올려, 그 언어에 대응하는 것과 그것이 정말로 존재하는지를 조용히 관찰하는 것이 요가수행의 기본적인 방식이다. 그러한 마음으로 관찰하고 사유한 대상이 부처님에 의해 설해진 '법', 즉 교법이다. 이 교법을 마음속에 떠올려 거기에 언어가 대응하는 것은 무엇인지를 스스로 생각해 가는 것이다. 다시 말해 자기 내부에서 스스로 바르게 사유하는 것이다.

이것은 경문을 논리적으로 생각하는 것이 아니다. 조용히 자신의 마음 내부에 머물러 언어와 그 언어가 지시하는 것을 조용히 관찰한다. 그러면 언어가 마음속에 있으며, 그 언어가 지시하는 것도 마음속에 있다는 것이 분명해진다. 유식사상에서는 '유식무경(唯識無境)',

즉 오직 식만이 있으며, 외계에 사물은 존재하지 않는다고 설한다. 그러나 이것을 듣고서 '아니야! 외계에 사물은 반드시 있다'고 생각하는 사람들도 있겠지만, 이런 사람은 조용히 '일인일우주' 속에 침잠해 본 적이 없는 사람이다. 언어로써 생각한 대로 사물이 있다고 생각하는 사람은 좀처럼 유식무경을 이해할 수 없다. 그러므로 요가를 수행하여 '일인일우주'라는 사실을 인식하는 것이 대단히 중요하다.

부처님이 설하신 가르침을 학문적으로 공부하는 것도 중요하지만, 그보다도 더 중요한 것은 그 가르침[文]이 지시하는 것[義]이 무엇인지를 스스로 구체적으로 파악하는 것이다. 『반야심경』의 '색즉시공 공즉시색(色卽是空 空卽是色)'이라는 말에서도 '색(色)'이란 도대체 무엇인가를 사유해 가는 것이 중요하다. 색(色)이란 간단히 말하면 신체이다. 그러므로 색즉시공(色卽是空)이란 '신체는 공이다'는 뜻이지만, 이처럼 언어로써 생각하기 전에, 우선은 색(色), 즉 신체란 도대체 무엇인가를 스스로 확인해 가는 것이 중요하다.

현대 뇌 생리학에서는 뇌가 마음을 만들었다고 생각한다. 요로 타케시(養老猛司)[53] 선생의 『유뇌론(唯腦論)』이 그 대표적인 책이다. 현상세계는 모두 뇌가 만들었다는 생각도 철저하게 '오직(唯)'이라고 파악해 가는 입장이지만, 이 '오직'을 자신이 자기 속에서 파악해 가는 것이 요가의 관찰이다. 신체란 무엇인가, 마음이란 무엇인가를 요가에 의해 생각해 가면 되는 것이다. 손을 보고 '도대체 이 손은 누구 것인가?'라고 자문자답하는 것이다.

---

53 요로 타케시(1937~현재): 일본의 해부학자

앞에서도 말씀드렸듯이 '이것'을 '손'이라고 말하지 않으면, 이것은 도대체 무엇일까? 이것을 사유하고 관찰하는 것이 제일 중요한 포인트다. 보통 우리는 사물을 모두 언어로 파악하며, 그것은 '~이다'라고 판단하고, 더 이상 추구하지 않는다. 그래서 깊게 사물을 파악할 수가 없다. 언어가 아니라 이른바 전 에너지로 그것과 하나가 되어 '무엇일까? 무엇이지!'라고 추구해 가는 것이 중요하다.

그렇지만 하나가 되는 것은 어렵다. 하나가 되는 힘을 '염력'이라고 한다. 염(念)에서 정(定) 그리고 혜(慧)에 이르는 3가지 마음의 전개가 요가의 구체적 내용이다. 이것에 힘력(力)를 붙여, 염력(念力)·정력(定力)·혜력(慧力)이라고 할 수 있다. 우리는 혜력까지는 아니더라도, 적어도 염력만큼은 일상생활에서 노력하면 발휘할 수 있다. 좌선이나 요가를 할 때만이 아니다. 길을 걷거나 무거운 물건을 운반할 때, 청소할 때, 지금 여기서 강의를 듣거나 강의를 할 때, 어떤 경우에도 그것과 하나가 될 수 있다.

아뢰야식연기를 되새기다

인간으로 살아가는 이상, 중요한 두 가지 물음이 있다. 즉 '도대체 무엇인가?'와 '어떻게 살 것인가?'라는 물음이다. 전자를 불교적으로 말하면 '지혜'를 추구하는 것이다. 후자는 '자비'를 전개해 가는 것이다. 도대체 무엇인가라는 지혜를 구하며 동시에 살아 있는 생물과 함께 행복하게 살고 싶은 삶의 방식이다. 이것이 인간이 살아가는 이상적인 모습이다.

삼장법사 현장도 젊었을 때부터 유식사상에 관심을 가지고, 이것이야말로 세계를 구하는 보편적인 사상이라고 생각하여 목숨을 걸고 천축[인도]으로 가려고 생각했던 것이다. 앞에서 '세계'라는 말을 했는데, 정말로 유식사상은 세계에 통용하는 보편적인 사상이다. 이것은 누구나 납득할 수 있는 가르침이다. 왜냐하면 이것은 사실에 기초한 가르침이기 때문이다. 여기서 누구나 납득할 수 있는 가르침인 아뢰야식연기설에 대해 다시 복습해 보자.

이 연기설은 '사실'이지 결코 신앙의 대상이 아니다. 하지만 우선 아뢰야식연기설을 믿고 그 도리에 따라 실천해 가면 틀림없이 자신의 마음은 심층에서부터 즉, 아뢰야식의 단계부터 변하게 될 것이다. 몇 번이고 설명했지만, 자기변혁을 초래하는 두 개의 힘으로 '정문훈습'과 '무분별지'가 있다. 이 홍복사 불교문화 강좌를 처음부터 청강하고 있는 분도 계실 것이다. 이런 분은 매월 한 차례이기는 하나 정문훈습을 하고 있는 셈이다. 즉 바른 교리에 기초한 바른 말을 반복해서 듣고 있기 때문에 자기도 모르는 사이에 아뢰야식이 변하고 있을 것이다.

나도 변했다. 왜냐하면 법계(法界)라는 진리의 세계로부터 흘러나온 부처님의 가르침을 나를 통해 여러분에게 전달하고 있는 동시에, 내 자신도 그 가르침을 내 아뢰야식 속에 훈습시키고 있기 때문이다. 타인에게 가르침을 전하는 것은 이타행(利他行)이다. 동시에 내 마음을 정화시키므로 자리행(自利行)이다. 그러므로 이러한 말을 하는 것은 '자리 즉 이타'가 되는 것이다. 이처럼 아뢰야식연기설에 기초하여 '자리 즉 이타'의 삶의 방식을 설명할 수 있다. 지금 우리가 실천하고 있는 금연운동이나 '담배꽁초를 아무데나 버리지 않는 운동'도 자리 즉 이타이다 왜냐하면 금연은 타인과 자신의 건강에 좋으며, 담배꽁초를 줍는 것은 타인을 위해 도로를 깨끗하게 할 뿐만 아니라 무분별지에 의해 줍는 행위는 아뢰야식에 훈습하여 마음을 심층에서 정화시키기 때문이다. 그렇지만 현실은 좀처럼 무분별지로써 행할 수 없다. '나는 좋은 일을 하고 있다'고 생각하면서 담배꽁초를 줍고 있기 때문이다. 무언가 좋은 일을 했다고 하는 생각이 일어나는 것이 인간의 본성이다. 그러나 또한 인간에게는 '후회'라는 훌륭한 힘도 갖추어져 있다. 후회하는 순간에 에고는 없어지게 된다. 그 순간은 본래로 되돌아와 청정하게 된다.

오늘 우연히 교토 역에서 옛날부터 알고 지냈던 스님 한 분을 만나 나라(奈良)까지 함께 왔다. 그분은 '무상정등각을 얻으신 부처님은 번뇌와 미혹이 없어졌다. 그러나 우리 범부는 번뇌의 한 가운데에 있다. 그러나 한순간이지만 청정한 마음이 되는, 즉 부처의 마음이 될 수 있다'는 취지의 말씀을 하셨다. 나도 전적으로 동감했다. 강의 전에 여러분 모두는 『반야심경』을 독송했다. 열심히 독송하는 순간, 우리는 부처가 된다고 말할 수 있는 것이 아닌가! 우리는 누구나 부처의 마음에 의해 지탱되고 있기 때문이다. 부처의 마음, 이것을 다른 말로 하면 불성·여래장·진여·원성실성이라고 말할 수 있을 것이다.

변계소집성의 세계에서 의타기성의 세계로 되돌아가다

아뢰야식연기 중의 '연기'를 유식사상에서는 '의타기(依他起)'라 한다. 즉 '다른 것에 의지해서 생긴다'는 뜻이다. 모든 것은 의타기이다. 우리가 조금만 냉정하게 생각해 보면, 나는 다른 것에 의해 살려지고 있다는 사실을 알게 될 것이다. 우리는 알고 보니, 이 세계에 태어나 있었다. 아침에 일어나는 순간도 내가 깨어나려고 해서 일어난 것이 아니다. 알고 보니 일어나 있는 것이다.

꿈 이야기는 누가 만든 것일까? 마찬가지로 지금 이렇게 현실이라고 생각하고 있는 것도 꿈을 꾸고 있는 것은 아닐까! 그렇다면 꿈에서나 현실에서나 실체적인 나를 찾아도 존재하지 않는다. 단지 '나'·'자신'이라는 언어만이 있을 뿐이다. 몇 번이나 실험했지만, '내 손'·'내 마음'·'내 괴로움'·'내 공포'라고 말하지만, 정말로 내가 그것을 소유하고 있는 것일까! 사실은 오직 손·오직 마음·오직 괴로움·오직 두려움만이 있을 뿐이다.

지금 나에게 가장 큰 문제는 '나는 죽는다'는 공포이다. 그러나 공포만이 있을 뿐인데, '나는 죽는다'고 나의 죽음을 나의 공포로써 소유해 버리는 것에 문제가 생긴다. 그러나 조용히 마음속으로 관찰해 보면 '나'도 '죽음'도 모두 마음속의 영상에 지나지 않는다. 이 영상을 만들어 낸 것이 의타기의 힘·연기의 힘이다. 마음이 생기는 것도, 영상이 마음속에 나타나는 것도 나로서는 어쩔 수 없는 것이다.

여러분도 눈을 감았다가 다시 떠보자. 그러면 '내가 본다'고 생각한다. 그렇지만 사실은 '보이는 것'이라고 해야 할 것이다. 왜냐하면 보고 싶지 않아도 볼 수밖에 없다. 보는 것만이 아니다. 일인일우주의 전체가 의타기이다. 다른 것에 의지해서 생긴다. 그럼에도 불구하고 '나는 살고 있다', '내가 말한 것은 바르다', '나는 이렇게 살아야 한다'고 거기에 없는 '나'를 설정해 버린다. 이처럼 모든 것은 언어로 생각된 것이다. 이것을 유식에서는 '변계소집성(遍計所執性)'이라고 한다. 우리는 존재하지 않는 변계소집성의 세계에 살고, 그 속에서 괴로워하고 미혹한다.

그러므로 이 변계소집성의 세계로부터 벗어나 의타기성의 세계로 되돌아와야 한다. 그 방편이 요가를 실천하는 것이며, 무분별지에 의해 살아가는 것이다. 최근에 건강이 최고의 화두로 등장했다. 진정한 건강이란 심신이 건강한 것이다. 이런 의미에서 건강과 관련된 이야기를 해보자. 나는 최근 충분히 음식을 습취하지 않아 몸이 많이 약해졌다. 그래서 몸의 건강을 되찾기 위해 매일 아침 40분 정도 산책을 한다. 산책 도중 공원의 철봉에 거꾸로 매달려 보려고 해도 1회도 못한다. 옛날에는 10회 이상도 가능했지만, 지금은 매달리는 것조차도 힘들다. 다시 말해 나의 몸은 옛날과 비교해 보면 많이 약해졌다.

그러나 정신적으로는 옛날보다 건강해졌다고 생각한다. 생각해 보면 인도철학을 배우기 이전에는 자연과학을 배웠는데, 그대로 있었다면 훨씬 건강하지 못했을 것이다. 불교를 배워서 정말 좋았다고 생각한다. 왜냐하면 조금이나마 '나'라는 존재의 정체를 알게 되었기 때문이다. 그 덕분에 이렇게 자기를 변혁할 수 있었고, 심층의 아뢰야식도 조금은 편안해졌다고 생각한다.

건강·안심·행복에 대해서 여러 정의가 있겠지만, 유식사상의 관점에서 보면 건강 또는 안심이란 심층의 아뢰야식이 정화되어 가는 것이라고 말할 수 있다. 모든 존재에는 나타낸 측면과 숨겨진 측면이 있다. 종이는 안쪽 면과 바깥 면이 있다. 안쪽 면이 있어야 바깥 면이 있다. 모든 것이 이렇다. 내 자신도 드러난 자신과 숨겨진 자신이 있으며, 그 숨겨진 자신이란 무엇인가를 스스로 추구하여 심층으로 침잠해 가면 그 심층을 변화시킬 수 있다는 기분이 든다.

또한 내 자신뿐만 아니다. 타인의 존재도 드러난 측면과 숨겨진 측면이 있다. 그러므로 언어와 타인의 표정만으로 타인을 이해했다고 하는 것에는 커다란 잘못이 생긴다. 하여튼 아뢰야식연기의 교리에서 우리는 많은 것을 배울 수 있다.

사(事)와 리(理)

다음은 '일인일우주'라는 유식의 교리에 대해 복습해 보자. 일인일우주는 내가 '인인유식'이라는 유식의 교리를 바탕으로 만든 표현이다. 지금 이 말을 사람들에게 알리고 있는데 동조해 주는 분이 많다. 이것은 사실이기는 하나 일상에서 좀처럼 알아차리기 힘들다. 만약 알아차렸다면 우리의 삶의 방식은 바뀔 것이다.

최근 타인과 만나 대화가 잘 되지 않아 고민하는 젊은이들이 많다. 그래서 강의 중에 일인일우주를 가르치면 '아! 그렇구나'라고 하면서 안심하는 경우가 많았다. 그런데 일인일우주라면 사회나 국가라는 공동체에서 어떻게 살아야 할 것인가의 문제가 생긴다. 일인일우주의 세계에서 각자가 에고를 발휘하여 살면 그곳에는 반드시 대립이 생긴다. 그 대립을 없애기 위해서는 어떻게 하면 좋을까? 다음의 도표를 참조해 가면서 이야기해 보자.

| '사(事)'(일인일우주)와 '사'를 둘러싼 '이(理)' |

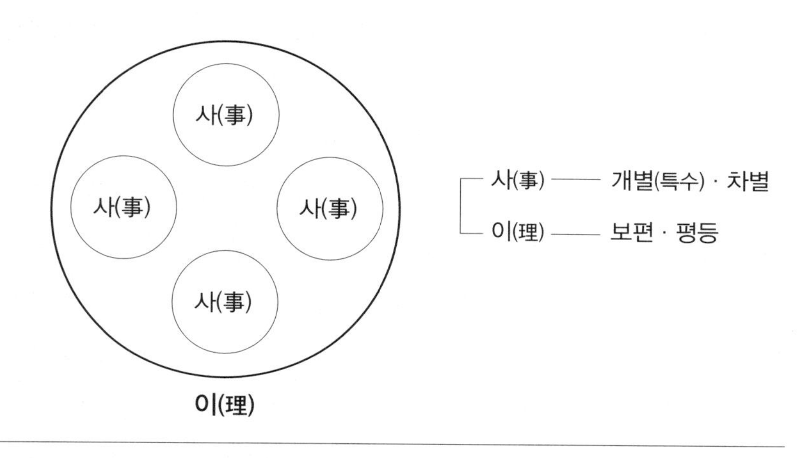

'사(事)'란 일인일우주의 차별세계이다. 개개의 한 사람 한 사람이다. 지금 여기서 '개별[個]'은 인간에 한정해서 사용한다. 넓게 말하면 인간이 아니라도 좋다. 벌레든 새든 상관없다. 모든 것이 개별이기 때문에 '일생물일우주(一生物一宇宙)'이다. '일생물일우주(一生物一宇宙)'라는 사실을 알아차리면 불가사의하게도 사물이나 동물에 대해 자비의 마음이 일어난다.

자비심이 증가한다는 것은, 바꾸어 말하면 에고나 아집이 점점 얇아진다는 것이다. 앞의 도표로 설명하면 개개의 모든 '사(事)'를 지탱하고 있는 '도리(理)'를 알아차리는 것이다. 결론적으로 말하면 일인일우주이면서 공동체 속에서 대립 없이 살기 위해서는, 이 도리(理)를 깨달아, 도리(理)에 따라 살아가야만 한다.

이 도리(理)를 유식에서는 둘로 나누어 설명한다. 즉 '연기의 도리'와 '진리의 도리'이다. 에고가 없어지면 지혜가 증가하여 연기의 도리를 알아차린다. 그리고 지혜가 증가하면 자비도 증가한다. 또한 자비가 증가하면 지혜도 증가한다. 이처럼 자비와 지혜는 상호 인과 관계에 있다. 이 두 가지 작용을 여러분 자신 속에서 확인해 보는 것이 중요하다. 이것도 역시 하나의 인생 목적이라고 생각한다.

1년이 지났는데도, 1년 전과 나는 아무 변화도 없다. 아무것도 모른 채 점점 죽음이 다가온다. 두려워하면서 괴로워한다. 이런 인생은 정말로 쓸쓸하다. 또한 사(事)와 사(事)는 대립하고 있다. 그것은 가정 내의 대립, 사회에서의 대립, 국가 간의 대립으로 세상은 혼탁해져 있다. 이런 대립을 없애기 위해서 일인일우주이면서, 개별적 사(事)이면서 모든 것을 지탱해 주는 도리(理)를 알아차릴 필요가 있다. 그러나 현실의 인간은 에고에게 굴복해 좀처럼 알아차리지 못한다, 특히 세상을 이끌고 있는 사람이 알아차리지 못하는 것에 문제가 생긴다. 정치나 경제를 이끌고 있는 사람들이 도리(理)를 알아차렸으면 한다. 나는 '세상 사람들이여! 평화롭고 행복한 세계를 구축하기 위해서 도리(理)를 자각하자'고 호소하고 싶다.

'도리[理]' 중의 하나가 '이것이 있으면 저것이 있고, 이것이 없으면 저것도 없다'는 연기의 도리다. 이 도리는 간단하지만, 이 도리에 따라 살아가면 자신의 세계뿐만 아니라 사람들이 함께 사는 세상도 크게 변할 것이다. 예를 들어 푸념[불평불만]에 대해 살펴보자. '왜 그런가?'라고 자주 불평불만을 하는 사람이 있는데, 그 사람은 어떤 결과에 대해서도 불평불만을 한다. 그런데 '왜'라고 불평불만을 하기 전에 이러한 결과를 초래한 원인을 조용히 자신이 생각해 보는 것이 어떨까! 그 원인이 과연 자신의 내부에 있는지, 외부에 있는지를 생각해 보자.

우리는 대부분 원인이 내부에 있다는 것을 잊어버리고 있다. 외부에만 있다고 생각한다. 예를 들어 '저 사람은 나빠! 저 사람은 미워!'라고 생각한다. 그러나 정말로 '나쁘다' 혹은 '미운 사람'이 자신 바깥에 있는 것일까? 밉다는 마음을 가졌기 때문에 눈앞에 미운 사람이 나타나는 것이다. 만약 자신 속에 밉다는 마음이 생기지 않으면 결코 미운 사람은 나타나지 않는다. 이 도리를 알아차렸을 때 삶의 방식은 정말로 크게 변할 것이다.

본래 타인은 중립(neutral)적인 존재이다. 뉴트럴(neutral)을 '중(中)'이라고 할 수도 있다. 즉 '중도(中道)'의 중(中)이다. 중도란 중을 알고 중을 실천해 가는 것인데, 예를 들면 타인을 뉴트럴이라고 아는 것이다. 또 '중(中)'이란 '공(空)'으로 바꾸어 말할 수 있다. 공(空)은 색으로 채색된 것이 아니다. '있는 것도 아니고 없는 것도 아니다. 선도 아니고 악도 아니다'는 것이 공의 정의이다.

다시 도리의 이야기로 되돌아가자. 도리를 관찰하고자 하는 자세는 자연과학도 동일하다. 과학에서 발견한 물리뿐만 아니라 심리나 윤리까지도 포함한 모든 도리는 연기의 도리라고 점점 확신하게 되었다. 그러므로 연기의 도리에 따라 사실을 관찰하면, 인간은 어떻게 살아야 하는가를 알 수 있다. 예를 들어 만원 전차에서 자리에 앉았다면 앞에 서 있는 사람에게 "고맙습니다"라고 감사를 표시하게 될 것이다. 왜냐하면 당신이 서 있기 때문에, 내가 앉을 수 있었다는 것을 알아차렸기 때문이다. 타인이 있기 때문에 내가 있다. 타인이 없으면 나도 없다. 이런 연기의 도리에 따라 살아간다. 연기의 도리를 관찰하는 것뿐만 아니라, 관찰하면서 자신이 실천해 간다. '교(敎)'로 들어가 '행(行)'

까지 전개하지 않으면 의미가 없다.

연기의 도리는 언어화된 것이다. 앞에서 설명했지만, 이것에 따라 실행하는 것이 가능한 도리이다. 반면 '진여의 도리'는 본래 언어로 말할 수 없는 도리이다. 그러나 굳이 언어로 말하면 진여(眞如)·불(佛)·열반(涅槃)·중(中)·공(空)이라고 할 수 있다. 그러나 이것들을 단순히 언어를 통해서 머릿속으로만 이해하면 의미가 없다. 진여는 내 속에 있다고 믿고서, 개별적이고 임시적인 존재인 나를 통해서 깊이 침잠하여 스스로 그것을 증득할 필요가 있다. 그 때문에 실천이 반드시 수반되는 것이다. 아무리 책을 읽어도 진여의 도리는 획득할 수 없다.

본래 머리로 생각한 것은 모두 허망분별이기 때문에 '진여는 이런 것이다'라고 이해해도, 그 이해된 진여는 허망한 진여이다. 우리에게는 아집(我執)과 법집(法執)의 두 가지 집착이 있다고 누누이 설명했지만, 이 집착 중에서 법집이란 '사물에 대한 집착'이고, '교법에 대한 집착'이다. 우리는 후자의 집착에 대해서는 사실 그다지 주목하지 않았다. 부처님에 의해 설해진 교법도 언어로써 임시적으로 설해진 것이다. 그러므로 이것을 들어서 얻은 문혜(聞慧)에서 시작하여 사혜(思慧)·수혜(修慧)로 전개되는 것이 요청되는 것이다. 들은 것을 스스로 사유하고, 마지막에 반복해서 실천하는 수행에 의해 완전히 언어를 없애서 바로 파악하는 것이 필요하다. 이 문혜·사혜·수혜는 불교의 뛰어난 가르침이라고 생각한다.

언어에 구애되는 것에서 여러 사건이 생긴다. 종교적으로 말하면 '신(神)'이나 '불(佛)'에 지나치게 구애되는 것에 문제가 생긴다. 예를 들어 '저 종교는 틀렸어! 저 종교는 괜찮아!'라는 판단도 잘못된 것이다. 이것이 중요한 포인트이다. 모든 언어는 방편이다. '방편'의 대개념은 '진실'이다. 우리는 방편에서 출발해서 최종적으로는 진실에 도달해야 한다.

공의 실천을 정리하다

23회에 걸쳐 강의한 주제는 '공(空)의 실천'이었다. 여기서 공의 실천에 대해 정리하면서 복습해 보자. 우선 '도대체 무엇인가'라는 질문을 하는 것이 공을 실천하는 출발점이라고 생각한다. '자신'·'사물'·'아(我)'·'법(法)'이란 도대체 무엇인지를 추구함으로써 점차로 심층에 숨어 있는 측면을 볼 수 있게 된다. 그러면 '자신'·'사물'에 대한 집착이 없어진다. 나의 손이라고 할 때의 '나'라는 언어에 대응하는 것이 없다는 것을 알았다는 것만으로도 대단한 일이다. 이것에 의해 자신에 대한 집착이 조금이라도 줄어드는 것이다.

자신뿐만 아니다. 모든 것은 꿈과 같다. 아니, 꿈이다. 꿈이라고 하는 것을 마음 깊은 곳에서부터 알면 집착이 없어진다. 이를 위해서는 요가와 선정을 실천할 필요가 있다. 료헨(良遍) 화상의 『관심각몽초(觀心覺夢鈔)』라는 책이 있는데, 나는 '관심각몽(觀心覺夢)', 즉 '마음을 관하여 꿈에서 깨어난다'는 말을 좋아한다. 여러분도 이 말을 정문훈습하여 마음 깊은 곳에 훈습해 보자.

정말로 '나'·'사물' 등 모든 것은 언어와 생각이 만들어 낸 것에 불과하다. 게다가 '있다'·'없다'는 언어도 마음에서 생겨, 마음속에 부착된 먼지이다. 사물을 깊게 생각하지 않고 살아가는 사람은 이것을 좀처럼 이해할 수 없겠으나 이처럼 오랜 기간 강의를 듣고 계시는 여러분은 이해할 수 있을 것이다.

우리는 타인의 말은 자신의 바깥에 있는 타인이 말했기 때문에 자신에게 전해져 왔다고 생각한다. 사실 타인의 말도 자신 속에서 발해진 것이다. 잘 생각해 보자. 일인일우주는 사실이다. 그리고 우리는 자신의 바깥으로 던져진 적이 없다. 그러므로 타인 그 자체의 존재를 알거나 타인의 목소리 그 자체를 들은 적이 없다. 지금 여러분은 내 목소리를 듣고 있다고 생각하지만, 나는 아무것도 말하지 않은 것이 아닌가. 나는 아무것도 말하지 않았는데, 여러분 마음대로 언어를 만들어 내고 있는 것은 아닌가! '부처는 한 마디의 법도 설하지 않았다'는 선종에서 좋아하는 가르침이 있는데, 곰곰이 잘 생각해 보아야 할 문제이다.

아뢰야식(阿賴耶識)을 일체종자식(一切種子識)이라고도 한다. 일체는 아뢰야식에서 만들어졌다는 생각에 대해, 나도 유식을 막 공부하기 시작했을 때는 '무슨 바보 같은 소리!'라고 생각했다. 그런데 점차로 자신의 마음속으로 침잠해 감에 따라 알 수 있게 되었다. 정말로 유(有)도 무(無)도 마음속에서 일어나는 먼지에 불과하다. 그러므로 '공(空)'이란 도대체 무엇인가라고 묻는다면 '비유비무(非有非無)'라고 말할 수밖에 없다. 혹은 『반야심경』에서 설하고 있는 것처럼 '불생불멸 불구부정 부증불감(不生不滅 不垢不淨 不增不減)'이라고 말할 수밖에 없다.

앞에서 설명했지만, 변계소집성의 세계에서 의타기성의 세계로 되돌아오면 언어와 생각이 어떻게 인간을 혼란스럽게 하는지를 알게 될 것이다. 이것을 '희론(戱論)'이라고 한다. 유희(遊戱)의 언어로 말한 세계가 바로 일인일우주의 내용이다. 물론 신앙도 필요하다. 자신이 죽으면 극락에 갈지 지옥에 갈지를 생각하는 것도 필요하다. 그러나 자신·지옥

·극락에 집착하는 것이 문제다. 종이의 표면은 생사윤회가 있다. 그러나 종이 안면의 세계에서 말하면 '유도 없고 무도 없다'고 하는 것처럼 존재를 나타낸 면과 숨겨진 면의 양면에서 생각할 필요가 있다.

하여튼 유와 무를 초월한 세계에 이르면 '방편으로서의 자신'을 세우는 것이 중요하다. 앞에서 '방편으로서의 자신'이라고 했는데, 바꾸어 말하면 '보살로서의 자신'이라고 할 수 있다. '좋아! 생사윤회가 있더라도 사람들을 위해 몇 번이고 생사를 거듭하면서 살자'는 서원을 일으켜 보면 어떨까! 생사에도 열반에도 머물지 않는 '무주처열반'을 목표로 현생에서 마지막까지 타인을 위해 생의 에너지를 전부 사용해 보자. 나는 끊임없이 내 자신뿐만 아니라 주위사람들에게도 이런 말을 계속하고 있다. 나의 개인적인 생각이지만, 이런 말은 불가사의하게도 타인에게 전달된다. 한 사람이 타인을 위해 최선을 다하는 힘은 불가사의하게도 타인에게 전달되어 커다란 힘이 된다고 나는 믿고 있다.

인간의 생각과 서원[바람]은 무한하다. '부처의 대자대비(大慈大悲)'라는 말이 있듯이, 우리 범부에게도 확실히 대자대비의 종자가 있다고 생각한다. 부처와 나는 동일하다고 믿고, 자신 속에 침잠해 갈 때, 청정하고 동시에 불과 같이 활활 타오르는 서원이나 의지가 있다는 것을 스스로 알아차리지 않을까!

원성실성에 이르는 길

공(空)의 실천은 유식에서 설하는 삼성설에 따라 행할 수 있다. 삼성(三性)이란 '변계소집성(遍計所執性)·의타기성(依他起性)·원성실성(圓

成實性)'의 3가지인데, 마음의 3가지 상태 또는 존재의 3가지 상태라고 말할 수 있다.

확실히 마음의 상태에 따라 존재나 세계는 변한다. 이것은 여러분도 체험할 수 있는 사실이다. 그중에 변계소집성은 언어와 생각이 만들어 낸 세계이다. 우리는 대부분 이 세계에 살고 있다. 하루 18시간 깨어있다. 그 시간에는 모두 변계소집성의 세계에 살고 있다고 해도 과언이 아니다. 그러나 우리는 이런 사실을 알지 못한다. 자신이 언어와 생각으로 인식하는 대로 세계가 있다고 생각한다. 그렇지만 '자신이 인식하는 것과 같이 존재하지 않는다'는 것이 유식의 기본 주장이다. 앞에서 인식이라고 했는데, 자세하게 분석하면 감각·지각·사고하는 것이다. 지금 여러분이 시각에 의해 감각하고 있는 색깔과 형체는 외계에 존재하는 것일까? 또는 우리 인간이 말하는 '물(水)'이라는 것은 실재하는 것일까?

결론적으로 말하면 그 모든 것은 일인일우주의 인간이 개개의 세계 속에서 만들어 낸 환영에 지나지 않는다. 앞에서 설명했지만, '일수사견(一水四見)'의 가르침이 있다. 즉 인간이 '물'이라고 보는 것은 인간이 보면 물이지만, 물고기가 보면 집[주거지], 지옥중생이 보면 농하[고름 강], 천인이 보면 보석으로 만들어진 도로로 본다는 뜻이다. 이 생각은 인간의 에고를 없애 가는 최적의 가르침이다.

우리는 '일수사견(一水四見)'을 직관으로 알 수 있다. 이 직관으로 알 수 있다는 것이 인간의 뛰어남이다. 이 직관에서 출발해 가면 언어나 생각이 조금은 엷어진다. 그리고 이것을 엷어지게 하기 위해서는 요가나 선정, 넓게 말하면 사물과 하나가 되어 가는 실천이 필요하다. 즉 변계소집성의 세계에서 의타기성의 세계로 되돌아와, 의타기성의 세계에서 무분별지의 불[번뇌]을 점차로 태워서 심층부터 정화해 가는 것이 필요하다. 이 정화된 마음이 원성실성이다. 원만·성취·진실한 마음이다. 이 원성실성을 또한 '공'이라고 할 수 있다. 변계소집성에서 시작해 의타기성의 세계로 되돌아와, 그리고 원성실성에 이르고자 하는 가르침도 공(空)을 실천하고자 할 때 커다란 버팀목이 된다.

모든 것은 아뢰야식연기이다

마지막으로 유식사상에서 설하는 팔식설(八識說)에 대해 복습해 보자. 먼저 표층심인 전오식(前五識)과 의식(意識) 그리고 두 개의 심층심이 있는데, 말나식(末那識)은 심층에서 작동하는 자아집착심이다. 마지막의 아뢰야식은 모든 것을 생기게 하는 근본심이다. 이 근본심인 아뢰야식의 존재를 우리는 스스로 직접 파악할 수 없다. 그렇지만 아뢰야식의 존재를 믿고 그리고 아뢰야식연기의 도리를 믿고서 표층의 마음 상태를 변화시켜는 것에 의해 심층의 마음을 변화시킬 수 있도록 실천하는 것이 중요하다.

이 표층의 마음을 변화시키기 위하여 가장 중요한 것은 '의식'을 어떻게 운용하는가이다. 의식은 감각과 함께 움직여 감각을 선명하게 하는 작용이 있다. 예를 들어 지금 책상을 손으로 '탁탁' 쳐서 소리를 낸다고 하자. 이 소리에 의식을 집중하면, 그 소리가 시끄럽다고 느낀다. 그러나 의식을 그 소리에 향하지 않으면 시끄럽지 않다. 다시 말해 의식을 어디에, 무엇에 향하는가에 따라 세계는 크게 변한다. 현상세계의 나타난 측면에 향할 것인가, 아니면 숨겨진 측면에 향할 것인가? 형이상학에 향할 것인가, 형이하학에 향할 것인가? 이것에 따라서 세계는 크게 변용한다. 우선은 '자신'의 숨겨진 측면에 의식의 스포트라이트를 비추어 보자. 이를 위해서 요가와 선정을 실습해 보자. 조용히 앉아서 '지금 여기, 지금 여기, 도대체 무엇인가?'를 추구해 보자.

의식을 어떻게 운용하는가에 따라 인생은 상승할 수도 하강할 수도 있다. 이것은 말하기는 쉽지만 실천하는 것은 좀처럼 힘들다. 그렇지만 마음 깊은 곳부터 산뜻하고 확실하고 상쾌하게 하기 위해서는 심층부터 마음의 정화를 목표로 살아가야 하지 않을까.

본래 인생에는 여러 가지 일이 생긴다. 병에 걸릴 수도 있고, 타인과 대립도 있을 수 있다. 인간관계도 고민될 것이다. 그러나 바로 이때야말로 '염(念)'을 일으켜 '좋아!'라는 기력으로 대처해 보자. 이때 아뢰야식연기를 떠올려 보자. 연기(緣起)의 도리를 생각하고, 가능하다면 진여(眞如)의 도리에 이르고자 하는 결심을 일으켜서 구체적인 대립의 장소에서 일인일우주의 세계를 점차로 정화해 가는 것을 목표로 하자. 이 정화된 일인일우주의 세계가 점차로 증가하는 것에 의해 가정, 사회, 국가, 세계가 점점 평화롭게 될 것이라고 생각한다.

이것으로 23회 걸친 강의를 마친다. 오랜 시간 함께 해준 여러분께 대단히 감사드린다.

역자의 말

지금까지 저는 반야심경에 관한 책을 3권 출간했습니다. 먼저 독자들이 알기 쉽도록 평이하게 작성된 다카가미 가쿠쇼(高神覚昇)의 『반야바라밀다심경』의 번역서, 다음으로 반야심경의 산스크리트 본을 해설한 『범어로 반야심경을 해설하다』, 이어서 초보자를 위한 반야심경 해설서인 『왕초보 반야심경 박사 되다』를 출간했습니다. 그리고 이번에 『유식으로 읽는 반야심경』이라는 번역서를 출간하게 되었습니다. 이번에 출판된 『유식으로 읽는 반야심경』까지 합치면, 아마도 제가 한국에서 반야심경에 관한 책을 가장 많이 출간했을 것입니다.

먼저 이 책과의 인연부터 말씀드리겠습니다. 저의 전공은 유식사상입니다. 그래서 언젠가는 제 전공인 유식으로 반야심경을 해설하고 싶다는 오랜 소망이 있었지만, 너무 힘든 작업이라 실행에 옮길 엄두도 못 내고 있었습니다. 그러던 차에 몇 년 전 친구와 함께 동경으로 여행을 가게 되었습니다. 오랜만에 동경에 왔기에 옛날 추억을 떠올리고 싶어서 유학시절 살던 곳과 동경의 여기저기를 돌아다녔습니다. 돌아오기 하루 전날 친구를 데리고 옛날 제가 유학했던 동경대학을 안내하고서 신주쿠까지 오게 되었는데, 신주쿠에 도착하자마자 갑자기 서점에 가고 싶어졌습니다. 그래서 친구에게 양해를 구하고 바로 4층에 있는 불교 코너로 갔습니다. 그때 이번에 번역한 『유식으로 읽는 반야심경』을 만나게 된 것입니다. 평소에 유식으로 반야심경을 해설하고 싶다는 저의 식(識)이 작동했기 때문인지 그 수많은 책들 중에서 그 책이 바로 제 눈에 들어온 것 같습니다. 역시 마음[識]으로 간절히 서원하면 꿈은 이루어지는 것 같습니다.

저자인 요코야마 코이츠 선생님은 보기 드물게 연구와 수행을 병행한 저명한 유식학자입니다. 이분도 평소에 유식으로 반야심경을 해설하고 싶다는 오랜 소망이 있었던 것 같습니다. 그 소망이 '흥복사 불교문화 강좌(興福寺佛教文化講座)'로 이어졌으며, 2000년 3월부터 2002년 4월까지 2년에 걸쳐 흥복사에서 강의한 내용을 정리한 것이 바로 이 책입니다. 흥복사는 중국 당나라 시대 현장 스님의 제자였던 자은 대사 규기가 창종한 법상종의 일본 대본산으로 나라 시에 소재하고 있습니다. 2010년에 창건 1,300년을 맞이한 고찰입니다

이 책은 저자도 언급하고 있듯이 '오직(唯) 마음(識)이 있을 뿐이고, 외부세계의 대상(境)은 없다(無)'는 '유식무경(唯識無境)'의 입장[유식사상]에서 반야심경의 공(空)사상을 해설한 것입니다. 얼핏 생각해 보면 마음[식]의 존재를 인정하는 유식사상과 존재하는 모든 것을 부정하는 공사상은 서로 모순된다고 생각할 수 있습니다만, 유식에서 인정

하는 마음[아뢰야식, 말나식, 의식]도 실체가 있는 것이 아니라 임시적으로 존재하는 것입니다. 유식에서도 공사상처럼 마지막에는 마음마저 부정합니다. 따라서 유식의 마지막 지향점은 『반야심경』에서 주장하는 공(空)과 다르지 않습니다. 만약 유식에서 마음을 실체적으로 존재한다고 인정한다면, 그것은 불교가 아닙니다. 그러므로 공사상과 유식사상은 다르지 않습니다. 단지 방법론의 차이일 뿐입니다.

이 책을 이해하는 데 몇 가지 도움 말씀을 드리고자 합니다.

이 책의 내용을 보다 잘 이해하고자 하신다면, 우선 유식에서 사용하는 고유한 용어를 알 필요가 있습니다. 예를 들면 아뢰야식(阿賴耶識), 말나식(末那識), 삼성설[변계소집성(遍計所執性), 의타기성(依他起性), 원성실성(圓成實性)], 훈습(薰習), 무기(無記), 종자(種子) 등입니다. 유식사상에 대한 기본적인 지식[용어]을 습득하시고 싶으신 분은 저의 저작인 『마음공부 첫걸음』을 읽어 보시길 권합니다. 그리고 반야심경 자체를 이해하고 싶으신 분은 역시 저의 저작인 『왕초보 반야심경 박사 되다』를 읽어 보시면 도움이 될 것입니다.

그리고 이 책의 저자는 수행 경험을 가진 분입니다. 그래서 본문 내용 중에 수행에 관한 이야기가 많이 나옵니다. 위빠사나 수행이든 참선 수행이든 상관없습니다. 수행을 해보신 경험이 있는 분은 본문 내용을 비교적 쉽게 이해하실 수 있을 것입니다. 아직 초보이지만, 요즘 저도 수행을 하고 있습니다. 실제로 저는 수행을 하고 난 뒤에 수행하기 전보다 번역 내용에 대한 이해도가 나아졌습니다.

참고로 말씀드리자면 저자는 일본어 사전에도 없는 아주 독특한 용어를 사용합니다. 예를 들면 '일인일우주(一人一宇宙)', '생의 존재(生の存在)' 등입니다. 읽으실 때 유의하시기 바랍니다. 그리고 서문에서 저자도 언급했습니다만, 강의한 내용을 책으로 정리한 것이라 중복되는 부분이 많습니다. 독자들의 양해를 부탁드립니다.

끝으로 꼼꼼하게 읽어 주신 송재근 박사님, 늘 아낌없이 격려를 해 주신 고심정사 원택 회주스님, 일성 주지스님, 이인환 회장님, 문선이 보살님, 곽혜진 보살님께도 감사드립니다. 더불어 출판을 허락해 주신 민족사 윤창화 사장님, 사기순 주간님, 최윤영 편집자님께도 감사드립니다.

2016년 9월

가을이 시작되는 용비산 기슭에서

허암 합장

색인

ㄱ

ㅂ

ㅅ

ㅇ

ㅈ

ㅊ

ㅋ

ㅌ

ㅍ

ㅎ

기타

함께 읽으면 좋은 책

마음의 비밀 — 마음 속 비밀의 방 아뢰야식의 발견

요코야마 코이츠(橫山紘一) 저, 김명우 역 | 4×6판 | 232쪽 | 2013년 | 10,800원

당신을 심층으로 안내하는 비밀의 코드, 아뢰야식!
유식사상의 대가가 들려주는 알기 쉬운 마음 이야기!

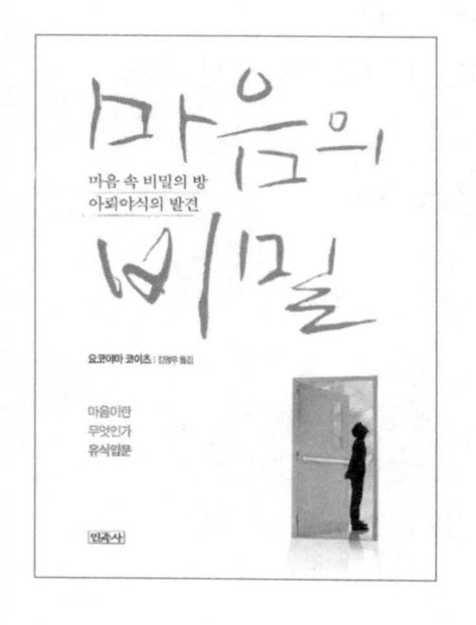

현대의 뇌과학에서도 규명할 수 없는 깊은 차원의 '마음'이 있다. 불교에서는 이런 마음을 탐구한 이들을 일러 '유가행파', 또는 '유식학파'라고 부르고, 그들이 정리한 것을 '유식(唯識)'이라 한다. 유식에서는 깊은 차원의 마음을 가리켜 '아뢰야식'이라고 부른다. 마음의 표층에서 생기는 감정이나 사유는 모두 이 아뢰야식에 축적되어 우리의 표정, 몸의 상태로 나타나 외모에까지 영향을 주며, 행복과 불행에도 직접적으로 관여한다.

이 책은 마음이 변하면 뇌가 변한다는 역설적인 믿음을 통해 마음의 구조를 근본적으로 해명하여 마음을 변혁시키는 방법을 제시하고 있다. 또한 '인생에서 일어나는 모든 것은 마음속에서 일어나는 현상'이라는 맥락에서 우리를 둘러싼 갈등의 원인은 아뢰야식에서 유래한 것이라고 지적하며 우리가 이런 마음과 올바르게 사귈 때 살아가는 즐거움으로 충만케 된다고 주장한다. 자기 마음에 대한 이해가 깊을수록 행복으로의 가능성은 커질 수 있다는 것이다. 저자는 유식이 이런 행복의 가능성을 높이기 위한 방법 중 하나임을 그림과 도표를 이용해 누구든지 이해할 수 있도록 쉽게 설명한다.

> 누구나 살아가는 것은 괴롭습니다. 그런데 '마음'과 바르게 사귀면 분노, 미움, 절망과 같은 부정적인 감정은 자연히 사라져 버리며 살아가는 즐거움으로 충만하게 됩니다. 즉 유식은 마음의 구조를 근본적으로 해명하여 마음을 대변혁시키는 방법을 제시한 것입니다. (본문 중에서)

마음공부 첫걸음

김명우 저 | 4×6판 | 224쪽 | 2011년 | 9,000원

인간에게 '마음'이라고 불리는 것은 과연 있을까?
인간에게 마음이 있다면, 그 마음은 어디에 있는 것일까?

마음은 형체가 없는 것이기에 어딘가에 정확히 위치하는 것이 아니고, 마음은 물질도 아니기에 특별한 공간이 있는 것도 아니다. 하지만 존재한다. 그렇기에 마음은 하루에도 수십 번, 아니 수만 번 이랬다저랬다 변하는 것이다. 도대체 이렇게 변하는 마음은 무엇일까? 마음은 어디에 어떻게 있는 걸까?

이 책은 이러한 궁금증을 파헤쳐 마음의 본체를 탐구한다. 부처님도 마음은 있지만 내가 가지고 있지는 않다고 말씀하셨다. 저자는 이에 대해 "있기는 있지만 내 자신이 가지고 있지 않은 마음처럼, 우리가 세상에 존재하는 모든 것에 집착하지 않으면 행복해질 수 있다"고 풀이했다. 이 책은 부처님이 말하는 '마음처럼' 살기 위해 마음을 집중적으로 탐구한 수많은 이들의 이론을 쉽게 정리할 수 있도록 도와준다.

대승불교 2대 학파 중 하나이자 인도의 요가수행자들이 창시한 유식학파의 주장을 한마디로 정리하면 '유식무경(唯識無境)'이다. 유식무경이란 '오직[唯] 마음[識]만이 존재하고 대상[境]은 존재하지 않는다[無]'는 뜻이다. 유식학파의 완성자인 세친 보살(400~480)은 그 마음[識]을 안식·이식·비식·설식·신식·의식·말나식·아뢰야식의 여덟 가지로 나누고, 마음과 항상 함께 작용하는 심소(心所, 마음의 작용)를 51가지로 세분하였다. 이 책에서는 부처님의 가르침을 바탕으로, 유식의 완성자인 세친 보살이 수행을 통해 발견한 심층의 마음, 즉 말나식과 아뢰야식 및 의식, 그리고 51가지 마음의 작용(심소)에 대해 자세하게 설명했다. 특히 세친보살이 수행을 통해 직접 체험한 내용을 언어로 풀이한 심소를 중점적으로 다뤘고, 심소에 대해서는 저자가 일상생활과 관련해 해설을 덧붙였기 때문에 쉽게 이해할 수 있을 것이다.

유식과 의식의 전환

정륜 저 | 신국판 양장 | 368쪽 | 2015년 | 22,000원

의식의 전환이 존재의 전환이다!

모든 범부가 번뇌에서 벗어나 붓다가 되는 길을 모색하다!

이런 광고 문구가 유행한 적이 있다. “나는 소중하니까!” ‘나’의 소중함을 증명하기 위해 사람들은 부지런히 쇼핑을 하고 힐링 여행을 떠난다. 하지만 명품 쇼핑백도, 유럽 여행도 ‘나는 누구인가?’ ‘나의 생각은 온전히 나의 것인가?’라는 의문을 해결해 주지는 못한다. 진짜 힐링을 위해서 우리가 따져봐야 할 것은 내가 확신하는 ‘나’, 세상을 특정하게 재단하고 경험하게 만드는 나의 ‘의식’이다.

정륜 스님은 스스로 생각하고 판단하고 느끼는 방식이 온전히 내 것이 아니라 먼 과거로부터 축적되어온 관습의 산물임을 자각하는 순간 ‘의식’을 탐구하게 되었다고 말한다. 이에 따르면 내가 느끼는 기쁨과 슬픔, 우월감과 열등감, 충만함과 결핍감은 물론 우리가 믿는 진실조차 이미 굳어져 있는 인식의 틀이 만들어 낸 허구에 불과하다. 범부(凡夫)들은 그런 허구를 ‘진짜(real)’라고 믿으며 무명과 고통(苦)의 수레바퀴에 결박된 채 윤회를 거듭한다. 석가족의 왕자였던 고타마 싯다르타도 출가 전에는 무명에 감싸여 있는 한낱 범부에 불과했다. 그러나 그는 출가 후 각고의 노력 끝에 깨달아 붓다가 되었다. 싯다르타는 의식의 전환을 동반한 존재의 전환(의지처의 전환(轉依))을 이루어 낸 것이다. 저자가 주목하고 있는 지점이 바로 여기다.

이 책은 유식사상을 통해 인간의 심리현상과 의식의 구조를 분석함으로써 의식의 전환을 동반한 깨달음의 세계를 경험하도록 우리들을 이끈다. 이 책 속에는 고타마 싯다르타가 붓다로 존재의 전환을 이룬 것처럼, 이 세상의 모든 범부들이 번뇌에서 벗어나 스스로를 치유하는 길을 갈 수 있다는 믿음과 서원이 담겨져 있다.

■ 저자 _ 정륜 스님

이화여자대학교 철학과 석사·박사 졸업했다. 쓴 논문으로는 〈龍樹와 吉藏에 있어서 空의 개념〉, 〈일본의 초·중기 중관연구사 : 나가르주나의 저서, 이해방식 그리고 해석〉, 〈唯識性의 정의에 대한 고찰〉 등이 있다.

범어로 반야심경을 해설하다

김명우 저 | 신국판 | 288쪽 | 2010년 | 12,000원

반야심경에 등장하는 불교용어를 언어학적으로 철저하게 풀이!

한자로 설명된 불교 용어, 산스크리트 원어 및 영역본과 비교·분석!

이 책은 크게 3장으로 구성되어 있다. 1장에서는 『반야심경』 소본과 대본의 문헌에 대해 기술한다. 먼저 『반야심경』 소본 산스크리트, 소본 한역[현장 역, 구마라집 역]의 원본을 제시하고 각각 한글로 번역하였다. 그리고 대본 산스크리트, 대본 한역[법월 중역]의 원본을 제시하고 각각 번역하여 제시하였다.

2장에서는 소본 산스크리트와 현장 역 『반야심경』을 중심으로 해설하였는데, 먼저 『반야바라밀다심경』의 제목, 소본 한역자 현장과 구마라집에 대해 기술하였다. 『반야심경』 본문에 대해서는 먼저 붓다 대신에 설법한 관자재보살, 대고자 사리자[샤리푸트라], 그리고 공, 공의 특질, 오온, 12처, 18계, 12연기, 사성제 등에 대해 자세하게 해설했다. 마지막으로는 주문에 대한 해설을 첨가하였다.

3장에서는 『반야심경』의 이해를 돕기 위해 불교의 경전에 대해 설명했다. 불교경전을 기술함에 있어 크게 초기경전과 대승경전으로 나누어 기술하였다. 초기 대승경전은 반야부 경전, 『화엄경』, 『법화경』 등을 중심으로 기술하였고, 중기 대승경전은 여래장 계통과 유식 계통, 후기 대승경전은 밀교 계통을 중심으로 기술하였다.

이 책은 반야심경에 등장하는 불교 용어들을 언어학적으로 철저하게 풀이하였다. 저자는 어려운 한자로 설명된 불교 용어를 산스크리트 원어와 영역을 비교하여 독자들이 쉽게 이해하도록 하였다. 내용 면에서도 불교를 공부하는 전문가뿐만 아니라 불교 초심자도 알기 쉽게 해설했다.

마음 깨달음 그리고 반야심경

성법 저 | 신국판 반양장 | 301쪽 | 2006년 | 9,500원

반야심경에 대한 현대적 해석!

과학, 심리학, 동서양의 철학과 우주론을 아우르는 반야심경 해설서!

이 책은 현 불교에 대한 비판과 대안을 설하면서 반야심경의 새로운 해석을 시도한 반야심경 해설서이다. 저자는 "깨달음이란 물질을 떠나는 데 있는 것이 아니라 물질에 집착하지 않고, 있는 그대로의 본성을 공(空)으로 받아들이는 데 있다. 부처님은 깨달음을 설하시며 한국의 스님들처럼 일방적으로 물질을 책망한 적이 없다. 물질을 무조건 멀리해야 하는 대상으로 말씀하신 것이 아니라, 마음으로 물질을 제대로 보고 제대로 다스리는 방법을 가르쳐 주고 있다. 즉 물질을 공(空)으로 보라고 강조"하고 있다.

저자는 이 책을 준비하면서 가능한 모든 반야심경 해설서를 검토하고 다른 해설서에서 언급하지 않았던 물리학, 천문학, 생명과학, 심리학, 동서양의 철학과 우주론까지 광범위한 주제들을 다루고 있다. 이와 같은 박학다식한 반야심경 해설뿐만 아니라 일반인들도 쉽게 이해할 수 있도록 구성된 유머 넘치는 일화와 현대적 감각의 독특한 촌철살인(寸鐵殺人)의 인용문들이 책 읽는 재미를 더해준다.

■ **저자 _ 성법 스님**

20세에 출가하여 동국대학교 불교대학원 수료. 현재 고양시 대한불교조계종 용화사 주지로 있으면서 불교신자는 물론이고 일반인들에게도 '바른 불교'를 알려 주고, 바른 신행으로 이끌어 주기 위해 2001년부터 경전전산화불사의 원을 세워, 초기불교에서 주요 대승경전의 다양한 해설까지 아우르는 방대한 자료의 장(場)인 불교경전총론(www.sejon.or.kr)을 운영하고 있다.

한국불교의 흐름을 바로잡고 모든 이가 괴로움에서 벗어나 행복하게 살아가기를 간절히 바라는 마음으로 사이버 불사(佛事)와 아울러 불서(佛書) 저술, 전법에 힘쓰고 있다.

저서로 기존의 훈고학적인 해석에서 벗어나 탄탄한 인문학적 소양을 바탕으로 현대인들이 받아들이기 쉽게 해석한 『이래도 모르시겠습니까』와 화엄경을 첨단 과학이론과 접목하여 해설하고 현재의 '비불교적' 요소를 날카롭게 비판한 『이판사판 화엄경』, 동서양 철학과 물리학·뇌과학·생명과학·심리학 등 다양한 관점을 토대로 반야심경을 해설한 『마음 깨달음 그리고 반야심경』, 『생각의 끝에도 머물지 말라』 등 다수가 있다.

왕초보 반야심경 박사 되다

김명우 저 | 양장 135×195mm | 270쪽 | 2011년 | 9,500원

반야심경 하나로 불교 중요 교리를 한 번에 꿰뚫다!

현장 스님, 구마라집 스님, 막스 뮐러의 번역을 동시에 소개!

이 책은 대승불교의 가장 대표적인 경전인 『반야심경』이 무엇인지 알기 쉽게 전하고 있다.

저자는 『반야심경』이 경전의 기본 틀을 완전히 무시한 아주 파격적인 경전이라고 말한다. 왜냐하면 불교의 모든 경전은 일정한 형식(육성취)을 갖추고 있지만, 『반야심경』은 바로 본문인 '관자재보살 행심반야바라밀……'로 시작한다. 다시 말하면 일정한 형식이 있는 서론을 생략한 것이다. 따라서 『반야심경』은 누가 부처님께 가르침을 청했는지, 부처님이 어디에서, 누구에게 가르침을 설했는지 알 수 없다. 또한 경전 마지막에 반드시 등장하는 경전의 가르침을 후세에 널리 전파하라는 결론 또한 생략됐다. 이에 대해 저자는 아마도 처음부터 암송용으로 제작됐기에 생략 가능한 과감히 생략한 결과 파격적인 경전이 탄생한 것 같다고 말한다. 이러한 파격적인 '소본(짧은 것) 반야심경'과는 달리, '대본(긴 것) 반야심경'에서는 일반적인 경전의 틀을 갖추고 있다.

또한 저자는 범본 『반야심경』은 본래 경명 자체가 없어, 심하게 말하면 아주 불친절한 경전이라고 꼬집는다. 현재 법회 때마다 봉독하는 '한역본 반야심경'은 당나라 현장 스님이 번역한 것으로 '반야바라밀다심경'이라는 제목이 있다. 하지만 이것도 경의 말미에 있는 '이상으로 반야바라밀다심을 끝냈다'라는 부분을 임의로 서두에 가지고 와 제목으로 사용한 것 같다고 저자는 말한다. 이처럼 저자는 지금까지 우리가 모르고 외던 『반야심경』의 비하인드 스토리를 낱낱이 파헤친다.

초기불교의 중요 교리, 예컨대 5온·4성제·12처·18계·12연기 등에 대해서도 자세하게 설명하고 있다. 또한 공의 도리나 색즉시공, 공즉시색의 도리, 반야의 의미 등을 총망라해 다양한 예시로써 설명하고 있어 왕초보가 편하게 읽을 수 있다. 결국 이 책 한 권으로 불교 전반을 아우를 수 있는 장점이 있다.

【 왕초보 시리즈 】

왕초보 불교 박사 되다

이 책은 불교신문과 불교방송, 그리고 절 등에서 쓰고 있는 일상적인 말을 이해하기 쉽게 해설하고 있다. '스님', '절', '부처님'의 어원, 합장의 의미, 회주스님, 법공양, 여러 호칭 등 불자가 궁금하게 여기는 문제들을 중점적으로 담아냈다.

석지현, 윤창화, 일지 저 | 양장(135×195mm) | 351쪽 | 2008년 | 9,500원

왕초보 경전 박사 되다

이 책은 초기 및 대승경전 가운데 자주 읽히는 중요한 경전 50가지를 엄선하여 누구라도 쉽게 이해할 수 있도록 설명하고 있다. 또 오늘날 우리가 만나는 경전이 만들어지게 된 연유와 각각의 경전 내용, 복잡한 경전 이름을 체계적으로 설명한다.

계환 저 | 양장(135×195mm) | 302쪽 | 2008년 | 9,500원

왕초보 수행 박사 되다

이 책은 수행법 전체에 대한 종합적이고 구체적인 입문서다. 불교의 대표적이고 전통적인 수행법이라고 할 수 있는 간화선뿐 아니라, 절과 염불, 위빠사나 등을 소개한다. 이 책은 특히 수행의 가치와 목적, 그리고 정의를 올바르게 세워줌으로써 잘못된 수행에 빠지지 않도록 이끌어 준다.

고명석 저 | 양장(135×195mm) | 320쪽 | 2008년 | 9,500원

왕초보 천수경 박사 되다

이 책은 한국불교에서 불공, 예불 등의 의식을 봉행할 때 빠지지 않고 독송되는 경전이자, '업(業)'부터 '성불(成佛)'까지 불교의 모든 것을 다루고 있는 『천수경』에 대한 입문서다. 저자는 다양한 예를 통해 초기불교의 사상뿐 아니라, 대승불교와 밀교가 혼합된 『천수경』에 숨겨진 뜻을 제대로 이해할 수 있도록 이끈다.

성법 저 | 양장(135×195mm) | 328쪽 | 2008년 | 9,500원

왕초보 불교 교리 박사 되다

불교 교리를 오늘의 언어와 사상을 바탕으로 명확하고 분명하게 설명하고 있다. 기존의 불교 교리에 대한 해석과 해설은 너무 현학적이거나 너무 가벼워서 그 깊은 맛과 넓은 의미를 제대로 파악하기 쉽지 않았다. 그래서 이 책에서는 불교에 처음 입문하는 초보자도 불교 교리 전반을 알기 쉽고 유익하게, 그리고 깊이 있게 자신을 성찰하면서 읽을 수 있도록 했다.

고명석 저 | 양장(135×195mm) | 320쪽 | 2009년 | 9,500원

왕초보 선 박사 되다

선어를 모르면 선을 배울 수 없을 뿐 아니라, 선승의 설법을 알아들을 수 없다. 하지만 애매모호하고 막연한 선어를 정확하게 이해하기는 쉽지 않다. 이 책은 난해한 선어를 이해하기 쉽게 풀이하여 선어를 공부 중인 사람들은 물론, 난해한 선어 때문에 선에 선뜻 발을 들여놓지 못하는 사람들이 읽기에 좋은 책이다.

윤창화 저 | 양장(135×195mm) | 424쪽 | 2009년 | 11,500원

왕초보 법화경 박사 되다

『법화경』은 불교 경전 중에서 문학적 구상과 표현이 가장 빼어난 경전이다. 세상에서 80년간의 삶을 마치고 열반에 든 석가모니 부처님에 대해 설법하는 『법화경』은 불난 집, 가난한 아들, 초목, 가짜 도성, 옷 속 구슬, 상투 보석, 의사 아들 등의 비유를 통해서 중생들에게 부처님의 말씀을 전한다. 방편과 진실의 조화를 가르치는 『법화경』에는 인간과 인간, 인간과 사회, 인간과 자연이 서로 포용하며 공생하는 길이 열려 있다.

정승석 저 | 양장(135×195mm) | 278쪽 | 2009년 | 9,500원

왕초보 육조단경 박사 되다

『육조단경』은 육조 혜능의 행적과 구도 과정 그리고 갖가지 법문과 문답을 수록한 책으로, 육조의 자서전적인 일대기와 법어집이다. 여기에는 후대에 유행하는 조사어록의 성격을 나타내는 측면도 있다. 이 책에는 『육조단경』의 주인공인 육조 혜능의 생애를 다섯 꼭지로 나눠 재미있게 담아 불교를 전혀 모르는 사람도 육조 혜능에 대하여 이해할 수 있도록 하였다.

김영욱 저 | 양장(135×195mm) | 248쪽 | 2010년 | 9,500원

왕초보 금강경 박사 되다

『금강경』은 대한불교조계종의 소의경전이자 선을 형성하는 데 지대한 역할을 한 경전이다. 반야의 지혜로 모든 고정적인 관념, 형상, 지위, 역할, 분별, 시비 등을 끊어버리는 것이 『금강경』의 두드러진 특징이다.

이 책은 현대적인 시각으로 『금강경』을 살피는 한편, 불자의 길을 슬기롭게 가기 위한 실천적인 방법에 대해 고민하는 책이다.

이제열 저 | 양장(135×195mm) | 320쪽 | 2011년 | 9,500원

왕초보 화엄경 박사 되다

『화엄경』은 한국뿐 아니라 동아시아 불교 국가에서 가장 중시하는 경전이다. 대승불교사상의 핵심인 반야와 유식사상을 밑거름으로 하여 여래장사상이 싹텄고, 이를 근본으로 화엄의 우주관이 형성되었기 때문이다. 또 화엄사상은 중국 선사상을 형성하는 데도 결정적인 역할을 했다. 즉 『화엄경』은 대승불교의 세계관에 대한 완성판이자, 고대국가의 지도 원리였다. 이 책은 방대한 『화엄경』을 기초부터 차근차근 짚어주고 있다.

정병조 저 | 양장(135×195mm) | 352쪽 | 2012년 | 11,000원

왕초보 초기불교 박사 되다

이 책은 『아함경』을 바탕으로 초기불교를 체계적으로 정리한 것이다. 제1장에서는 붓다의 생애와 붓다 시대의 역사적 배경에 대해 다룬다. 제2장에서는 붓다의 근본 교설에 대해 경전을 인용해 상세히 다룬다. 평소 이해하지 못했던 붓다의 법을 이해할 수 있는 장이다. 제3장에서는 삼보와 사문, 마음이 병들지 않는 법, 불교도의 사명 등 상가에 대해 친절하게 설명하고 있다.

마성 저 | 양장(135×195mm) | 296쪽 | 2012년 | 10,000원

왕초보 한문 박사 되다

이 책은 불교 경전에서 원문을 추려내 체계적으로 한문을 공부할 수 있도록 구성했다. 그동안 한문이 어려워 경전을 멀리했던 초짜들도 '불교한문 왕초보'에서 탈출할 수 있도록 한 책이다. 불교경전은 거의 한문으로 되어 있다. 따라서 불교 공부를 하려면 어느 정도의 기초적 한자와 한문 공부가 선행되지 않으면 안 된다. 초심자들의 불교 이해에 기초가 되는 원문(전문)을 선정하여 수록했다.

김형중 저 | 양장(135×195mm) | 288쪽 | 2012년 | 12,000원

유식唯識으로 읽는 반야심경

초판 1쇄 인쇄 | 2016년 10월 5일
초판 1쇄 발행 | 2016년 10월 10일

지은이 | 요코야마 코이츠
옮긴이 | 허암(김명우)
펴낸이 | 윤재승
펴낸곳 | 민족사

주간 | 사기순
기획편집팀 | 사기순, 최윤영
영업관리팀 | 김세정

출판등록 | 1980년 5월 9일 제1-149호
주소 | 서울 종로구 삼봉로 81 두산위브파빌리온 1131호
전화 | 02)732-2403, 2404 팩스 | 02)739-7565
홈페이지 | www.minjoksa.org
페이스북 | www.facebook.com/minjoksa
이메일 | minjoksabook@naver.com

ISBN 978-89-98742-73-7 (03220)